29.95

ANDRÉ
LAURENDEAU

DONALD J. HORTON

ANDRÉ LAURENDEAU

La vie
d'un nationaliste
1912-1968

Traduit de l'anglais par
Mario Pelletier

BELLARMIN

Maquette et typographie:
DÜRER *et al.* (MONTRÉAL)

Données de catalogage avant publication (Canada)

Horton, Donald James
André Laurendeau
Comprend des réf. bibliogr.
Traduction de *André Laurendeau*, Oxford University Press, 1992.

ISBN 2-89007-790-X

1. Laurendeau, André, 1912-1968.
2. Nationalisme – Québec (Province).
3. Canada – Relations entre anglophones et francopohones.
4. Québec (Province) – Histoire – Autonomie et mouvements indépendantistes.
5. Journalistes – Québec (Province) – Biographies.
6. Hommes politiques – Québec (Province) – Biographies.
I. Titre.

FC2925.1.L39H6714 1995   971.4'092   C95-941280-8
F1053.L39H6714 1995

Dépôt légal: 4ᵉ trimestre 1995
Bibliothèque nationale du Québec
© Oxford University Press, 1992.
Traduction française © Bellarmin, 1995.

Les Éditions Bellarmin bénéficient de l'appui du Conseil des Arts du Canada
et du ministère de la Culture du Québec.

AVERTISSEMENT

Cette traduction n'est pas exactement conforme à l'original. Il a fallu ici et là rectifier certains détails. Notamment sur l'enfance et la jeunesse d'André Laurendeau qui ne se sont pas passées à Outremont, comme l'affirmait M. Horton. À cet égard, M. Yves Laurendeau nous a été d'un précieux secours pour corriger cela et quelques autres petits détails sur la vie de son père. Nous l'en remercions vivement. Mais cela ne saurait diminuer, par ailleurs, les mérites de l'ouvrage remarquable de M. Horton.

Mario PELLETIER

Avant-propos

André Laurendeau est une figure de l'histoire du Canada dont la personnalité et la pensée ont pris de l'importance avec le temps. Au cours de sa vie (1912-1968), il fut largement connu au Québec comme éditorialiste au quotidien *Le Devoir*, même si ses idées et son action nationalistes remontaient à la crise de la conscription, lors de la Deuxième Guerre mondiale, puis au radicalisme des années de Dépression. Les Canadiens anglais, pour leur part, n'ont pris conscience de lui que durant les années 1960, alors qu'à titre de coprésident de la Commission Laurendeau-Dunton, il essaya de définir et de promouvoir une identité canadienne bilingue et biculturelle. Durant cette décennie, où nombre de Canadiens français hauts en couleur — Jean Lesage, René Lévesque, Pierre Elliott Trudeau, Jean Drapeau — s'imposaient sur la scène canadienne, Laurendeau apparaîtra moins flamboyant. Depuis sa mort, cependant, l'homme soulève un intérêt considérable parce qu'il témoigne profondément des étapes d'émergence du nationalisme canadien-français à la modernité. Et ses écrits pénétrants, qui tentent souvent de sonder les profondeurs de l'identité culturelle et politique du Canada français, se retrouvent dans plusieurs ouvrages, en anglais comme en français. Déjà, en 1983, une biographie de Laurendeau paraissait en français; celle-ci a été la première en anglais.

Grâce à une bourse qui vise à porter à l'attention publique les réalisations d'importants Canadiens du XXᵉ siècle, l'Association des études canadiennes a apporté un soutien à la recherche qui a conduit à ce livre. Elle a posé comme condition que l'ouvrage en soit un «de longueur raisonnable», écrit «pour le grand public». Bien sûr, j'ai tenté de respecter ce mandat initial; pour ce faire, j'ai d'ailleurs eu l'aide de plusieurs personnes. À la Fondation Lionel-Groulx, Mme Juliette Rémillard et son aimable équipe m'ont guidé à travers la superbe collection des archives Laurendeau qui s'y trouve rassemblée. Le personnel des Archives publiques du Canada a aussi grandement facilité mon travail à travers la masse redoutable de documents reliés à la Commission sur le bilinguisme et le biculturalisme, ainsi que les documents connexes de personnages clés.

J'ai beaucoup apprécié également le travail d'aide à la recherche de John Bonar et Anthony Horton, de même que les traductions faites par Suzanne Tomek et Kristine Jantzi. Je remercie aussi William Halverson de ses excellents commentaires à diverses étapes de la préparation du manuscrit. Madame Gail Heideman a été la personne indispensable, comme à l'accoutumée, pour la production du texte original. Et j'ai eu la chance d'avoir une réviseure très douée, Sally Livingston, qui a su montrer calme et gentillesse. Enfin, merci à Brian Henderson, d'Oxford, pour son soutien patient et encourageant. Avec l'aide de personnes aussi qualifiées, il ne devrait pas y avoir d'erreurs; s'il en reste, elles ne sont imputables qu'à moi.

CHAPITRE PREMIER

LA TRADITION
DES NOTABLES
1912 – 1931

> Qu'est-ce qui fait de nous des Canadiens français?...
> Est-ce l'histoire? Elle évoque habituellement des figu-
> res prestigieuses mais c'est à ses sous-sols que je pense:
> au capital d'expériences vécues collectivement et qui
> ont imprimé sur le peuple un caractère stable, aux
> forces sociales qui, dans le temps et l'espace, ont cons-
> truit notre milieu et ainsi conditionné notre être. Partie
> vivante de l'histoire [...], elle s'exprime par la culture
> nationale.
>
> André LAURENDEAU, 1951[1]

Chez les Laurendeau, la musique régnait en maître. Presque tous
ceux qui ont parlé de la jeunesse d'André Laurendeau, surtout
dans les années 1920, ont fait allusion à une maison pleine de
musique. Lui-même disait être «né au milieu des gammes et des
arpèges, des vocalises, du solfège, des romances et des extraits
d'opéra». À cinq ans, André devait s'asseoir pour écouter son père
Arthur chanter des mélodies de Debussy, de Ravel et de Mous-
sorgsky, accompagné de sa mère Blanche au piano. Un proche
parent a évoqué la voix flûtée du petit garçon qui allait d'une pièce

---

1. André LAURENDEAU, «Les conditions d'existence d'une culture nationale»,
L'Action nationale (Montréal), XXXVII, n° 5, juin 1951, p. 364.

à l'autre de la maison en chantant d'obscures phrases latines d'airs religieux. Adolescent, André collait son oreille au poste de radio pour capter à travers les bruits parasites la nouvelle musique de l'émission new-yorkaise «Hits of the Week». On y jouait, entre autres, des chansonnettes populaires comme *Good Night Sweetheart*. Même si son père l'exhortait à ne pas mêler de mots anglais à son français parlé, il trouvait chic de mémoriser des airs rauques comme *Yes We've Got No Bananas*, ainsi que les dernières pièces de jazz. Par contre, c'était là le seul anglais qu'il connût ou se souciât de connaître et, quand des parents venaient en visite, les chansons canadiennes-françaises reprenaient le dessus. En soirée, l'heure était à la musique classique, qui provenait des concerts à la radio qu'André écoutait assidûment à travers l'éternel grésillement. Souvent, sa mère et lui improvisaient au salon, en essayant à tour de rôle de pousser le vieux piano au-delà de ses capacités. Et il y avait aussi la cacophonie quotidienne des jeunes voix d'élèves, qui s'arrêtaient et reprenaient sur un mot de son père, un professeur de chant de la vieille école à principes et à baguette. Bref, c'était un milieu musical où le mélange d'influences religieuses et populaires, classiques et modernes, françaises et anglaises reflétait au plus haut point les éléments qui étaient en train de modeler globalement la culture canadienne-française durant l'entre-deux-guerres.

Plus tard, André allait entendre souvent décrire cette culture comme désuète, comme étant le chant du cygne d'un sous-groupe marginal, poussé à une marginalisation croissante par les forces de la modernité en Amérique du Nord. Une telle interprétation évoquait les spectres de la vieille culture française disparue en Louisiane ou, à tout le moins, la dispersion et la déculturation des Acadiens. Laurendeau craignait cette fatalité et lutta jusqu'à son dernier souffle pour l'exorciser. Mais il ne crut jamais à la vision négative, apocalyptique, de l'histoire canadienne-française qu'elle supposait. De même qu'il invoquait toujours la diversité musicale dont il s'était nourri chez ses parents comme un facteur mystérieux qui avait contribué à former sa personnalité adulte, il considérait le passé comme un élément inaliénable et dynamique du présent et de l'avenir du Canada français. Tout au long de sa carrière remarquable d'écrivain, de dramaturge, de journaliste, d'homme politique et de leader nationaliste au Québec, il fut toujours un porte-parole éloquent, parfois nostalgique, de ce qu'il appelait la «présence active du passé parmi les vivants[2]». Ce fut le cas, par exemple, durant la Révolution tranquille, lorsqu'une jeune génération de réformistes radicaux rejetait l'héritage canadien-français, jugé obsolète. Bien que sympathique au mouvement réformiste, il usa alors de sa tribune de rédacteur en chef au *Devoir* pour mettre en garde contre l'abandon du meilleur de la culture canadienne-française traditionnelle. À propos de sa carrière journalistique, Fernand Dumont a fait remarquer avec justesse: «Pour Laurendeau, le commentaire ne consistait pas simplement à ajouter une information dont ne dispose pas le lecteur ordinaire du journal mais plutôt à donner du champ. Par le recours incessant au passé, à un passé dont Laurendeau aimait à témoigner qu'il y fut acteur et témoin[3].» De fait, cette conscience historique profonde, sous-tendant chez lui un rôle symbiotique d'homme d'action et de réflexion, érigea Laurendeau en interprète le plus respecté de la culture nationale du Canada français. Et ce phénomène fait de sa biographie une étude révélatrice sur la façon dont les Canadiens français, particulièrement au Québec, ont vécu le passage difficile à la modernité.

Ses seuls antécédents permettent de comprendre aisément pourquoi Laurendeau avait un tel respect pour le passé. Comme il l'expliqua lui-même un jour, toutes les influences formatrices de son jeune âge — familiales, sociales, scolaires et religieuses — étaient centrées sur la culture traditionnelle du Canada français. À commencer par la langue française. Durant cette période de sa vie, écrivit-il, il n'entendit jamais parler une autre langue que le français. Dans la vie quotidienne, on arrivait presque à oublier qu'on vivait en Amérique du Nord. Ses souvenirs d'enfance sont pleins d'images de la vieille culture du Canada français: célébrations hautes en couleur autour de statues de héros nationaux dont on cultivait le souvenir, festivals annuels où des hommes éméchés et des femmes vêtues à la paysanne dansaient des quadrilles qui re-

2. *Ibid.*, p. 365.

3. Fernand DUMONT, préface à l'ouvrage d'André LAURENDEAU, *Ces choses qui nous arrivent. Chronique des années 1961-1966* (Montréal, HMH, 1970): xvi.

montaient à deux siècles, des prêtres en soutane, le nez chaussé de lunettes à fines montures, lisant les auteurs classiques sur les bancs des parcs. Bien sûr, il comprenait que la mémoire est un témoin imparfait, particulièrement quand il s'agit de l'enfance. «La poésie de la mémoire intervient, notait-il, [...] on embrasse l'analyse, et alors l'analyse fait son travail pernicieux. On découvre qu'on n'est pas exactement ce qu'on avait rêvé.» C'est la poésie de la mémoire, cependant, qui constituait selon lui la partie toujours vivante du passé. C'est ce passé qu'il tenta de retrouver dans ses récits attachants, *Voyages au pays de l'enfance* [4]. Mais, même en tenant compte de sa tendance à idéaliser cette période de sa vie, Laurendeau n'était pas loin de la vérité quand il se décrivait lui-même comme un enfant de la transition.

Il est né le 21 mars 1912, dans une de ces familles qui composent alors au Québec le milieu des «notables». Caractérisant une certaine élite sociale regroupée, pour la plupart, au sein de la classe moyenne professionnelle de langue française, le terme donne une indication générale de la position sociale de la famille dans la hiérarchie petite-bourgeoise d'où proviennent la majorité des leaders nationalistes canadiens-français, avant la Seconde Guerre mondiale. Bien que cette notabilité existe encore aujourd'hui, il ne s'agit plus que d'un phénomène isolé; elle a perdu depuis longtemps son pouvoir, de la même façon que le médecin et le pasteur ne sont plus les personnages incontournables qu'ils étaient ailleurs en Amérique du Nord. Mais, dans la première moitié du siècle, comme dans une grande partie du siècle précédent, les notables exercent une forte influence dans la définition de l'idéologie canadienne-française [5]. Ils occupent des postes importants dans les milieux de l'instruction publique, les organisations laïques de l'Église catholique, les organismes culturels, les groupes nationalistes et la plupart d'entre eux peuvent décliner une longue liste d'ancêtres qui ont fait

---

4. André LAURENDEAU, *Voyages au pays de l'enfance* (Montréal, Beauchemin, 1960).

5. Fernand OUELLET, «The Historical Background of Separatism in Quebec», dans G.R. COOK, dir., *French-Canadian Nationalism; an Anthology* (Toronto, Macmillan, 1969): 49-64; aussi Fernand DUMONT *et al.*, *Le pouvoir dans la société canadienne-française* (Québec, Presses de l'Université Laval, 1974): chapitre 11.

de même. Ils grandissent en connaissant les familles des uns et des autres, fréquentent les mêmes collèges et, malgré leurs nombreux différends, partagent une commune idéologie. Par-dessus tout, ils tiennent pour acquis, d'une façon presque aristocratique, que le maintien de la culture nationale du Canada français est un droit et un devoir de naissance.

Il ne s'agit pas simplement de quelques coutumes vieillottes qu'ils souhaitent maintenir, mais de tout un système de valeurs qu'ils conçoivent de nature «spirituelle» et qui se fonde — du moins, selon leur mythologie — sur un âge d'or dans un passé lointain où la langue était pure, les lois françaises intactes, la famille «canadienne» forte et l'autorité morale de l'Église catholique incontestée. À partir de leurs bastions de Montréal et de Québec, sans parler des noyaux professionnels des petites villes et des villages, les notables ont pu résister durant des générations à tout ce qui met en péril cette idéologie conservatrice — appelée idéologie de la «survivance[6]» dans les livres modernes d'histoire du Québec. Comme tous les vrais conservateurs, ils n'acceptent le changement que lorsqu'ils ne peuvent plus faire autrement. C'est d'ailleurs en tissant serré, comme un tout indissociable, leurs propres valeurs et la définition culturelle globale de la nation canadienne-française qu'ils parviennent à garder indispensables leurs rôles de chefs nationalistes.

Peut-être les Laurendeau s'efforcent-ils d'autant plus d'imiter les manières et de soutenir les valeurs des notables qu'ils ne sont pas eux-mêmes une famille éminente mais plutôt solidement installée dans les seconds rangs en voie d'ascension. En témoignent particulièrement l'importance qu'ils accordent à leurs origines rurales et leur insistance à maintenir des liens familiaux étendus. On encourage le jeune André à s'identifier positivement à ces racines rurales, dont ses parents parlent à peu près comme d'un symbole de la supériorité morale de la famille. Mais il décrit lui-même son ascendance d'une façon plus prosaïque: «Mon père était un musicien,

---

6. S.M. Trofimenkoff, *The Dream of Nation: A Social and Intellectual History of Quebec* (Toronto, Gage, 1983): 218-232; aussi G.R. Cook, *Canada and the French-Canadian Question* (Toronto, Macmillan, 1967): 79-103.

mon grand-père, un médecin de campagne dans un petit village, et, à partir de là, des paysans et des paysannes jusqu'au premier qui arriva de France.» Ce premier Laurendeau était arrivé au Canada en 1680; le petit village en question était Saint-Gabriel-de-Brandon, localité rurale située à environ 120 kilomètres au nord-est de Montréal, où la famille s'était finalement installée à la fin du XIXe siècle, après avoir migré d'une région rurale à l'autre du Québec, durant les deux siècles précédents[7]. Le grand-père d'André, Olivier, habitait déjà, à la fin du XIXe siècle, une maison de Saint-Gabriel qui était aussi son cabinet de médecine. Le père d'André, Arthur, est né dans cette demeure. Il achètera plus tard, à un kilomètre de là, une propriété qui sera la maison de campagne de la famille durant la jeunesse d'André. Plusieurs années plus tard, lors d'une interview à Radio-Canada, il se rappellera que, jeune, il avait eu l'impression d'être le «suzerain de l'endroit». Il se souvenait comment, enfant, il se rendait à Saint-Gabriel par train tous les étés à partir de la gare Lafontaine à Montréal, fou de joie au départ, d'une mélancolie romantique au retour. Saint-Gabriel fut le paradis de ses jeunes années et les étés intenses qu'il y passa contribuèrent à ancrer chez lui des images idéalistes de la vie rurale, bien plus que l'évocation maintes fois réitérée de la longue et grise lignée des ancêtres cultivateurs.

À l'âge de 12 ans, dans une lettre écrite de l'école à ses parents, il s'écriait avec nostalgie: «Les vacances ont passé vite! Ces bons bains que j'ai pris au lac; cette belle excursion de pêche qui m'a tant amusé, ces agréables pique-niques, en un mot, cet été sans pareil.» Il n'y avait alors qu'un petit pas à franchir pour qu'avec sa vive imagination, il dépeigne une atmosphère d'idylle pastorale, où les fermiers besognent dans les champs tout proches pendant que les enfants jouent. De fait, les nombreuses lettres d'André et les pages de son journal intime durant l'adolescence sont remplies

---

7. J.-J. LEFEBVRE, *Généalogie de la famille Seerset, des familles alliées, Perrin, Delvecchio, Laurendeau, Brisset des Nos* (Trois-Rivières, Éditions du bien public, 1966); aussi Francine LAURENDEAU, «André Laurendeau et la musique», dans Robert COMEAU et Lucille BEAUDRY, dir., *André Laurendeau* (Sillery, Presses de l'Université du Québec, 1990): 116-120.

d'images romantiques du «noble laboureur». Et lorsque jeune adulte durant les années 1930, des mentors comme l'abbé Lionel Groulx lui enseigneraient que la vraie survie du Canada français repose sur la perpétuation des vertus rurales, il écrirait avec des accents encore plus lyriques sur le sujet. Beaucoup plus tard, il ferait observer:

> [...] je puis dire qu'on nous enseignait l'agriculturisme, ou plus exactement qu'on nous le faisait respirer. Il prenait souvent la forme suivante: l'agriculture était regardée comme la seule activité tout à fait normale et saine. On jugeait l'abandon des campagnes comme un acte immoral. Les grandes villes avaient, de soi, quelque chose de vaguement peccamineux[8].

Longtemps après avoir abandonné sa croyance dans le destin rural du Canada français, il continua à vanter la sagesse et la confiance tranquille de «l'habitant» comme un modèle pour tous les Canadiens français. Pour lui, ses voisins de Saint-Gabriel n'étaient pas sans défaut, mais il les sentait sûrs d'eux. Ils formaient, de plus, un milieu francophone: le catalogue d'Eaton devait être traduit en français, car personne là-bas n'aurait pu le lire.

Même s'ils habitaient Montréal, les parents d'André tâchaient de maintenir les nombreux liens familiaux, caractéristiques de leur passé rural. C'est l'attitude normale des familles urbaines de première génération. Mais, à cette époque, c'était doublement important pour les notables, qui considéraient la famille traditionnelle comme la structure sociale de base du Canada français. Maintenir les liens familiaux était, pour eux, une autre façon de contribuer à la survivance nationale. Enfant unique, André fut entouré de cousins et cousines du premier et second degré, ainsi que de cousins plus éloignés, qui avec leurs parents envahissaient la maison des Laurendeau à certains moments de l'année, dans un désordre époustouflant d'entrées et de sorties. Parfois, il en avait par-dessus la tête d'être obligé de prolonger un dîner, de faire danser ses tantes «qui dansent très mal», ou de devoir supporter un «chahut indes-

---

8. André LAURENDEAU, «À propos d'une longue illusion», *Le Devoir*, 19 mars 1960.

criptible» alors qu'on a le goût du silence. L'âge venant, cependant, sa mémoire allait filtrer ces impressions négatives et il décrirait en termes chaleureux les avantages de la famille traditionnelle. Le maintien de ce système familial au moment où le Canada français se tournait vers des valeurs urbaines allait devenir l'une de ses préoccupations les plus durables.

Laurendeau a grandi dans un quartier français de Montréal qui n'était pas encore très développé à l'époque. Il gardera le sentiment d'être né dans une «petite ville» du nom de Montréal, une ville divisée en quartiers, dont la plupart étaient d'anciens villages annexés à la ville, mais pas complètement intégrés. Son quartier, paisible, était occupé en grande partie par une petite bourgeoisie vouée aux professions libérales. Les habitants avaient conscience d'être à l'écart de ce qu'ils considéraient comme le tumulte détestable du monde commercial, plus à l'ouest, et le pêle-mêle de la classe ouvrière, plus loin à l'est et vers le fleuve. Ils étaient bien forcés de reconnaître l'existence de ces autres parties de Montréal et, pire encore, de s'y rendre pour leurs affaires, mais ils pouvaient au moins revenir en un lieu qui était à leur image, où les meilleures choses de la vie — les bonnes manières, la musique, les livres — étaient encore appréciées.

Si les Laurendeau ne pouvaient se payer le luxe d'habiter l'une des demeures les plus cossues du quartier, ils pouvaient quand même, rue Cherrier, jouir de l'atmosphère de la notabilité canadienne-française: une atmosphère qui ne tenait pas tant à la richesse qu'à une certitude tranquille. Il n'est pas facile de la reconstituer aujourd'hui, mais les souvenirs personnels et les descriptions des années 1920 permettent d'en esquisser le tableau. Le moment le plus charmant était le crépuscule, quand des airs de piano ou de flûte, tombant en sourdine d'une fenêtre ouverte au deuxième étage, venaient se mêler au tintement de l'argenterie d'une salle à manger en bas. Au loin, on pouvait entendre de jeunes enfants s'interpeller à voix feutrée dans les allées assombries du soir. À travers la fenêtre d'un salon, le passant pouvait apercevoir de hautes bibliothèques en chêne, chargées des incontournables classiques reliés en cuir et, juste au-dessus, un crucifix dont le Christ arborait une petite plaie rouge sur le côté. Autour de l'abat-jour, dans un halo de lumière ambre, on aurait certainement pu voir flotter la fumée de pipe de quelque avocat philosophe. Car, à cette époque peu trépidante, on avait encore le loisir de lire l'histoire et la littérature, d'approfondir les mystères de la religion et de savourer le temps qui passe.

Même s'il dira volontiers plus tard avoir passé son enfance dans un sanctuaire bourgeois isolé, coupé de l'agitation et des tensions du courant principal d'évolution socio-économique de Montréal, il admettra que ses souvenirs les plus touchants portent sur le caractère francophone autarcique de ce milieu. Selon lui, la partie du quartier, bordant le parc Lafontaine du côté est, offrait, à 50 milles de la frontière américaine, tout ce qui est nécessaire à un enfant: des voisins, des prêtres, des enseignants, des commerçants, qui tous parlaient français. On pouvait bien n'y rien savoir de l'anglais et un Anglais s'y serait senti perdu.

Avec Saint-Gabriel, ce quartier donna à Laurendeau le sentiment irrépressible de son identité canadienne-française. Il fut élevé dans l'assurance que le Canada français était bien plus qu'une simple notion culturelle ou qu'un particularisme ethnique, disséminé ici et là. Pour lui, c'était un lieu où parler français et avoir le sens de son enracinement historique étaient la norme.

Si l'héritage familial et le milieu d'enfance d'André Laurendeau reflétaient les valeurs des notables canadiens-français, c'est son père Arthur qui lui a le mieux transmis ces valeurs. Né dans une famille de dix enfants, Arthur avait déménagé à Montréal dans sa jeunesse pour étudier le chant, après son cours classique à Joliette. En 1908, il abandonna ses cours de droit et se rendit à Paris pour suivre des cours plus avancés d'art vocal. C'est là qu'il se passionna pour les œuvres du compositeur Claude Debussy, passion qu'il transmettra à son fils. Revenu à Montréal en 1910, il se fit entendre en concert avec Léo-Pol Morin, pianiste et compositeur qui appréciait aussi l'art moderne, et interpréta les œuvres de Rodolphe Mathieu, un autre compositeur canadien-français. Ces deux amis de sa famille allaient devenir les principaux professeurs de musique d'André. C'est aussi en 1910 qu'Arthur épousa Blanche Hardy, elle-même pianiste de concert et descendante d'une autre longue lignée de musiciens. Son père Edmond possédait un magasin de musique, dont Laurendeau évoquera plus tard l'atmosphère magique, dans son œuvre de fiction:

Il est seul, donc sage. Un regard au grand-père, qui cuve peut-être sa rancune, et d'ailleurs cause avec un client. L'enfant procède à l'inspection des instruments de musique. Il se souvient du mot d'ordre: on regarde, on ne touche pas. Les deux mains derrière le dos, il va de vitrine en vitrine. Il reconnaît les belles formes pleines du violon et du violoncelle, mais ne s'y arrête pas: ils sont moins mystérieux, ces instruments, puisqu'on a pu tirer de leurs cordes un son vibrant. Sur une étoffe grenat, voici les clarinettes, sobres de ligne et de couleur. Ce qui est beau, ce qui brille au regard, ce sont les cuivres: ils ont l'air vivant, l'énorme tuba qui vous écraserait, le cornet à piston, et surtout le trombone à coulisse.

— Grand-père, je peux essayer?

Oui, il peut, on le surveillera du coin de l'œil [9].

En 1917, la mère de Laurendeau fonda le trio César-Franck et elle joua à la radio comme membre fondatrice du Lady's Morning Musical Club. Mais, à l'exception de l'enseignement, elle ne poursuivit pas sa propre carrière après le mariage: décision normale pour une Canadienne française de la classe moyenne d'alors. Elle se consacra plutôt à aider Arthur dans sa carrière, ce qui consistait à enseigner dans les écoles normales de Montréal, servir d'organiste et de maître de chapelle à la cathédrale Saint-Jacques et diriger l'Orchestre de l'Orphéon de Montréal. En 1917, Arthur fonda la Société nationale d'opéra comique et, avec les années, monta plusieurs opéras à Montréal. Il n'est pas étonnant, dans ce contexte, qu'André se souvînt de la musique comme de l'aspect dominant de son enfance. Se rappelant les représentations du petit opéra de l'Est de Montréal, il écrivait:

---

9. André LAURENDEAU, *Voyages au pays de l'enfance* (Montréal, Beauchemin, 1960): 151.

10. Denis MONIÈRE, *André Laurendeau et le destin d'un peuple* (Montréal, Québec/Amérique, 1983): 16; aussi Yves LAURENDEAU, «En guise de supplément au *Laurendeau* de Monière», *Revue d'histoire de l'Amérique française*, 38, n° 1 (été 1984): 78-82.

Je sais par cœur les airs et les répliques. Mon père est professeur de chant: j'assiste à un concert d'élèves, la plupart des solistes et tous les choristes sont des amateurs. Je puis bien sourire de loin et démystifier rétrospectivement le spectacle. Mais sur le moment, c'est une magie, que mon père, chef d'orchestre, dirige de la fosse obscure où je reconnais sa silhouette; quelque part dans l'obscurité, ma mère est au piano, mon grand-père maternel joue la contrebasse — c'est presque une entreprise familiale[11] [...]

Il fut attiré dans l'entreprise familiale, d'abord par son père, à un âge tendre. Arthur donna notamment des instructions très précises pour l'éducation musicale de son fils, lorsqu'à sept ans le garçon alla vivre un an en Angleterre avec sa mère. Elle-même accompagnait son amie Sarah Fischer, une chanteuse d'opéra qui étudiait à la Royal Society of Music. Ils passèrent les fêtes de Noël 1919 à Paris, où ils virent l'opéra *Lakmé* de Léo Delibes. Arthur dut être enchanté de lire ce commentaire précoce de son fils: «Lakmé a chanté faux au 1er acte, moins faux au 2e, et pas faux du tout au 3e.[12]» Sa mère avait déjà entrepris de lui montrer le piano et l'avait initié aux grands compositeurs. Au départ, il fut mauvais élève, détestant la méthode d'apprentissage Schmoll et n'aimant ni Mozart ni Bach. Mais les dieux de la musique, pour employer son expression, lui envoyèrent une jeune cousine pétulante, qui le convainquit que «le piano est aussi de la musique». Grâce à son père, il avait déjà l'oreille apprivoisée aux modernes, particulièrement Debussy et Ravel, même avant de prendre des leçons. Un maître comme Léo-Pol Morin, qui avait connu Ravel et qui avait organisé en 1927 le premier festival Debussy en Amérique du Nord, à Montréal, avait encore renforcé cette inclination[13]. Bientôt, André composait lui-même des mélodies et des adaptations pour le piano.

---

11. André LAURENDEAU, «Ça a commencé dans un théâtre de l'est de Montréal...», *Le Magazine Maclean* (Montréal), 5 (août 1965): 48.

12. Jean LAURENDEAU, «André Laurendeau, la musique et l'ambiance» dans Nadine PIROTTE, dir., *Penser l'éducation. Nouveaux dialogues avec André Laurendeau* (Montréal, Boréal, 1989): 124.

13. *Ibid.*

Plus tard, à 21 ans, il composa une opérette, *L'argent fait le bonheur*, dont le livret avait été écrit par son ami Claude Robillard. Inspirée de son amour du jazz et mettant en vedette la talentueuse mezzo-soprano Jeanne Maubourg-Roberval, cette œuvre fut présentée en 1933 [14]. Ses espoirs de carrière musicale allaient, cependant, s'estomper assez tôt, mais, en 1964, devant la Société Royale du Canada, tentant d'évoquer l'enfant qu'il fut, il mentionna l'influence primordiale de la musique:

> [...] embrassant ma propre existence, je puis aujourd'hui con-
> clure que j'ai déchu, d'abord de la musique à la littérature,
> puis de la littérature à l'action et au journalisme, sans vrai-
> ment savoir pourquoi. Et cependant, dans les régions obscures
> de soi où s'élaborent les vraies hiérarchies des valeurs, le pre-
> mier mot qui surgit est musique, et le premier nom Debussy [15].

Arthur Laurendeau a été décrit par ses amis et ses petits-enfants comme un homme enthousiaste et jovial, mais il avait des idées plutôt anciennes et il supervisait rigoureusement l'évolution artisti-que, intellectuelle et morale d'André. Même s'il jouissait d'une bonne réputation et gagnait bien sa vie avec la musique — qui lui donnait même des entrées dans la haute société —, Arthur avait espéré beaucoup plus. Il voulait apporter une brillante contribution artistique, pour enrichir le patrimoine culturel du Canada français. Quand il s'aperçut qu'il n'était pas assez doué et qu'il commença à éprouver des problèmes de santé, il transposa ses ambitions sur son fils. Longtemps avant qu'André ne manifeste lui-même des propensions littéraires, Arthur était sûr que son fils apporterait un jour une grande contribution à la littérature. Alors qu'André n'avait que sept ans, il lui écrivait qu'il rêvait de le voir instruit, capable d'écrire des beaux livres «comme ceux de Daudet et de Veuillot». Détectant chez son fils le mot juste, la sensibilité et la fougue, il prévoyait le voir réussir dans le domaine de la littérature. Ayant

---

14. *Ibid.*; aussi Denis MONIÈRE, *André Laurendeau et le destin d'un peuple* (Montréal, Québec/Amérique, 1983): 33.

15. André LAURENDEAU, «Réponse de M. André Laurendeau de la société Royale du Canada», *Écrits du Canada français* (Montréal) 35 (1972): 63.

semé cette idée chez son rejeton, Arthur n'était pas du genre à la laisser germer spontanément. À la maison, il revenait constamment à la charge. André parla plus tard de ces hautes attentes littéraires qu'on avait placées sur lui:

> Mon père ne savait pas toujours parler aux enfants; il les traitait volontiers comme des grandes personnes; c'est ainsi qu'il me fit lire à onze ans *L'Iliade* dans la traduction de Leconte de Lisle, qui du reste me conquit, ainsi que *Le Cid*, dont la vaillance m'exalta. Un peu plus tard je pris en horreur Mademoiselle de Lespinasse, dont ma mère dévorait les lettres d'amour, et qu'elle discuta à table avec son mari durant d'interminables semaines, suivies de mois consacrés à Balzac[16].

Arthur était persuadé qu'André ne ferait rien de bon sans une discipline de fer. Dans sa conception traditionnelle du rapport père-fils, où des coutumes comme la bénédiction paternelle étaient encore évoquées avec un respect attendri, il considérait de son devoir de développer cette qualité par une surveillance rigoureuse. Ses lettres indiquent qu'il ne voyait guère André comme un enfant mais comme un adulte en devenir. Ce qui ne signifie pas qu'il ne montrait jamais d'affection. Quand le jeune André était en Angleterre avec sa mère, par exemple, les lettres d'Arthur parlaient affectueusement de son petit ange: «... avec ton sourire fin et délicat, avec tes yeux de bichette», écrivait-il. Mais les mêmes lettres étaient aussi remplies de conseils sévères à son fils de sept ans, pour qu'il domine ses passions et devienne savant et cultivé. «Je te répète toujours les mêmes choses, disait-il non sans lucidité, [...] je pense à tout ce qui peut te préparer un bel avenir d'homme énergique, patriote et catholique...»

Il ne laissait planer aucun doute sur le fait que, dans cette triade de vertus, le catholicisme comptait le plus. Arthur considérait un fils, beaucoup plus qu'une fille, comme un cadeau spécial du Ciel qu'il fallait façonner spirituellement pour parfaire l'œuvre du Créateur ici-bas. Il prenait donc un soin jaloux à surveiller de près la piété du garçon. Déjà bien engagé dans la vie adulte, André

---

16. *Ibid.*, p. 61.

trouvait encore normal de dire à son père combien de fois il avait communié ou de le consulter sur le prêtre à choisir comme confesseur. Le Dieu d'Arthur Laurendeau n'était pas une divinité chaleureuse et amicale, mais un sombre justicier. Il fallait toujours se garder des mauvaises pensées. À son fils de huit ans, Arthur expliquait: «Dieu est tout puissant et il a tant pitié des petites âmes d'enfants comme toi [...]» Il le mettait en garde contre la désobéissance, l'insolence et la violence parce que ces défauts déplaisaient grandement à Dieu; il l'exhortait à mettre son caractère à l'épreuve pour l'améliorer. Peu après, il faisait remarquer que sa propre attitude n'était pas très différente de celle de Dieu, car son amour dépendait de la conduite d'André: «Je t'aime plus que [...] tous les plaisirs, plus que tout bonheur [...] art [...] intelligence [...] plus que moi-même [...] mais j'aimerais mieux te voir mort que méchant et vicieux.» Cette rigueur morale, nous le verrons, marquera profondément la personnalité de Laurendeau.

Il va de soi qu'Arthur pensait aussi que la littérature et la philosophie catholiques étaient les meilleurs guides pour le développement intellectuel d'André. D'ailleurs, lui-même avait puisé la plupart de ses idées chez les penseurs catholiques ultra-conservateurs en France. Il donnait en exemple des auteurs ultramontains comme Louis Veuillot. Des œuvres édifiantes de la littérature classique, les pièces de Corneille et de Racine et des récits exemplaires de preux chevaliers à l'image du Cid étaient solennellement offerts à André pour Noël, pour son anniversaire ou pour la fête de son saint patron. Cette littérature prédominait dans la bibliothèque de 500 livres qu'il possédait déjà à 18 ans. Conjuguée aux exhortations incessantes de son père, elle le remplissait d'idéalisme religieux et le rendait exagérément scrupuleux au sujet des moindres débordements de sa personnalité. En 1923, il écrivait à ses parents qu'il voulait travailler à devenir un saint. Son modèle était saint François Xavier, dont il étudia la vie dans les moindres détails même s'il ne pensa jamais devenir prêtre. Mais, à 20 ans passés, il était encore tenaillé par l'idée qu'un bon catholique, pour devenir meilleur, doit se faire prêtre. Dans sa jeunesse, il consultait régulièrement des prêtres sur des questions intellectuelles. Il se rangeait alors à leurs interprétations, car, selon son père, en vertu même de sa mission, le prêtre détient une autorité spéciale. Il ne fait pas de doute qu'Arthur fut aussi grandement responsable d'avoir semé l'intolérance religieuse chez son fils. Laurendeau reconnaîtra que, même peu nombreuses, les insinuations de son père au sujet du protestantisme n'étaient guère sympathiques et que parler d'un protestant était parler d'un étranger. Les juifs, à n'en pas douter, étaient encore plus mal vus. Pour des décennies, le jeune Laurendeau ne pourra concevoir de Canadien français qui ne soit aussi catholique.

Arthur Laurendeau était un nationaliste canadien-français convaincu. Il fit en sorte, dès le départ, qu'André le devienne aussi. Durant les années 1920 et 1930, Arthur était membre de plusieurs associations nationalistes, dont la Société Saint-Jean-Baptiste. Il écrivit aussi des articles pour des revues nationalistes et, de 1934 à 1937, dirigea même l'une d'elles, *L'Action nationale*, qui allait bientôt prendre de l'importance dans la vie d'André. Arthur vouait une admiration particulière à la droite nationaliste française, sur laquelle se modelait au Québec *L'Action Nationale*, comme la revue qui l'avait précédée dans les années 1920, *L'Action Française*[17]. André racontera plus tard:

> [...] mon père nous communiquait son enthousiasme, à chaque courrier parisien, pour les dernières éditions de l'*Action Française*, pour Maurras, Léon Daudet, Jacques Bainville, Maurice Pujo et autres étoiles du ciel monarchiste. C'est ainsi que je devins royaliste avant d'apprendre que ma ferveur était sans objet, puisqu'une monarchie constitutionnelle ne saurait exalter un maurassien, et puisqu'au Canada la couronne était britannique[18].

Les écrits d'Arthur montrent qu'il suivait encore plus dévotement les porte-parole du nationalisme canadien-français, comme Henri Bourassa et Lionel Groulx. Au début des années 1920, il était encore sous l'influence du nationalisme modéré de Bourassa,

17. S.M. TROFIMENKOFF, *Action Française: French-Canadian Nationalism in the Twenties* (Toronto, University of Toronto Press, 1975): 18-26.

18. André LAURENDEAU, «Réponse de M. André Laurendeau de la société Royale du Canada», *Écrits du Canada français* (Montréal) 35 (1972): 61.

qui prônait le respect mutuel des anglophones et des francophones au Canada. Ce n'est donc pas sans enthousiasme qu'il parla à son fils de la visite du prince de Galles au Canada, en 1919; et lorsqu'André était en Angleterre, il l'exhortait à étudier les grandes réalisations de la culture anglaise: la «belle musique», les «belles peintures», les «beaux châteaux». À l'instar de plusieurs notables canadiens-français, Arthur admirait l'Angleterre beaucoup plus que le Canada anglais, qu'il considérait comme une pâle imitation coloniale. Mais l'impérialisme britannique se dressait toujours comme la bête noire sur le chemin du respect authentique.

À cette époque, cependant, André fut encore plus influencé par les relations personnelles de son père avec la minorité anglaise du Québec. Ce dernier avait des élèves anglophones et il les considérait comme les autres. Laurendeau dira que c'est plus tard qu'il a appris que son père avait de très sérieuses préventions contre le groupe anglophone lui-même, pour des raisons fondées sur l'histoire. Arthur se souciait particulièrement de préserver le français des effets, selon lui, mutilants et déformateurs de l'anglais. Il cherchait dans une certaine mesure à en protéger son fils. Quand André était en Angleterre, il lui disait d'apprendre juste assez d'anglais pour mieux aimer le français. Il envoya à sa femme un article qui dénonçait les effets néfastes du bilinguisme chez les jeunes. Pour lui, il n'était pas bon de «bourrer une petite cervelle de trop de mots en deux langues différentes».

Quand, au retour de Londres, André oublia rapidement tout l'anglais qu'il avait appris, Arthur s'en montra ravi. Il prit soin par la suite d'empêcher toute intrusion de l'anglais dans la vie quotidienne de la famille. Laurendeau se rappelle, en particulier, d'avoir reçu une première leçon pratique de patriotisme en entendant ses parents réclamer avec acharnement du français de la téléphoniste de Bell.

Cela dit, il est assez ironique sinon stupéfiant qu'André Laurendeau, l'un des grands artisans du bilinguisme officiel au Canada, ne se montrât nullement enclin à apprendre l'anglais avant la fin de la vingtaine et qu'il ne pût le parler avec assurance avant la quarantaine. Il rencontrait des Américains de temps à autre, au club de chasse et de pêche près de Saint-Gabriel, mais il ne connaissait guère de Canadiens anglais et n'avait pas d'amis parmi eux.

Dans quelle mesure André fut-il influencé par la surveillance bien intentionnée mais stricte de son père? On ne peut y répondre sans noter, au départ, qu'André était un enfant délicat, de santé fragile et de tempérament naturellement sensible, introverti. Bref, il n'était pas du genre impavide ou farouche qui tient tête aux adultes. Au contraire, il faisait preuve d'un respect filial qui, même au début de l'âge adulte, le faisait plier plutôt que d'affronter ouvertement son père. Cette subordination contribuerait pour une bonne part à limiter son évolution intellectuelle au début des années 1930. Il devrait quitter le pays et prendre ses distances de l'influence directe de son père pour trouver son plein épanouissement. Cette dépendance se trouvait accrue par sa situation d'enfant unique. C'est dans sa jeune adolescence qu'il s'est senti sans doute le plus près d'un autre enfant: un filleul nommé Paul-André, qu'il berçait dans ses bras et qu'il amusait en jouant du piano. L'absence de frère et sœur ne signifiait pas seulement qu'aucun autre enfant ne détournait la jalouse attention du père, elle le privait aussi de confidents précieux pour des échanges de vues qui auraient contesté ou, du moins, remis en question les principes d'Arthur. Un de ses proches collègues, Gérard Filion, dira plus tard à quel point André était curieux de savoir comment on vivait dans une famille nombreuse: «J'ai toujours soupçonné que ce qui lui avait manqué au départ c'est une enfance d'enfant et non une enfance d'adulte.» Ces circonstances expliquent qu'il ait grandi en s'efforçant constamment de se conformer aux normes élevées de son père sans même se demander s'il y en avait d'autres.

Sa mère ne fut pas d'un grand secours pour alléger cette pression. C'était certes une femme peu conventionnelle, surtout pour l'époque: elle avait mené une carrière musicale indépendante avant son mariage et elle pouvait s'embarquer sans ambages dans des aventures comme ce long séjour d'un an avec André à Londres. Il semble cependant qu'elle était rongée par des hantises qui l'amenèrent à surprotéger son fils et à exercer une grande pression sur lui. Elle provenait d'une famille où les relations conjugales étaient décevantes, particulièrement dans le cas de ses deux sœurs. Tout juste avant son mariage, elle avait dû elle-même affronter une situation humiliante: l'apparition soudaine de l'amante enceinte d'Arthur, arrivée de Paris. Selon toutes apparences, un frère d'Arthur versa à l'importune une large somme pour l'éloigner et le mariage put avoir lieu, mais Blanche en resta traumatisée pour la vie. Très asthmatique, elle avait toujours été nerveuse et tourmentée; elle devint désormais jalouse et autoritaire. Elle aurait voulu plusieurs enfants, mais André demeura le seul objet à la fois de son attention à elle et de celle de ses deux sœurs sans enfant. Elle prit même l'initiative peu habituelle de faire faire le buste de son fils à l'âge de onze ans, par anticipation peut-être de son brillant avenir. Et Laurendeau avoua un jour que même après son mariage (en 1935), durant les deux ans qu'il vécut à Paris, elle ne cessait de lui écrire qu'il lui manquait, comme si elle avait voulu lui empoisonner son séjour en Europe. Le fils d'André, Yves, dit que cette emprise maternelle explique pour beaucoup le côté réservé de son père, le combat qu'il a mené toute sa vie contre les sentiments de culpabilité, de même que ses fréquents accès d'agoraphobie. Avec d'autres, il pense que ce complexe a contribué à le diriger vers la politique et le journalisme, plutôt que vers la musique ou la littérature, pour lesquelles il avait été si manifestement élevé; car dans ces deux arts, ses craintes d'échecs devaient être très fortes. Chose certaine, l'amour maternel ne pouvait lui servir de refuge contre l'ombre écrasante de son père.

Bien entendu, Arthur Laurendeau veilla à ce que l'éducation scolaire d'André renforce les préceptes moraux et intellectuels qu'il lui inculquait à la maison. André suivit donc la voie scolaire prescrite pour un notable: une voie illuminée par la tradition pédagogique de l'humanisme catholique, qui avait formé l'élite du Canada français depuis des générations. C'était une éducation différente, en théorie et en pratique, de celle qui était donnée au Canada anglais ou ailleurs en Amérique du Nord. Elle commença en 1919, durant l'hiver qu'il passa avec sa mère en Angleterre. Un précepteur lui donna des leçons conformes au programme scolaire du Jardin de l'enfance, une école catholique de Montréal dirigée par des religieuses. Arthur écrivit à André que la directrice de l'école attendait de lui qu'il sache son catéchisme «jusqu'au sacrement de pénitence», l'arithmétique «jusqu'aux problèmes sur les quatre règles simples», et, en français, la notion de verbe.

De 1920 à 1923, André fréquenta le Jardin de l'enfance, où le but principal semble avoir été d'ancrer fermement, dans l'esprit de chaque élève, l'importance de la discipline pour réussir. Le programme scolaire tâchait d'y arriver en faisant alterner des leçons de français, d'histoire et de géographie avec de fréquents enseignements du catéchisme. La connaissance religieuse était renforcée par des récitations et consolidée par des répétitions sans fin. André rappellera que les religieuses qui enseignaient le catéchisme disaient que l'ange gardien, invisible, se tenait à la droite d'une personne, et le diable, à sa gauche. Quand les tentations arrivaient, Laurendeau donnait des coups, dans l'air, à sa gauche, où devait se tenir le diable.

Les religieuses, sans doute, traitaient les enfants comme on les avait traitées elles-mêmes, en punissant sévèrement la moindre désobéissance ou paresse. On ne sait si les enfants comprenaient la théologie catholique à la fin de leurs études, mais il ne fait pas de doute qu'ils pouvaient réciter par cœur de longs passages de la Bible. En tous cas, cette formation allait permettre à André, devenu adulte, d'illustrer ses arguments par divers exemples tirés de la Bible. Il serait prématuré d'avancer beaucoup d'autres conclusions à partir de cette première étape scolaire, mais ses bulletins montraient déjà sa précocité en littérature, une des lignes de force intellectuelles de sa vie adulte. Ils révélaient aussi qu'il avait déjà maille à partir avec les mathématiques, comme il l'aura toujours.

Il étudia au collège Sainte-Marie, au centre-ville de Montréal, de l'âge de 11 ans jusqu'à 19 ans. Si le cours classique est disparu aujourd'hui tout autant que l'ancienne notabilité, il est quand même resté en place jusqu'au milieu des années 1960 et les dernières générations de leaders canadiens-français qu'il a formées — les Pierre Elliott Trudeau, Claude Ryan, Jacques Parizeau, Lucien Bouchard — font encore sentir leur influence. Les premiers collèges classiques avaient été établis dans le climat réactionnaire du début du XIXᵉ siècle, par des communautés religieuses catholiques qui avaient fui la France post-révolutionnaire ou en avaient été expulsées[19].

---

19. Mason WADE, *The French-Canadians, 1760-1867* (Toronto, Macmillan, 1968), I, p. 117-119; sur l'histoire des collèges classiques, voir Claude GALARNEAU, *Les collèges classiques au Canada français (1620-1970)* (Montréal, Fides, 1978).

Tout au long de leur histoire, ces maisons d'enseignement ont été,
à de rares exceptions près, fortement opposées aux tendances libérales, puisqu'elles étaient vouées à raffermir la tradition conservatrice catholique. Cette idéologie reposait sur l'idée qu'une société
civilisée devait toujours avoir à sa tête une élite éclairée, vivement
consciente des besoins spirituels et culturels de la communauté.
Les meilleurs éléments sortis de ces collèges étaient dirigés vers des
grands séminaires ou des universités encore plus élitistes, pour
devenir des prêtres ou des médecins, des avocats et des politiciens.
Ceux qui ne parvenaient pas jusque-là — dont l'éducation se ter-
minait au collège — devenaient, la plupart du temps, des porte-
flambeau moins importants de la tradition. On incitait les diplômés à se considérer à bon droit comme des privilégiés et à
maintenir des liens fraternels avec leurs confrères durant toute leur
vie — à peu près de la même façon que les diplômés des collèges
privés au Canada anglais. Et cela valait d'autant plus quand on
était sorti d'un collège d'élite comme Jean-de-Brébeuf ou Sainte-
Marie.

Situé aux abords de la partie est francophone de Montréal, le
collège Sainte-Marie était dirigé par les jésuites. Quand André
Laurendeau y étudiait dans les années 1920, le programme et les
méthodes d'enseignement du collège reflétaient fidèlement la *raison
d'être*[15] du cours classique en général. Le programme était fondé
sur les disciplines fondamentales — théologie, philosophie et langue classique — qui avaient été durant des siècles au cœur de la
pédagogie humaniste catholique. On y ajoutait, sans grand enthousiasme, des sujets modernes comme la littérature contemporaine.
On présupposait tout simplement que les questions les plus profondes sur la condition humaine avaient été posées et résolues par les
grands philosophes classiques, et particulièrement par des penseurs
catholiques comme saint Augustin et surtout saint Thomas d'Aquin.
Le but d'un bon programme était donc de transmettre cette sagesse
à chaque génération nouvelle d'élèves. Un objectif secondaire était
de leur faire connaître les grandes œuvres de la civilisation européenne. La science était enseignée de façon rudimentaire, avec un

---

20. En français dans le texte. *NdT.*

fort penchant pour les sciences naturelles. Les sciences sociales, qui commençaient à faire leur marque aux États-Unis, demeuraient inconnues dans les collèges classiques: il en sera ainsi durant des décennies. La formation industrielle et commerciale, déjà répandue dans les écoles ontariennes, était considérée à Sainte-Marie comme une forme d'instruction inférieure, laissée à un autre niveau d'enseignement.

La succession de cours du jeune Laurendeau témoigne parfaitement de ce programme, les sujets d'étude étant grosso modo les mêmes d'année en année, avec des appellations comme Éléments, Syntaxe, Méthode, Versification, Belles-Lettres, Rhétorique et Philosophie. Il étudia le latin huit ans et le grec cinq; par contre, l'anglais fut abandonné après la deuxième année. Beaucoup plus tard, Laurendeau dira de ses professeurs qu'ils étaient sûrs de leur supériorité, convaincus de participer à la culture humaine «la plus parfaite». Et chacun avait son dû: les anglophones possédaient «l'argent», les francophones, «les arts, la culture et l'intelligence».

Les sujets d'étude facultatifs étaient le plus souvent du côté des arts: la musique, le chant, le théâtre. André se plaignait souvent de n'être pas assez fort ou adroit pour participer aux vigoureux exercices physiques que les jésuites mettaient aussi à l'honneur. Il était de ces garçons délicats et studieux qui sont souvent en butte aux railleries de leurs condisciples. Ce genre de situation l'avait même déjà forcé à abandonner les cours de ballet, qu'il ne prenait d'ailleurs que pour plaire à sa mère et qu'il avait fini par trouver embarrassants en société. Des années plus tard, il fera remarquer avec une pointe d'amertume que l'opinion publique au Québec voit mal «de jeunes garçons inscrits à un studio de danse classique». Vers la fin de la vingtaine, il finira toutefois par se réconcilier avec sa fragilité physique.

Les méthodes d'enseignement des jésuites étaient tirées de la même recette «éprouvée» que leur programme. En classe, on utilisait une sorte de dialogue socratique, une maïeutique qui, de questions en réponses, menait à la découverte d'une vérité philosophique. Les bonnes réponses étaient suivies de questions plus raffinées et l'erreur était sanctionnée par la bonne méthode classique des religieuses: la répétition. On poussait sans cesse au développement de la pensée logique et de la dialectique; on valorisait l'aptitude à exprimer ses idées de façon cohérente, avec des preuves à l'appui tirées instantanément de la mémoire. Cette formation sera pour beaucoup dans le succès du futur journaliste. L'apprentissage de la méthode, des langues et de la rhétorique servait à affiner peu à peu cette formation en vue des plus hautes spéculations de la philosophie et de la théologie. Laurendeau se plaindra de sa troisième année de collège, la classe de Méthode, la trouvant «la plus pénible» de tout le cours classique. Il lui faut beaucoup travailler et surtout être «vif à l'ouvrage», ce qui, dit-il, n'est pas son fort. L'aptitude à la composition française était éprouvée et vérifiée constamment par la pratique et la critique. Par exemple, même si le collège n'était qu'à quelques rues de chez lui, André devait chaque mois écrire à ses parents une longue lettre, qui était ensuite examinée soigneusement par un professeur. Faisant allusion à l'une de ses lettres comme à «l'antique» parce que ses parents en connaissaient déjà le sujet, il parlait de façon sarcastique de ce professeur, «qui a bien autre chose à faire» et qui doit la corriger. À ce moment-là, il était encore trop jeune pour comprendre la valeur pratique de cette méthode des jésuites. Pour les élèves de Sainte-Marie, la rigueur disciplinaire ne se relâchait pas un seul jour. L'un des anciens condisciples de Laurendeau a raconté qu'il n'était pas permis aux élèves du collège d'aller à l'église avec leurs parents le dimanche; ils devaient assister à la messe au collège, dans l'uniforme de serge noir qu'ils détestaient[21]. Pour André, cette sévérité constituait un changement radical par rapport à l'attention affectueuse qu'il avait reçue comme enfant unique, même si le code moral se trouvait le même. Denis Monière décrit l'entrée au collège d'un jeune pensionnaire comme une sorte d'incarcération:

> Sa vie est désormais régie par un ensemble de règlements impersonnels. Il doit se soumettre à une autorité abstraite et à une discipline collective. Il est constamment sous surveillance. De la salle d'étude à la cour de récréation, du réfectoire

---

21. Pierre Dansereau, *L'écologiste aux pieds nus* (Montréal, Nouvelle Optique, s.d.): 29.

à la chapelle et au dortoir, le prêtre est omniprésent. L'isolement est quasi interdit. L'obsession du péché de la chair pervertit tous les rapports humains à l'intérieur du collège où règnent méfiance et suspicion[22].

André était un bon élève. Sa ferveur religieuse, ses idéaux romantiques et son tempérament timide s'adaptaient parfaitement au programme des jésuites. Un confrère entré au collège la même année que lui a fait remarquer:

> Il sortait d'un milieu où il n'avait pas attendu les jésuites pour lire Homère et pour lire Racine et Corneille. Il était très éduqué du point de vue musical, il avait déjà ce qu'on peut appeler de la culture à cet âge de onze, douze ans[23].

La seule exception, semble-t-il, était le grec. Son aversion pour cette matière se manifesta d'abord par des commentaires gouailleurs, comme «le grec est sec», mais qui deviendront plus caustiques à mesure qu'il avançait dans son cours. Il en viendra à trouver cette langue difficile, ennuyante, discordante, dissonante, la moins aimée des élèves. Cependant, il s'accordait entièrement avec ses professeurs dans sa passion pour les classiques et la culture européenne, tout en considérant avec dédain les réalisations nord-américaines et la plupart des réalités modernes. Un peu pompeusement, il écrira à un ami que l'Europe, qui regorge de monuments artistiques, constitue le plus gigantesque effort de l'esprit «pour se projeter au-dehors» et que «nous n'avons presque rien fait dans ce sens-là». Dans une autre lettre, il recommande de se consacrer à l'étude des classiques plutôt qu'à la littérature et à l'histoire modernes.

La seule histoire moderne qu'il jugeait digne d'étude à cette époque était celle du Canada français. S'étant classé second dans cette matière lors de sa première année, il écrivit à ses parents que c'est là sa matière la plus forte et qu'il tient à bien savoir l'histoire

---

22. Denis MONIÈRE, *André Laurendeau et le destin d'un peuple* (Montréal, Québec/Amérique, 1983): 23.

23. Pierre DANSEREAU, «André Laurendeau: les options réversibles», dans Robert COMEAU et Lucille BEAUDRY, dir., *André Laurendeau* (Sillery, Presses de l'Université du Québec, 1990): 180.

de son pays «pour pouvoir le défendre lorsque le temps en sera venu». Il ne fait pas de doute que ce pays signifiait le seul Canada français. À Sainte-Marie, il n'apprit à peu près rien sur le Canada anglais; à la fin de ses études universitaires, il devait même avouer avoir presque tout lu les ouvrages d'histoire canadienne écrits par des historiens canadiens-français, mais n'être pas allé au bout de trois livres écrits par des historiens canadiens-anglais.

En 1962, Laurendeau soulignait à quel point l'historiographie canadienne-française était centrée sur les débuts, sur le Régime français; et comment cette perspective historique pouvait inspirer aux jeunes Canadiens français un sentiment romantique de leur différence:

> Vous avez un garçon ou une fille dans leurs premières années d'école secondaire. Ils étudient l'histoire de leur pays qui commence par un siècle et demi de Régime français. Étant de culture et de langue françaises, ce garçon et cette fille s'identifieront avec les gens de cette époque marquée par une longue lutte entre Français et Anglais en Amérique du Nord. Puis surviennent les dernières batailles, elles sont toutes — à l'exception de la plus importante — des victoires françaises. Certains trouvent ces histoires plus enlevantes qu'un bon match de hockey. Ils savent à quelle équipe ils appartiennent. Parfois, ils pourront crier et éclater en pleurs ou en applaudissements. Ce garçon et cette fille deviennent eux-mêmes des généraux français, des aventuriers ou missionnaires français, des coureurs de bois ou habitants français, soldats ou membres de la milice. La défaite finale ne deviendra jamais un fait accepté [24].

Durant les années 1920, les collèges classiques en général, et Sainte-Marie en particulier, étaient moins ouvertement nationalistes qu'ils allaient le devenir dans la décennie suivante, mais les jésuites réussirent néanmoins à inculquer cette notion que le Canada français était, à cause des ses liens spirituels et culturels avec l'Europe, isolé en Amérique du Nord. Le père Thomas

---

24. André LAURENDEAU, «The Meaning of Present-Day Separatism», *Varsity Graduate* (Montréal), 9, n° 6 (mai 1962): 71.

Mignault, que Laurendeau en vint à considérer comme son premier mentor nationaliste, parlait même d'un futur État indépendant de la «Laurentie [25]».

Cette idée d'un Canada français lié aux grandes cultures européennes était renforcée chez Laurendeau par l'élitisme intellectuel de ses amis à Sainte-Marie — dont le poète Saint-Denys Garneau —, qui se battaient les flancs pour jouer les intellectuels européens entre les murs lugubres du collège. Aux environs de 1927, ils formèrent un cercle littéraire qu'ils appelèrent le Cercle Crémazie, et dont ils parlaient comme de l'équivalent des grands salons français du XVIIIe siècle. Ils écrivaient des articles qu'ils s'échangeaient en vue de publication éventuelle et s'engageaient dans des discussions ferventes sur les poèmes, les pièces de théâtre et les romans qu'ils avaient en chantier. En 1931, le jeune Laurendeau fit circuler une courte pièce de théâtre qu'il avait intitulée *Tenuto* (mot italien signifiant «fragile» et qui, en l'occurrence, fut plutôt prémonitoire, si on se fie à l'accueil que l'œuvre reçut). Parfois des aînés comme Robert Choquette et Rex Desmarchais, qui faisaient carrière dans la littérature, les rejoignaient au restaurant Grille, avenue du Parc. Un des membres écrira plus tard: «Nous vivions dans une certaine effervescence, une ferveur, vis-à-vis de la littérature, vis-à-vis du mot, de l'écrit, de la poésie et des usages que l'on pouvait faire de la poésie, du roman, de l'essai [26].» Le groupe n'avait que mépris pour la médiocrité culturelle de la société montréalaise. Laurendeau lui-même croit que les gens ordinaires sont bourgeois au fond du cœur et préfèrent leur voiture et leur tapis aux vrais émotions artistiques. Ses idées évolueront à cet égard, mais il gardera toujours une préférence pour la littérature et les modèles culturels européens. À mesure que sa carrière le propulsera dans l'arène brûlante de la politique et des questions nationalistes, il regrettera souvent l'univers plus tranquille de la création artistique, auquel il reviendra de temps à autre. Et même au cours de ses périodes les

---

25. Denis MONIÈRE, *André Laurendeau et le destin d'un peuple* (Montréal, Québec/Amérique, 1983): 23.

26. *Ibid.*

plus engagées, il gardera ce contact qu'il avait commencé à établir à Sainte-Marie avec des cercles artistiques.

Les jésuites voyaient d'un mauvais œil l'activité du Cercle Crémazie, soupçonnant ses membres du pire des péchés, les mauvaises lectures, ainsi que d'autres occupations impies. Ils se doutaient aussi que le groupe avait été mis sur pied en opposition directe à leur cercle littéraire soigneusement contrôlé, l'Académie France. À l'époque, on prenait fort au sérieux l'Index, la liste des livres interdits par l'Église. Les œuvres d'auteurs comme Mauriac, Gide, Proust et Baudelaire étaient considérées comme dangereuses pour les jeunes gens. Même si le jeune Laurendeau s'était lui-même astreint à demander par écrit à l'archevêché de Montréal la permission de lire Montaigne, il ne pouvait résister à d'autres livres que les membres du cercle obtenaient grâce à la complicité d'un libraire local. Selon Pierre Dansereau, qui était entré à Sainte-Marie en 1924 et qui était membre du cercle, la seule chose qui les tourmentait, André et lui, c'était leur désir passionné d'écrire de la grande littérature. Si Laurendeau avait pu écrire *Madame Bovary* et lui, Dansereau, *Les hommes de bonne volonté*, ils auraient sacrifié tout le reste de leur vie. Leur exaspération croissante face à la banalité de la vie à Sainte-Marie finit par excéder les jésuites. Expulsés du collège tout juste avant les examens de fin d'année, les deux jeunes hommes durent louer les services d'un certain monsieur Saint-Hilaire, qui préparait les élèves aux examens du baccalauréat en dehors du système du cours classique. Ils réussirent néanmoins à obtenir leurs diplômes et retirèrent quelque fierté d'avoir été ainsi désignés comme des esprits rebelles. Ils y voyaient un bon augure pour l'avenir.

Pour bien évaluer l'influence qu'eut cette première formation scolaire sur la personnalité et la carrière de Laurendeau, on doit en garder à l'esprit le contenu et la méthode pédagogique. Il apparaît clairement que l'enseignement reçu au Jardin de l'enfance et au collège Sainte-Marie est venu renforcer le système de valeurs que le jeune André avait absorbé presque depuis le berceau. C'était, au mieux, une éducation qui cultivait une attitude sérieuse envers le développement intellectuel personnel et un profond respect pour l'excellence culturelle. Ces deux traits allaient être au centre de la mentalité de Laurendeau tout au long de sa vie; ils contribueraient pour beaucoup à ses plus grandes réalisations. Par ailleurs, en choisissant de préférence des sujets ésotériques, éloignés dans le temps et l'espace, ses professeurs n'ont pas inculqué au jeune homme une conscience réaliste du monde physique et social qui l'entourait. Il s'agissait là d'une lacune qu'il faudrait plus tard combler au prix de grands efforts. Il avouera, au sujet de la misère des années de crise, qu'il était «complètement inconscient du problème économique». En outre, l'insistance sans relâche de ses éducateurs religieux sur la discipline personnelle, la rectitude morale et le sens du devoir — qu'ils considéraient comme la formation idéale pour ceux qui étaient destinés à devenir l'élite de la société — a mis une pression énorme sur sa personnalité déjà fragile.

Durant ses derniers mois au collège Sainte-Marie, Laurendeau éprouva les premiers symptômes d'une dépression nerveuse. Bien sûr, le terme n'existait pas encore en 1931. Au Québec, comme dans la plus grande partie du Canada, la psychologie et la psychiatrie étaient encore considérées comme des sciences exotiques, voire sulfureuses. Elles avaient leur place dans les institutions, mais sans grande visibilité, car on comptait encore peu de spécialistes de ces disciplines, et les termes associés aux névroses et psychoses, tels que répression, paranoïa et complexe d'infériorité, n'avaient pas encore envahi la langue populaire. Les problèmes émotifs, particulièrement pour les rigides notables catholiques, étaient jugés comme des déviations spirituelles et, quand on en parlait, c'était dans un langage associé à la prière, à la volonté et à la morale. Alors au printemps de 1931, lorsque Laurendeau commença à perdre intérêt à ses études et à glisser dans une léthargie morbide, on lui conseilla de voir un prêtre et de travailler plus fort chaque jour à développer les «muscles de la volonté». Cette méthode ayant échoué et des explications plus terre à terre s'avérant nécessaires, on l'envoya chez le dentiste se faire extraire plusieurs dents qu'on soupçonnait d'empoisonner l'organisme du jeune homme! La perte de poids, les migraines et la dépression qui allaient l'assaillir à divers moments tout au long de sa vie ne firent qu'empirer.

Arthur Laurendeau était de plus en plus préoccupé par son fils. Il ne pouvait pas comprendre qu'un jeune homme aussi intelligent et sensible, si manifestement destiné à un rôle éminent, puisse être terrassé par une «crise de nerfs». Il soupçonnait cependant qu'au moins une partie de la dépression d'André était attribuable aux tourments de l'amour contrarié. Il y avait, en effet, une coïncidence singulière entre les plus graves crises d'André et des épisodes particulièrement frustrants de la cour assidue qu'il menait à Ghislaine Perrault. Cette relation s'était amorcée en 1928, lors d'une soirée de Noël chez des parents; Laurendeau avait 16 ans, et elle tout juste 14. À partir de ce moment et jusqu'à leur mariage en 1935, André, idéaliste et romantique en toutes choses, n'eut d'yeux pour personne d'autre. Ghislaine était la fille d'Antonio Perrault, un avocat éminent qui était professeur de droit à l'Université de Montréal. Les Perrault se trouvaient à un échelon plus élevé que les Laurendeau dans la hiérarchie bien stratifiée de la classe moyenne professionnelle; et, qui plus est, Antonio Perrault n'avait que faire de ce jeune maigrelet à l'air rêveur, qu'il trouvait sans cesse sur son chemin. De prime abord, il essaya de décourager André en imposant un code de conduite stricte à sa fille: par exemple, ordre était donné que toutes les lumières de la maison restent allumées les soirs où le jeune Laurendeau était là. Ces mesures se montrant insuffisantes, Monsieur Perrault envoya Ghislaine finir ses études à Paris. Elle y alla pour quelques sessions, mais son tenace Roméo ne cessait de lui écrire. Ses lettres, dont certaines s'étalaient sur 25 pages, réclamaient sans relâche son retour le plus tôt possible. Monsieur Perrault finit par être excédé. Il eut un vif entretien avec André, où il l'accusa d'être un incapable et un rêveur qui commençait beaucoup de choses mais n'en finissait aucune. Il était convaincu, ajouta-t-il, qu'André n'aurait pas d'emploi avant l'âge de 30 ans et donc ne pourrait faire vivre une femme; il lui interdit donc tout contact avec Ghislaine.

L'opinion que se faisait André de l'amour, du mariage et des femmes en général était elle aussi, faut-il le dire, fermement ancrée dans la mentalité catholique d'une classe moyenne au rôle bien défini, dans la tradition canadienne-française. C'est là un aspect de sa personnalité qui prendra du temps à changer. Jusque dans les années 1950, il se débattra avec les conséquences de la révolution sexuelle d'après-guerre et des réformes d'inspiration féministe.

Comme ses écrits de fiction de l'époque allaient le révéler, il entretenait des sentiments négatifs sur certains types de femmes dominantes ou jalouses. De fait, plus qu'une quelconque intuition intellectuelle ou qu'une vaste transformation sociale, ce sera sans doute la nécessité de comprendre ses propres filles «libérées» et son examen sans complaisance de certains doutes religieux durant les années 1960 qui, en fin de compte, le transformeront, et encore jamais complètement. Mais si sa pensée s'est ajustée avec le temps, il était, en 1931, pleinement sous l'influence idéaliste de l'enseignement catholique et de la littérature chevaleresque en ce qui concerne les femmes. Il avait la certitude qu'une seule femme au monde pouvait être son âme sœur, pouvait être la parfaite conjointe, une créature de haute perfection, l'idéal du temps des troubadours, et qu'il était de son devoir de l'adorer et de la protéger. Il atténuait pour le moment la troisième responsabilité traditionnelle de l'homme, celle qui était la plus importante aux yeux de Monsieur Perrault: assurer la subsistance du couple.

La tendance de Laurendeau à idéaliser Ghislaine était accrue encore par son manque d'expérience avec d'autres femmes. Il n'avait pas de sœur et il y avait peu de jeunes femmes autour de son cercle masculin de dilettantes du collège classique. De plus, sa timidité avait contribué à lui donner la réputation d'éviter un peu, sinon tout à fait, le sexe opposé. Il avait beau être bon danseur — ses leçons de ballet n'avaient pas été tout à fait inutiles, après tout — et savoir, à la fin des soirées, jouer un air de piano triste qui lui attirait opportunément les filles les plus romantiques, il y avait aussi chez lui une réserve, un air distant qui rendaient les contacts difficiles. Pour lui donc, Ghislaine n'était pas seulement «une» femme ou même «la» femme, elle était la pure essence féminine. La perdre serait laisser échapper, presque avant de commencer, la pierre d'assise essentielle de son avenir: une compagne de route pour la vie, la mère de ses enfants, un soutien fidèle de ses efforts. N'était-ce pas, après tout, le rôle que jouait sa mère auprès de son père? Il va sans dire que cette conception de l'amour ne laissait guère de place à l'expression de la sexualité. Tout interminables qu'elles étaient, ses débordantes lettres d'amour allaient rarement au-delà de quelques soupirs d'allusion à un «pyjama rouge», pour transmettre un message de désir physique. André sublimait sa libido en saupoudrant ses lettres de mièvreries amoureuses, extraites de chansonnettes qu'il écoutait dix à douze fois de suite pour en retenir les formules les plus sirupeuses: «amour suprême», «cher petit cœur», «cruelle absence». Par ailleurs, notre jeune enamouré piqua une sainte colère quand il apprit que Ghislaine, à Paris, avait eu l'audace d'aller danser. Se donnant lui-même en exemple, il souligna qu'il avait refusé l'offre de certains amis d'aller voir des prostituées. Il exhortait Ghislaine à considérer leur amour comme aussi sacré qu'une cause spirituelle.

Une autre cause de la grave dépression d'André en 1931 — et qui sera même plus significative à long terme — était sa préoccupation excessive de son avenir. Le terme «carrière» serait ici trop restrictif. Car à part la pression exercée par Antonio Perrault et malgré la crise économique, il n'avait pas besoin de trouver un emploi ou de gagner de l'argent. De fait, il continuera de figurer sur la déclaration d'impôt de son père comme enfant à charge jusqu'en 1937, alors qu'il avait déjà 25 ans, était marié et lui-même père de famille. Laurendeau, comme la plupart des notables canadiens-français, considérait l'éducation comme beaucoup plus qu'une réussite scolaire menant à une carrière. On étudiait les classiques, les arts et la religion, dans un contexte plus large que l'école. Il était acquis, par exemple, qu'André n'envisagerait pas d'emploi à long terme avant d'être allé à l'université et d'avoir voyagé en France et dans d'autres centres culturels d'Europe. Ce grand voyage, que les notables considéraient comme une sorte de polissage de l'éducation reçue, avait fait partie intégrante de l'éducation de son père comme il le serait de la sienne. Si on y ajoute la conviction profonde, chez André, que son évolution intellectuelle était une responsabilité personnelle qu'il devrait continuer d'assumer toute sa vie, on voit clairement qu'il n'était pas préoccupé par une profession à exercer, au sens conventionnel du terme. Son obsession portait plutôt sur la question de savoir où et comment il apporterait une grande contribution personnelle au Canada français. C'était là depuis toujours, nous l'avons vu, le projet guère dissimulé de son père et de ses éducateurs élitistes.

Au départ, André pensait pouvoir faire sa marque en musique.

En plus de l'influence manifeste de ses parents, ses professeurs l'avaient persuadé qu'il était spécialement doué. À 13 ans, il avait déclaré tout de go à sa mère qu'il avait fait le choix de sa profession future: la musique. Il envisagea même de laisser tomber le cours classique, de la même façon que son père avait abandonné ses études de droit, mais ses parents le persuadèrent du contraire. Durant un an environ, il passa tous les après-midi du samedi en ravissement devant son maître Léo-Pol Morin, qui l'initiait à un répertoire fascinant de compositeurs modernes. Dans ses lettres à ses parents, il parlait de «mon régime, mon piano et mes études»; il plaisantait sur le fait qu'il évitait les exercices physiques violents au bénéfice du piano ou de l'orgue. À 19 ans, il était assez avancé pour être invité à donner des récitals à la radio. Mais en 1931, l'année des grandes désillusions, il commença à mettre en doute sa capacité d'aller plus loin. Il avait du mal à se l'expliquer, mais il notait que l'intérêt de Morin à son égard semblait décliner. André déplorait les défauts de sa technique et jugeait improbable qu'elle s'améliore, même avec beaucoup de travail: ses doigts, selon lui, n'avaient pas la finesse nécessaire. Selon son fils Jean, clarinettiste et ondiste, Laurendeau admettait souvent qu'il ne s'était jamais appliqué à la technique, qu'il n'aimait guère. Mais Jean y voyait une autre raison: André voulait préserver le mystère qu'il ressentait dans la musique, il évitait donc ce qui impliquait une analyse. Selon lui, la musique de Beethoven n'était pas un sujet d'analyse pour son père, mais une «force agissante». Celle de Debussy n'avait rien d'un «fleuron culturel» et tout d'un «air qu'il respirait».

C'est à cette époque qu'André changea d'optique pour écrire sur la musique. Étudiant, il avait déjà soumis quelques articles sur le jazz. Ceux-ci avaient amené son ami Saint-Denys Garneau à lui demander un essai sur Bach pour une émission de radio. Laurendeau accepta l'invitation, parce que c'était «le début, humble et honorable d'une réputation». Plus tard, il rédigea un texte sur son compositeur favori, Debussy, et le lut lui-même à la station de radio CKAC. Dans cette quatrième émission de la série, il devait illustrer certains points au piano. Il le fit malgré sa dépression, mais non sans affres. La veille, il disait que cette émission l'embêtait et le mettait tout en sueur. Après coup, quand ses parents lui dirent que

son émission, l'une de ses premières expériences à la radio, avait été
la meilleure de la série, il ne fut qu'à demi rassuré. Il se plaignit du
sifflement de sa voix et prédit qu'il n'aurait jamais de succès dans
ce domaine. Quelques semaines plus tard, on lui demandait de
donner une causerie sur Beethoven à la salle Saint-Sulpice. Une
fois encore, des pensées funestes combattaient ses grandes espérances. Cette fois, les illustrations au piano et au violon étaient laissées
au soin d'un trio professionnel. Il se montra après coup presque
exubérant d'optimisme. Il avait intitulé sa conférence «Beethoven,
héros musicien». Selon son fils Jean, la musique seule pouvait combler les attentes idéalistes du jeune Laurendeau durant cette sombre période de sa vie.

La façon inspirée dont André prit la défense de Debussy face
aux critiques de Lucien Parizeau, dans le journal *La Patrie*, impressionna tellement Parizeau qu'il proposa au précoce jeune homme
de signer une chronique régulière sur les concerts du dimanche de
l'Orchestre symphonique de Montréal. Cette chronique attira sur
André l'attention de la communauté musicale de Montréal. Bientôt
les offres affluèrent, dont l'une de devenir maître de chorale à
Villeray. Mais la porte de la carrière musicale se referma aussi vite
qu'elle s'était ouverte. Les invitations à donner des récitals à la
radio cessèrent bientôt, surtout parce qu'il ne jouait pas assez bien.
Et au bout de quelques mois seulement, *La Patrie* lui donna son
congé, à cause de certaines remarques particulièrement cinglantes
qu'il avait faites au sujet des commanditaires, en majorité anglais,
des concerts du dimanche. À mesure que fondait sa confiance en
lui-même, il se moquait de ses propres prétentions, et notamment
d'avoir cru qu'un jeune comme lui puisse avoir quelque chose de
valable à dire sur Beethoven, ou d'avoir cru qu'il possédait le talent
de réaliser quelque chose de vraiment extraordinaire.

La dépression d'André se prolongea, avec ses hauts et ses bas,
durant plusieurs années, mais l'été de 1931 en fut un épisode particulièrement pénible. Il restait dans sa chambre pendant des semaines et ne parlait à peu près à personne. On ne sait s'il envisagea
le suicide, mais ses lettres étaient assez désespérées. Il écrivait en
particulier qu'il y a un âge où il est très difficile d'être soi-même,
que cet âge est trouble et qu'il fait énormément souffrir. Nul besoin

d'analyse psychologique profonde pour voir qu'il s'agissait de la crise d'un idéalisme battu en brèche par les dures réalités de la vie. Sa personnalité sérieuse, introvertie, craquait sous le poids de ses trop grandes expectatives, en plus de celles qu'on plaçait en lui à la maison et à l'école. Son fils Yves le décrit durant cette période comme «le fils unique d'un père, dont la voix sonore, la prestance, le verbe généreux faisaient un modèle difficile à égaler, et d'une mère exigeante et possessive qui, de surcroît, plaçait en lui d'immenses espoirs». Cette crise finalement surmontée allait laisser des traces permanentes sur sa personnalité. Par exemple, tout en ayant toujours un vif sens de l'humour, il n'esquissait que des sourires rapides et furtifs, et même jeune homme, il avait l'air de quelqu'un qui portait plus que sa part du poids du monde. Il ne pourrait plus, par ailleurs, s'empêcher de douter de lui-même. De fait, l'anxiété sécrétée par ce doute, plus que la joie du travail ou de la découverte, l'amènera souvent à travailler au-delà de ses forces. Il avait beau avoir bien soupesé un problème, il était rarement sûr de ses conclusions, se faisant des scrupules sur certains aspects essentiels, certaines caractéristiques importantes qui n'avaient pas été assez prises en considération. Ce fut en partie pour cette raison que dans les années 1960, il ne put jamais se résoudre à embrasser la cause séparatiste, ni d'ailleurs à soutenir pleinement le fédéralisme. Mais si ses scrupules angoissés étaient parfois une malédiction, ils lui permettaient aussi de rester ouvert aux points de vue divergents et de faire de ses réflexions sur toute question des exemples magistraux d'analyse.

Comme ce sera aussi le cas plus tard, dans son rôle de chef nationaliste, l'enfance et l'adolescence de Laurendeau, nous l'avons vu, ont été façonnées presque exclusivement par les coutumes et l'idéologie de survivance du Canada français traditionnel. Les origines et le statut social petit-bourgeois de sa famille, la morale de fer de son père et ses idées nationalistes conservatrices, le milieu raréfié du quartier de son enfance et une éducation humaniste catholique ne sont que quelques-unes des influences qui se combinèrent pour imprégner le jeune Laurendeau des préceptes qui avaient bien servi les intérêts des notables du Québec depuis longtemps. Cette formation lui donna confiance dans la viabilité de la société canadienne-française. Même plus tard, quand il découvrit que cette viabilité avait été minée longtemps avant les années 1920 par la révolution industrielle du Québec et que l'idéologie des notables était à la fois liée à une classe et à une culture, il ne renierait pas toutes les anciennes valeurs. Il s'efforcerait plutôt d'établir des ponts entre les générations pour concilier la tradition et le changement. Et on pourrait souvent déceler, dans les accents mélancoliques de ses réflexions d'homme mûr, une nostalgie pour la simplicité et la cohésion relatives du monde de sa jeunesse, ainsi que pour ses certitudes faciles.

CHAPITRE II

NATIONALISME ET SÉPARATISME 1932 – 1934

Qui sont les nationaux? Mon nationalisme groupera-t-il des Canadiens, des Français ou des Canadiens français?

* * *

Pas Canadiens tout court: si peu qu'on creuse ce mot, on se rend compte que la «nation canadienne» est un mythe inventé par les Pères de la Confédération. Il n'y a pas de nation canadienne.

* * *

Notre nationalisme est issu du désir que la nation canadienne-française (ou laurentienne) accomplisse jusqu'au bout sa vérité, qu'elle embrasse sa vocation naturelle, ce qui la prépare à sa vocation surnaturelle.

André LAURENDEAU,
Notre nationalisme, 1935[1]

Durant les années de l'entre-deux-guerres, la salle du Gesù, rue Bleury, à Montréal, était un lieu habituel de rassemblement pour les nationalistes canadiens-français, comme le centre Paul-Sauvé l'a

---

1. André LAURENDEAU, *Notre nationalisme*, Tracts Jeune-Canada n° 5 (oct. 1935): 37-39.

été à partir des années 1960. Le soir du 19 décembre 1932, elle était remplie de plusieurs centaines de personnes. La plupart de ceux qui se trouvaient sur l'estrade et dans les premières rangées étaient des gens des professions libérales, richement vêtus, des notables petits-bourgeois habitués d'occuper les premiers bancs à l'église. Même si la crise économique sévissait durement, comme le prouvaient les regards hâves croisés dans les rues environnantes, surtout vers l'est de la ville, l'assistance n'était pas venue là pour écouter des appels indignés à une réforme radicale de l'économie. Elle s'était plutôt rassemblée pour entendre les leaders de la jeune génération du Québec répéter avec un enthousiasme renouvelé les vieilles maximes nationalistes sur l'oppression culturelle et politique du Canada français. On remarquait particulièrement un jeune homme à l'air grave, flottant dans un costume noir à revers étroits, et dont les éclatantes chaussettes blanches ressortaient au-dessus des souliers noirs. C'était l'orateur principal. À 20 ans, André Laurendeau avait déjà ces poches sombres sous les yeux, cette expression sensible, mélancolique autour de la bouche et cette habitude de se pencher en avant à travers les volutes de fumée de sa cigarette, dans un geste volontaire qui captiverait l'attention de son auditoire tout au long de sa carrière publique. Il venait récemment de participer à la mise sur pied d'une organisation militante nationaliste, appelée Jeune-Canada, à l'Université de Montréal. C'était sa première assemblée publique et il avait été désigné à la fois pour écrire le manifeste et pour le lire à la foule.

Laurendeau ne déçut pas son auditoire, ni des chefs nationalistes plus âgés, comme Armand Lavergne et Esdras Minville, qui étaient avec lui à la tribune. Il avait déjà eu une petite expérience de la radiodiffusion lors de sa brève carrière musicale; il y avait appris à contrôler sa voix haut perchée, au point où ses trémolos occasionnels passaient pour une sorte de ponctuation sincère du discours. En tous les cas, le ton qu'il prit à cette occasion fut celui d'une colère contrôlée mais profonde. Ce ton s'accordait bien au texte du manifeste, car il conjuguait les dénonciations retentissantes des ennemis traditionnels du Canada français à l'intérieur et à l'extérieur du Québec — les Canadiens anglais, les trusts étrangers et les politiciens, pour n'en nommer que quelques-uns — avec un

appel inspiré à la jeunesse des années 1930 pour instiller de nouvelles énergies sans compromission dans la cause nationaliste. Sur
la question de la représentation dans les institutions fédérales, par
exemple, le manifeste déclarait:

> Nous sommes canadiens-français; nous constituons près du
> tiers de la population totale du Canada, les quatre cinquièmes
> de la province de Québec, près des trois quarts de celle de
> Montréal. Nous sommes plus de 700 000 répartis dans la
> Puissance en dehors du Québec. Nous vivons dans une Con-
> fédération, régime public qui a été constitué tel en 1867, pré-
> cisément pour la sauvegarde de certains particularismes et de
> certains provincialismes. Le particularisme canadien-français
> a été même l'une des raisons déterminantes du fédéralisme
> canadien. Nous entendons que l'on ne dénature point cette
> pensée des Pères de la Confédération. Nous voulons que les
> nôtres soient équitablement représentés dans le fonctionna-
> risme d'État. En certains services fédéraux, nous sommes
> déterminés à ne plus nous contenter des miettes qu'on nous
> a jusqu'ici abandonnées, des positions de subalternes sous la
> conduite quelquefois d'un importé britannique. Nous payons
> notre part d'impôts; c'est notre droit d'exiger une représenta-
> tion équitable dans tous les ministères fédéraux. Dans Mont-
> réal, troisième ville française de l'univers, nous ne souffrirons
> pas qu'on nous impose des majordomes d'une autre race,
> surtout lorsqu'ils sont unilingues: servitude humiliante que ne
> souffrirait d'ailleurs aucune ville anglaise de la Puissance[2].

À la fin de l'assemblée, quand l'assistance déferla devant les pauvres affamés dans les rues avoisinantes pour regagner ses quartiers
paisibles et bien ordonnés sur les flancs du mont Royal, elle pouvait se sentir rassurée; une autre génération de l'élite canadienne-
française avait bien assimilé son catéchisme nationaliste. Le chant
de la survivance, entonné depuis presque un siècle, serait encore
entendu au Québec. Le quotidien nationaliste *Le Devoir* le dit à sa

---

2. «Manifeste des jeunes», *L'Action nationale* (Montréal) I, n° 2 (fév. 1933):
118s.

façon en attirant l'attention sur André Laurendeau comme un nouveau venu, un jeune leader à surveiller.

Rétrospectivement, l'abbé Lionel Groulx, le gourou des jeunes nationalistes durant cette période de l'entre-deux-guerres, alla plus loin en disant qu'André Laurendeau avait été le héros de la soirée, qu'il avait prononcé le discours le plus vibrant, le plus applaudi. Pour sa part, Laurendeau pleura de joie avec d'autres membres des Jeune-Canada après la réception enthousiaste qu'ils avaient reçue. Il ne pouvait prévoir que cette première apparition publique le lancerait dans une sorte d'odyssée de 36 ans où il serait l'un des porte-parole les plus en vue du nationalisme canadien-français. Mais il se rendit compte cependant qu'il avait trouvé une cause et donné un nouveau sens à sa vie. Il affirma solennellement dans son journal intime que lui et Ghislaine allaient donner leur vie pour leur idéal national et religieux.

Comment l'adolescent délicat et maladif du collège, le musicien frustré et amoureux au bord de la dépression nerveuse et mentale avait-il été entraîné dans ce mouvement radical du nationalisme canadien-français? Nous avons vu, bien sûr, que ses origines et son éducation familiale avaient cultivé en lui une forte loyauté aux valeurs traditionnelles du Canada français. Le but de cette éducation, à la fois selon son père et selon lui, était d'apporter une contribution culturelle éminente à son peuple. Mais si cette formation peut expliquer ses aspirations au sujet de l'identité canadienne-française, elle ne rend pas compte de ses positions anti-Canada anglais. Sa vie s'était déroulée jusque-là dans un milieu français isolé mais sûr de lui-même. Rue Cherrier, Saint-Gabriel, le collège Sainte-Marie, les résidences cossues de ses amis dilettantes, tout cela constituait une enclave élitiste, formée de la couche supérieure de l'une des deux solitudes canadiennes. Les angoisses personnelles de Laurendeau, quoique profondes, étaient bien contenues dans cet environnement et le genre de choix qu'elles sous-tendaient — une carrière musicale ou littéraire, Ghislaine ou le néant — tenait assez peu compte du monde extérieur. Il n'avait montré aucun intérêt pour la politique canadienne, il ne savait à peu près rien des Anglo-Canadiens, pas même de ceux qui habitaient presque à côté de lui, dans la partie ouest de Montréal. De fait, jusque-là, ses amis et lui avaient réservé leur mépris à leur propre culture, qu'ils considéraient comme prosaïque. Leur attention était magnétisée par les splendeurs européennes et c'est dans cette direction qu'ils voulaient aller. Il y avait des exceptions cependant, comme Pierre Dansereau qui s'intéressait assez à l'Amérique du Nord pour vouloir l'explorer comme les «voyageurs d'autrefois». Mais André et les autres considéraient généralement ce continent comme une frontière impénétrable.

Et cependant, cette réalité restait là, inamovible: un vaste continent où l'on parlait une autre langue et où les valeurs étaient réputées différentes. Et, si l'Amérique du Nord anglophone n'avait pas inquiété Laurendeau plus qu'il ne le faut jusque-là, c'était probablement parce que ce monde n'avait en général pénétré le sien que subrepticement, sous la forme de la culture matérielle américaine. Comme tout le monde, il avait été attiré par les produits du génie inventif américain — le phonographe, l'automobile (ou, comme on préférait le dire dans son milieu, «la machine») — qui avaient envahi le Québec dans l'explosion de consommation des années 1920. Quand il parlait de Flaubert et de Proust avec ses amis dans leurs repaires habituels d'étudiants, il mangeait des hot dogs et buvait des boissons gazeuses. De fait, au cours d'une de ses rencontres clandestines avec Ghislaine — qui, grâce à la complicité du frère de la jeune fille, Jacques Perrault, avaient souvent lieu après la messe ou les leçons de musique —, André l'initia (avec un sourire goguenard, sans doute) à la décadence pétillante du Coca-Cola. Il était aussi attiré par certains aspects de la culture populaire américaine, particulièrement la musique diffusée à la radio. Il déplorait amèrement que les concerts new-yorkais ou les sessions de jazz à la radio fussent interrompus par une récente innovation culturelle canadienne: la soirée du hockey, le samedi soir. Les films de Greta Garbo au cinéma Séville et les nouvelles danses américaines avaient aussi sa faveur. Le cardinal Villeneuve avait beau interdire ce genre de danses à la jeunesse de Québec, à Montréal, André Laurendeau s'adonnait librement au charleston. Ce ne fut qu'à la fin des années 1930 qu'il commença, dans ses écrits, à considérer la culture populaire américaine comme une sérieuse menace à la survie du Canada français.

La conscience de la menace canadienne-anglaise, qui était par comparaison loin d'être aussi aiguë, s'était néanmoins éveillée chez Laurendeau. L'engagement de son père dans le mouvement Action française durant les années 1920 avait souvent amené chez les Laurendeau des nationalistes éminents de la génération d'Arthur: l'abbé Groulx, Armand Lavergne, Édouard Montpetit, Olivar Asselin. Tout en concédant qu'Arthur avait un point de vue idéologique bien ancré, André prétendait que c'était le fait de l'enthousiasme plus que d'un tempérament doctrinaire chez son père, et que celui-ci, par ailleurs, ne le forçait pas à partager les mêmes vues. La remarque semble un peu naïve quand on songe à la vulnérabilité d'un jeune garçon face aux «enthousiasmes» paternels, surtout quand ils se répètent avec cette constante et morne uniformité. Mais il est vrai néanmoins que, jusqu'à ce que son propre nationalisme s'éveille, cette atmosphère de rhétorique nationaliste et les rituels quotidiens déployés pour garder la langue anglaise à distance étaient surtout un bruit de fond pour lui, constant, bien sûr, mais largement préconscient. Cette influence subconsciente le mena à des gestes de défiance juvénile plutôt qu'à des préjugés anti-anglais bien articulés. Le plus souvent, ces gestes étaient dirigés contre les symboles de l'impérialisme britannique au Canada. Il se rappelait, par exemple, qu'à l'âge de 14 ans il visitait avec des copains un couvent à proximité du collège lorsque le gouverneur général apparut. En entendant la fanfare jouer le *God Save the King*, ils coururent s'asseoir sur un banc plutôt que de rester figés à l'attention. Une autre fois, fait ancré plus profondément dans sa mémoire, il se trouvait à Westmount quand il croisa un défilé militaire solennel, qui allait rendre les honneurs aux morts de la Première Guerre mondiale. Quand les premiers accents de l'hymne se firent entendre, il garda son chapeau sur la tête. Un homme d'âge moyen avec une canne lui toucha le bras et lui fit signe d'enlever son chapeau. Il ne fit que l'enfoncer plus profondément, presque sur les yeux.

Mais il faudra que Laurendeau passe par l'Université de Montréal et qu'il devienne un fervent disciple de l'historien Lionel Groulx, pour que ces gestes entêtés mais occasionnels de protestation se transforment chez lui en un vrai credo nationaliste. Lui-même ne comprit pas pleinement qu'un des grands facteurs de ce changement fut l'exutoire que lui apportait le nationalisme. L'engagement pour une cause contribuait à le soulager de ses problèmes personnels, comme la musique l'avait fait parfois en fixant son attention à l'extérieur de lui. Mais rien de cela n'était apparent au début de ses études universitaires, qui commencèrent avec les mêmes perspectives inquiétantes qui avaient caractérisé ses derniers temps à Sainte-Marie. Diplômé avec la mention *cum laude* en 1931, il se disait soulagé de pouvoir entrer à l'université. Mais le retour presque immédiat de sa dépression et de ses problèmes de santé le força à rester à la maison, cet automne-là. La même chose se produisit en 1932, où il dut laisser l'université en novembre. À cette occasion, il nota sans émotion dans son journal que Ghislaine prenait très bien la nouvelle qu'il abandonne son année universitaire. Enfin, en septembre 1933, il s'inscrivit en lettres, y persévérant jusqu'au printemps 1935. Il avait choisi les lettres plutôt que le droit, à la différence de la majorité de ses amis du cours classique, parce qu'il voulait se donner la plus large formation intellectuelle possible en vue d'une «carrière d'écrivain», comme il le disait vaguement. Mais cette décision supposait qu'il surmonte son aversion pour une partie du programme ainsi que ses souvenirs négatifs de Sainte-Marie au sujet de l'apprentissage du grec.

Malheureusement, ses craintes à cet égard se virent confirmées. Il envisagea encore de laisser tomber ses cours, en novembre 1933, parce qu'il ne les trouvait pas stimulants, pour la plupart. Comme un de ses amis moins précoces le fit remarquer plus tard, Laurendeau était arrivé à l'université après avoir étudié la plupart des sujets inscrits au programme, en particulier en littérature française et en philosophie[3]. Il était sûr de pouvoir s'organiser lui-même un meilleur programme d'études: ce qui était, après tout, ce qu'il avait fait les deux années précédentes. Il déclara prendre une «retraite» de 15 jours, où il consulta sa famille et ses amis sur ce qu'il devrait faire. Ghislaine le soutenait et l'encourageait. Son père cependant s'inquiétait de ce qu'il ne serait pas préparé adéqua-

---

3. Pierre DANSEREAU, «André Laurendeau: les options réversibles», dans Robert COMEAU et Lucille BEAUDRY, dir., *André Laurendeau. Un intellectuel d'ici* (Sillery, Presses de l'Université du Québec, 1990): 118s.

tement pour des études en France, tandis que monsieur Perrault insinuait — sans doute en grinçant des dents — qu'il pourrait au moins finir une chose qu'il avait commencée. À la fin, André fit un compromis: il resta inscrit à l'université mais suivit son propre plan d'études. Il n'assistait qu'aux cours qu'il trouvait intéressants, c'est à dire peu et peu souvent, selon un autre ami[4]. Cependant, il assistait avec zèle aux leçons données par des intellectuels français en visite, tels Jacques Maritain et Étienne Gilson. Ce qu'il perdait en savoir structuré, il le compensait par l'éclectisme.

Mais à cette époque, il était déjà tombé sous l'influence de Groulx, dont les cours d'histoire du Canada allaient au-delà de ses espérances, tout en nourrissant chez lui une indignation croissante devant le traitement réservé depuis toujours à la minorité canadienne-française au Canada. Jusqu'à l'automne de 1932, où Ghislaine et lui s'inscrivirent ensemble au cours de Groulx sur «L'Union des deux Canadas, de 1841 à 1867», Laurendeau n'avait qu'une connaissance schématique, tout au plus, de l'interprétation nationaliste de l'histoire du Canada français. À cet égard, ses opinions se fondaient moins sur des lectures systématiques que sur les opinions tranchées de son père. Ainsi donc, quand Ghislaine faisait remarquer qu'elle ne pensait rien de bon d'une récente biographie élogieuse de Sir Wilfrid Laurier, il lui répondait, disant se fier à son père, que son jugement était le bon. Arthur Laurendeau, dont les opinions s'alignaient sur celles des leaders nationalistes, avait subi une conversion durant les années 1920, s'éloignant de la vision historique d'Henri Bourassa pour adopter le point de vue plus agressif de Groulx. André rappellera en 1962: «J'appartenais à une famille de traditions bourrassistes, sur qui l'influence de l'abbé Lionel Groulx l'avait plus tard emporté. J'avais milité dans les rangs d'un mouvement nationaliste, les Jeune-Canada; suivi les cours d'histoire de l'abbé Groulx, dont la pensée m'avait marqué bien plus que Bourassa[5] [...]»

---

4. *Ibid.*, p. 118; Gérard FILION, *Fais ce que peux. En guise de mémoires* (Montréal, Boréal, 1989): 115.
5. André LAURENDEAU, *La crise de la conscription. 1942* (Montréal, Le Jour, 1962): 10.

La distinction est importante non seulement comme explication du militantisme nationaliste de Laurendeau à ses débuts, mais comme point de tension de sa pensée sur le passé du Canada français au cours de sa vie. Pour ceux qui considèrent le Québec de l'extérieur, il peut être difficile au départ de bien apprécier la signification de théoriciens nationalistes comme Bourassa et Groulx. Les intellectuels qui se vouent à expliquer le sens de l'histoire à un peuple minoritaire ont souvent un plus grand crédit au sein de l'intelligentsia de cette minorité que ceux qui remplissent la même fonction pour des peuples majoritaires. Le statut de cette minorité est fréquemment la question la plus importante du moment, qu'il faut expliquer aux membres du groupe, et, selon la théorie adoptée, tout peut en découler, des choix personnels aux attitudes politiques. En même temps, les intellectuels des minorités choisissent souvent — quand ils n'y sont pas forcés — de jouer un rôle plus actif dans les affaires publiques. Bien que Bourassa et Groulx ne fussent pas aussi largement connus au sein des masses canadiennes-françaises que Sir Wilfrid Laurier, par exemple dans les décennies précédant la Deuxième Guerre mondiale, leurs idées sont devenues monnaie courante au sein d'une couche importante de l'élite, où elles étaient considérées comme un préalable aux discussions entre les nationalistes. À divers moments de la longue carrière de Laurendeau, ses opinions furent étroitement associées à celles de Bourassa et de Groulx, soit par lui-même soit par d'autres [6]. Dans les années 1960 en outre, son nom finit par s'ajouter aux leurs comme le troisième porte-flambeau nationaliste du XXe siècle. Dès lors, pour comprendre pleinement l'importance de son rôle de théoricien, on doit examiner les différences de perspectives historiques entre Bourassa et Groulx.

Sans être un historien, Henri Bourassa a écrit en long et en large sur l'histoire canadienne-française dans ses pamphlets politiques, ses tracts nationalistes et dans les pages du quotidien qu'il

---

6. Voir, par exemple, G.R. Cook, «In the Bourassa Tradition», *Canada and the French-Canadian Question*, Toronto, Macmillan, 1967, p. 104-118; Charles Vallerand, «De Groulx à Laurendeau», dans Robert Comeau et Lucille Beaudry, dir., *André Laurendeau* (Sillery, Presses de l'Université du Québec, 1990): 163-168.

fonda en 1910, *Le Devoir*[7]. Son interprétation, comme celle de
presque tous les historiens nationalistes depuis François-Xavier
Garneau dans les années 1840, exaltait le combat épique d'un
peuple conquis pour survivre. Mais il n'attribuait pas le succès de
ce combat à la seule défense vigilante de l'identité du Canada
français. Pour Bourassa, la survivance tenait aussi pour beaucoup à
une série de compromis durement atteints, fondés sur un judicieux
respect réciproque des deux peuples fondateurs du Canada[8]. La
défense de cette dualité culturelle et de sa contrepartie de tolérance
mutuelle était, à ses yeux, la leçon à tirer de l'histoire et la meilleure
garantie de l'avenir du Canada français. Mais la Première Guerre
mondiale et la crise de la conscription portèrent de durs coups à
cette formule idéaliste, tout en compromettant la réputation des
politiciens fédéralistes canadiens-français comme Laurier. Les nationalistes désillusionnés se tournèrent, durant les années 1920,
vers les théories plus exclusivistes et confrontantes de l'abbé
Groulx. L'un de ces nationalistes s'appelait Arthur Laurendeau. Il
avait été fervent disciple de Bourassa depuis 1910. Mais quand, au
début des années 1920, Bourassa publia son pamphlet *Patriotisme,
nationalisme et impérialisme*, qui condamnait ouvertement les nationalistes du mouvement Action française, et plus particulièrement
Groulx, à cause de l'extrémisme de leur programme anti-anglais et
de leur tendance séparatiste, Arthur rompit avec lui. En décembre
1923, il lui reprocha même par lettre d'avoir pour la première fois
fait montre d'un manque de probité intellectuelle. Ne croyant plus
que Bourassa eût des solutions crédibles pour les Canadiens français, il ne fit pas que changer d'allégeance en faveur de Groulx, il
en devint un ami personnel. Donc, avant même de suivre les cours
de Groulx, Laurendeau avait entendu mille fois son père rendre
hommage à la pensée nationaliste de l'abbé.

Si Groulx fondait aussi son idéologie historique sur l'idée de
la survivance, il savait y instiller un vif sentiment d'urgence parce

----

7. Joseph LEVITT, *Henri Bourassa and the Golden Calf: The Social Program of
the Nationalists* (Ottawa, Éditions de l'Université d'Ottawa, 1969), passim.

8. *Ibid.*; S.M. TROFIMENKOFF, *The Dream of Nation: A Social and Intellectual
History of Quebec* (Toronto, Gage, 1983): 169-175.

qu'il s'intéressait beaucoup plus au présent qu'au passé. Il avait commencé sa carrière de professeur au séminaire de Valleyfield, près de Montréal, en 1901. Il quitta ce collège en 1915, pour enseigner l'histoire à l'Université de Montréal, une chaire qu'il allait occuper durant 35 ans. De prime abord, Groulx était convaincu que la précieuse identité du Canada français courait un danger mortel et ne pouvait être sauvée que par un effort redoublé pour en retrouver l'essence: la langue française, la mission humaniste du catholicisme, la morale agraire. Pour Groulx, qui était un admirateur des nationalistes catholiques d'extrême-droite en France comme Charles Maurras, le Canada français était plus qu'une société unique: c'était une «nation» (il employait souvent aussi le terme «race») qui ne pouvait continuer à exister qu'en accentuant ses différences avec le Canada anglais[9]. Ses livres d'histoire — et notamment *Notre maître, le passé* et *La naissance d'une race* — furent donc écrits pour restaurer le sens de cette différence chez les Canadiens français et pour leur rappeler que les luttes du passé étaient leurs meilleurs guides pour affronter les difficultés du présent:

> C'est le magistère de l'histoire, incessante transfusion de l'âme des pères dans l'âme des fils, qui maintient une race invariable en son fond. Pour des petits peuples comme le nôtre, mal assurés de leur destin, exposés à douter de leur avenir, c'est l'histoire, «conscience vigilante et collective d'une société fière d'elle-même» (G. Kurth), qui détermine les suprêmes fidélités [...] C'est encore l'histoire [...] qui maintient, malgré les distances, l'essentielle fraternité[10].

Durant les années 1920, une époque de prospérité relative au Québec, Groulx prêcha avec ardeur, quoique sans grand succès, contre le double danger de l'assimilation culturelle et de l'impérialisme économique, deux produits du capitalisme de *laissez-faire*[11] améri-

---

9. J.-P. GABOURY, *Le nationalisme de Lionel Groulx: aspects idéologiques* (Ottawa, Éditions de l'Université d'Ottawa, 1970), *passim*; au sujet des années 1930, voir A.-J. BÉLANGER, *L'apolitisme des idéologies québécoises: le grand tournant, 1934-36* (Québec, Presses de l'Université Laval, 1974): 191-255.

10. Lionel GROULX, *Notre maître, le passé* (Montréal, 1924): 263.

11. En français dans le texte. *NdT.*

cain et canadien-anglais. Comme il se méfiait profondément des politiciens et ne voyait pas en l'État un instrument valable de reprise en main de la culture et de l'économie, il ne pouvait se tourner que vers le peuple; mais celui-ci, hélas, était largement indifférent. Groulx se voua donc à la tâche d'éduquer une nouvelle élite nationaliste qui, à son tour, combattrait cette passivité funeste. Mais en 1928, la fermeture du journal *L'Action française*[12] — son meilleur outil de propagande parmi les classes professionnelles —, sous l'effet combiné de graves problèmes financiers et de la condamnation du mouvement extrémiste Action française en France par le pape Pie XI, ne lui laissa que ses écrits historiques et son enseignement à l'université comme moyens de formation de la nouvelle élite. Cependant, la crise économique allait donner à ses critiques du capitalisme étranger au Québec une nouvelle crédibilité, surtout auprès de ces jeunes notables qui assistaient à ses cours et dont les aspirations professionnelles étaient menacées par l'effondrement de l'économie.

Même si Laurendeau n'était pas aussi préoccupé que ses amis de la Faculté de droit par ses perspectives de carrière, il trouva en l'abbé Groulx un maître à penser stimulant, qui lui offrit une voie de sortie de sa dépression psychologique, en l'appelant à jouer un rôle héroïque dans la défense de la nation canadienne-française. C'était la réponse à ses aspirations idéalistes et une voie dans laquelle il pouvait se jeter avec enthousiasme. Dans un état d'esprit voisin de la gratitude obséquieuse, il écrivit à Groulx, en 1933, avoir rencontré un vrai maître, davantage qu'un professeur, un guide qui l'avait même sauvé du désespoir. Il faut noter que cet enthousiasme n'était pas entièrement dû au cours d'histoire de Groulx. Le «maître» avait aussi pris sur lui de résoudre la crise sentimentale de Laurendeau. Lorsque Antonio Perrault avait appris que sa fille suivait le cours de Groulx avec André en 1932, il avait demandé à l'abbé de lui en interdire l'entrée. Ce dernier temporisa en portant aux nues les qualités d'André, qui avaient semblé jusque-là échapper au père outragé. Il engagea aussi Ghislaine comme correctrice

---

    12. S.M. TROFIMENKOFF, *Action Française: French-Canadian Nationalism in the Twenties* (Toronto, University of Toronto Press, 1975): 99-113.

d'épreuves, sans doute pour montrer qu'il surveillait bien la situation. Puis il finit par faire accepter à Perrault qu'il serve de conseiller spirituel aux jeunes gens, en vue de leur mariage. Pour Laurendeau, c'était une véritable intervention divine. Il força encore davantage la courbette pour marquer sa reconnaissance. En juillet 1933, par exemple, il transcrivit et mit en scène sur les ondes de CKAC le roman ampoulé de l'abbé, *Cap Blomidon*. Mais, en fin de compte, ce fut la vision historique de Groulx qui aura le plus profond effet sur lui. Elle fournira une documentation précise et un cadre d'interprétation historique à des impressions et sentiments culturels, jusque-là restés pêle-mêle chez lui, sur l'identité canadienne-française. Elle constituera, en somme, le chapitre final de sa formation au nationalisme traditionnel, ce nationalisme qu'il soumettrait à diverses épreuves, érosions et modifications au cours de sa vie, mais qu'il n'abandonnerait jamais entièrement.

Il n'est pas étonnant que l'abbé Groulx ait aussi joué un rôle clé dans la gestation du groupe connu sous le nom de Jeune-Canada [13]. Parmi les multiples groupes semblables apparus au Québec durant les années 1930, à mesure que la cohorte démographique née à l'époque de la Première Guerre mondiale se révoltait contre la mentalité de statu quo de ses aînés et cherchait des solutions plus énergiques aux problèmes de la crise économique, les Jeune-Canada, eux, concentrèrent leur attention sur les problèmes de la nation canadienne-française. Les membres initiaux provenaient du Cercle Crémazie, ce club littéraire qui avait fonctionné en chapelle de snobs au collège Sainte-Marie [14]. Pierre Dansereau, le mondain plein de ressources qui avait été, avec Laurendeau, l'instigateur du Cercle, était aussi, à l'époque, étudiant à l'Université de Montréal. Admirant tout ce qui était américain, il décida de créer une frater-

---

13. Lionel GROULX, *Mes mémoires* (Montréal, Fides, 1972), III, p. 275-283; Lucien FORTIN, «Les Jeune-Canada», dans Fernand DUMONT *et al.*, dir., *Idéologies au Canada français, 1930-1939* (Québec, Presses de l'Université Laval, 1978): 215-223.

14. Pierre DANSEREAU, «André Laurendeau: les options réversibles», dans Robert COMEAU et Lucille BEAUDRY, dir., *André Laurendeau* (Sillery, Presses de l'Université du Québec, 1990): 180s.

nité qu'il appela «Club X[15]». Le club loua un «grand salon double»,
rue Berri, et les membres y apportèrent des meubles, des tableaux
et des disques; on y entrait et en sortait à tout moment. L'un deux
se rappellera plus tard qu'on s'y rendait, bien sûr, pour deviser,
mais surtout pour faire de la littérature et du théâtre. Comme on
le voit, l'accent était mis d'abord sur la culture. Dansereau reconnaîtra qu'élevés dans cet esprit, ils étaient élitistes. Laurendeau
n'alla au Club X que de temps à autre, car il ne suivait qu'un
cours, celui de Groulx, et travaillait la plupart du temps à la maison. Mais la situation changea radicalement en décembre 1932, par
suite de l'insensibilité maladroite du gouvernement conservateur de
R.B. Bennett à Ottawa envers les Canadiens français.

Le Parti conservateur était considéré depuis longtemps au
Québec comme un bastion de francophobes. On se rappelait que
les conservateurs avaient pendu Louis Riel dans les années 1880 et
qu'ils avaient été le fer de lance de la conscription durant la Première Guerre mondiale. Ils étaient aussi considérés par les nationalistes comme la façade politique des intérêts capitalistes à Montréal
et à Toronto, dont l'expansionnisme économique laminait l'identité
du Canada français. Aussi, quand les conservateurs reprirent le
pouvoir en 1930 après une longue période de purgatoire politique,
les nationalistes s'attendirent au pire. En juillet 1932, avec la Conférence économique impériale qui se tenait à Ottawa, Bennett leur
fournit une *cause célèbre*[16]. Venant si vite après le statut de Westminster en 1931, qui avait finalement donné au Canada la maîtrise
de ses affaires étrangères, cette Conférence revêtait une importance
symbolique. Pour les nationalistes canadiens-français surtout, qui
avaient toujours préconisé une plus grande autonomie canadienne
face à la Grande-Bretagne, il s'agissait d'un événement international qui attirerait l'attention sur l'identité dualiste du Canada.
Quelle humiliation alors de voir que, sur les 64 fonctionnaires
fédéraux formant la délégation canadienne, aucun n'était canadien-

---

15. Lucien FORTIN, «Les Jeune-Canada» dans Fernand DUMONT *et al.*, dir.,
Idéologies au Canada français, 1930-1939 (Québec, Presses de l'Université Laval,
1978): 216s.

16. En français dans le texte. *NdT.*

français! Il fallut que *Le Devoir* et d'autres journaux du Québec jettent les hauts cris pour que le gouvernement fédéral condescende à nommer un seul fonctionnaire canadien-français, et de rang intermédiaire, un remède qui ne faisait que souligner la nature du mal[17].

Même si cette affaire domina la réunion de la fraternité universitaire le 19 novembre 1932, ce fut un second incident plus près de chez eux, en quelque sorte, qui les poussa finalement aux actes. Le 2 décembre, le gouvernement Bennett avait nommé un Canadien anglais unilingue, Arthur Lang, comme douanier en chef du port de Montréal, un poste traditionnel du patronage canadien-français. Selon Dansereau, André entra ce jour-là au club, «très ému de cette injustice», exhortant ses camarades à faire quelque chose[18]. Après discussion, ils s'entendirent sur un plan audacieux. Le vendredi suivant, ils se rendraient à la gare Windsor pour s'emparer de deux ministres canadiens-français du cabinet Bennett arrivant d'Ottawa: ils les bousculeraient, les aspergeraient d'encre et les renverraient ficelés comme des saucissons[19]. Après coup, André écrira:

> Il s'agit donc d'une réaction de fierté blessée. Nous nous sentons humiliés, nous nous rebellons devant le fait de notre inexistence. Ce nationalisme est à la fois très émotif et très formel: donc profond, car ce qui joue, c'est un sentiment de dignité personnelle[20] [...]

Tout de même, voici des fils de familles notables chez qui le respect de l'autorité était profondément ancré. Et, en dévots catholiques qu'ils étaient, ils avaient l'habitude de consulter un prêtre sur

---

17. André LAURENDEAU, *Ces choses qui nous arrivent. Chronique des années 1961-1966* (Montréal, HMH, 1970): 51s.

18. Pierre DANSEREAU, «André Laurendeau: les options réversibles», dans Robert COMEAU et Lucille BEAUDRY, dir., *André Laurendeau* (Sillery, Presses de l'Université du Québec, 1990): 182.

19. Lionel GROULX, *Mes mémoires* (Montréal, Fides, 1972), III,p. 274s.; Gérard FILION, *Fais ce que peux. En guise de mémoires*, (Montréal, Boréal, 1989): 23.

20. André LAURENDEAU, «Le nationalisme s'enracinera-t-il mieux qu'en 1936?», *Le Magazine Maclean* (Montréal), 2 (janv. 1962): 3.

des questions temporelles aussi bien que spirituelles. Aussi quatre membres du club, dont Dansereau et Laurendeau, se rendirent en délégation chez l'abbé Groulx pour avoir son avis. Par-dessus tout, ils voulaient savoir s'il pensait que leur action pourrait soulever l'opinion publique contre le gouvernement conservateur. L'esprit de parti était leur ennemi, leur cheval de bataille, leur bête noire, a dit Dansereau. Groulx les dissuada d'employer de tels moyens, soulignant qu'ils se retrouveraient en prison. Il les exhorta plutôt à convoquer une assemblée publique, à écrire un manifeste et à recruter d'autres jeunes gens à leur cause[21]. Ils ne mirent pas longtemps à se rendre à cet argument, en particulier Laurendeau qui détestait toute forme de violence. Dans les jours qui suivirent, ils décidèrent de transformer le Club X en mouvement nationaliste et, à la suggestion d'un membre, Robert Choquette, ils l'appelèrent Jeune-Canada (d'après les Jeune-France, un groupe assez obscur de jeunes littérateurs idéalistes engagés dans la révolution de 1830, en France).

Les Jeune-Canada ne comptèrent jamais plus de 30 membres, quoiqu'il y eût plusieurs démissions et de nouvelles adhésions durant leurs trois à quatre années d'intense activisme. Cet exclusivisme était en partie voulu. Gérard Filion, qui se joignit au groupe en 1933, a déjà fait remarquer qu'ils formaient un groupe tout à fait fermé, une chapelle, un clan, où n'entre pas qui veut. On scrute les candidats à la loupe et chaque membre doit faire preuve d'une conduite irréprochable, afficher une pensée nationaliste «pure» et ne montrer aucune sympathie pour un parti politique. Dansereau fut élu président au départ, mais il a reconnu, des années plus tard, que Laurendeau était plus convaincu et plus véritablement nationaliste que lui. Il explique cette apparente anomalie par le fait que Laurendeau, un enfant unique, n'était pas encore assez adroit en société[22]. Gérard Filion, lui, souligne que Laurendeau, ce jeune homme distingué, délicat, raffiné et subtil qui fréquente l'université

---

21. Lionel GROULX, *Mes mémoires* (Montréal, Fides, 1972), III, p. 274s.

22. Pierre DANSEREAU, «André Laurendeau: les options réversibles», dans Robert COMEAU et Lucille BEAUDRY, dir., *André Laurendeau* (Sillery, Presses de l'Université du Québec, 1990): 182.

en dilettante, était celui qui avait le plus de temps à consacrer au mouvement[23]. Satisfait de travailler dans l'ombre du président, Laurendeau devint rapidement la personne indispensable de l'organisation. Un historien des Jeune-Canada en a parlé comme de l'âme du groupe, du penseur effacé, mais présent[24]. Les jeunes hommes, surtout ceux qui se considèrent intellectuels, adorent causer et les discussions au quartier général de la rue Berri étaient interminables. Les réunions se tenaient les samedis après-midi et très peu d'initiatives étaient prises sans l'assentiment de tous. Ce fut à ce moment que Laurendeau commença à bâtir sa réputation — qu'il allait garder toute sa vie — d'auditeur intense, attentif et infiniment patient.

Les membres des Jeune-Canada furent étonnés de la publicité qu'obtint leur premier rassemblement. *Le Devoir* publia leur manifeste et Laurendeau devint vite un orateur très en demande. Emporté par le mouvement, il organisa plusieurs autres rassemblements à Montréal, à Québec, à Chicoutimi, à Hull, et il mit sur pied des sections des Jeune-Canada dans des villes plus petites. En peu de temps, 75 000 personnes signèrent le manifeste et Laurendeau sollicita — en vain, comme on l'imagine — une rencontre avec le Premier ministre Bennett pour lui présenter le document en personne. Comme un appel à l'action avait lancé le mouvement, ses membres se devaient de prendre toutes les avenues pour répandre leur message. Ils envoyèrent des lettres aux journaux et écrivirent des articles dans le journal des étudiants de l'Université de Montréal, *Le Quartier latin*; ils organisèrent des soirées de danse pour recueillir des fonds; ils ouvrirent même un camp de vacances à Saint-Michel-de-Wentworth. Débordant d'énergie après des années de langueur, Laurendeau y consacrait presque tout son temps. Et Ghislaine notait dans son journal qu'ils se sacrifiaient pour les Jeune-Canada, pour leur patrie, qu'ils allaient réaliser de grandes choses. Tirant avantage de son expérience à la radio, André enre-

---

23. *Ibid.*
24. Lucien FORTIN, «Les Jeune-Canada» dans Fernand DUMONT *et al.*, dir., *Idéologies au Canada français, 1930-1939* (Québec, Presses de l'Université Laval, 1978): 217.

gistra des messages publics aux stations CKAC et CHRC à Montréal; le groupe disposait aussi d'une émission d'une demi-heure chaque mois. Laurendeau fut un pionnier au Québec dans l'utilisation de la radio à des fins politiques et il aurait l'occasion, plus tard, de mettre à profit ce qu'il apprenait alors. S'ajoutant à l'appui donné par des publications comme *Le Devoir*, *L'Action catholique* et, après ses débuts en 1933, *L'Action nationale*, cette exposition publique faisait apparaître les Jeune-Canada comme un groupe plus large et mieux organisé qu'il ne l'était en réalité. Au cours de ces premiers mois d'activité, les membres du groupe seront aussi encouragés par des messages d'appui privés de la part de politiciens sympathisants et d'ecclésiastiques de tendance nationaliste comme l'archevêque, et bientôt cardinal, Villeneuve, qui écrivit à l'abbé Groulx pour lui demander de féliciter le «jeune Laurendeau» et cette «jeunesse ardente et réfléchie[25]».

Cependant, au milieu de leurs activités trépidantes, les membres des Jeune-Canada étaient beaucoup plus ardents que réfléchis. Dansereau se rappelait qu'à défaut de doctrine cohérente, ils recouraient souvent à l'éloquence. Il disait que malgré leur jeune âge — entre 18 et 21 ans — ils parlaient quand même mieux que tout le monde, grâce à leur éducation classique[26]. Néanmoins, leur façon impromptue de traiter la chose publique les amena bientôt en eaux troubles. Le 20 avril 1933, ils convoquèrent une assemblée publique sur le thème «Les politiciens et les juifs». C'était leur réplique à l'assemblée tenue au début du mois par la communauté juive de Montréal, à l'aréna Mont-Royal, pour protester contre le nazisme en Allemagne. Des politiciens canadiens-français éminents comme le sénateur Raoul Dandurand, qui avait déjà présidé la Société des Nations, et Fernand Rinfret, le nouveau maire de Montréal, avaient participé à cette manifestation anti-nazie. Or les Jeune-Canada les fustigèrent, affirmant que ces mêmes politiciens se préoccupaient

---

25. Lionel Groulx à Arthur Laurendeau, 23 juin 1933, *Fonds Famille Laurendeau-Perrault, Centre de recherche Lionel-Groulx.*

26. Pierre DANSEREAU, «André Laurendeau: les options réversibles», dans Robert COMEAU et Lucille BEAUDRY, dir., *André Laurendeau* (Sillery, Presses de l'Université du Québec, 1990): 182.

beaucoup moins de défendre leur propre minorité. Et ce ne fut là que la première salve d'une mitraille de discours antisémites. Le sénateur Dandurand écrivit une lettre ouverte au *Devoir* pour condamner énergiquement les Jeune-Canada. «Convoquer une assemblée pour protester contre des sympathies exprimées à des opprimés, c'était commettre l'acte le plus cruel dont j'ai entendu parler[27].» C'est Laurendeau qui répondit, avec d'autres attaques contre la minorité juive du Québec. Il arguait que cette communauté, qui ne cessait d'augmenter depuis 1901, posait une sérieuse menace à l'équilibre linguistique du pays, car elle s'assimilait presque exclusivement à la majorité anglo-canadienne. Il accusait aussi les juifs — illustration classique de la contradiction antisémite des années 1930 — d'être ouverts au communisme international et en même temps à l'avant-garde de l'exploitation capitaliste. Naturellement, il ne fit pas allusion à l'intolérance religieuse traditionnelle du catholicisme québécois à l'égard des juifs ou au fait, souvent mentionné dans les études sur l'antisémitisme canadien-français, que les juifs étaient détestés au Québec par la classe moyenne de langue française non pas tant comme exploiteurs que comme concurrents directs dans la petite entreprise et les professions libérales. Réfléchissant plus tard sur ces événements, Gérard Filion souligna que les juifs montréalais étaient situés de chaque côté du boulevard Saint-Laurent, formant un tampon entre l'est français et l'ouest anglais[28]. Aux yeux des Jeune-Canada, ils étaient un rappel constant et visible des périls de l'immigration et d'une élite anglophone aux racines historiques plus profondes.

Des années plus tard, Laurendeau aura honte de ses excès antisémites et de ceux de Jeune-Canada. Il ne se serait sans doute pas rappelé volontiers à quel point les remarques antisémites, qui passaient pour des traits d'esprit, émaillaient sa correspondance avec des amis ou avec sa famille à l'époque, mais il allait, en tout cas, se remémorer cette soirée d'avril 1933 comme un péché à expier:

---

27. *Le Devoir*, 27 avril 1933.
28. Gérard FILION, *Fais ce que peux. En guise de mémoires*, (Montréal, Boréal, 1989): 117.

C'était la crise, chacun souffrait, chacun se cherchait un bouc émissaire. J'ai participé à cette assemblée, où j'ai beaucoup parlé des politiciens et peu des Juifs — ce qui était encore trop car nous avons prononcé d'affreux discours: l'un d'entre nous est allé jusqu'à déclarer qu'«il est impossible de piler, en Allemagne, sur la queue de cette chienne de juiverie, sans qu'on entende japper au Canada...» Au moment où Hitler s'apprêtait à tuer six millions de Juifs, ils parlaient très sincèrement d'une «supposée persécution», de «prétendues exécutions», qu'ils opposaient aux mauvais traitements — «très réels ceux-là» — que les Canadiens français subissent ici. Je me revois et m'entends gueulant de mon mieux à cette assemblée. Pardonnez-leur, Seigneur, car ils ne savaient ce qu'ils disaient. Vraiment, nous ne le savions pas. Les discours de garçons de 20 ans reflètent les idées courantes de leur milieu, celles qui traînaient alors n'étaient pas toujours belles et lucides[29].

La question de l'antisémitisme canadien-français refera surface durant la Deuxième Guerre mondiale, mais cette fois Laurendeau aura vécu en France et aura vu de près les dangers du racisme.

À l'automne 1933, il se retrouva engagé dans une autre controverse, cette fois avec le Premier ministre de la province, Alexandre Taschereau. Les Jeune-Canada avaient réservé jusque-là leurs plus cinglantes attaques aux politiciens fédéraux mais, à mesure que le pays s'enfonçait dans la crise économique, il devenait inévitable que le vieux régime libéral à Québec soit visé à son tour. Comme aucun membre des Jeune-Canada ne connaissait l'économie, le groupe se servait de clichés nationalistes et d'un ensemble hétéroclite d'idées mis de l'avant par *L'Action française* durant les années 1920. Les projecteurs n'étaient pas braqués sur des réformes spécifiques mais sur le problème du contrôle de l'économie par des intérêts étrangers. Laurendeau décrivait ainsi la période:

Quelle sera la prochaine démarche? La perception de l'infériorité économique des Canadiens français et l'admission que

---

29. André LAURENDEAU, «Why keep reminding us that he's a Jew?», dans Philip STRATFORD, dir., *André Laurendeau: Witness for Quebec* (Toronto, Macmillan, 1973): 178.

cette dépendance est une maladie grave. Comment la guérir? Pour la plupart, les *Jeune-Canada* s'intéressent peu aux problèmes économiques, ils sont conduits par leur nationalisme dans un domaine où leur incompétence est notoire. Ils acceptent, presque sans examen, les idées que le milieu leur propose [...] l'étatisation des «trusts», mot vague qui oriente notre révolte contre les grandes compagnies à capital étranger, lesquelles exploitent les ressources naturelles du Québec [...] Nous nous faisons traiter de révolutionnaires par le premier ministre Taschereau[30].

Laurendeau proclama dans un discours: «Le trust est maître à Ottawa. Il est maître à Québec.» Il accabla d'invectives le gouvernement Taschereau pour sa politique de laisser-aller à l'endroit des grands trusts américains et canadiens-anglais de l'électricité et du gaz. Il soutint que la corruption associée à cette politique était la raison majeure du maintien au pouvoir de Taschereau depuis 16 ans. «Le *taschereautisme*, se rappela-t-il plus tard, c'était à nos yeux la marque d'un gouvernement conservateur, ami du gros capital, enraciné dans les campagnes, dont l'influence s'exerçait partout grâce au patronage, et qui réussissait à se faire réélire à cause [...] d'une machine électorale où la police provinciale jouait un rôle scandaleux[31].» Taschereau répondit à l'attaque. Le 16 décembre 1933, dans un discours devant la Jeunesse libérale du Québec, il accusa les Jeune-Canada d'être un groupe séditieux et indiqua que les jésuites étaient malavisés de prêter leurs locaux à de tels extrémistes. Après cette intervention, les Jeune-Canada durent trouver d'autres lieux de rassemblement, mais Laurendeau ne s'arrêta pas pour autant. Devant une foule de 1500 personnes au Palais Montcalm à Québec, il défia Taschereau: «Que le Procureur général nous coffre et nous traîne devant les tribunaux si nos discours sont de nature à troubler la paix, si nous faisons appel à la sédition.» Ce discours fut suivi d'une longue polémique dans *Le Devoir*, entre le

---

30. André Laurendeau, «Le nationalisme s'enracinera-t-il mieux qu'en 1936?», *Le Magazine Maclean* (Montréal), 2 (janv. 1962): 3.

31. André Laurendeau, *Ces choses qui nous arrivent. Chronique des années 1961-1966* (Montréal, HMH, 1970): 35; voir aussi *Le Devoir*, 14 nov. 1933.

Premier ministre et Laurendeau. Ce jeune étudiant de 21 ans, qui parlait au nom d'un groupe nationaliste marginal, menait là une sorte de combat de David contre Goliath. C'est sans doute la prise de conscience (un peu tardive) de ce fait, et de la publicité qu'il procurait ainsi aux Jeune-Canada, qui amena Taschereau à rompre le débat.

Mais à ce moment-là, Laurendeau était prêt aussi à faire marche arrière. En moins d'un an, il avait fait du chemin: issu d'un groupe de protestation qui voulait jeter de l'encre à la figure de quelques politiciens, il était allé jusqu'à tenir tête à plusieurs hauts personnages politiques du Québec sur des questions controversées. Il savait, par contre, que ni lui ni les Jeune-Canada n'étaient assez préparés pour aller plus loin que l'attaque des partis au pouvoir et pour avancer des solutions concrètes. Ils étaient encore moins prêts à transformer leur petit groupe en mouvement politique, comme plusieurs de leurs sympathisants les pressaient de faire. André expliqua dans une lettre à l'abbé Groulx qu'ils n'étaient pas encore prêts à lancer un tel mouvement, qu'ils n'en avaient encore ni l'expérience ni les compétences.

> Il nous suffirait, à l'heure actuelle, d'étudier les problèmes nationaux à ce point de vue précis, et d'aller de l'avant, sans divulguer tout de suite nos ambitions. Nous sommes très jeunes: c'est notre force et notre faiblesse. Si le temps ne désagrège ni notre union ni notre idéal — et j'ai grande confiance en quelques-uns de mes amis — nous atteindrons notre but.

Pour Laurendeau qui était toujours mal à l'aise quand il sentait que ses actions précédaient sa pensée, il était temps que les Jeune-Canada formulent leur doctrine nationaliste. Pour ce faire, il proposait de réduire leurs activités publiques durant les cinq années à venir. L'idée divisa le groupe. Certains étaient partisans d'une action immédiate, d'autres de mettre le temps à «conquérir et former l'esprit». Même si un membre au moins se dissocia à ce moment-là pour adhérer à un groupe politique plus actif, la proposition de Laurendeau fut acceptée; et, au cours des deux années suivantes, jusqu'à son départ en France à l'été de 1935, il travailla inlassablement à élaborer une théorie nationaliste globale.

Cette transition allait de soi pour Laurendeau. Il disait à un ami à l'époque que, pour lui, «l'idée compte pour les trois quarts». La perspective d'étudier le nationalisme et de le poser, par écrit, en termes intellectuels était au moins aussi attirante pour lui que la participation à des manifestations publiques. Encore essentiellement dans la mouvance de l'abbé Groulx, il en épousait l'idée que les masses canadiennes-françaises n'étaient pas prêtes à accepter le nationalisme et avaient donc besoin d'être éduquées. En 1934, Laurendeau publia une brochure intitulée *L'Éducation nationale*, qui devait beaucoup à la pensée de Groulx. Jetant un regard rétrospectif en 1963, il résumait ainsi cette nouvelle orientation:

> Ayant constaté qu'il n'y a pas de Sauveur à l'horizon (car autrement nous nous serions volontiers laissés séduire par la mystique du chef: quel dommage, quel dommage que l'abbé Groulx porte une soutane!); ayant enregistré la médiocre qualité de nos contemporains, nous mettons nos espoirs dans l'éducation. Qui sauvera Québec? L'éducation, répondons-nous; mais nous songeons surtout à l'éducation nationale. Nous reprochons à l'école sa neutralité ou sa tiédeur en matière patriotique. Nous la voudrions intensément nationaliste, comme si, de soi, le nationalisme était une réponse totale aux problèmes du milieu canadien-français[32].

À partir de l'automne 1934, les Jeune-Canada publièrent une série de tracts qui résumaient leurs vues sur divers thèmes nationalistes. On se partageait la tâche de les écrire et chacun débattait de ce qui était écrit en long et en large, mais c'était Laurendeau qui coordonnait les efforts collectifs. Il assuma aussi une grande partie de la recherche et rédigea l'écrit le plus complet et le plus important du groupe, *Notre nationalisme*[33]. Synthèse de la pensée nationaliste conservatrice du début des années 1930, ce tract de 56 pages fut le premier d'une impressionnante série de textes sur le nationalisme que Laurendeau signera dans les trois décennies suivantes.

---

32. «Le nationalisme s'enracinera-t-il mieux qu'en 1936?», *Le Magazine Maclean* (Montréal), 2 (janv. 1962): 3.
33. Tract Jeune-Canada n° 5 (oct. 1935), 56 p.

Bien que rempli de références à divers auteurs — lus, dans certains cas, pour la première fois —, l'ouvrage était essentiellement un écrit polémique, qui cherchait à justifier la hiérarchie traditionnelle des valeurs canadiennes-françaises comme fondement de la nationalité: «Dieu, la famille, la nation et l'État».

Pour Laurendeau, dans cette première phase de sa pensée nationaliste, la caractéristique la plus fondamentale du Canada français était son catholicisme. Même s'il allait bientôt finir par en douter sérieusement, il était convaincu à ce moment-là que «Canadien français» et «catholique» étaient deux notions indissociables. Il répétait aussi avec insistance, dans *Notre nationalisme*, que la condamnation de la droite nationaliste en France par le pape ne constituait pas un rejet global du nationalisme lui-même; seule l'intolérance des extrémistes avait offensé le Saint-Siège et le nationalisme canadien-français n'était pas intolérant. Au contraire, il respectait d'autres nations et même des groupes minoritaires au sein de la nation. «Un Canadien français du Québec, écrivait-il, n'est pas exactement un Franco-Ontarien; encore moins un Acadien. Notre nationalisme respecte les personnalités [...]» Il aurait été plutôt difficile d'en convaincre les juifs montréalais, mais Laurendeau avait manifestement l'intention d'apaiser les craintes soulevées par les excès précédents des Jeune-Canada, en mettant sa doctrine davantage en accord avec la tradition humaniste catholique. Il rejetait aussi l'idée que le nationalisme cherche à écraser les aspirations individuelles sous la botte de la collectivité. Selon lui, l'individu doit toujours rester libre de son épanouissement, mais il ne saurait survivre sans la nation, car elle seule fournit à chacun son identité culturelle. L'individu a donc comme premier devoir de protéger et de développer la vie culturelle de la nation. Laurendeau touchait là un problème fondamental — droits individuels contre droits collectifs —, qui reviendrait à maintes reprises compliquer, sans toutefois jamais les changer, ses allégeances nationalistes; mais en 1935, il n'était pas assailli par le doute. «Le phénomène nationaliste, écrivait-il, est essentiellement un phénomène de culture, non de volonté individuelle ou collective.»

Notre nationalisme s'attaquait aussi au problème épineux des rapports entre la nation et l'État. Laurendeau signalait que la ques-

NATIONALISME ET SÉPARATISME

tion était particulièrement importante pour le Canada français, où les deux notions n'étaient pas synonymes. Il faisait remarquer ailleurs qu'un État — par exemple, l'État canadien — avait le devoir, dans ce cas, de respecter pleinement les entités nationales qui le composaient; autrement ces entités seraient libres de créer leurs propres États:

> L'État n'est autre chose que l'aboutissement final d'une série d'éléments (territoire, langue, religion, histoire, traditions communes, joies et tristesses partagées, se manifestant par la volonté d'une vie commune et indépendante [...] par un vouloir-vivre collectif assez fort pour se traduire pratiquement par la création d'un gouvernement autonome) avec comme caractéristique essentielle l'autorité politique, le droit de décision définitive, donc l'indépendance, la souveraineté[34].

Énoncé en ces termes et combiné à la fréquente affirmation (par les Jeune-Canada) que l'État canadien avait bafoué maintes fois les droits des Canadiens français, l'argument de Laurendeau conduisait inévitablement au séparatisme. Les Jeune-Canada sont souvent considérés comme l'une des organisations les plus ouvertement séparatistes du Québec dans les années 1930. Il est sûr qu'ils s'attendaient à une rupture imminente de la Confédération. Pour eux, la conjoncture de la crise économique avait transformé en certitude ce qui avait toujours été une possibilité. Ils spéculèrent aussi sur l'établissement d'un État indépendant, qu'ils appelaient Laurentie. En août 1934, par exemple, André demande à Ghislaine si elle aime ce nom de Laurentie et ajoute qu'à cause de l'importance des Laurentides et de l'amour qu'il leur porte, ce nom lui va.

La plus grande partie des discussions des Jeune-Canada sur la Laurentie restait superficielle. Comme tous les nationalistes canadiens-français, depuis le XIXe siècle, qui fondaient leur idée de nation sur la religion et la culture, ils avaient peine à entrevoir un État séparé qui engloberait tous leurs compatriotes de l'extérieur du

---

34. Cité par Denis MONIÈRE, *André Laurendeau et le destin d'un peuple* (Montréal, Québec/Amérique, 1983): 70.

Québec. Cette idée s'exprimait laborieusement dans la page que Laurendeau consacra au sujet dans *Notre nationalisme*:

Notre patrie réelle, c'est le Canada français qu'après d'autres nous nommons Laurentie.

Comment repérer géographiquement la Laurentie? Voici où nous entrons dans l'inconnu, en un domaine nouveau dont notre génération devra s'emparer. Laurentie: pays mal déterminé, ayant pour cœur le Québec actuel, rayonnant alentour dans l'Ontario-Nord, le Nouveau-Brunswick, la Nouvelle-Angleterre. Centré sur le Saint-Laurent qui est comme son axe, son artère principale, comme sa respiration; où ceux de langue française sont inexpugnablement installés [35].

Ainsi donc, même si les Jeune-Canada avaient établi une base théorique pour le séparatisme, ce concept n'alla jamais au-delà de la vision utopique et vague d'un «État français en Amérique», comme le concevait l'abbé Groulx, car on ne fit rien de concret pour en hâter l'avènement. Gérard Filion avoua plus tard que la position du groupe débouchait sur le séparatisme, une tentation que personne n'avait encore [36]. Rétrospectivement, pour Laurendeau, le séparatisme était un idéal distant et nébuleux «qui s'évaporait peu à peu à mesure que notre mouvement se développait».

Bien avant la publication de *Notre nationalisme* en 1935, les Jeune-Canada avaient montré des signes de désintégration. La détermination de Laurendeau d'éviter un plus grand engagement politique fut mise à l'épreuve en 1934 par l'apparition d'un nouveau parti politique d'inspiration nationaliste, l'Action libérale nationale. Ce parti était dirigé par Paul Gouin, neveu de Lomer Gouin, un ancien Premier ministre libéral. Gouin avait d'abord cherché à réformer le gouvernement Taschereau de l'intérieur et, ayant échoué, avait entrepris de le faire tomber. Comme son nom l'indique, le nouveau parti puisa plusieurs de ses idées dans le credo

---

35. André LAURENDEAU, *Notre nationalisme*, Tract Jeune-Canada n° 5 (oct. 1935): 44s.
36. Gérard FILION, *Fais ce que peux. En guise de mémoires* (Montréal, Boréal, 1989): 116.

nationaliste, notamment l'opposition aux trusts de l'électricité et du gaz. Il attirait certains membres des Jeune-Canada à cause de son idéalisme juvénile, non souillé par l'exercice du pouvoir. Mais Laurendeau et la majorité des Jeune-Canada pensaient autrement. Il nota beaucoup plus tard qu'ils considéraient l'ALN avec suspicion, ne trouvant pas «assez purs» ces politiciens réformistes. Invoquant l'opposition nationaliste traditionnelle à l'idée de faire de l'État le moteur principal du changement, Laurendeau rejeta l'idée d'une affiliation au nouveau parti. Les délégués des Jeune-Canada furent autorisés à assister au congrès de fondation de l'ALN en 1934, mais seulement à titre d'observateurs et pour en faire rapport.

Cependant lorsqu'en 1935 l'ALN s'associa aux conservateurs provinciaux de Maurice Duplessis pour former le parti de l'Union nationale, dans un effort conjoint pour chasser Taschereau du pouvoir lors des élections prévues cette année-là, Laurendeau sentit la pression s'accroître. Le dentiste Philippe Hamel, par exemple, un député nationaliste isolé à Québec, qui avait consacré sa carrière à combattre les trusts de l'électricité et avait soutenu les Jeune-Canada, écrivit à Laurendeau pour le faire sortir de ses hésitations. Il supplia les membres du mouvement d'entrer dans la mêlée, de ne pas demeurer simples spectateurs. Certains parmi les Jeune-Canada se montrèrent sympathiques à ce nouveau parti et un ou deux menacèrent même d'en joindre les rangs. Laurendeau ne broncha pas. Il s'en inquiéta tout de même, faisant part de ses doutes à l'abbé Groulx. Il disait craindre que ses amis aient l'impression d'être inactifs, de perdre leur temps au sein du mouvement. Mais il s'empressait d'ajouter qu'il ne désespérait pas, qu'il avait été trop facile à ce jour d'être Jeune-Canada et que maintenant on allait reconnaître les vrais ouvriers. Il n'importait guère, à ce moment-là, que les événements à venir lui donnent raison. Un coup avait été porté à l'unité et à l'enthousiasme des Jeune-Canada.

Une atteinte plus grave encore vint de l'opposition aux Jeune-Canada qui s'élevait au sein des organisations de jeunesse catholiques. Laurendeau, rappelons-le, ne considérait pas seulement le catholicisme comme lié inéluctablement au nationalisme canadien-français, mais, à ce moment de sa vie, il le concevait aussi comme le fondement spirituel essentiel de sa philosophie personnelle. En 1935 encore, il mentionnait que sa fonction n'était pas d'écrire des livres, de voir des pays étrangers, d'étudier la philosophie ou d'être un grand politique, mais plutôt, comme tout homme, d'aller à Dieu. Il avait participé à divers groupes de jeunesses catholiques depuis sa prime adolescence et, en 1934, avait saisi l'occasion de devenir rédacteur en chef du *Semeur*, la revue de l'Association catholique de la jeunesse canadienne-française (ACJC). Il était donc tout naturel qu'en embrassant le nationalisme et en se joignant aux Jeune-Canada, il tâche aussi de rehausser la conscience nationaliste des associations catholiques. De fait, en 1934, il se rendit au Nouveau-Brunswick pour présenter sa brochure *L'éducation nationale* au comité central de l'ACJC, espérant même que l'association puisse en assumer les frais de publication. Mais plusieurs en son sein étaient hostiles au nationalisme, se fondant là-dessus sur la condamnation du pape en 1926. L'association obligea au moins trois membres des Jeune-Canada, y compris son propre président, à choisir entre les deux groupes et elle présenta des motions d'expulsion des indésirables[37].

Il n'y avait pas que cette jeunesse catholique à désapprouver les Jeune-Canada. Les vues extrêmes exposées par Laurendeau et d'autres membres du groupe en 1933 se retournaient maintenant contre eux. Il devint périlleux pour certains ecclésiastiques de se voir associés publiquement à eux. Le père Georges-Henri Lévesque, par exemple, un jeune dominicain appelé à jouer un rôle majeur plus tard au Québec, entretenait une correspondance avec Laurendeau, mais il se cachait presque pour assister aux assemblées des Jeune-Canada. Ghislaine confirme que ce religieux s'amenait caché dans un manteau noir, quasi incognito, et se tenait à l'arrière de la salle. Au printemps 1935, les jésuites commandèrent une série de conférences au vieux tribun Henri Bourassa, à la Palestre nationale. Bourassa condamna énergiquement le genre de nationalisme qui se fondait sur les différences raciales et les aspirations séparatistes. Il stigmatisa les Jeune-Canada, les traitant de mouvement particulièrement malavisé. Ses attaques visaient clairement l'influence des

---

37. *Ibid.*, p. 114.

théories de l'abbé Groulx sur de jeunes nationalistes comme Laurendeau. André, qui assistait à la dernière conférence, se trouvait cloué au pilori. Le père Lévesque l'avait déjà averti que Groulx n'était pas le guide tout indiqué; et Pierre Dansereau, son meilleur ami au sein des Jeune-Canada, s'était montré irrité par les manipulations en coulisses du prêtre. Il apparaît clairement que Groulx était un politicien intrigant, dans la tradition de dissimulation de l'Église catholique; il aurait été à son meilleur dans les couloirs étroits et l'atmosphère de chuchotements affairés du Vatican. Tout en tirant avantage de son état ecclésiastique, dans un rituel élaboré d'effacement personnel, il se servait sans scrupule de jeunes idéalistes inexpérimentés pour édifier son culte personnel et faire progresser ses objectifs idéologiques. Dansereau, qui était plus pragmatique que les autres et suivait, à l'Université de Montréal, les brisées de son mentor scientifique, le frère Marie-Victorin, se fera sarcastique plus tard au sujet de l'influence de Groulx sur les Jeune-Canada. Selon lui, Groulx révisait tout ce qu'ils écrivaient. Par exemple, quand Dansereau fit l'éloge de «ces magnifiques révolutionnaires» de la Russie bolchevique, Groulx apporta une légère modification, pour qu'on lise plutôt «ces pauvres révolutionnaires [38]». Laurendeau n'en resta pas moins ardemment fidèle à Groulx et il endossa la décision du groupe de ne pas répondre à Bourassa.

À l'été 1935, plusieurs avaient déserté le groupe. Comme Gérard Filion le mentionne, le mouvement n'a pas pris fin, «il s'est évaporé dans l'atmosphère [39]». Dansereau, qui avait déménagé ses pénates à Oka, en 1933, pour poursuivre ses études scientifiques, ne participa que de façon sporadique au mouvement par la suite. D'autres, après avoir obtenu leur diplôme, consacrèrent leurs énergies à lancer leur carrière, à se marier et avoir des enfants — toutes entreprises risquées au milieu des années 1930 — ou bien partirent étudier à l'étranger. Ainsi donc, ils s'étaient révélés ce que

---

38. Pierre DANSEREAU, «André Laurendeau: les options réversibles», dans Robert COMEAU et Lucille BEAUDRY, dir., *André Laurendeau. Un intellectuel d'ici* (Sillery, Presses de l'Université du Québec, 1990): 183.

39. Gérard FILION, *Fais ce que peux. En guise de mémoires* (Montréal, Boréal, 1989): 117.

Laurendeau avait dit dédaigneusement: des apprentis-réformateurs. Il l'avait prédit en quelque sorte à Groulx, mais en se décrivant lui-même comme plus fiable:

> Ce qui devrait arriver: que nous soyons dans les Jeune-Canada jusqu'au cou, que notre intérêt personnel soit tellement identifié avec l'intérêt national que l'échec de ce mouvement risque d'entraîner la faillite de notre carrière. De mon côté, il n'y a aucun danger. J'étais pétri de ces idées. Construire ma vie en marge d'elles me causerait une souffrance — ce n'est malheureusement pas le cas de mes camarades.

Mais la cause était en train de s'étioler pour Laurendeau aussi. Après ses études à l'université et son mariage avec Ghislaine le 4 juin, il allait déjà vers autre chose. En outre, la critique publique qu'il avait essuyée n'avait pas manqué de l'atteindre. Le fait que cette critique venait en majeure partie non seulement du sein même de la communauté qu'il prétendait représenter, mais, à un degré assez élevé, du clergé qu'il avait toujours profondément respecté était pour lui une cause de grande anxiété. Il se plaignait à Ghislaine du «désordre» dans son esprit et du «chaos intellectuel» dans lequel il vivait. Il était tout à fait typique chez lui qu'après ces années d'action frénétique, il cherche des réponses dans la philosophie et dans les études en France. Avant son départ, il confie à Groulx qu'il part tenter, grâce à la philosophie, de «hiérarchiser» ses connaissances et ses idées. En ce qui concerne les Jeune-Canada, peut-être n'était-il pas aussi prêt qu'il l'avait prétendu à un moment donné à sacrifier ses intérêts personnels à la cause.

Considérées dans la perspective générale de sa carrière, ses années d'action nationaliste ont contribué incommensurablement à poser les fondations de la pensée de Laurendeau et de son influence à long terme. Son adhésion enthousiaste à la cause nationaliste — résultat en partie de l'influence stimulante de l'abbé Groulx et en partie de son indignation (et de celle de ses amis étudiants) au sujet du mauvais traitement réservé aux Canadiens français dans l'administration fédérale — n'a pas seulement contribué à apaiser ses tourments psychologiques, elle a confirmé le fond nationaliste de son éducation et de son apprentissage familial.

Même s'il ne montrera jamais plus la fermeté de conviction qu'il eut durant cette période — car un long processus de questionnement, de révision et de reformulation allait bientôt s'amorcer — le nationalisme allait chez lui constituer le fil continu d'une carrière publique qui connaîtrait de nombreux changements et revirements. Les Jeune-Canada avaient fait de lui une figure publique reliée à la cause nationaliste au Québec. Cela ne faisait pas de Laurendeau, pour autant, un nom familier dans les chaumières, mais sa réputation était déjà bien établie. Il l'a fait remarquer lui-même en comparant le nationalisme radical du milieu des années 1930 avec celui du début des années 1960, plus branché, plus dépendant «des circonstances et d'hommes particuliers». Il aurait pu ajouter que les élites canadiennes-françaises étaient alors plus petites, plus hiérarchiques et fermées sur elles-mêmes, de sorte qu'un néophyte politique comme lui pouvait s'y tailler une place modeste.

Sur un plan plus personnel, le leadership que Laurendeau avait assumé aux Jeune-Canada lui avait donné plus d'assurance et de confiance en ses talents, tout en l'obligeant à pousser sa réflexion sur la nation canadienne-française au-delà des sentiments et des symboles, vers un cadre d'analyse théorique et historique. L'ouvrage *Notre nationalisme*, dont il allait toutefois prendre ses distances moins d'un an plus tard, n'en était pas moins une réalisation impressionnante pour un jeune homme au début de la vingtaine seulement. Malgré les lacunes, les naïvetés économiques et sociales, le recours occasionnel à la rhétorique et à l'emphase, on y sentait l'œuvre d'un esprit sensible et pénétrant. Si cette période de sa vie avait commencé avec ce qu'il qualifiera plus tard d'erreurs impétueuses d'une jeunesse hyper zélée, qui avaient éclipsé temporairement ses tendances plus humanistes, il trouva bientôt une orientation beaucoup plus typique dans l'effort déterminé qu'il fit pour acquérir plus de connaissances et pour fonder son activité sur une théorie solide. Ce scrupule intellectuel le distinguerait plus tard à la fois comme nationaliste et comme journaliste. Dans l'immédiat, il fut amené en France à des découvertes qui le convaincraient que les idées des nationalistes canadiens-français étaient trop étroites, trop cléricales et trop bourgeoises.

CHAPITRE III

LE PERSONNALISME
1935 – 1937

> J'ai connu quelques hommes et quelques groupes nou-
> veaux depuis les instituteurs catholiques jusqu'aux écri-
> vains marxistes. En cela, je gagne au moins d'élargir mon
> champ de vision. J'essaie de m'ouvrir à toutes les influen-
> ces qui me semblent bonnes même s'il y a quelques ris-
> ques... plus je vais et plus je trouve qu'on manque
> d'audace intellectuelle chez nous.
>
> André LAURENDEAU
> à l'abbé Groulx, 1936

La foule qui faisait le pied de grue à l'entrée du Palais de la Mutualité était excitée et bruyante, mais bonhomme au sens fraternel du terme. Des camelots circulaient dans les rangs pour offrir leurs journaux — «Lisez *L'Avant-Garde*! Lisez *L'Humanité*! Lisez *Regards*!» —, tandis qu'un organisateur bedonnant criait: «Par ici, les journalistes! Par ici, les délégations!» Un jeune homme, englouti dans la foule qui bloquait l'entrée, acheta un des journaux annoncés et se surprit lui-même à répondre «Merci, camarade!» aux salutations amicales du camelot. Près de lui, un homme dans la cinquantaine aux cheveux gris et aux traits manifestement slaves parut découragé lorsqu'un organisateur lança: «Inutile d'attendre! Seuls ceux qui ont des billets pourront entrer.» Après avoir réfléchi un moment au succès évident de l'événement, il se tourna vers le jeune homme qui avait un billet en main, et lui dit: «Il n'y a plus de place mais je suis content tout de même.» Profitant des départs qui rendaient la foule plus clairsemée, le jeune homme se glissa à l'intérieur de la salle et s'assit dans le premier siège vide. Quand la salle fut remplie, il y avait 5000 personnes, dont quelques centaines debout. Bientôt, les discours commencèrent, interrompus souvent par des délégations pittoresques de travailleurs, qui se levaient tout à coup, le poing dressé, pour entonner l'*Internationale*[1].

C'était à Paris, en février 1936, et André Laurendeau se trouvait pour la première fois en contact direct avec l'enthousiasme et l'assurance de la gauche française qui, à quelques semaines de là, porterait au pouvoir le Front populaire, formé de communistes, de socialistes et d'indépendants, sous la houlette de Léon Blum. Un moment historique. Blum était présent à ce rassemblement convoqué par les communistes et Laurendeau fut frappé par «sa sobriété, son éloquence et ses manières calmes». Peu de temps auparavant, le jeune homme était entré dans une librairie communiste et, en feuilletant le fameux mensuel du parti, *Vendredi*, il avait remarqué une affiche qui annonçait un rassemblement politique. Il savourait d'avance la perspective de voir de prestigieux intellectuels comme les écrivains André Gide et André Malraux, des hommes politiques comme Blum et le légendaire Marcel Cachin, ce leader communiste français dont le nom était lié à de grands personnages de la révolution russe comme Maxime Gorki. Ce soir-là, en regardant Gide qui présidait l'assemblée et qui avait l'air un peu perdu parmi tant de «loups dévorants», il se réjouissait d'avoir pu, avec ses amis de la Sorbonne, obtenir des billets à l'avance. Un orateur, la poitrine bombée, hurlait des insultes à la bourgeoisie; puis un romancier allemand, dont le nom échappait à Laurendeau mais qui avait l'honneur d'avoir été expulsé par Hitler, recevait une triple ovation. Il est vrai que la plupart des discours étaient courts et pompeux mais, comme Laurendeau l'expliquait, la foule, spontanée, vive comme peut l'être une foule française, joyeuse, chaleureuse et

---

1. Cette description de l'assemblée de la gauche à la Mutualité est basée sur l'article d'André Laurendeau, «Communistes», *L'Action Nationale* (Montréal), VIII (mars 1936): 155-161.

généreuse, l'intéressait davantage. Quand ils se levaient tous pour chanter et crier, «plutôt qu'un témoignage de haine, c'était un signe de ralliement et presque un signe d'amour». Après trois heures, quand il se leva pour sortir, la foule autour de lui sembla surprise qu'il parte si tôt. Il sentit là une véritable atmosphère d'espoir, d'aspiration profonde et vertueuse[2].

Quand Laurendeau retrouva son appartement de la rive gauche, il était profondément troublé par des pensées qui l'assaillaient par intermittences depuis le début de son séjour en France. Troublé, il le serait encore le lendemain, à la représentation d'une pièce du fameux dramaturge catholique Henri Ghéon, où le public était composé de bourgeois peu démonstratifs. Quel contraste avec ce qu'il avait vu la veille! Le doute avait été soulevé dans son esprit par son ami étudiant Émile Baäs, un Alsacien qui avait aussi assisté à l'assemblée de la gauche. Pour ce dernier, seuls pensent les hommes de gauche; ils sont les seuls à se poser «les grands problèmes». Et on va malgré soi vers la gauche. André dut admettre la vérité de cette observation. Dans une lettre à son père stupéfait, il lui dit de garder en mémoire que la gauche (extrême) offre «une mystique, une forte position doctrinale, déjà des réalisations immenses». Il ajoutait qu'en France la seule autre option crédible face au statu quo n'était pas l'idéologie conservatrice de Charles Maurras, l'Action française, ni la droite catholique — si longtemps admirée au Québec et donnée comme un exemple à suivre, du plus loin qu'il s'en souvienne —, mais plutôt la gauche révolutionnaire catholique. C'est ce mouvement, issu en majeure partie des années 1930, qui occupait de plus en plus ses pensées, un mouvement qui avait encore plus de mépris que les communistes eux-mêmes pour le conservatisme catholique et qui était connu sous le nom de «personnalisme». Laurendeau en avait à peine conscience à ce moment-là, mais il était en train de prendre le tournant intellectuel le plus décisif de sa vie. Il découvrait le personnalisme. Et cette

---

2. *Ibid.,* p. 160-163; pour une recension détaillée de la correspondance de Laurendeau durant son séjour en Europe, voir L. CHANTILLY, *L'Incunable* (Bulletin de la Bibliothèque nationale du Québec), mars et sept. 1984: 7-15, 6-13; mars et sept. 1985: 10-18, 14-22; mars et juin-sept. 1986: 26-37, 36-47.

découverte allait transformer sa vision du Canada français, en lui
donnant des principes et des idées qui allaient le placer au centre
du débat nationaliste durant les trois décennies suivantes. En
somme, cette conversion intellectuelle ferait de lui — même si certains vieux amis crièrent à la trahison! — l'un des rares nationalistes
de son temps qui puissent tenir compte non seulement du passé et
du présent du Québec mais aussi des grands changements qui se
profilaient à l'horizon. Longtemps après ce séjour en France, il
disait avoir passé à Paris deux années qui furent une aventure pro-
digieuse dans laquelle il se jeta corps et âme, deux années qui firent
finalement qu'il se retrouvât dans la gauche chrétienne.

On le voit, cette conversion de Laurendeau ne s'est pas faite
en un jour. Elle n'a pas non plus commencé dès qu'il eut mis le
pied sur le sol français. Comme tout notable canadien-français, il
passa ses premiers mois à Paris à se donner le festin culturel dont
il rêvait depuis si longtemps. Ghislaine et lui arrivèrent le 24 septembre 1935, plusieurs semaines avant le début des cours à l'Institut
catholique. Ils louèrent un appartement au 24bis de la rue Tournefort, à 15 minutes seulement de l'Institut et à la même distance
environ de la Sorbonne, le temps d'une «jolie promenade» à travers
les jardins du Luxembourg, comme il le disait. Aujourd'hui, à une
époque de voyages rapides en avion et à l'heure des technologies du
village global qui mettent à portée de regard les lieux les plus
exotiques, il est difficile d'imaginer l'excitation du moment. Pour
André, il ne s'agissait pas seulement du terme idyllique d'une longue traversée en mer ou du soulagement d'échapper à la vague de
critiques adressées aux Jeune-Canada. Ce n'était pas seulement
l'impression de réaliser enfin le rêve longtemps caressé du grand
voyage en Europe, c'était Paris! Gérard Pelletier a exprimé tout ce
que représentait la France pour les jeunes intellectuels de l'époque:

> Comment dire en peu de mots le désir lancinant qui nous
> obséda presque tous depuis la première enfance: quitter le
> Québec, quitter le Canada, l'Amérique elle-même, partir.
> Pour nous, la destination ne faisait pas l'objet de la moindre
> hésitation. Nous connaissions New York, certains d'entre nous
> avaient poussé une pointe vers l'Amérique du Sud ou tout au

moins le Mexique, mais notre pôle intellectuel se situait au-
delà de l'Atlantique, en France. Je me suis souvent interrogé
sur la puissance insolite de cette attraction. Cédions-nous bêtement à quelque nostalgie sentimentale? À un atavisme aveugle? Est-ce la France réelle qui nous attirait ou bien un pays
de rêve sécrété dans la prison des années 1930, face aux bar-
belés de la crise économique, puis à ceux de la guerre[3]?

Bien sûr, en 1919-1920, quand il visita Paris avec sa mère,
André était trop jeune pour en garder des impressions vivaces. Mais
Ghislaine y avait passé des mois à étudier (en partie, du moins,
pour être maintenue à distance d'océan de lui); elle était donc en
mesure de lui servir de guide. Grâce à la générosité des parents
Laurendeau — ils payèrent la grande majorité des frais du séjour —
et à des allocations périodiques de M. Perrault, le couple était
raisonnablement à l'aise. André se sentait coupable de ce sacrifice
de ses parents au milieu de la crise économique; il leur écrivait
qu'ils n'avaient pas le droit de se priver outre mesure, tandis que
le couple nageait dans les billets de banque. Ils pouvaient se permettre d'assister à des concerts, de visiter des galeries d'art et, par-
dessus tout, d'aller voir de nombreuses pièces de théâtre. Laurendeau découvrit les œuvres d'Ibsen et de Musset, deux auteurs qui
auraient une influence profonde sur son propre style dramatique.
Naturellement, il courait aux représentations des classiques comme
Le Cid de Corneille, même s'il observait — premier signe avant-
coureur, sans doute, des intuitions à venir — que les classiques
dans tous les domaines étaient moins populaires que les modernes.
Par ailleurs, durant cette brève période idyllique, peut-être la plus
heureuse de sa vie, une seule chose le troubla: le «manque d'inti-
mité avec d'autres».

Comme il arrive souvent aux voyageurs avant d'établir de
nouveaux contacts, Laurendeau reporta son attention sur la situation au pays. Il correspondait avec des membres des Jeune-Canada
et attendait avec impatience des exemplaires de *Notre nationalisme*,

---

3. Gérard PELLETIER, *Les années d'impatience* (Montréal, Éditions internationales Alain Stanké, 1983): 37s.

qui n'avait été publié qu'après son départ. En demandant des exemplaires supplémentaires de la brochure dans l'espoir de les utiliser comme instrument de propagande pour la cause nationaliste à Paris, il songea aussi qu'il pourrait se servir de l'ouvrage pour s'introduire personnellement auprès des intellectuels français. Il ne faut pas s'étonner alors que Robert Charbonneau, son ami et collègue des Jeune-Canada, lui fît savoir qu'il y avait un peu trop de «je» et de «moi» à son goût dans cet ouvrage. Quand Arthur Laurendeau lui écrivit, en novembre, pour déplorer que le combat pour rendre les organisations catholiques plus nationalistes n'eût guère de succès, son fils sollicita immédiatement une entrevue avec le cardinal Villeneuve, qui était de passage à Paris. Cette rencontre fut si encourageante qu'André recommanda à son père d'en lire la relation à des groupes nationalistes pour les encourager. D'autres contacts avec le Canada français se maintinrent grâce à une série d'articles qu'il convint d'écrire pour *Le Devoir* et *L'Action nationale*, sous le titre «Pèlerinage en vraie France». Plus tard, ces articles allaient lui servir à faire passer ses conceptions personnalistes au Québec, mais son intention originale était d'approfondir les liens culturels traditionnels du Canada français avec la France. Son souci de la patrie, en ce début de séjour, alla même jusqu'à lui faire tenir des propos rassurants à l'abbé Groulx pour lui signifier que son cœur était toujours au Québec.

Mais avant peu, les doutes surgirent en lui sur la qualité de la vie culturelle et intellectuelle du Canada français. Il arrive assez fréquemment qu'un Nord-Américain débarquant dans une grande cité européenne éprouve au départ un complexe d'infériorité. Laurendeau rencontrait partout des Français possédant un degré de culture générale qu'il n'avait pas. Après avoir vu une pièce d'Ibsen, *Hedda Gabler*, jouée pour la première fois à Paris, il demande aussitôt à ses parents pourquoi on connaît à peine le nom d'Ibsen au Canada français. Plus tard, il ferait les mêmes observations au sujet de Nietzsche, de Hegel et de Bergson, sans mentionner Marx ainsi que des écrivains classiques comme Dante. À un moment donné, il avoua à quel point il s'était senti embarrassé, au milieu d'une conversation, lorsque quelqu'un avait établi des comparaisons avec le grand écrivain italien, un écrivain complètement

inconnu de Laurendeau. Sa confiance fut aussi quelque peu ébranlée quand il eut maille à partir avec l'accent parisien — lui qui avait
parlé avec tant de hauteur, chez lui, de l'importance de la pureté
linguistique — ou quand il vit des Français bien éduqués le regarder de haut lorsqu'il échappa quelques tours de phrase «coloniaux».
Apprenant qu'il jouait du piano, un professeur de la Sorbonne lui
avait demandé s'il ne pouvait pas venir un week-end à sa maison de
campagne pour lui faire entendre des vieux airs folkloriques du
Canada français. En dehors de ces petites curiosités, les Français
paraissaient se désintéresser complètement du Canada français
qu'ils ne connaissaient pas beaucoup en général et qu'ils ne manifestaient aucun désir de connaître. Selon Laurendeau, il faut alors
comprendre que «s'ils ne s'intéressent pas beaucoup à nous, c'est
que nous ne sommes toujours pas intéressants».

    Durant ses premiers mois à l'Institut catholique et à la
Sorbonne, son embarras se transforma bientôt en vif sentiment
d'infériorité intellectuelle. Il ne s'agissait pas, à strictement parler,
de l'excellence des étudiants français, mais de leur culture plus
étendue et de leur esprit plus vif. Le jeune Laurendeau était tout
simplement ébahi par la variété et le dynamisme de la vie intellectuelle là-bas. «Je me trouve dans l'irréel, écrivait-il, avec un monde
hétérogène, des sujets qui me dépassent [...] et cette conscience de
ma quasi-nullité intellectuelle.» Jusque-là, pour lui, l'image du
grand intellectuel s'était incarnée en l'abbé Groulx, dépositaire de
la connaissance traditionnelle, restant à distance, au-dessus de la
mêlée. Mais, en France, les intellectuels et leurs disciples s'emparaient des idées nouvelles et défendaient leurs théories dans les
conversations, les revues, les journaux et, si nécessaire, dans la rue.
Il se vit acculé à débattre vigoureusement de livres qu'il n'avait
jamais lus et de positions idéologiques qu'il comprenait à peine.
Les nouvelles connaissances à qui il osa offrir son ouvrage *Notre*
nationalisme le critiquèrent sans ménagement, dénonçant le côté
étroit, désuet, unidimensionnel des positions qu'il défendait. Il
abandonna vite l'idée de se servir du livre comme carte d'introduction auprès de ses professeurs.

    Laurendeau se mit aussi à critiquer le conformisme intellectuel qu'il avait laissé derrière lui au Québec. Il écrira à ses parents qu'il mesurait davantage la misère intellectuelle des siens et qu'il sentait ses propres limites. Quand il eut un jour le courage de souligner (lors d'une interview pour *Le Devoir* avec l'historien français Pierre Forestier) que les intellectuels français avaient tendance à sous-estimer les réalisations canadiennes-françaises, Forestier répondit par une question qui le laissa sans réponse: «Qu'est-ce que vous nous donnez, qu'est-ce actuellement que vous pouvez nous offrir d'autre que [...] votre survivance?» En février 1936, André sentit le besoin de s'expliquer dans *L'Action nationale* pour ce qu'il avait dit, dans *Notre nationalisme*, au sujet d'une rupture souhaitable des liens coloniaux du Québec avec la France. Il soulignait maintenant le besoin désespéré que son peuple avait de nouvelles idées venues de l'extérieur. Pour lui, le Canada français, dépourvu de traditions intellectuelles, manquait d'une culture sérieuse et profonde et on ne pourrait penser que les Canadiens français peuvent s'autosuffire intellectuellement, peuvent survivre sans transfusion de sang.

Déterminé alors à se jeter dans le courant malgré ses sentiments d'infériorité, Laurendeau plongea dans le bouillonnement intellectuel de Paris — un bouillonnement plus vif que jamais en ce milieu des années 1930[4]. Pour lui servir de guide, il trouva un nouveau mentor spirituel, le dernier d'une succession de prêtres qui avaient déjà joué ce rôle auprès de lui. Le dominicain Pierre Doncœur avait fondé les Cadets de France, un mouvement de jeunesse catholique relié à une école en banlieue de Paris. André l'avait rencontré pour la première fois à Montréal, en 1934, quand le père Doncœur était venu donner une conférence sur le thème «Jeunesse catholique et crise mondiale»; le dominicain avait alors dîné avec plusieurs membres des Jeune-Canada. À Paris, André se rendait régulièrement à l'école des Cadets. Doncœur l'encourageait à élargir ses horizons, à chercher de nouvelles connaissances au lieu de perdre son temps à défendre des positions anciennes. Les lettres de Laurendeau à ses parents contenaient de plus en plus des termes comme «objectivité», «tolérance», «recherche». Parlant notamment

---

4. R. Aron, *Mémoires. 50 ans de réflexion politique* (Paris, Julliard, 1983); D.J. Fischer, *Romain Rolland and the Politics of Intellectual Engagement* (Berkeley, University of California Press, 1988): 236-266.

des «fruits de l'influence du P. Doncœur», il se demandait si sa conception était trop individualiste et si les hommes étaient moins des systèmes clos qu'il avait l'air de croire. Doncœur n'a peut-être donné qu'un coup de pouce dans la direction où il s'engageait de toute façon, mais à partir de là, la méthode de Laurendeau pour aborder toute question fut de rester ouvert d'esprit, de rechercher sans cesse l'avis des autres et de placer l'évolution intellectuelle et spirituelle au-dessus de l'action. Il commença aussi à développer cet esprit profondément inquisiteur qui allait devenir un trait caractéristique du journaliste et de l'homme engagé dans des causes comme le bilinguisme canadien. «Je généralise trop», se reprochait-il parfois, à brûle-pourpoint. Ce fut, de fait, ce nouvel esprit de recherche qui l'amena à assister au rassemblement communiste de la Mutualité, en février 1936.

Cependant, il en vint rapidement à l'idée que seule la gauche offrait des perspectives encourageantes pour l'avenir. Ses professeurs, dont certains étaient prêtres, l'avaient pressé d'étudier Marx, Engels et Trotsky. Le même André Laurendeau qui, en novembre 1932, avait participé à cette assemblée des Jeune-Canada consacrée principalement à dénigrer le communisme, était maintenant aux prises avec le problème d'intégrer Marx et Lénine dans son champ de pensée. Sur le ton de la culpabilité, il écrivit alors à ses parents pour leur dire qu'il se sentait de plus en plus «glisser vers la gauche» et que cela parfois le troublait un peu. Heureusement pour ses rapports avec sa famille, sinon pour sa propre tranquillité d'esprit, il s'arrêta avant d'embrasser le socialisme ou le communisme. Il adhéra plutôt à la gauche intellectuelle catholique et à sa doctrine personnaliste. Son arrivée à Paris coïncidait d'ailleurs avec les premières tentatives de ce mouvement pour promouvoir une révolution dans la pensée sociale catholique. Partageant le point de vue généralisé que la civilisation occidentale était en état de crise et que la dépression était le signe de l'écroulement de l'ordre libéral bourgeois[5], cette gauche catholique rejetait les extrémismes communis-

---

5. B.E. DOERINg, *Jacques Maritain and the French Catholic Intellectuals* (Notre Dame, University of Notre Dame Press, 1983): 24-83; Michel BARLOW, *Le socialisme d'Emmanuel Mounier* (Toulouse, Privat, 1971).

tes et fascistes qui montaient à la faveur de la crise. Elle admirait
toutefois l'esprit révolutionnaire populiste des communistes et aspirait à une renaissance chrétienne qui exercerait autant d'attrait en
faisant primer la libération spirituelle de l'individu.

Le personnalisme peut se définir comme le souci de la personne humaine, l'être humain considéré dans toutes ses dimensions» [...] on peut aussi le définir moins charitablement comme une escadrille d'abstractions, une armada de majuscules
[...] où les mots personne et communauté revenaient le plus
souvent. Mais le postulat de la valeur absolue de la personne
humaine n'était pas simplement une affirmation abstraite de la
dignité humaine, mais plutôt un mouvement de défense contre
deux menaces antithétiques [...] Il traduisait l'effort désespéré
des intellectuels du début des années 1930 pour trouver une
troisième voie entre le capitalisme et le communisme[6].

On a souvent fait valoir que le personnalisme n'avait jamais
obtenu une audience aussi large que cette autre philosophie qui
émergea du Paris des années 1930, l'existentialisme. «Il ne déclen-
cha pas des safaris dans le royaume nébuleux de l'être et du néant»,
comme le mentionne un commentateur, ni ne fournit «des phrases
passe-partout aux beatniks qui dévoilaient les absurdités de l'univers[7]». Mais il n'en fut pas moins important, car il apporta ce que
l'historien français Jacques Ellul appelle un déplacement majeur
dans la vie intellectuelle française[8]. Les penseurs qui contribuèrent
le plus à l'élaboration des théories personnalistes furent le philosophe Emmanuel Mounier, fondateur de la revue *Esprit*, principal
organe du mouvement, Jacques Maritain, auteur du livre *Humanisme intégral*, pierre de touche théorique des idéaux personnalistes,
et Nicolas Berdiaev, émigré russe et théoricien social converti au
catholicisme. L'historien Henri Daniel-Rops y joua aussi un rôle de
premier plan; les écrivains Charles Péguy et Paul Claudel avaient,

---

6. J. HELLMAN, *Emmanuel Mounier and the New Catholic Left, 1930-1950*
(Toronto, University of Toronto Press, 1981): 5.

7. *Ibid.*, p. 4.

8. *Ibid.*, p. 1s.

disait-on, insufflé la «pureté» et l'esprit de cette nouvelle renaissance catholique. Laurendeau devint leur fervent émule. Il voyait dans leurs œuvres le climat de toute une génération et la tradition de pensée à laquelle il appartenait. Ce ne fut pas seulement sa génération qui fut fortement influencée par l'idéal personnaliste. Furent aussi touchés de plus jeunes intellectuels canadiens-français comme Gérard Pelletier et Pierre Elliott Trudeau, qui contribuèrent activement à jeter les bases de la Révolution tranquille au Québec. Dans les décennies suivantes, les auteurs personnalistes et leurs ouvrages allaient constituer des références invisibles au bas de presque tous les textes de Laurendeau.

Laurendeau avait déjà été mis en contact avec la pensée personnaliste au Canada. En 1962, dans un article intitulé «Les origines de mon catholicisme social», il rappela qu'à l'âge de 20 ans, un ami lui avait remis copie d'un essai philosophique de Nicholas Berdiaef [sic] et que jamais auparavant il n'avait vu le problème traité de manière aussi fondamentale. La lecture de ce document fut pour lui une expérience formatrice [9].

Toujours en 1932, à Montréal encore, il avait assisté à une série de conférences données par Jacques Maritain, qui était, cette année-là, professeur invité à l'Université de Toronto. Ces conférences reprenaient les idées développées dans *Humanisme intégral*. Laurendeau rencontra brièvement le personnage par la suite. Plusieurs années après, il dira qu'à la lecture de Maritain, on découvre que, même dans les domaines politique et social, le christianisme est un levain, vieux de 2000 ans, mais toujours actif, toujours capable d'inspirer les civilisations nouvelles. Aussi faut-il refuser d'y opposer, comme si ça allait de soi, une idéologie moderne.

Malgré ces contacts préliminaires avec les idées personnalistes, leur influence sur André resta marginale à l'époque des Jeune-Canada. Il lui faudra venir à Paris et se plonger plus intensément dans les œuvres de Charles Péguy pour pouvoir apprécier pleinement l'esprit révolutionnaire de la gauche catholique. Sous cet aspect au moins, il suivait les traces de son père, car Arthur Laurendeau s'était aussi pris d'admiration pour Péguy en 1908. En plus de

---

9. *Le Devoir*, 4 fév. 1944.

paver la voie aux philosophes personnalistes, Péguy exercera une influence à long terme sur l'œuvre littéraire et théâtrale d'André. C'était une influence qui lui tenait à cœur. Il disait que ses souvenirs multiples de Péguy étaient trop intimement liés à des images et des émotions spéciales qui, elles, plongeaient leurs racines le plus profondément dans son esprit[10]. Quand il trouvait une nouvelle œuvre de Péguy, il s'empressait de l'apporter à la maison pour que Ghislaine et lui s'en lisent l'un l'autre des passages à voix haute. Il éprouva un sentiment de «libération profonde» de toute question d'argent et de politique, et de toute médiocrité, en lisant la biographie émouvante de Péguy qu'avait écrite Daniel-Rops; le portrait «réaliste» que le poète faisait des effets dégradants du capitalisme sur la morale le remplissait d'indignation. Dans sa ferveur, il convainquit même le père Mignault, son ancien mentor au collège Sainte-Marie, d'inclure quelques œuvres de Péguy dans ses cours, au scandale, on s'en doute, de ses collègues conservateurs.

L'enthousiasme de Laurendeau pour le personnalisme l'amena aussi à modifier son programme d'études à Paris. En décembre 1935, il expliquait avoir trouvé une bonne formule d'études: se spécialiser un peu en sciences sociales et faire son travail métaphysique à la maison. Il avait manifestement choisi cette spécialisation en regard des préoccupations de la gauche catholique pour la «question sociale», et les livres de Berdiaev, de Mounier et de Daniel-Rops qu'il dévorait chez lui le rendaient de plus en plus impatient face à ses professeurs qui étaient, pour employer son expression, «trop historiens». Sa passion pour les classiques, quoique aucunement éteinte, commençait à pâlir en comparaison de l'excitation d'un combat qui avait lieu ici et maintenant. Les étudiants de la Sorbonne s'intéressaient à tout ce qui était moderne. La vaste majorité, comme il le rapporta, était ou communiste ou personnaliste. Il trouvait enivrant d'être entré «dans le courant de pensée des jeunes intellectuels français». «Quel milieu! Que de richesse, de tension, que d'acquis et aussi de personnel!» Il convainquit son père, qui était alors directeur de *L'Action nationale*, de publier une série d'articles à partir d'interviews qu'il entendait

---

10. *Ibid.*

mener avec des personnalistes éminents. Ce serait court, et donc quelque peu superficiel, mais au moins ces importantes voix contemporaines pourraient être entendues au Québec. Durant l'année 1936 et au début de 1937, il interviewa, parmi d'autres, Daniel-Rops, Berdiaev, Maritain et Mounier.

Son entretien avec Emmanuel Mounier fut l'un des plus mémorables. Ils se rencontrèrent au bureau de Mounier à la revue *Esprit*, dans le faubourg Saint-Denis. Bien que Mounier fût sourd d'une oreille, taciturne et un peu timide, Laurendeau sentit bientôt qu'il avait trouvé en lui l'homme qui incarnait le mieux l'union des idéaux catholiques et révolutionnaires. Fils d'un pharmacien de Grenoble, Mounier avait rejeté son éducation de classe moyenne et préféré s'identifier avec la spiritualité plus pure de ses ancêtres paysans. Après avoir abandonné ses études pré-médicales pour la théologie, il devint un élève de Jacques Chevalier, philosophe qui s'opposait à l'orthodoxie rigide du catholicisme conservateur et cherchait plutôt une philosophie moderne de l'individu au sein de la communauté catholique[11]. Mounier s'engagea dans cette recherche. Entré à l'École normale supérieure de Paris, il réussit la fameuse agrégation de philosophie, malgré ses modestes origines provinciales; il se classa second la même année où Jean-Paul Sartre échoua[12]. Dans les années 1930, il avait noué de solides liens intellectuels avec d'autres qui s'opposaient au communisme, au fascisme et à la démocratie libérale mais qui méprisaient par-dessus tout le catholicisme complaisant de la classe moyenne. Mounier avait déjà expliqué, dans une lettre à sa sœur Madeleine, que chacun a une ou plusieurs conversions à mener, qu'il est aussi difficile de passer d'un piétisme traditionaliste et bourgeois à une véritable vie chrétienne que de l'athéisme à la foi. Selon lui, les athées qui continuent tout de même de chercher des réponses ont cent fois plus de valeur que ceux qui dorment dans une pratique routinière. Il faut arracher à la mort les bourgeois de la foi.

---

11. J.A. AMATO, «Emmanuel Mounier and Jacques Maritain: A French Catholic Understanding of the Modern World» (thèse de doctorat, Rochester, 1970): 143-190.

12. J. HELLMAN, *Emmanuel Mounier and the New Catholic Left, 1930-1950* (Toronto, University of Toronto Press, 1981): 19s.

Pour Laurendeau, Mounier était l'exemple vivant d'un catholique qui avait développé une vie intérieure riche et pleine, qui donnait l'exemple de la véritable essence de l'individualité par son radicalisme spirituel, tout en étant dévoué sans retour à la communauté. Mounier confirmait que l'individuel et le collectif pouvaient être réunis — et d'une façon beaucoup plus vivifiante qu'André l'avait proposé dans *Notre nationalisme*. Évidemment, les conversions sont plus faciles quand on est jeune. Il n'y a pas l'obstacle des couches de prudence sceptique, qui s'accumulent avec l'âge, devant la possibilité d'une philosophie globale qui explique tout. Son interview avec Mounier compléta la conversion de Laurendeau au personnalisme. Peu de temps après, assis à côté de Berdiaev, il assistait à une conférence dans laquelle le maître exposait sa conception de l'humanisme. «J'éprouve un enfantin contentement, dit Laurendeau, à vivre physiquement à côté de ces hommes.» Plusieurs années plus tard, il pourrait encore écrire avec l'enthousiasme visionnaire que la philosophie de Mounier, «vivante, souple et cependant profonde», était aussi fort exigeante. «Rarement trouverez-vous dans les œuvres de Mounier des phrases faites pour reposer l'esprit, pour vous bercer dans une somnolence paisible.»

Il était dès lors inévitable que cette adhésion de Laurendeau à la gauche catholique française l'amène à critiquer le catholicisme conservateur des nationalistes canadiens-français. Les contrastes étaient frappants. Mounier avait exprimé la même opinion que tous les autres personnalistes interviewés: le Québec était un bastion du cléricalisme.

André visita les bureaux de *L'Action française* à Paris, en partie par loyauté pour son père et pour l'abbé Groulx, mais il trouva les disciples de Maurras virulents et sans pensée, les jugeant même «un peu forains». Leurs opinions ressemblaient trop à l'instruction religieuse, étroite et faussée, qu'il avait reçue à l'école. Même saint Thomas, selon lui, aurait été fort peu thomiste au sens où on l'entendait alors au Québec. Rappelant les nombreuses fois qu'il s'était rué chez son confesseur pour savoir si le livre qu'il voulait lire avait été mis à l'Index, il fulminait contre cette tentative de l'Église d'exercer un contrôle sur la pensée. Il était de mauvaise humeur de savoir qu'en philosophie à peu près toutes les œuvres importantes des quatre derniers siècles avaient été mises à l'Index et que les chrétiens n'étaient plus «dans le courant de l'histoire». Laurendeau signifiait clairement qu'il n'alignerait pas sa pensée nationaliste sur les diktats du pouvoir ecclésiastique du Québec. Il annonçait son intention de restructurer plutôt son nationalisme autour du catholicisme social. Il admettait que ses lecteurs français avaient eu raison de critiquer *Notre nationalisme* pour son absence presque complète de pensée sociale. Et comment aurait-il pu avoir d'autres perspectives, alors que l'Église catholique du Québec, son guide à l'époque, était si hypocritement liée à la bourgeoisie industrielle exploiteuse? Pour lui, il était scandaleux que les jésuites jouent à la bourse, que les communautés de femmes soient parfois «aussi ladres que riches», que les sulpiciens canadiens possèdent le tramway de Philadelphie ou d'autres villes américaines. Il se souvenait de cette remarque, faite par un communiste interviewé à Paris, que nulle part l'Église n'avait devancé les socialistes pour attirer l'attention sur les problèmes sociaux. Le temps était venu, selon André, de considérer les pauvres non comme une classe ou comme des convertis potentiels, mais comme l'objet d'une réforme sociale.

Il s'inspirait alors largement de Nicolas Berdiaev, l'émigré russe qui, avec son livre *Un nouveau Moyen Âge,* était apparu comme le critique social le plus avancé parmi les personnalistes. Selon ses propres mots, Laurendeau trouvait dans la lecture de Berdiaev un «aliment substantiel et exaltant». Dans une interview qu'il accorda à Laurendeau en août 1936, Berdiaev affirmait qu'un chrétien n'avait pas le droit d'accepter de dures réalités sociales, selon la conception fataliste qu'il s'agissait d'une punition de Dieu ou d'une épreuve divine. Il était du devoir de ce chrétien de changer la réalité. Un chrétien avait la responsabilité de poursuivre l'entreprise créatrice de Dieu en intervenant pour reformer le monde matériel, afin qu'il puisse mieux servir les fins spirituelles. Berdiaev exhorta Laurendeau à s'engager dans cette voie. Décrivant une conférence où Berdiaev avait débattu de ses conceptions socialistes avec un marxiste orthodoxe, Laurendeau disait que le gros bonhomme était devenu le grand philosophe, le penseur tout à fait en possession de sa pensée, bien qu'il s'exprimât dans une langue étrangère. Selon lui, Berdiaev disposa de son adversaire comme un adulte faisant la leçon à un enfant. Combien plus dynamique et courageuse était cette approche, comparée à celle de ses vieux mentors qu'il décrivait maintenant comme «trop académique»! Laurendeau apporterait le message de Berdiaev au Québec. Pour transformer le nationalisme canadien-français en une force sociale plus active, il utiliserait les arguments énergiques du philosophe russe et dénoncerait cette vieille conception élitiste que la misère des masses était une chose à endurer plutôt qu'à changer. À long terme, ce problème contribuerait même à lui faire perdre toute foi religieuse.

Néanmoins, si importants que furent les personnalistes dans l'évolution des conceptions intellectuelles et nationalistes de Laurendeau au cours de ces deux années critiques, ils n'étaient pas les seules influences qu'il subit. Il fallait compter aussi André Siegfried. Ce professeur de sociologie à la Sorbonne avait visité plusieurs pays, dont le Canada, et écrit plusieurs livres à la suite de ses voyages. Il avait pour théorie que de grandes forces internationales modèlent les cultures nationales. À la suite de ses voyages au Canada en 1904, il avait publié, deux ans plus tard, un livre intitulé *Le Canada, les deux races*. Selon la thèse qu'il y développait, la préoccupation majeure des Canadiens aux niveaux politique et idéologique était le conflit culturel anglais-français, issu de l'Histoire; mais le pays était en voie de transformation industrielle et les forces sociales et économiques que dégageait cette transformation engendraient des problèmes plus graves encore, quoique peu compris. Le cours que donnait Siegfried était fondé sur un nouvel ouvrage écrit sur le même sujet, *Le Canada, puissance internationale*[13]. Il y développait plusieurs des thèmes exposés dans le livre précédent. Laurendeau n'avait lu aucun de ses livres quand il s'inscrivit au cours de Siegfried en janvier 1936, mais il le fit parce qu'il voulait, semble-t-il, entendre ce qu'un Français avait à dire sur le Canada, pays dont si peu de Français paraissaient se préoccuper. Il espérait aussi apprendre quelque chose sur les Canadiens anglais, car il s'était senti embarrassé plusieurs fois déjà par le peu qu'il en savait quand on l'interrogeait sur le sujet à Paris. Mais

13. Paris, Armand Colin, 1937.

le cours de Siegfried s'avéra être beaucoup plus qu'une étude du pays faite à partir de l'étranger. Il révélait des forces à l'œuvre, au sein du Canada français, que Laurendeau n'avait jamais sérieusement envisagées; et il en élargit ses horizons internationaux d'une façon qui changea plusieurs de ses croyances politiques les plus chères.

L'approche détachée et objective de Siegfried impressionna André dès le départ. C'était de l'histoire scientifique, à comparer surtout aux conceptions a priori qu'on avait bâties à partir de la philosophie thomiste et de la tradition culturelle. Les encycliques papales, qui avaient tenu lieu d'analyse sociale dans sa prime éducation, importaient peu ici. Siegfried commença par la géographie du Canada, notant le contraste entre un paysage naturel nord-américain et des liens historiques et culturels moins naturels avec l'Europe. Il recourait alors à la démographie, à l'immigration, à la psychologie sociale et à l'économique pour dresser un portrait du Canada qui n'avait rien à voir avec Dieu, et guère non plus avec les efforts conscients des individus, hommes ou femmes. Pour Laurendeau, cette analyse révélait dans quelle mesure le Canada français avait été modelé par des influences qui lui échappaient. Par exemple, il s'aperçut pour la première fois à quel point l'urbanisation reliée au développement industriel nord-américain avait changé en permanence la société québécoise. Dans ce contexte, la mystique agriculturiste, prêchée par les nationalistes, était un pur exercice de nostalgie. Même s'il n'acceptait pas toutes les idées de Siegfried, allant même jusqu'à se rendre à son bureau à la fin d'un cours pour contester un des points avancés, il ne pouvait récuser la conclusion «choquante» du professeur que le Canada français, selon tout critère comparatif raisonnable, n'avait pas atteint un développement économique approprié. À l'accusation personnaliste de stagnation intellectuelle et sociale, s'ajoutait maintenant celle d'un retard économique.

Siegfried étonna encore davantage Laurendeau quand il lui apprit que la plus grande menace à la survie du Canada français ne venait pas du Canada anglais, mais des États-Unis. Lui qui jusque-là n'avait guère prêté attention aux Américains résumait ainsi l'opinion de Siegfried: «La vie du Canada est inséparable de celle des

États-Unis et chaque province a plus de liens avec la région correspondante aux États-Unis qu'avec la province avoisinante. La
grande idée de Siegfried reparaît: prédominance de l'influence
Nord-Sud.» En privé, Siegfried lui affirma que la fin de la Confédération mènerait à l'intégration aux États-Unis de toutes les provinces, sauf le Québec, et que le Québec lui-même serait gravement
affecté sur le plan économique. À force d'y réfléchir, Laurendeau
commençait à se demander si son éloignement du pays avait développé ou fait naître chez lui «un sentiment pancanadien». Le nationalisme d'Henri Bourassa, qui avait toujours senti le besoin d'une
collaboration avec le Canada anglais, lui paraissait plus sensé maintenant. Il écrivit à un ami qu'il ne pouvait pas nier que les cours
de Siegfried avaient exercé sur lui une influence. «Je me demande,
ajoute-t-il, s'il n'y aurait pas une bonne confédération à établir.» En
1963, il reconnaissait que ce fut là le moment où il rejeta pour de
bon le séparatisme.

D'autres facteurs avaient aussi contribué à ce tournant: la
conception personnaliste que les problèmes de l'humanité ne pouvaient être compris que dans une perspective internationale, le
caractère violent et réactionnaire des mouvements séparatistes en
Europe, comme celui qu'il vit de près lors d'un court séjour en
Bretagne, et, dans l'Europe fasciste particulièrement, ce qu'il appelait les «ravages de l'État-nation». Mais l'enseignement de Siegfried
eut une influence décisive parce qu'il traitait du Canada français
lui-même.

Au milieu de l'année 1936, alors que ses articles avaient déjà
fait connaître ses découvertes intellectuelles au pays, la personnalité
de Laurendeau subit un changement subtil. Ses anciens sentiments
d'infériorité disparurent, en grande partie à cause de l'effet stimulant de ses interviews avec des artistes et des philosophes français
de premier plan. Ses lettres prirent le ton d'un homme qui avait
désormais distancé ses vieux mentors. Il n'était pas devenu arro-
gant, mais il ne se gênait plus pour faire la leçon à ses amis, à son
père et même à l'abbé Groulx. Davantage qu'un simple enthousiasme pour les concepts universels qu'il sentait avoir acquis, il y
avait quelque chose de cette tendance habituelle chez les jeunes
expatriés canadiens-français à adopter des attitudes plus radicales

et critiques à l'extérieur de leur pays. (Un peu plus de deux décennies plus tard, au début des années 1960, il se souviendrait de cette variété particulière de snobisme intellectuel, quand sa fille aînée, qui faisait le tour de l'Europe en scooter, passerait des jugements sommaires sur ce qu'elle considérait comme l'atmosphère idéologique étouffante et fermée du Québec.) Comme André et Ghislaine avaient désormais de nombreux amis français, ils se sentaient manifestement plus parisiens. En même temps, l'Europe au-delà de Paris commençait à se révéler à leurs yeux.

Jusque-là, Laurendeau avait montré peu d'intérêt pour la politique européenne. Peu de temps après son arrivée à Paris, il mentionnait que le nom d'Hitler était sur toutes les lèvres, mais avouait que Ghislaine et lui en discutaient rarement. Il se contentait de dire à ses parents, pour les rassurer, que si la guerre éclatait ils reviendraient tout de suite au pays. Le futur journaliste intrépide n'avait pas encore percé sous l'enquêteur intellectuel, qui avait de quoi s'occuper avec les débats intellectuels sur la rive gauche. Mais cette indifférence ne dura pas longtemps. Ses nouveaux amis furent les premiers à lui dessiller les yeux. Le père Doncœur lui conseilla gentiment de lever un peu le nez de ses bouquins pour regarder autour. L'Alsacien Émile Baäs venait souvent rue Tournefort commenter fiévreusement les événements d'Allemagne, d'Espagne et d'Italie. Les personnalistes qu'il interviewait revenaient sur les mêmes sujets, soulignant l'actualité de la révolution qu'ils préconisaient et les périls immédiats qui menaçaient. Il rencontrait, en outre, des réfugiés politiques à la Sorbonne et au Collège de France, notamment des Juifs d'Allemagne. Au début de 1936, il fit la connaissance d'un jeune Juif allemand du nom de Heinz, qui lui raconta de telles persécutions qu'il en ravala du coup son antisémitisme. Déterminé à faire en sorte que d'autres Canadiens français apprennent ces choses, il invita Heinz à écrire un article pour L'Action nationale[14], le paya d'avance et traduisit le texte lui-même. Quand il découvrit que ce Heinz n'était qu'un charlatan à la langue bien pendue, André soutint que «la valeur du témoin tombe à zéro,

---

14. ZEUGE, «Hitler, l'homme qui arrêta le communisme», L'Action nationale (Montréal), VIII (nov. 1937): 155-164.

pas celle du témoignage». À son père rebuté par l'idée de publier
le texte d'un Juif dans *L'Action nationale*, il soutint que les détails
de l'histoire de Heinz valaient pour tellement d'autres gens qu'on
ne pouvait l'écarter.

Le raffinement politique progressif de Laurendeau n'était pas
seulement le résultat de ce qu'il apprenait à Paris. Il était aussi le
fruit de ses voyages de 1936 et de 1937, notamment en Alsace, en
Belgique et en Italie. En avril 1936, quand Émile Baäs invita les
Laurendeau à séjourner trois semaines dans la petite ville industrielle de Guebwiller, en Alsace, André y vit l'occasion de voir de
près une minorité culturelle et linguistique en France. Comme tant
d'autres de ses expériences de l'époque, ce voyage changea aussi
certaines de ses vues sur le Canada français. Il fut étonné d'abord
de découvrir que presque tout le monde parlait l'alsacien, un dia-
lecte germanique; les vieilles gens ne connaissaient même pas dix
mots de français. La réintégration française avait eu peu d'effet sur
l'identité du peuple. Il parut clair à Laurendeau que la majorité des
Alsaciens, y compris les députés qu'il interviewa, détestaient les
Français et étaient fortement autonomistes. Il constata la complexité du problème des langues, ce qui lui faisait penser, parfois,
à celui du Canada. Mais il était frappé manifestement par le fait
que, malgré leur mécontentement, les Alsaciens n'étaient pas séparatistes. «Politiquement, ils sont avec la France mais pas culturellement...» Il en déduisait que la solidarité culturelle et une bonne
mesure d'autonomie étaient essentielles à la survie d'une minorité,
mais que ces caractéristiques n'étaient pas nécessairement incompatibles avec le rattachement politique à un gouvernement central.
Ce début d'engagement dans une voie autonomiste plutôt que
séparatiste, pour le Québec, était déterminé en partie par des exemples étrangers.

Un deuxième exemple plus complexe lui sauta aux yeux durant une visite de 11 jours en Belgique, en février 1937. Ayant
trouvé un pied-à-terre à Bruxelles, il visita d'autres villes comme
Bruges, Liège et Gand. Il réalisa plusieurs interviews avec des
membres de la majorité francophone wallonne, qui avait dominé la
vie du pays depuis 1830, mais il s'intéressait surtout à la minorité
flamande. Sa compétence journalistique augmentant avec l'expé-

rience, il enquêta plus largement qu'en Alsace, choisissant de préférence des gens influents, des prêtres, des écrivains, des hommes politiques ou des chefs syndicaux. L'empreinte personnaliste transparaissait aussi davantage chez lui, dans son souci des questions sociales et économiques. De fait, il avait acquis la conviction que la domination wallonne était plus économique que culturelle et qu'elle constituait une cause sous-jacente du séparatisme flamand. Il attira aussi l'attention sur le rôle néfaste du cléricalisme et sur le fait que les autorités catholiques ne comprenaient pas les raisons qui poussaient les ouvriers vers le socialisme. Là aussi, il fut surtout impressionné par ces Flamands conscients socialement mais qui préféraient l'autonomie à un fédéralisme renforcé ou au séparatisme.

Sachant que personne ne pouvait élucider les complexités de la situation belge en une visite aussi courte, Laurendeau était néanmoins persuadé que cette expérience lui avait fourni des points de comparaison précieux. Dans une lettre écrite de Bruxelles en février 1937, il notait que là où il cherchait auparavant les «différences» entre les peuples, il portait maintenant attention aux «similitudes». Plus tard, il fera observer que les pays, y compris le nôtre, où se pose le problème des langues sont nombreux. Son voyage en Belgique avait suivi de près la mort de la reine Astrid à la suite d'un accident d'automobile. Il fut frappé de voir que les Belges, divisés sur de si nombreux points, pouvaient mettre leurs différences de côté pour se réjouir de l'avènement d'un nouveau monarque, Léopold III, et de sa jeune épouse. Il lui apparut clairement qu'une monarchie constitutionnelle, même sans pouvoir réel, pouvait avoir plus de signification pour un peuple qu'un chef d'État élu. Ce fut ce genre de découverte qui contribua à élargir ses horizons. Les nombreuses notes qu'il prit en Belgique étaient pleines de comparaisons avec la situation du Canada et du Québec.

La dernière visite des Laurendeau fut réservée à l'Italie, sur le chemin du retour à Montréal au printemps 1937. L'année précédente, Ghislaine avait donné naissance à un premier enfant, Francine, de sorte que le couple dut voyager séparément, la plupart du temps. Le parent qui était chargé momentanément de la garde de l'enfant restait dans un couvent franciscain d'Assise. Comme tous bons catholiques, surtout à l'époque, il est à peu près sûr que les Laurendeau n'ont utilisé aucune forme de contrôle artificiel des naissances. De fait, André se scandalisa d'entendre, à Florence, des franciscains canadiens mettre sérieusement en doute la doctrine de l'Église à cet égard, parce que ces religieux avaient sur les bras trop de familles nombreuses vivant dans une pauvreté abjecte[15]. Il est sûr que la naissance de cette enfant, bien que célébrée joyeusement après coup, n'avait pas été prévue. Certaines indications, particulièrement dans le journal intime d'André à cette époque, laissent croire qu'il eut quelque difficulté à s'ajuster mentalement à cette nouvelle responsabilité. Il avait grandi, rappelons-le, dans un environnement adulte, sans devoir s'adapter à la présence de frères ou sœurs, avec tous les compromis que cela comporte. Quand il avait un projet en tête, ne serait-ce que lire un livre ou écouter de la musique, il était libre de le poursuivre à sa guise. Et Ghislaine avait été la compagne intime avec qui il partageait toutes ses activités depuis bon nombre d'années, avant comme après leur mariage. Femme d'une intelligence profonde, aux manières calmes, un peu guindées — plus tard, des personnes en dehors du cercle des Laurendeau la trouveraient un peu froide, voire intimidante —, elle faisait office d'esprit pratique et réaliste dans le couple. Ghislaine était donc, à ce moment-là, accaparée par les soins à donner au bébé et André devait s'accommoder de la situation. Leur correspondance entre eux en Italie, quoique fervente comme toujours, indique ici et là que cette nouvelle situation leur inspirait quelque crainte sur l'intensité de leurs propres relations à l'avenir.

Il n'avait pas prévu que les obligations familiales limiteraient ses déplacements en Europe. Il s'inquiétait déjà de leurs effets sur ses projets immédiats, plus particulièrement sur la tâche formidable qui l'attendait au Canada pour influencer l'évolution de l'idéologie nationaliste. C'est pour cette raison, entre autres, qu'il voulut en Italie faire plus que de voir les sites touristiques. L'Italie avait toujours été un arrêt obligé dans le traditionnel «grand voyage» en Europe des nationalistes canadiens-français. En plus des trésors

---

15. André LAURENDEAU, *Ces choses qui nous arrivent. Chronique des années 1961-1966* (Montréal, HMH, 1970): 324.

artistiques et historiques de villes comme Venise, Florence et Rome, qu'André visita toutes, il y avait un puissant attrait religieux. André mentionna qu'il allait là-bas «pour connaître la Rome des papes et la Rome des césars». Mais une autre chose le motivait aussi: l'étude du fascisme et du corporatisme étatiste.

Il était arrivé en France peu de temps après l'invasion de l'Éthiopie par les troupes de Mussolini, mais il avait pris alors une attitude plutôt détachée dans les conversations à ce sujet. Il en fera l'aveu des années plus tard:

> Quand l'Italie fasciste se jeta sur l'Éthiopie parce que, nation tard venue, c'était le seul os colonial qu'elle pût se mettre sous la dent, je partageai le sentiment des Français qui estimaient cette guerre odieuse. Mais quand ces Français me donnaient en exemple l'Angleterre des pasteurs et des pacifistes, qui voulait mettre au ban des nations l'Italie mussolinienne: alors je me souvenais trop de l'histoire récente de l'Irlande, trop des duretés contemporaines de Londres aux Indes, trop surtout de ma propre histoire pour donner dans ces billevesées[16].

Mais si, à ses yeux, un impérialisme en valait un autre, son opinion sur le fascisme se transforma durant son séjour en Europe. La plupart des porte-parole fascistes qu'il interviewa en Italie, notamment les ministres de la Propagande, de l'Éducation nationale et de l'Agriculture, lui inspirèrent du scepticisme, même de l'hostilité. Il était très ennuyé par la barrière de la langue, qui l'empêchait de mieux savoir ce que le peuple ordinaire pensait du fascisme. Il ne se sentait pas aussi à l'aise qu'en Belgique, peut-être «parce que les contacts avec les naturels du pays n'ont pas encore commencé». Ses entretiens les plus instructifs eurent lieu avec des touristes comme lui, qui séjournaient au couvent d'Assise. Il en apprit assez cependant pour se conforter dans son opinion que le fascisme italien était un modèle dangereux pour les nationalistes canadiens-français. Signe parmi d'autres qui montre à quel point il s'était éloigné des vues de l'abbé Groulx, il sentit le besoin de mettre en garde son ancien mentor à ce sujet:

---

16. André LAURENDEAU, *La crise de la conscription. 1942* (Montréal, Le Jour, 1962): 11.

Mussolini a fait des merveilles grâce à sa mystique nationaliste. D'accord. Mais à quel prix l'obtient-il? Voilà la grave
question, doit-on accepter n'importe quelle réussite, par le
seul fait qu'elle est?

Ai-je le droit d'oublier que le nationalisme italien menace
étrangement la paix du monde? Que pour lui la justice internationale n'existe pas? Dois-je oublier que chez lui la liberté
de la personne, en principe, n'existe guère plus? Qu'enfin le
mouvement ouvrier est détourné et qu'ainsi certains avantages
de l'histoire, chèrement payés pourtant, sont perdus pour une
longue période de temps? Ai-je le droit d'oublier que les
amitiés catholico-fascistes sont pour l'Église un formidable
danger pour l'avenir?

Un autre résultat des voyages de Laurendeau en Europe fut
l'émergence chez lui d'une nouvelle attitude critique à l'égard des
Français. L'émerveillement de ses premiers mois à Paris avait cédé
la place à des remarques plus caustiques qu'il fit vers la fin de son
séjour en Belgique: «C'est le bon endroit pour voir la France et ses
défaillances.» Il était déconcerté par l'esprit insulaire des Français,
notamment les élites culturelles et politiques, et par leur incapacité
à voir et à condamner les injustices des fascismes allemand et es-
pagnol. À son père qui lui avait écrit que «les élites françaises sont
certes les plus belles du monde», il répondit avec sarcasme: «Moi
aussi, j'ai dit cela cent fois: une question, en connais-tu d'autres?»
Il constatait que toute la vie française était tournée vers Paris et en
émanait, et que les Parisiens n'avaient d'yeux ni d'oreilles pour rien
d'autre qu'eux. La ville qui avait été autrefois la «lumière du
monde» se mirait de façon narcissique dans un isolement insensé.
Bien sûr, on pouvait se procurer une traduction du *Mein Kampf*
d'Hitler en librairie, mais seulement parce que le livre attaquait les
Français et parce qu'Hitler était au pouvoir en Allemagne. Les
Français ne prêtaient aucune attention aux insidieuses théories
raciales des nazis, que Laurendeau considérait plus dangereuses
que le communisme. Qui, en France, répliquait à l'odieuse thèse de
Rosenberg? se demandait-il, faisant allusion à la théorie pseudo-
scientifique qui étayait le racisme national-socialiste allemand.

Laurendeau était tout autant scandalisé par le fait que le gouvernement du Front populaire de Léon Blum n'avait pas pris parti pour les Républicains lors de la guerre civile en Espagne. Ce non-interventionnisme était à la fois immoral et à courte vue. Pour les personnalistes de même que pour Ernest Hemingway, John Dos Passos, George Orwell, André Malraux et bien d'autres, la guerre d'Espagne traçait une ligne au-delà de laquelle les spéculations et discussions sur des iotas de théorie devenaient hors propos. Il était temps d'agir contre le fascisme. Dans de nombreux articles écrits pour *Le Devoir* et *L'Action nationale*, Laurendeau condamnait les fascistes espagnols, les accusant d'être les défenseurs du féodalisme et les exploiteurs capitalistes les plus éhontés d'Espagne. Quant à leurs prétentions de servir de bouclier contre le communisme, il n'y voyait qu'un simple camouflage de leur alliance oppressive et antidémocratique avec les élites retranchées. Dans une lettre à Groulx, il désignait l'Église catholique à l'avant-garde de ces élites. «Les horreurs des bolcheviques et des anarchistes me révoltent comme un autre, mais je me demande si la paresse des catholiques, l'immobilisme social en particulier des communautés religieuses, le traditionalisme complice du clergé n'ont point créé par réaction un climat révolutionnaire, puis précipité les choses [...]» Il était horrifié par la réaction de ceux qui, au Canada français, prenaient parti pour les fascistes en croyant naïvement qu'ils défendaient l'Église. À partir de ce qu'il pouvait en dire à Paris, la presse canadienne-française était presque unanime à cet égard. Il protestait: «Dieu n'est pas la police bourgeoise chargée de défendre les grandes propriétés des nobles et de certaines communautés religieuses et l'exploitation éhontée du pauvre par le grand capitalisme.» Il avertissait Groulx qu'il dénoncerait cette idée ainsi que les nationalistes qui la défendaient, en France et au Québec.

Plusieurs années après, Laurendeau affirmait que sa véhémence à ce propos avait été la dernière goutte qui avait fait déborder le vase pour plusieurs de ses amis au Québec, que ses vues gauchistes et parisiennes alarmaient.

Quand éclata la guerre d'Espagne, mes sympathies n'allèrent pas à Franco [...] Je me sentais de plus en plus opposé au

régime fasciste, surtout au nazisme: car je découvrais les exigences et la grandeur d'une démocratie purgée de ses poisons
capitalistes. Pour l'instant, mon jugement sur la guerre d'Espagne me séparait un peu de mes compatriotes [17] [...]

Il est vrai qu'à cette époque, Laurendeau fut bien prêt d'abandonner complètement la cause nationaliste — la seule fois peut-être
dans sa carrière. Des doutes avaient commencé à germer dans son
esprit durant ses premières semaines à l'étranger: «En arrivant à
Paris, je me disais nationaliste; j'ai bientôt cessé: cela m'éveillait
des sympathies et des antipathies auxquelles je ne comprends rien
[...]» Il apprit bientôt qu'«ici le nationalisme est vraiment synonyme
d'égoïsme» et donc était considéré par plusieurs comme une impasse. La majorité des amis qu'il se fit à Paris, surtout dans la
gauche intellectuelle, était antinationaliste — et il pouvait voir
pourquoi. Le nationalisme, se demandait-il, n'est-il pas toujours lié
à des gouvernements antidémocratiques? N'est-il pas toujours opposé à la recherche de solutions internationales pour des problèmes
comme les abus du capitalisme? Et les régimes fascistes ne fournis-
saient-ils pas une illustration évidente des résultats néfastes auxquels aboutit le sentiment nationaliste? Laurendeau soupesait encore la question en décembre 1936, lorsqu'il écrivit: «Je reviens au
problème du nationalisme. Il me trotte souvent dans la tête.» À la
fin cependant, il en concluait que la gauche catholique, et plus
particulièrement le personnalisme, lui avait fourni un système de
pensée qui pourrait lui permettre de purger le nationalisme canadien-français de ses tendances réactionnaires, tout en le rendant
plus créatif, plus progressiste et plus opportun sur le plan social:
«Le socialisme, disait-il, est orienté vers le progrès [...] et vers la
justice. Le nationalisme exalte la tradition, la culture et la puissance. À ce compte, je suis socialiste-nationaliste.»
      Le 23 juin 1937, quand les Laurendeau embarquèrent sur le
paquebot *Vulcania* à Trieste, en direction de New York, d'où ils
reviendraient à Montréal, André s'étonnait lui-même des nouveaux
horizons intellectuels que ces deux années lui avaient apportés.

---

17. *Ibid.*

Même s'il avait parlé quelques mois auparavant de la «quasi-incommunicabilité de l'expérience», il avait passé les trois derniers mois en Italie à essayer de rendre compte de la sienne dans des lettres et des conversations échangées avec Ghislaine. Il se disait qu'il avait besoin de temps pour absorber tout ce qui lui était advenu, dans une atmosphère moins exposée aux bombardements quotidiens d'idées et d'images nouvelles qu'il avait subis depuis deux ans. Réfléchissant sur cette époque en 1962, il écrivait qu'il lui avait fallu des années pour clarifier sa pensée et lui donner une certaine unité [18]. Mais il avait néanmoins atteint un point, sans le réaliser tout à fait pleinement, où les tenants fondamentaux de sa philosophie personnelle étaient posés. À partir de là, il serait moins influençable, moins sujet à embrasser impétueusement les théories de ceux qu'il admirait sur le moment. À 25 ans, les fondations de son intellect étaient établies; dès lors, il pourrait être un analyste plus mûr, plus rationnel des idées et des événements. Dans les années à venir, combien souvent ses interlocuteurs observeraient ce sourire circonspect avec lequel il répondait à une question, comme si les défauts de sa propre argumentation lui apparaissaient déjà. Comme tant d'intellectuels qui contribueraient à l'évolution du Québec d'après-guerre, il n'avait atteint ce degré d'évolution qu'après avoir quitté le Québec. Par le contact avec d'autres cultures, avec des formes plus séculières de pensée et des points de vue élargis, il avait vu son peuple et s'était vu lui-même sous un nouvel éclairage. Même s'il n'allait plus jamais partir aussi longtemps, il ne perdrait jamais cette perspective internationale, ni son nationalisme social.

---

18. *Ibid.*, p. 10.

CHAPITRE IV

L'ACTION
NATIONALE
1937 – 1939

> Il s'agit de notions qui s'opposent et, poussées à fond,
> se nient l'une l'autre, comme le couple ordre-justice ou
> bien le couple autorité-liberté. Laisser l'une de ces
> notions, par exemple l'autorité, prendre toute la place,
> c'est marcher vers des résultats monstrueux. Les équi-
> librer statistiquement l'une par l'autre, c'est opter pour
> un juste milieu sans efficacité. Il faut les vivre l'une et
> l'autre dans un état constant de tension intérieure.
> Ainsi en est-il par analogie, pensais-je, du Canada
> français à l'intérieur du Canada. Cet inconfort fait
> partie de notre vie.
>
> André LAURENDEAU, 1937

Quand André Laurendeau revint au Canada à l'été 1937, il était en
état d'effervescence intérieure. Il était parti deux ans auparavant
comme un nationaliste canadien-français ardent mais plutôt étroit
d'esprit, fier du pamphlet *Notre nationalisme*, qu'il avait écrit au
sujet du combat de son peuple pour la dignité, mais avide aussi
d'enrichissement intellectuel au contact de la philosophie et de la
culture européennes. Il revint grandement transformé par l'expérience et, bien qu'encore nationaliste, il se demandait comment il
pourrait ajuster sa pensée à ce qu'il considérait maintenant comme
une société conformiste et arriérée. Vers la fin de sa vie, il expliqua

aux jeunes radicaux des années 1960 qu'il comprenait leur impatience et leur hostilité à l'égard de leur propre milieu québécois, car il avait éprouvé les mêmes sentiments à son retour d'Europe en 1937. Il disait avoir été alors «fortement nationaliste, anticlérical et enclin au socialisme». Durant les années 1960, en outre, il put réfléchir avec plus de détachement sur le mélange d'enthousiasme et d'anxiété qu'une personne dans sa situation devait inévitablement ressentir à certains moments. Cet être, selon lui, est déchiré entre une envie folle de faire part à autrui de ses découvertes, mais aussi une appréhension venue de la résistance qu'il rencontrera.

Laurendeau estimait qu'il lui avait fallu de quatre à cinq ans pour se rajuster au pays, et les traces de son expérience française persistèrent longtemps après. Il avait des soucis d'ordre pratique aussi. Jusque-là dans sa vie, il avait toujours été étudiant, même s'il n'était pas nécessairement intéressé à collectionner les diplômes. Les études qu'il avait faites en France, par exemple, n'avaient pas mené à un diplôme universitaire et, quoiqu'il fût sûrement un intellectuel — au point que l'abbé Groulx le considérait comme un bon candidat pour lui succéder à l'Université de Montréal[1] —, il n'était pas vraiment qualifié pour poursuivre une carrière universitaire. Durant les années 1930, il n'y avait pas beaucoup d'autres emplois au Québec qu'on pouvait qualifier d'«intellectuels». Par ailleurs, il n'avait pas encore déterminé quel genre d'écrivain il voulait être, «écrivain» étant le terme plutôt vague qui désignait la carrière pour laquelle il se préparait manifestement. Bien sûr, il avait écrit des articles en France pour *Le Devoir* et pour d'autres périodiques canadiens-français plus spécialisés, mais cela n'en faisait pas pour autant un journaliste professionnel. La crise économique ne semblant pas encore en voie de finir, les perspectives étaient étroites dans tous les domaines. Le journalisme ne deviendrait pas son principal gagne-pain avant une autre décennie. Entre-temps, il n'avait pas seulement un enfant, mais, selon sa conception traditionnelle de la place de la femme au foyer, une épouse à entretenir.

---

1. Stanley RYERSON, «Laurendeau, la commission royale, l'histoire», dans Robert COMEAU et Lucille BEAUDRY, dir., *André Laurendeau. Un intellectuel d'ici* (Sillery, Presses de l'Université du Québec, 1990): 219.

Il pouvait toujours habiter chez ses parents et ses beaux-parents; toutefois, à 25 ans, il ne pouvait pas attendre d'eux qu'ils le fassent vivre. Heureusement, son père et l'abbé Groulx avaient prévu de lui confier, à son retour d'Europe, la direction de la revue nationaliste *L'Action nationale*[2]. Son père dirigeait ce mensuel depuis trois ans et sa mère y accomplissait une bonne partie du travail de secrétariat. C'était là une autre entreprise familiale, comme la musique, et bien que le salaire ne fût que de 100$ par mois plus 25% des profits enregistrés tous les six mois[3], on pouvait vivre de ce revenu dans les années 1930. Cet emploi signifiait que son rôle resterait confiné, dans un avenir immédiat, au cercle nationaliste, un milieu étroit pour quelqu'un comme lui qui bouillonnait d'idées réformistes et se préoccupait du climat idéologique global du Québec. Mais le poste lui fournirait au moins l'occasion de prendre une part active dans la réforme du nationalisme. Avec ce levier, on pourrait peut-être ensuite soulever plus grand. Pour les deux années qui allaient suivre, Laurendeau fut donc immergé dans les problèmes du nationalisme et dans la cause de la réforme intellectuelle.

Qu'est-ce qu'une revue intellectuelle? Dans la société contemporaine, c'est un lieu isolé dans les hautes sphères que même l'intelligentsia ne risque de rencontrer qu'au moment des études universitaires, après quelques fouilles dans la section des périodiques de la bibliothèque. Le contenu «intellectuel» semble souvent en être délibérément obscur, comme pour démarquer les esprits philosophiques qui flottent en haut lieu de la vulgaire piétaille qui se bouscule en bas. Mais personne, de part et d'autre de la ligne de démarcation, n'imagine que de telles revues puissent servir dans l'immédiat à déclencher un changement social ou à lancer une révolution idéologique. À cet égard, on est très loin de la vision que Laurendeau avait en septembre 1937, quand il prit la direction de *L'Action nationale*. Ses modèles étaient les revues françaises *Esprit* et

---

2. François-Albert ANGERS, «André Laurendeau, journaliste à *L'Action nationale*», dans Robert COMEAU et Lucille BEAUDRY, dir., *André Laurendeau. Un intellectuel d'ici* (Sillery, Presses de l'Université du Québec, 1990): 98.
3. Denis MONIÈRE, *André Laurendeau et le destin d'un peuple* (Montréal, Québec/Amérique, 1983): 109.

Sept, dont il avait fini par embrasser avec enthousiasme la philosophie personnaliste durant ses deux ans à Paris. Il était souvent allé
dans les locaux d'*Esprit*, ne serait-ce que pour s'imprégner de
l'enthousiasme et de l'idéalisme des jeunes intellectuels qui y
œuvraient. Alors qu'il se trouvait encore en France, il expliqua aux
lecteurs de *L'Action nationale* qu'*Esprit* était «une revue internationale, fondée en octobre 1932 par un groupe de jeunes hommes
dont le but est d'explorer les valeurs spirituelles en profondeur et
de chercher ensemble les moyens de traduire celles-ci en changements nécessaires sur le plan temporel[4]». Ce n'était donc pas seulement un véhicule pour des spéculations en circuit fermé, mais un
périodique profondément engagé dans les problèmes contemporains et déterminé à provoquer des changements dans le milieu des
élites françaises. Il n'y avait pas de revue semblable au Québec. La
revue *Esprit* elle-même, comme André le déplorait souvent, n'avait
que trois abonnés québécois — y compris, probablement, l'abon-
nement que sa mère lui offrit en cadeau pour la Noël 1936. Son
ami Robert Charbonneau avait contribué à faire de *La Relève* une
revue d'inspiration personnaliste, mais elle laissait à désirer pour un
aspect important de la pensée d'André: le nationalisme. Le Canada
français avait besoin d'une revue qui ferait la jonction entre le
personnalisme et le nationalisme, pour transformer du même coup
la théorie nationaliste.

Les grandes espérances de Laurendeau sur le rôle qu'il jouerait à *L'Action nationale* n'étaient pas entièrement irréalistes dans le
Québec francophone de la fin des années 1930. La société
québécoise subissait encore une forte influence idéologique, quoique beaucoup moindre dans les aspects matériels de la vie quotidienne, de la part d'une élite petite-bourgeoise dont le contrôle sur
les principaux mécanismes de socialisation n'avait pas encore été
sérieusement contesté par les élites financières et bureaucratiques.
Les protestations contre le «blocage» idéologique imposé par cette
élite traditionnelle s'élevaient de plus en plus, bien sûr, mais il

---

4. André LAURENDEAU, «Mounier and the origins of personalism», dans
Michael BEHIELS et Ramsay COOK, dir., *The Essential Laurendeau* (Toronto, Copp
Clark, 1968): 127.

faudra les inévitables bouleversements socio-économiques de la Seconde Guerre mondiale pour venir à bout de l'idéologie des notables. Entre-temps, une publication à faible tirage comme *L'Action nationale* (environ 3000 abonnés[5]), qui circulait dans les milieux professionnels et cléricaux, pouvait exercer une influence considérable, surtout si sa *raison d'être*[6] se trouvait dans la sphère volatile du nationalisme. *L'Action française*, la revue qui avait précédé *L'Action nationale* dans les années 1920, avait eu, disait-on, une influence énorme sur la pensée nationaliste, durant une période relativement peu propice au nationalisme lui-même[7]. À cet égard, les perspectives apparaissaient bien meilleures à la fin des années 1930. La crise économique en avait convaincu un grand nombre que le capitalisme industriel était condamné, au moins sous son aspect de laisser-aller qui l'avait toujours caractérisé en Amérique du Nord. Les nationalistes qui en avaient toujours condamné les abus, tout en cherchant des solutions utopiques, se sentaient justifiés; ils étaient mus par l'idée de se trouver à l'avant-garde de quelque ordre nouveau qu'il ne restait plus qu'à définir. Un facteur plus négatif qui joua sur l'orientation doctrinale de Laurendeau fut le sentiment d'impuissance ressenti par les militants nationalistes lorsque Maurice Duplessis avait écarté sans vergogne l'Action libérale nationale (ALN), peu après la formation de l'Union nationale en 1935. Ces nationalistes avaient cru à l'émergence d'une formation nationaliste viable, lorsque l'ALN de Paul Gouin et le Parti conservateur de Duplessis avaient fusionné sous le nom d'Union nationale. Mais quelle ne fut pas leur indignation de voir Gouin se retirer soudain de l'alliance, pour la raison — qui se révéla vraie — que Duplessis ne faisait simplement qu'utiliser l'ALN pour vaincre les libéraux de Taschereau aux élections de 1936[8]! Le monde des

5. Denis MONIÈRE, *André Laurendeau et le destin d'un peuple* (Montréal, Québec/Amérique, 1983): 109.

6. En français dans le texte. *NdT*.

7. Donald SMITH, «*L'Action française*, 1917-1921», dans Fernand DUMONT *et al.*, dir., *Idéologies au Canada français, 1900-1929* (Québec, Presses de l'Université Laval, 1974): 345-368.

8. Patricia DIRKS, *The Failure of L'Action Libérale Nationale* (Montréal, McGill Queen's University Press, 1991): 99-114; aussi André LAURENDEAU, *Ces*

idées semblait donc à plusieurs nationalistes la seule place qui restait pour se battre, et ce fut un jeune homme tout frais arrivé de France, avec des idées neuves, que *L'Action nationale* présenta à ses lecteurs:

> C'est à Paris, auprès des maîtres de la pensée catholique et française, qu'il s'adonna à ce bienfaisant labeur. Ce stage permit à M. Laurendeau non seulement de perfectionner ses connaissances, mais de prendre contact avec de hautes personnalités, de pénétrer dans des groupes de valeur, de poursuivre même en différents pays d'Europe une enquête humaine des plus instructives [9].

Laurendeau avait affirmé, presque depuis le lancement de la revue en 1933, que *L'Action nationale* ne comblait pas ses espérances. Le fait que l'abbé Groulx et Esdras Minville, le président de la Ligue d'Action nationale, l'avaient nommé directeur ne changeait pas son opinion sur le manque de combativité de la revue. Durant ses premières semaines à Paris, en 1935, il avait critiqué les numéros qui paraissaient et exhorté son père à se rappeler, dans l'esprit des Jeune-Canada, que «derrière la petite revue, il y a la Laurentie». Bientôt, cependant, ses convictions personnalistes allaient changer la teneur de ses critiques. Pour un «numéro d'octobre», il déplorait le manque d'un article «sur de la théorie». Il pressait son père d'avoir une approche moins apologétique du catholicisme et de se pencher davantage sur la «réalité sociale de la Laurentie», d'en faire plus «pour le peuple réel de la Laurentie: l'habitant, l'ouvrier». Sur un ton qui laissait prévoir ses propres intentions d'ouvrir le nationalisme aux influences extérieures, il déplorait les articles emphatiques et ennuyeux, écrits par des auteurs locaux sans inspiration. Il acceptait mal que son père ait publié un texte du dernier protégé de l'abbé Groulx, le futur historien Guy Frégault, qui n'avait que 18 ans. Il y avait là de quoi scandaliser le jeune homme de 23 ans qu'il était! Avec une arro-

---

choses qui nous arrivent. Chronique des années 1961-1966 (Montréal, HMH, 1970): 35-39.
    9. «Notre nouveau directeur», *L'Action nationale* (Montréal), X (sept. 1937): 4.

gance peu filiale, il conseillait à Arthur de s'ouvrir aux grands livres, revues et mouvements de France, mais aussi d'ailleurs. Il voulait «qu'on sente de perpétuels courants d'air» dans la revue. Dans son premier éditorial intitulé «Les exigences d'un mouvement», en octobre 1937, il fit appel à un vigoureux dialogue[10].

Mais ce nouvel esprit n'était pas facile à inculquer. Tout d'abord, les lecteurs de *L'Action nationale* étaient d'esprit conservateur et traditionaliste; par exemple, ils se composaient à 40% de curés de paroisse[11]. Ils préféraient les vieilles rengaines nationalistes, qu'ils ne se lassaient jamais d'entendre. Quant aux idées novatrices venues de France, ils ne les jugeaient guère dignes d'attention ou de respect: on a ses croyances, après tout! Ils accueillirent donc les initiatives empressées du jeune directeur avec un silence d'airain. Comme il le mentionna plus tard, Laurendeau ne reçut que de rares échos de ses articles durant ses trois premières années à la tête de la revue. Peut-être les lecteurs décelaient-ils entre les lignes de ses textes soigneusement écrits la même impatience qui l'amenait à noter dans son journal, cet été-là: «Il y a quelque chose de ridicule dans certaines prétentions conservatrices.» Il avait bien conscience du fossé qui séparait ses idées de celles de la majorité des nationalistes québécois. Il disait à un ami, en 1939, que le lecteur de la revue serait fort surpris d'apprendre que son «sympathique et dévoué directeur» se nourrissait quotidiennement de Flaubert et Jules Romains.

C'était le même fossé qui lui avait depuis longtemps aliéné ses amis des Jeune-Canada. En 1937, il signale que Pierre Dansereau, comme presque tous ses amis, n'a pas aimé ses articles de Paris dans *Le Devoir*. À un moment donné, les Jeune-Canada avaient envisagé de fournir 10 ou 12 pages de textes à chaque numéro de *L'Action nationale*. Mais au début de 1937, le président du groupe, Thuribe Belzile, constatait qu'André avait beaucoup changé et il lui écrivit:

---

10. «Exigences d'un mouvement», *L'Action nationale* (Montréal), X (oct. 1937): 89-91.

11. Denis MONIÈRE, *André Laurendeau et le destin d'un peuple* (Montréal, Québec/Amérique, 1983): 109.

[...] s'il faut en juger par les articles que tu as publiés depuis que tu es à Paris [...] j'ai lieu de craindre qu'au mois de septembre tu ne sois guère capable de nous donner la revue que j'ambitionne [...] ton état d'esprit t'éloigne rapidement de la droite ligne du nationalisme canadien-français tel que nous le concevons chez les Jeune-Canada et tel que tu le concevais avec nous [...] avant ton départ.

Pour la forme, Laurendeau fit un effort pour publier les articles de ses anciens camarades des Jeune-Canada, mais le cœur n'y était pas. De fait, ceux-ci étaient les plus durs critiques de sa direction éditoriale. Lui-même s'inquiétait de l'impression d'arrogance qu'il donnait. Souvent, selon lui, quand quelqu'un revenait de l'étranger, il était insatisfait, insupportable même, toujours prêt à d'odieuses comparaisons. C'était le fait d'une mauvaise adaptation suite à une longue absence. La personne s'enfermait dans le silence avec pour seule préoccupation de retourner en Europe, en pensée faute d'y être.

Le plus dur à avaler pour Laurendeau était que l'idéal personnaliste et l'esprit d'enquête, qu'il avait rapportés de France, n'étaient pas acceptés comme une formule de renouveau nationaliste par ses plus proches associés à *L'Action nationale*. Même des membres de sa famille cherchaient à l'éviter, comme s'il avait attrapé outre-mer une fièvre dont il finirait bien par guérir, un jour.

La routine du travail d'édition et la rédaction d'articles sur les problèmes, qui se posaient aux nationalistes en 1937-1938, sortirent Laurendeau de son abattement en le replongeant dans le milieu canadien-français. Il rédigeait de courts éditoriaux en tête de chaque numéro de la revue et des chroniques plus longues sur des sujets spécifiques; il lança même une nouvelle rubrique appelée «Actualité», pour élargir son champ d'intervention intellectuelle. Ses textes initiaux étaient animés d'un effort fervent pour répandre les idées de la gauche catholique. Il s'attaqua notamment aux nationalistes d'extrême-droite, qui étaient apparus au Québec à la faveur de la crise économique et qui essayaient d'exploiter ce qu'il appelait une mentalité «pré-fasciste» chez les Canadiens français. Il avait déjà tiré les premières salves de ce combat à Paris, dans ses articles au *Devoir* et à *L'Action nationale;* et, en privé, dans sa correspondance avec son père et avec l'abbé Groulx. Il avait notamment avisé ce dernier de ne pas montrer de sympathie pour les opinions exprimées dans le périodique extrémiste de Paul Bouchard, *La Nation.* Il disait avoir commencé la lecture régulière de ce journal «dans l'enthousiasme et la pleine sympathie», puis «avec beaucoup de réserve» et ce, «avec la certitude qu'il faudra bientôt la combattre comme un ennemi». Il sentait que ses positions pourraient amener l'abbé Groulx à soupçonner que ses études en France l'éloignaient du nationalisme même et il s'en défendait bien. Il disait être demeuré nationaliste, l'être même devenu davantage, mais pas nationaliste à la manière de Mussolini. Il rappelait que les positions du journal *La Nation* étaient généralement les mêmes que celles de *L'Action nationale,* mais qu'elles s'inspiraient, souvent sans le savoir, d'idéologies que lui-même repoussait. À l'adresse de son père, qui ne détestait pas *La Nation,* il condamnait la rhétorique violente, insensée, de la publication et sa tendance à fulminer selon une dialectique gauche-droite, communiste-fasciste, comme si la situation au Québec était la même qu'en France. «Pourquoi importer les maladies, demandait-il, n'en avons-nous pas assez des nôtres?»

Il fit valoir ces arguments dans *L'Action nationale,* durant l'automne 1937. «Les Canadiens français, écrivait-il, sont toujours plus enclins à applaudir quand l'extrême-gauche est condamnée plutôt que l'extrême-droite [...] Trop souvent nous nous retrouvons parmi ceux qui croient [...] que Dieu appartient à la droite.» Il ne cessait de condamner le fascisme en Europe. Dans une note brève en introduction à une réfutation des théories raciales de Rosenberg par l'Alsacien Émile Baäs, il affirmait que — l'ethnologie moderne le confirme — il n'y a plus de race pure en ce monde; la doctrine nationale-socialiste est donc une théorie fantaisiste, pseudo-scientifique, mais dont on ne doit pas sousestimer la force d'attraction. Deux mois plus tard, il en référait à une récente encyclique du pape Pie XI, qui condamnait à la fois le communisme et les théories racistes païennes. Il se demandait ironiquement pourquoi cette encyclique n'avait pas obtenu toute la publicité que reçoivent d'habitude les mises en garde papales au Québec. N'était-ce pas,

suggérait-il fort à propos, parce que le pape condamnait les perni-
cieuses doctrines hitlériennes, que tant de Canadiens français semblaient considérer comme une manifestation de la loi et de l'ordre
et comme un bouclier contre le communisme? Il s'opposait lui-
même au communisme, mais il disait le faire au nom du christianisme, de son message et de sa philosophie et non par suite d'une
obéissance aveugle aux préjugés fascistes ni par une idée exaltée de
l'ordre social. Il déclarait qu'il n'y avait pas de menace communiste
sérieuse au Québec, et donc aucune raison pour qui que ce soit
d'adopter les idées fascistes. À ses yeux, il valait mieux que le
Canada français s'aligne sur une politique et une idéologie cen-
tristes: «La formule de l'avenir me semble une sorte de social-
nationalisme à base personnaliste, ou si l'on veut, un Centre fort et
dynamique [12].»

En janvier 1938, Laurendeau se montrait cependant moins
préoccupé par l'interprétation des idéologies européennes au
Québec que par la façon dont ces idéologies étaient exploitées par
des politiciens provinciaux sans scrupules. Il se lança dans des
dénonciations cinglantes du parti au pouvoir, l'Union nationale,
ainsi que du Parti libéral, qui formait l'opposition officielle: le premier, parce qu'il agitait l'épouvantail du communisme pour justifier
sa propre inaction sociale et l'imposition de mesures répressives; le
deuxième, pour sa réaction antifasciste criarde mais factice. Il trouvait risible qu'Adélard Godbout, le chef libéral, utilise le mot «fasciste» pour fustiger le gouvernement Duplessis, alors que l'Union
nationale ne faisait tout simplement que poursuivre la politique de
l'ancien régime libéral de Taschereau.

Il accusait ces deux vieux partis d'être les «pères» du séparatisme au Québec, parce qu'ils avaient trahi l'esprit de la Confédération par le patronage, la corruption et la fraude électorale. Ils
avaient fait en sorte que la démocratie au Québec soit pervertie par
«la dictature secrète de la haute finance». Recourant à un argument
dont il se servira plus éloquemment durant la décennie suivante, il
attribuait le retard social de la province, en partie au moins, au fait
qu'au Québec les droits accordés par le fédéral n'étaient jamais

_____

12. *L'Action nationale* (Montréal), X (nov. 1937): 190s.

utilisés. Malgré la sévérité de ces critiques, Laurendeau mettait toutefois ses lecteurs en garde contre le recours à des solutions politiques extrémistes. Il ne fallait pas, selon lui, laisser le gouvernement «aux fantaisies des nationalistes fanatiques». Il fallait plutôt que les Canadiens français deviennent, par l'éducation politique et les «nombreux éléments qui contribuent à la formation d'une nation», plus conscients de leur propre identité.

Laurendeau faisait ainsi allusion aux vues anti-étatistes du nationalisme traditionnel qu'il avait jadis partagées[13]. Comme disciple de l'abbé Groulx et membre des Jeune-Canada, il avait appris à se méfier des politiciens et de l'État. Au début des années 1930, il avait résisté à des appels répétés pour entrer dans l'arène politique ou pour soutenir le groupe nationaliste de l'Action libérale nationale, dirigé par Gouin. En outre, durant ses premiers mois à Paris, il avait écrit à son père de ne pas accorder trop d'importance à la politique dans les pages de *L'Action nationale*, car «toute cette excitation autour de Gouin a l'air d'une panique». Quand Gouin s'était joint à Duplessis et au Parti conservateur provincial pour former l'Union nationale, il était demeuré sceptique malgré l'enthousiasme nationaliste qui prévalait. Il disait continuer de ne pas aimer l'union Duplessis-Gouin et prévoyait que le rôle de Gouin serait «de maigre envergure». Par ailleurs, sa conversion au personnalisme commençait à refréner son anti-étatisme. Il finit par adopter la conception personnaliste que les problèmes immédiats de la société, étant plus socio-économiques que culturels, exigeaient un certain engagement politique. Bien que la démocratie se trouvât de toute évidence dans un piètre état en Occident, elle valait encore la peine d'être préservée puisqu'elle était supérieure à toute autre forme de gouvernement, et surtout aux solutions autoritaires — si seulement on pouvait la purger de ses nombreux abus. Il avouait avoir accueilli avec joie, de prime abord, la nouvelle de la victoire de l'Union nationale aux élections de 1936. Mais il continuait d'affirmer que la «révolution nécessaire» en politique québécoise ne serait apportée que par sa génération, ou peut-être la suivante. Il ne

---

13. Michel Brunet, *La présence anglaise et les Canadiens. Études sur l'histoire et la pensée* (Montréal, Beauchemin, 1968): 113-166.

s'étonna donc pas outre mesure d'apprendre, en France, que Duplessis avait trahi Gouin et les nationalistes.

À l'époque où il était revenu au pays et avait pris la direction de *L'Action nationale*, la ferveur pour un mouvement politique nationaliste s'était quelque peu refroidie. Il expliqua, des années plus tard:

> Quand je revins au Canada, à l'automne de 1937 [...] Duplessis était au pouvoir depuis un an. La province était déjà déçue, mes amis le regardaient comme l'avorteur du mouvement nationaliste et réformiste de 1935-36. Ils estimaient perdue pour une génération l'occasion d'accomplir la révolution que nous avions rêvée [14].

Que sa conscience politique naissante se révèle trop faible pour résister à ce vent de pessimisme montrait notamment à quel point les réalités canadiennes-françaises modifiaient ses opinions progressistes à ce moment-là. Il faudrait l'atmosphère de crise, voire les plus sinistres réalités de la Deuxième Guerre mondiale pour le jeter en politique. Néanmoins, dans son premier éditorial, Laurendeau informait les lecteurs que *L'Action nationale* continuerait à placer l'éducation nationaliste au-dessus de l'action politique. «Nous n'avons jamais promis de nous jeter dans la mêlée politique, expliquait-il, et c'est une aventure dont nous nous garderons bien: des hommes y jouent leur rôle, il serait déplorable que la nation y concentre toutes ses énergies.» Dans cette logique, Laurendeau poursuivit un vif débat privé, à cette époque, avec les nationalistes conservateurs qui voulaient que *L'Action nationale* se range derrière le mouvement créditiste. Qualifiant la théorie monétaire du Crédit social d'«abracadabra» économique, il s'aliéna encore davantage les traditionalistes en traitant le mouvement de réaction conservatrice rurale, de retour au passé.

Cependant, le scepticisme politique de Laurendeau ne l'empêchait pas de défendre la cause de l'autonomie provinciale avec une vigueur renouvelée. Son séjour en France, nous l'avons vu, avait éteint sa flamme séparatiste. Les enseignements d'André Siegfried

---

14. *La crise de la conscription. 1942.* (Montréal, Le Jour, 1962): 11s.

sur le rôle périphérique du Québec, aux confins des grandes forces géo-industrielles qui façonnaient la réalité nord-américaine, l'avaient convaincu qu'une Laurentie indépendante n'était pas viable. De même, son nouvel engagement internationaliste et l'admiration qu'il avait éprouvée pour des minorités qui défendaient leur autonomie en Alsace et en Belgique avaient ravivé sa foi dans les possibilités du fédéralisme. À son retour au pays cependant, il avait trouvé le gouvernement fédéral encore en train d'essayer de détruire l'équilibre de ce système en empiétant sur des champs de compétence provinciale. Il n'y avait rien de nouveau, bien sûr, dans ce grief nationaliste: il était presque aussi vieux que le Canada. Mais lorsque la persistance de la crise économique amena le gouvernement Bennett, à Ottawa, à abandonner sa politique de laisser-faire économique pour lancer son nouveau «contrat social» en 1935, les droits provinciaux se trouvèrent directement menacés. Laurendeau, qui faisait alors partie des Jeune-Canada, écrivit à nombre d'intellectuels canadiens-français pour sonner l'alarme et chercher leur appui. L'un d'eux, le père Georges-Henri Lévesque, un dominicain qui commençait une brillante carrière vouée à moderniser la pensée économique et sociale du Canada français [15], lui répondit, en mars 1935. Sa réponse révélait à quel point même les non-nationalistes étaient préoccupés par la menace que faisait peser Ottawa sur l'autonomie du Québec. Lévesque soulignait que l'ampleur du développement économique et social avait rendu nécessaire la centralisation des mesures sociales. Mais le centralisme au niveau fédéral était un danger pour le Canada français. À son avis, le Québec ne pouvait pas rester dans la Confédération et refuser ces politiques centralisatrices, car rejeter cette nécessaire législation serait dénier aux deux autres tiers de la population canadienne le droit aux réformes dont ils avaient tant besoin. Par ailleurs, comme le Québec ne pouvait accepter la centralisation, la solution semblait être de quitter la Confédération et d'établir un programme de réforme séparé au Québec. Admettant que cette position était assez

---

15. Robert PARISÉ, *Georges-Henri Lévesque. Père de la renaissance québécoise* (Montréal, Éditions internationales Alain Stanké, 1976); G.-H. LÉVESQUE, *Souvenances* (Montréal, Éditions Québec/Amérique, 1986): 283-369.

radicale, le père Lévesque affirmait qu'elle était l'aboutissement d'une longue, et souvent douloureuse, réflexion[16].

Laurendeau avait alors considéré les remarques du dominicain comme une autre justification au séparatisme laurentien, d'inspiration culturelle, qu'il prônait à cette époque avec les Jeune-Canada. Mais ces observations résumaient aussi avec force les choix difficiles qui l'attendaient en politique fédérale-provinciale, à partir de 1937. Conscient désormais que le progrès social était une nécessité incontournable, sans être encore tout à fait convaincu que l'État devait en être le moteur, il ne reconnaissait toutefois qu'aux seules provinces le droit d'initiative en matière sociale. L'autonomie québécoise, conçue comme antidote à la fois contre un gouvernement central omnipotent et contre un séparatisme malavisé, allait être son cheval de bataille dans les décennies à venir. Aussi fut-il parmi les premiers nationalistes à donner l'alarme quand le gouvernement de Mackenzie King mit sur pied la Commission Rowell-Sirois, en 1938, pour examiner le problème des relations fédérales-provinciales. Connaissant bien la réputation de King pour les manœuvres politiques, Laurendeau considérait cette commission comme un moyen de préparer le terrain pour la subversion du fédéralisme aux dépens des provinces. La commission ne soumettrait pas son rapport final avant 1940, mais son existence même, sans parler de l'orientation centralisatrice de ses premières spéculations sur les relations fédérales-provinciales, faisait grincer des dents Laurendeau. La Commission Rowell-Sirois devint sa *bête noire*[17] permanente et servit à cristalliser ses arguments initiaux dans ce qui allait devenir une campagne longue et épuisante pour l'autonomie provinciale.

Les répercussions des conflits idéologiques européens, la politique québécoise et les problèmes constitutionnels canadiens constituèrent d'importants sujets à traiter, pour Laurendeau, dans ses premières années comme directeur de *L'Action nationale*, mais

---

16. G.-H. LÉVESQUE, «La première décennie de la faculté des sciences sociales à l'Université Laval», dans *Continuité et rupture. Les sciences sociales au Québec* (Montréal, Presses de l'Université de Montréal, 1984): I: 51-64.

17. En français dans le texte. *NdT.*

ils ne lui fournissaient pas tout le terrain voulu pour enclencher le renouveau nationaliste dynamique qu'il visait. Revenu au Québec avec des idées de changement axées sur une conscience sociale catholique révolutionnaire, il se sentait coincé par d'étroites préoccupations nationalistes, qui l'acculaient sans cesse à des réactions défensives. Désenchanté aussi par le climat de négativisme qui régnait, il devait sans cesse se rappeler à lui-même, dans son journal intime, de garder sa vie intérieure «dans un perpétuel et calme mouvement». Mais le sentiment de sa «mission catholique» ne cessait de le tourmenter comme un surmoi insomniaque, et bien plus encore depuis le renouvellement spirituel qu'il avait éprouvé en Italie. Les monuments religieux impressionnants de Rome y avaient certes contribué, mais c'est dans un couvent d'Assise qu'il avait senti une véritable ferveur — pour la dernière fois de sa vie peut-être. Elle lui inspira une courte biographie de saint François d'Assise, qu'il écrivit peu après son retour au Québec[18]. L'esprit de sacrifice personnel et la dévotion envers les démunis, qu'il associait à saint François, vinrent renforcer encore ses préoccupations sociales personnalistes. À Ghislaine qui lui disait pour le taquiner qu'il était devenu presque dominicain, il répliquait que non, ou plutôt jésuite d'éducation, dominicain de préoccupation (philosophie, problèmes sociaux, etc.) mais franciscain de sympathie profonde. Il était donc naturel qu'il se cherche des alliés parmi les intellectuels catholiques du Québec. Deux d'entre eux qui pouvaient remplir ce rôle, le père Lévesque et le frère Marie-Victorin, l'éminent botaniste, étaient mal vus de la plupart des nationalistes à cause de leur point de vue réformiste. Avec le père Lévesque, le penseur social catholique le plus radical de l'époque au Québec et celui qu'on reconnaît largement comme l'oracle intellectuel de la Révolution tranquille, les rapports de Laurendeau révélèrent à la fois les forces et les faiblesses de son propre esprit réformiste, dans les années qui précédèrent la Seconde Guerre mondiale. Malgré les réserves de certains anciens directeurs de *L'Action nationale*, André écrivit au dominicain, à l'automne 1937, pour l'inviter à collaborer à la revue.

---

18. Manuscrit (publié plus tard sous forme de brochure), *Fonds Famille Laurendeau-Perrault, Centre de recherche Lionel-Groulx*.

Le père Lévesque y consentit volontiers. Il fut d'ailleurs assez impressionné par le point de vue personnaliste de Laurendeau pour le considérer comme un artisan conjoint dans «notre cause» de réforme sociale. Il soulignait qu'il avait été profondément influencé par Emmanuel Mounier et qu'il avait assisté en 1932, à Paris, à la réunion de fondation de la revue *Esprit*. Il fit parvenir à Laurendeau le prospectus de la nouvelle École des sciences sociales qu'il était en train de mettre sur pied, à l'Université Laval, en 1938. Cette faculté allait bientôt former un groupe de diplômés influents, qui deviendraient de sévères critiques de l'idéologie de la survivance et du nationalisme défensif brandis par des politiciens comme Maurice Duplessis. Le père Lévesque tint aussi Laurendeau informé des efforts de ces politiciens et de ses supérieurs conservateurs, à Rome et à Québec, pour faire fermer l'École. «Il est clair qu'on veut ma pauvre tête: c'est toujours dangereux d'être trop vraiment social.» Mais lorsque Laurendeau fit valoir, dans *L'Action nationale*, les initiatives de l'École du père Lévesque pour développer une forme plus réaliste de conscience sociale au Québec, il en tempéra l'éloge en faisant remarquer que son programme devrait refléter la philosophie thomiste et la doctrine sociale de l'Église. Que la revue réaffirme ainsi son adhésion à l'interprétation conservatrice de cette doctrine — une interprétation qui remontait au «Programme de restauration sociale» des jésuites en 1933, cette version remâchée des encycliques sur la société industrielle mais orientée vers le statu quo — ne faisait que souligner les oscillations exploratoires de Laurendeau dans sa défense publique d'une pensée radicale. Il découvrait que si son personnalisme parisien en faisait un penseur à risque dans les cercles nationalistes, certains intellectuels au Québec étaient cependant prêts à aller beaucoup plus loin que lui.

La même approche timide — deux pas en avant, un pas en arrière — caractérisa ses relations avec le frère Marie-Victorin. André connaissait bien l'œuvre de ce scientifique reconnu internationalement, qui était professeur à l'Université de Montréal au moment où il y étudiait. Son meilleur ami et camarade des Jeune-Canada, Pierre Dansereau, avait étudié auprès de Marie-Victorin et il deviendrait lui-même un botaniste d'envergure internationale. De fait, Dansereau avait toujours préféré la vision dégagée et purement scientifique de son maître à l'exclusivisme nationaliste de l'abbé Groulx[19]. Grand initiateur du Jardin botanique de Montréal, qui était un symbole des réalisations scientifiques au Québec, Marie-Victorin était un ardent promoteur de la recherche pure. Dans les années 1930, il condamna la conception nationaliste de la science, qui l'asservissait à des fins chauvines, et critiqua le système d'éducation au Québec, qui accordait si peu d'importance à l'enseignement scientifique. Laurendeau s'en prit à sa thèse centrale.

L'idée que la science doive remplacer les patries me semble une idée primaire: c'est comme si on disait que la découverte de l'aspirine va chasser l'amour du cœur humain [...] Aussi, je doute que Marie-Victorin adhère à une opinion aussi simpliste. Que le savant cherche la vérité et non la nation, cela est clair: il n'en est pas moins encadré, soutenu, nourri par elle (dans une certaine mesure) [...]

Mais il invita Marie-Victorin à engager le dialogue avec des nationalistes comme lui. Le botaniste accepta, prétextant que tous deux étaient à la recherche d'«une formule qui ne soit pas unilatérale», tout en prévoyant «faire un peu d'unité dans les idées». En décembre 1938, Laurendeau dut prendre la défense de Marie-Victorin contre ses amis nationalistes. Ceux-ci s'indignaient que le célèbre frère, dans un discours à Trois-Rivières, ait haussé d'un cran ses critiques du système d'éducation et avancé que seule l'Église catholique, parce qu'elle contrôlait l'instruction au Québec, pouvait apporter les changements cruciaux qui s'imposaient. André soutint que Marie-Victorin ne s'opposait pas à l'éducation humaniste classique, mais qu'il ne faisait que souligner la nécessité impérieuse de la science pour résoudre les problèmes socio-économiques et politiques de la société moderne. Au nom de la dignité nationale et de leur intérêt, il avait exigé de ses compatriotes un «effort de conquête scientifique». Sa tentative pour détourner de sa cible la

---

19. Pierre DANSEREAU, «André Laurendeau: les options réversibles», dans Robert COMEAU et Lucille BEAUDRY, dir., *André Laurendeau* (Sillery, Presses de l'Université du Québec, 1990): 183.

critique antinationaliste qui transpirait de la pensée de Marie-Victorin ne fut pas assez convaincante pour ses collègues de *L'Action nationale* ou même, peut-être, pour lui-même. Il devenait de plus en plus clair que le nationalisme canadien-français était considéré par au moins certains intellectuels progressistes comme une partie du problème, non comme une solution.

Les contradictions dans lesquelles Laurendeau se débattait pour renouveler le nationalisme étaient aussi manifestes dans la sphère fondamentale de l'économie. La théorie économique avait toujours été le plus faible maillon de sa formation intellectuelle et le talon d'Achille du nationalisme canadien-français lui-même. Il était revenu d'Europe avec une vision encore critique du laisser-faire capitaliste. Toutefois, à la différence des attaques tous azimuts qu'il avait lancées du temps des Jeune-Canada, ses observations se concentraient maintenant sur les abus du capitalisme, et plus particulièrement sur son aspect monopolistique, antisocial.

Même s'il pouvait encore se lancer dans de grandes tirades rhétoriques sur le sujet, il admettait que le capitalisme industriel était installé pour de bon au Québec, crise économique ou non; et il avait peine à cacher son dédain pour les idées économiques utopiques des vieux nationalistes de droite. Certains d'entre eux, notamment son père et son vieux mentor Esdras Minville, s'étaient entichés de la théorie corporatiste, dogme économique des pays fascistes. Ils affirmaient que les Canadiens français pouvaient éviter les aspects odieux des économies fascistes, en développant une forme de corporatisme qui ne serait pas dominé par l'État.

Laurendeau avait vu le corporatisme de près en Italie. Il consentit à consacrer un numéro spécial de *L'Action nationale* à tous les aspects de cette théorie, mais il le fit sans enthousiasme. Il lui était plus facile de parler en bien du mouvement coopératif au Québec: une idée jumelle du corporatisme dans la famille étroite des outils nationalistes de «reconquête» économique. Les coopératives, après tout, s'étaient bien enracinées dans le milieu agricole au Québec. Il n'était pas utopique de les concevoir comme une force économique collective des Canadiens français dans ce secteur. Dans l'ensemble cependant, Laurendeau jugeait toutes ces théories pitoyablement inadéquates pour une société qui devenait en majeure partie industrielle. Elles ne permettaient pas davantage aux Canadiens français de reprendre le contrôle de l'économie du Québec aux Anglo-Canadiens et aux étrangers que les campagnes d'«*achats chez nous*[20]», qui en étaient les corollaires. Il savait que ces théories se fondaient sur une fausse conception petite-bourgeoise de la réalité industrielle du Canada français. Mais puisqu'il n'avait pas d'autres solutions concrètes à offrir lui-même, à cause de son ignorance de l'économique et du milieu des affaires, il se contenta de soutenir le mouvement coopératif.

Jusque-là, Laurendeau n'avait guère accordé d'attention à la classe ouvrière. En «notable» privilégié qu'il était, ses réflexions sur le peuple s'étaient limitées aux vertus du paysan. Il ne connaissait que par ouï-dire la misère qui sévissait dans l'est de Montréal, car jamais il ne s'aventurait dans ces quartiers. Son souci de la condition ouvrière s'émoussait d'habitude dans l'éloge rituel des syndicats confessionnels. Basés au Québec, donc catholiques et très rarement militants, ceux-ci se conformaient à l'idéologie nationaliste, au respect de l'ordre social et à la prédominance du spirituel sur le matériel. Comme d'autres nationalistes, il semblait penser que la condition des ouvriers ne pourrait s'améliorer substantiellement que si on trouvait le moyen de faire des Canadiens français des entrepreneurs industriels. Mais il avait appris, en France, l'importance du militantisme syndical pour contrer les abus du capitalisme et obtenir des réformes sociales. Écrivant de Paris en 1936, il s'en prenait à ces nationalistes québécois qui s'opposaient aux syndicats internationaux, disant qu'il est sans doute bon de lutter contre des organisations démagogiques et démoralisantes, mais que le capitalisme est international et que l'action ouvrière doit donc demeurer internationale. De retour au Québec, circonscrit par la vieille garde conservatrice, il affirma que les syndicats confessionnels étaient encore la meilleure solution, à condition qu'ils obtiennent des gains substantiels pour les ouvriers. Comme pour souligner ce point, il consacra à son retour l'un de ses premiers articles, dans *L'Action nationale*, à la grève explosive des textiles à Montréal, durant l'été et l'automne 1937. Prenant parti pour les ouvriers, il condamnait

---

20. En français dans le texte. *NdT.*

la collusion anti-ouvrière du gouvernement Duplessis avec la compagnie Dominion Textile. Il tenait aussi des propos négatifs sur l'activité des syndicats confessionnels et critiquait l'intervention du cardinal Villeneuve contre les grévistes. C'était la preuve, selon lui, que le sens de la justice morale ne s'était pas encore développé au sein de l'Église catholique au Québec.

Il est clair que Laurendeau cherchait alors à orienter la cause nationaliste vers une conscience plus aiguë des réalités économiques et sociales du Québec, même s'il ne savait pas encore vraiment jusqu'où il faudrait aller ou quelles solutions seraient les meilleures. Mais il n'ignorait pas pour autant le souci nationaliste de la survie de la culture canadienne-française. De fait, la culture servait de zone tampon où il pouvait partager une cause commune avec des traditionalistes comme l'abbé Groulx et combler, au moins temporairement, les fossés qui se développaient entre eux sur d'autres questions. Mais là aussi, ses opinions révélaient des signes de tensions internes et des tendances contradictoires. Il trouvait à la fois ironique et amusant que son séjour en Europe — dont il avait rêvé, étudiant, comme d'une expérience initiatique, qui le transporterait au-dessus de la culture vulgaire de l'Amérique du Nord — l'ait poussé, en fait, à en apprendre davantage sur les États-Unis et le Canada anglais.

Dans le cas des États-Unis, ses raisons de le faire étaient complètement négatives. André Siegfried l'avait convaincu que l'Amérique était de loin une plus grande menace à la culture canadienne-française que l'ennemi traditionnel, l'Angleterre. Rappelant l'assertion de Siegfried que «[...] la civilisation américaine est basée sur la quantité», il désignait le matérialisme américain comme un danger et rappelait qu'une vision hypercapitaliste de la vie tue la spiritualité. Se souvenant probablement de son propre entichement juvénile pour le jazz américain à la radio et pour le cinéma (muet et parlant), il affirmait que le Canada français devait développer sa propre culture populaire, «un style original pour contrer l'étranger».

Mais ses avis sur la façon de le faire étaient contradictoires et élitistes. Après tout, que savait-il vraiment de la culture populaire? Il semblait tenir pour certain, en tout cas, que la créativité exigeait

des ouvertures aux courants extérieurs. Il clamait qu'il fallait abandonner la culture de «vertu passive, celle qui fait de bons esclaves».
À l'heure où il fallait vivre et non survivre, on ne pouvait espérer,
selon lui, perpétuer une mystique rurale ou essayer d'être créateur
derrière des remparts hermétiques.

La seule initiative qu'il lança dans cette foulée fut d'envoyer
un questionnaire aux intellectuels et aux membres de la colonie
artistique du Québec, pour évaluer les forces et le potentiel de la
culture canadienne-française. Quelques répondants firent remarquer
qu'une grande culture, intense et créative, pourrait n'être d'aucun
intérêt pour les masses urbaines, et donc inutile pour neutraliser
l'invasion de la culture populaire américaine. D'autres faisaient
observer que la culture québécoise se reflétait encore largement
dans l'univers de *Maria Chapdelaine*, le roman du Français Louis
Hémon, qui était souvent cité, en bien ou en mal, pour symboliser
la prédominance du thème de la survivance dans l'art au Canada
français[21]. Le docteur Philippe Panneton, dont le roman *Trente
arpents* (qu'il avait publié en 1938 sous le pseudonyme de Ringuet)
avait provoqué une levée de boucliers dans les milieux traditionalistes à cause du portrait réaliste et sombre qu'il faisait du déclin
de l'agriculture traditionnelle et des valeurs morales qu'elle représentait, affirma à Laurendeau que la culture canadienne-française
était trop embryonnaire, et donc trop fragile, pour servir à des fins
plus grandes. C'était se moquer de soi-même que de penser autrement. Cela rappela à Laurendeau des parents rayonnants de joie
penchés au-dessus du berceau et se demandant déjà si leur fils sera
général ou notaire. Les réponses à cette enquête furent publiées
dans *L'Action nationale* à un moment où la guerre faisait rage depuis
un certain temps déjà. Mais il apparaissait, depuis le début, que la
transformation de la société traditionnelle du Québec, à la fin du
XIXᵉ siècle et au début du XXᵉ siècle, avait entraîné une crise latente
de ses valeurs culturelles et semé l'incertitude sur la possibilité
d'émergence d'une nouvelle culture distincte.

---

21. G.R. Cook, *Canada and the French-Canadian Question* (Toronto, Macmillan, 1967): 81s.

Laurendeau partageait cette incertitude, mais il était convaincu que les perspectives d'une renaissance culturelle étaient liées, de façon inextricable, au destin de la langue française au Québec. Une de ses préoccupations majeures à l'époque était donc le déclin du français et l'expansion correspondante de l'anglais dans la province. Il faut rappeler que Laurendeau avait toujours été opposé au bilinguisme. Son père avait essayé de le mettre à l'abri de toute exposition à l'anglais dès le jeune âge, en partie de peur que l'apprentissage de deux langues nuise à son développement intellectuel; c'était là un préjugé assez répandu à l'époque. L'anglais que Laurendeau avait appris durant son séjour d'un an en Angleterre, à l'âge de sept ans, avait bien vite disparu de sa mémoire. Plus tard, les mots anglais qu'il pigeait à la radio ou ailleurs ressortaient parfois dans sa conversation, mais sur le mode satirique. Il en vint à croire, durant ses années d'études, que la langue et la culture françaises étaient supérieures à leurs contreparties anglaises. En devenant nationaliste dans les années 1930, il acquit des raisons supplémentaires, historiques, de s'opposer à l'anglais. Cette langue était considérée elle-même comme l'instrument par excellence de la campagne incessante menée par le Canada anglais pour assimiler le Canada français. Il n'est pas étonnant alors qu'il annonçât, peu après son arrivée à Paris, centre de toutes les connaissances, qu'il ne voulait pas apprendre l'anglais. Le personnalisme même, malgré son grand esprit internationaliste, ne put le faire changer d'idée, quoiqu'il soulevât chez lui de troublantes questions. Par ailleurs, ses séjours en Alsace et en Belgique lui avaient apporté des preuves évidentes que le bilinguisme menait inévitablement à la dévaluation d'une langue minoritaire et finalement à la réduction d'une culture à une curiosité folklorique.

Son retour au Québec, en 1937, avait coïncidé avec le deuxième congrès international de la langue française, tenu à Québec, où l'abbé Groulx parmi d'autres avait prôné un vigoureux programme de «refrancisation». Laurendeau était entré dans cette campagne, condamnant les leaders canadiens-français qui prêchaient les vertus du bilinguisme. Les études sur le déclin du français commençaient seulement à paraître à cette époque. On n'aurait pu imaginer alors les enquêtes statistiques élaborées, fournies par exemple par la Commission Gendron au Québec (1969-1973) et, bien sûr, par la propre commission fédérale de Laurendeau sur le bilinguisme et le biculturalisme (1963-1971). Mais on n'avait guère besoin d'enquêtes chiffrées pour s'alarmer du fait que les Canadiens français urbanisés considéraient de plus en plus le bilinguisme comme le meilleur gage de succès matériel. Le Conseil des écoles catholiques de Montréal recommandait l'enseignement de l'anglais à partir de la troisième année. On n'avait qu'à se promener dans la ville pour voir la montée irrésistible de l'anglais dans toutes les formes de publicité. Il semblait manifeste à Laurendeau que le bilinguisme n'était qu'une façon d'amener les Français à l'anglais. Pour lui, le jour où les Canadiens français seraient devenus bilingues, ils parleraient tous anglais... et le français lui-même serait bientôt inutile.

Il y avait d'autres dangers aussi. Les familles urbaines devenaient moins nombreuses et, compte tenu du déclin qui s'ensuivrait dans la proportion des francophones au sein de la population, les masses populaires feraient-elles les efforts nécessaires pour conserver leur français? Laurendeau faisait remarquer que ceux qui aiment les langues et veulent en apprendre cinq ou six ont tout lieu de vanter les vertus du bilinguisme, mais, selon lui, l'homme de la rue ne se forcera guère à apprendre une langue dont la valeur pratique est devenue discutable. Pour offrir un exemple anticipé de l'avenir d'un Canada bilingue, il désignait la fonction publique fédérale où le français était à peine parlé, et le Parlement fédéral, où un discours sur 50 seulement était en français — parce qu'en général, seuls les députés canadiens-français étaient bilingues. La proportion inégale des deux groupes linguistiques ne pouvait que mener à une lente asphyxie du français. Et la disparition du français signifierait l'agonie de la vie en français, de la culture populaire et même de la façon de penser.

À la lumière de ses opinions sur la langue, il peut sembler contradictoire que Laurendeau recommande aux nationalistes canadiens-français de chercher à améliorer leurs connaissances du Canada anglais et leurs rapports avec lui. Mais ce fut précisément l'exemple qu'il entreprit de donner en 1938-1939. Ce serait là le premier de trois efforts délibérés qu'il ferait en ce sens dans sa vie;

les autres auraient lieu en 1955, lors d'une grande tournée qu'il fera dans l'Ouest canadien et, de 1963 à 1968, quand il coprésidera la Commission royale d'enquête sur le bilinguisme et le bicultura-lisme. Toutefois, avant cette époque, il n'avait jamais manifesté le moindre intérêt pour apprendre quoi que ce soit sur le Canada anglais, pas même sur la minorité anglophone du Québec. En 1939, il avoua à un membre de cette communauté avoir vécu plus de 20 ans «à côté de vous sans avoir la curiosité de vous connaître». Cette nouvelle attitude originait, comme dans bien d'autres cas, de ses expériences en France:

> Je m'étais senti humilié, en France, lorsqu'on m'interrogeait sur le Canada anglais, de mon ignorance à peu près complète sur le sujet. Le plus clair de mes maigres connaissances, je l'avais acquis au Collège de France, dans un cours d'André Siegfried. Ainsi, un jeune Canadien français servait-il à ses interlocuteurs français des réponses que venait de lui souffler un intellectuel français, alors qu'il s'agissait de son propre pays: c'était pitoyable. Je résolus d'entrer, dès le retour, en dialogue avec le Canada anglais [22].

Siegfried, nous l'avons vu, l'avait aussi convaincu que le Canada anglais pouvait être un allié essentiel contre la domination culturelle et économique des États-Unis. En même temps, Lauren-deau espérait trouver des Canadiens anglais désireux de faire des compromis sur une politique de neutralité vis-à-vis de l'impéria-lisme britannique, au cas où les lourdes menaces de guerre qui pesaient sur l'Europe aboutiraient au déclenchement des hostilités.

Puisque sa grande quête intellectuelle à cette époque suppo-sait l'élargissement de ses connaissances en philosophie sociale, il calcula qu'il pourrait faire d'une pierre deux coups en s'inscrivant à des cours de sociologie à l'Université McGill. Quels curieux sen-timents dut-il éprouver en passant sous l'arcade pompeuse et en remontant le trottoir qui traverse les pelouses, en direction du vaste hémicycle d'édifices qui forme le cœur du campus de McGill? Il

---

22. André LAURENDEAU, *La crise de la conscription. 1942.* (Montréal, Le Jour, 1962): 22.

avait déjà passé une bonne partie de sa vie à proximité de ce
campus, qui n'était guère éloigné du collège Sainte-Marie ou même
de la rue Hutchison où il avait habité avec ses parents. Mais s'il
l'avait plutôt ignorée jusque-là, cette université lui avait toujours
semblé une sorte d'affront physique. McGill symbolisait la supériorité suffisante et l'indifférence arrogante de la minorité anglaise du
Québec. L'université semblait regarder la ville de haut au pied du
Mont-Royal, tout juste comme ses fondateurs et patrons anglo-
écossais, les Robertson, Molson et Redpath, avaient considéré de
haut la minorité canadienne-française de la ville. Les administrateurs colonialistes de McGill préféraient singer les formules et les
programmes britanniques plutôt que de faire la moindre concession
au caractère français du Québec. Ils donnaient la préférence à des
étudiants africains (surtout ceux qui avaient les manières et l'accent
britanniques) sur des jeunes Canadiens français, même si ces derniers étaient bilingues. Avec Westmount, le magasin Eaton's, la
Bourse et le journal *The Gazette*, McGill était l'une de ces réalités
qui, bien plus souvent que des symboles anglais de l'extérieur du
Québec, rappelaient à Laurendeau pourquoi il était nationaliste.
C'était pour lui un test important de sa tolérance et de son nouvel
esprit de dialogue que de s'inscrire à une université qu'il avait
toujours considérée comme la pépinière des oppresseurs capitalistes
anglophones.

Il faut imaginer sa surprise alors de voir que les professeurs et
les étudiants canadiens-anglais qu'il rencontrait et avec qui il se liait
d'amitié étaient progressistes sur le plan social: «Mes "Anglais"
n'étaient pas des impérialistes; hommes de gauche pour la plupart
— et même, comme je l'apprendrais plus tard, singulièrement à
gauche pour quelques-uns —, ils s'accordaient assez avec les opinions d'un nationaliste qui revenait de Paris[23].» Parmi ceux qu'il
rencontra là, il y avait le professeur F.R. Scott (le poète et socialiste
canadien qui joua un rôle majeur ces années-là au sein du parti

---

23. *Ibid.*, p. 22s.; Laurendeau a aussi rencontré le marxiste Stanley Ryerson
en 1939; voir Stanley RYERSON, «Laurendeau, la Commission royale, l'histoire»,
dans Robert COMEAU et Lucille BEAUDRY, dir., *André Laurendeau* (Sillery, Presses
de l'Université du Québec, 1990): 219.

CCF) et Neil Morrison, qu'il retrouverait tous deux plus tard au
sein de la Commission sur le bilinguisme et le biculturalisme. Il
rencontra aussi Ken Woodsworth, neveu du fondateur du CCF,
J.S. Woodsworth, et secrétaire général du Canadian Youth Congress. Ces contacts ouvrirent à Laurendeau l'accès à des organisations canadiennes-anglaises et entraînèrent d'autres rencontres.
Scott, par exemple, l'invita en 1939 à débattre des attitudes françaises et anglaises, par rapport à la politique étrangère du Canada,
devant l'Institut canadien des affaires internationales à McGill. Par
la suite, on mit sur pied un groupe de travail qui se réunit plusieurs
fois pour trouver une approche commune en cas de guerre en
Europe. Laurendeau était heureux de découvrir des Canadiens
anglais qui semblaient prendre le parti de la neutralité. Il reçut
aussi des invitations pour donner des conférences à l'Université
Sir George Williams de Montréal et devant l'assemblée des étudiants canadiens à Ottawa, sur le sujet de la «philosophie de l'éducation et la mentalité canadienne-française». En 1939, il était résolu
à transformer ces relations fraternelles en une entreprise plus am-
bitieuse de dialogue culturel.

Avec Neil Morrison, qu'il avait persuadé de collaborer à *L'Action nationale*, Laurendeau participa à un dialogue sur les relations
franco-anglaises, à la radio de CBC, le 3 juin. Leur scénario, intitulé «Canada: A Country of two Cultures», était guindé et amateur,
même pour l'époque, et Laurendeau ne marqua guère de points en
faisant valoir le point de vue nationaliste canadien-français. Arguant
que le traitement que réservaient les Canadiens anglais aux minorités françaises dans les autres provinces engendrait une sorte de
sentiment séparatiste au Québec, il désignait ce sentiment sous le
terme «séparatisme moral», disant:

> La situation des écoles, par exemple, dans toutes les provinces
> où nous sommes en minorité, demeure injuste selon notre point
> de vue [...] quand il s'agit de la nomination de fonctionnaires
> fédéraux, ou encore de timbres ou de billets de banque bilin-
> gues, de combien de discussions oiseuses et mesquines n'avons-
> nous pas à souffrir [...] Il en résulte que plusieurs parmi nous
> se disent: «Laissons faire, acceptons le fait accompli.» Dans la

pratique cela nous met à part, comme Canadiens français, dans d'autres parties du Canada. Nous ne sommes vraiment chez nous qu'au Québec: alors qu'on nous laisse complètement chez nous là. Le séparatisme moral — une fois pour toutes, je vous dis que le séparatisme comme force politique organisée existe à peine au Québec — le séparatisme moral [...] nous amène à nous isoler. Et c'est pourquoi, presque à dessein, j'ai ignoré complètement le Canada anglais.

Le succès de l'émission conduisit Laurendeau à proposer une série régulière de dialogues semblables au directeur de ces émissions à la CBC. C'était là l'occasion d'abattre des murs d'ignorance. Il fit une proposition analogue à Augustin Frigon, directeur général adjoint de la Société Radio-Canada, un homme avec qui il devait avoir des relations beaucoup moins agréables dans les années à venir. Ainsi s'amorça une longue association entre Laurendeau et la radio d'État.

La plus intéressante peut-être des activités dans lesquelles André s'engagea pour établir une entente de culture à culture avec le Canada anglais passa par le Canadian Youth Congress. Nous avons vu qu'il avait participé très tôt à des groupes de jeunesse canadiens-français. Il était alors président du Conseil des jeunesses canadiennes. (La direction de cette organisation fut une pépinière de futurs leaders canadiens-français: pour prendre deux exemples seulement, Daniel Johnson, qui en était le vice-président, et Jean-Jacques Bertrand allaient tous deux devenir premiers ministres du Québec dans les années 1960.) Des délégués du Conseil furent invités à assister aux réunions du Canadian Youth Congress à Winnipeg en juin 1939 et Laurendeau, qui était enchanté de faire son premier voyage dans l'Ouest canadien, se chargea d'inviter le politicien nationaliste québécois René Chaloult. Ne partageant pas l'enthousiasme de Laurendeau pour les échanges franco-anglais, Chaloult déclina l'invitation non sans indignation. Néanmoins, on fit un effort à Winnipeg pour accueillir les deux groupes culturels. Le tiers des délégués étaient canadiens-français, le bilinguisme avait cours et toute résolution devait recueillir 75% des voix pour être adoptée. Cela donna à Laurendeau des raisons initiales d'espérer

que ses délégués pourraient obtenir l'appui nécessaire pour la reconnaissance de la dualité culturelle du Canada et du principe de
l'autonomie provinciale. Ce ne serait pas la dernière fois qu'il se
rendrait à Winnipeg chercher une approbation sur ces deux points.
Il fut encouragé en outre par la défaite d'une motion de censure
contre la fameuse loi du cadenas adoptée par le gouvernement de
l'Union nationale en 1937, une mesure anti-ouvrière qui donnait à
la police provinciale le droit de fermer tout local syndical soupçonné d'activités communistes. Il était dans une situation embarrassante, cependant, étant donné sa position pro-ouvrière au
Québec et ses propres condamnations de la chasse aux sorcières
communistes de Duplessis. Maintenant, dans un geste qui laissait
présager les contradictions entre lesquelles il serait écartelé dans
l'avenir, il se portait à la défense de l'Union nationale, afin de
défendre le principe de l'autonomie provinciale. Sur tant d'autres
questions importantes, comme la politique étrangère et la législation sociale fédérale, il n'y eut pas d'accord[24]. Laurendeau revint à
Montréal, ravi d'avoir participé à une entreprise de collaboration à
une aussi large échelle, mais non sans quelque pressentiment au
sujet des dommages qu'une crise en politique étrangère pourrait
infliger à une telle entreprise.

Il était aussi frustré par les limites de son petit cercle nationaliste. Il voulait aller au-delà de ce qu'il appelait le «groupe réservé»
à la Ligue d'Action nationale pour apporter le message du nationalisme social à une plus large audience de Canadiens français. Même
s'il publia une biographie hagiographique de l'abbé Groulx en
1939, il considérait comme de la complaisance le conservatisme de
la vieille garde de la Ligue. Quand il était encore en France, son
père lui avait dit que L'Action nationale avait 6000$ dans ses coffres,
ce qui lui laissa l'impression qu'il aurait les ressources nécessaires
pour faire des merveilles dans les années à venir. Mais, en 1939, ce
fut pour lui une grande victoire que de réussir à faire dégager 350$
par les dirigeants de la Ligue pour payer d'avance quelques collaborateurs pour des articles sur lesquels il comptait. Ces dirigeants

---

24. Denis MONIÈRE, *André Laurendeau et le destin d'un peuple* (Montréal,
Québec/Amérique, 1983): 120-122.

semblaient penser que même des non-nationalistes devraient écrire gratuitement, par pur sentiment patriotique; ou peut-être leur parcimonie était-elle une façon de montrer à Laurendeau qu'ils désapprouvaient ses vues éditoriales. De toute façon, dans le rapport qu'il fit à la Ligue en novembre 1939, Laurendeau avança un certain nombre de propositions pour le financement d'une nouvelle revue hebdomadaire. Non seulement cette publication atteindrait-elle un plus large public par un tirage initial allant jusqu'à 5000 exemplaires mais, comme il l'expliqua à un ami, elle lui permettrait aussi d'épuiser l'ennuyeux et répétitif matériel de *L'Action nationale* pour faire place à des idées nouvelles. Le déclenchement de la Seconde Guerre mondiale donna au jeune directeur un prétexte pour remettre à plus tard ses plans ambitieux. Mais les impatiences de Laurendeau trahissaient beaucoup plus que de simples différences d'opinions avec les dirigeants de la Ligue sur le fonctionnement de *L'Action nationale*. Cela ressortait de ses tractations avec d'autres publications réformistes. Il lui avait été relativement facile d'empêcher toute tentative des conservateurs de nouer des liens avec le mouvement d'extrême-droite rallié autour du journal *La Nation*, mais ceux-ci en revanche s'étaient opposés à son idée de collaboration avec *La Relève* de Robert Charbonneau. Déplorant la fermeture soudaine de la revue *Sept* en France, Charbonneau avait proposé à Laurendeau que leurs deux périodiques publient une déclaration commune en faveur des principes de la gauche catholique. Quand André lui avait apporté la réponse négative de la Ligue, Charbonneau l'avait accusé de renier ses principes et de trahir la gauche catholique. On se trouvait là au cœur même des frustrations croissantes d'André. En revenant de Paris déterminé à entraîner le nationalisme dans des voies libérales, il savait que nombre d'intellectuels s'opposaient aussi à l'idéologie dominante et pouvaient donc lui être d'un précieux secours: le père Lévesque, le frère Marie-Victorin, Robert Charbonneau. Ces hommes, qui seraient les vrais précurseurs intellectuels de la Révolution tranquille des années 1960, l'avaient manifestement dépassé. Pourquoi? Était-ce à cause de ses efforts pour neutraliser la vieille garde ou bien Charbonneau avait-il raison: était-il en train de perdre la foi réformiste qu'il avait ramenée de Paris?

Bien que la relation filiale de Laurendeau avec ce qu'un universitaire a appelé la «double paternité» d'Arthur Laurendeau et de Lionel Groulx[25] compromît de fait ses efforts de réforme, il était retenu par les contradictions internes de sa propre pensée nationaliste. Par exemple, il aimait la culture traditionnelle du Québec, mais il la trouvait arriérée tout de même, et peu apte à se développer face aux cultures plus dynamiques et modernes du Canada anglais et des États-Unis. Alors, comment la culture du Canada français pouvait-elle s'ouvrir à des courants extérieurs qui la renouvelaient et, en même temps, rester assez fidèle à elle-même pour résister à l'envahissement? Par ailleurs, il ne suffisait pas de reconnaître que le Québec était devenu une société urbaine industrielle et qu'il exigeait des idéologies et des institutions en conséquence, pour savoir résister à la domination économique et culturelle étrangère. Défendre l'autonomie provinciale pour ne récolter que la stagnation sociale et la démagogie politique à Québec le mettait aussi devant une autre quadrature du cercle à résoudre. Cette tension intellectuelle apparaît manifestement dans son journal intime, en mars 1938. Il jongle alors avec l'idée d'écrire un livre sur l'esprit humain, qui rassemblerait (sûrement, pour la première fois!) saint François d'Assise, saint Ignace de Loyola et Lénine. Cette idée laissait voir aussi un autre de ses défauts: il était encore trop spéculatif. Les spéculations philosophiques du personnalisme l'avaient aidé à engager sa vie intellectuelle et spirituelle dans des voies progressistes, mais à ce moment-là, dans le Québec de la fin de la crise économique, il manquait totalement du savoir concret nécessaire sur les problèmes socio-économiques fondamentaux dont il avait par ailleurs un souci douloureux. Et quand il cherchait des réponses dans ce domaine, il allait consulter un livre — presque toujours un bouquin de philosophie française — au lieu de se promener dans les rues misérables de l'est montréalais. Les librairies

---

25. Gérard BERGERON, «Celui pour qui nous avons tous rêvé d'un autre destin», dans Robert COMEAU et Lucille BEAUDRY, dir., *André Laurendeau* (Sillery, Presses de l'Université du Québec, 1990): 284; voir aussi Guy FRÉGAULT, «Aspects de Lionel Groulx», dans Maurice FILION, *Hommages à Lionel Groulx* (Montréal, Leméac, 1978): 91.

de Montréal ne pouvaient lui fournir toutes les réponses dont il avait besoin. Dans les années suivantes, de terribles événements qui se déroulaient dans le monde allaient avoir le double effet d'éclipser, sinon de suspendre complètement ces questions théoriques tout en le projetant dans le monde bien concret des milieux ouvriers et de la politique québécoise.

CHAPITRE V

GUERRE ET
CONSCRIPTION
1939-1942

> La crise de la conscription a mis en relief une fois de
> plus le fait que les Canadiens forment deux nations: ils
> en avaient témoigné avec autant d'unanimité lors de
> l'affaire Riel, puis à propos de certains problèmes sco-
> laires, puis en 1917 à la première conscription. C'est
> lorsque deux nations s'opposent avec intensité qu'on
> peut mesurer combien elles existent.
>
> André LAURENDEAU,
> *La crise de la conscription. 1942* (1962)

André Laurendeau était à la campagne, le 5 août 1940, quand il apprit la nouvelle au sujet de Camillien Houde. Maire de Montréal et ancien chef du Parti conservateur provincial, Houde était un fougueux politicien, doué d'un sens aigu de la direction du vent et d'une loyauté qui changeait en conséquence. Avec son nez bulbeux de grand buveur et son imposante corpulence, il donnait l'image d'un homme aux appétits énormes et aux passions débordantes. Le 2 août justement, la passion l'avait emporté chez lui. Lors d'une conférence de presse à Montréal, il avait dénoncé la nouvelle Loi de mobilisation du gouvernement fédéral, qui ordonnait à tous les Canadiens, hommes et femmes, âgés de 16 à 60 ans, de s'enregistrer avant la fin du mois pour le service militaire. Houde défia ouvertement la loi et enjoignit à ses concitoyens canadiens-français de faire de même. Peu importait que la France fût tombée quelques semaines plus tôt sous la poussée du *blitzkrieg* allemand, de même que le Danemark, la Hollande, la Belgique et la Norvège. Peu importait non plus que la Grande-Bretagne restât seule face au déchaînement nazi. Et surtout, peu importait que le Premier ministre Mackenzie King et ses ministres canadiens-français eussent promis solennellement que l'enregistrement ne signifiait pas la conscription pour le service outre-mer. Houde avait déjà entendu formuler ces promesses. Mais pour lui et les nationalistes canadiens-français en général, l'enregistrement n'était qu'une simple étape dans le plan bien orchestré pour imposer la conscription et, ce faisant, humilier le Canada français. Il renchérit en distribuant un communiqué dont le message se retrouva vite étalé à la une des journaux anglais de Montréal. Le 5 août, au moment où il sortait de l'hôtel de ville de Montréal, sa toge de maire encore sur le dos, Camillien Houde fut arrêté par la Gendarmerie royale et emmené aussitôt au camp de concentration de Petawawa, en Ontario. Sa détention allait durer quatre ans, jusqu'en août 1944, où il serait accueilli en héros à la gare Windsor de Montréal. Et, pour faire un pied de nez au gouvernement, ses concitoyens s'empressèrent de le reporter à la mairie [1].

Laurendeau trouvait le geste de Houde «logique» et même héroïque, dans son opposition à l'inexorable marche du gouvernement canadien vers la conscription, mais il le jugeait également futile. Tout d'abord, il considérait Houde comme un porte-étendard discrédité: «Ma confiance en lui s'était beaucoup amincie: il avait trop vite et trop souvent changé son fusil d'épaule [2].» Quant aux nationalistes dans l'entourage de Laurendeau qui voulaient soutenir le maire par une pétition, à quoi d'autre servirait leur initiative qu'à les mener en prison, puisque d'éminents Canadiens français

---

1. Hector GRENON, *Camillien Houde* (Montréal, Éditions internationales Alain Stanké, 1979): 249s., 272.

2. André LAURENDEAU, *La crise de la conscription. 1942* (Montréal, Le Jour, 1962): 57s.

appuyaient la politique fédérale? Il y avait parmi eux non seulement ceux qu'il considérait comme les béni-oui-oui du cabinet King et les politiciens sans échine de Québec, mais même Maxime Raymond, un nationaliste respecté au Parlement d'Ottawa, qui avait accepté l'enregistrement précisément parce qu'il se limitait à la défense du Canada. Il fallait aussi ajouter le cardinal Villeneuve, une voix puissante dans le Québec catholique. Laurendeau avait été outré par la pusillanimité du cardinal. «Je suis plus scandalisé, écrivit-il à l'abbé Groulx, à la vue des bêtises du cardinal Villeneuve [...] que par le vote participationniste de notre députation fédérale [...] Le cardinal est vorace. Il aime accumuler les erreurs. Il traite d'esprits mesquins et dénaturés ceux qui n'acceptent pas les yeux fermés la propagande anglaise.» Et qu'en pensait la population? Même si Laurendeau avait la certitude qu'elle n'accepterait jamais la conscription pour service outre-mer, il devait aussi admettre qu'elle était secouée par la brusque défaite de la France. Il concédait que «choisir le moment de la plus grande détresse de la France pour refuser de collaborer à une politique qui proclamait son intention de venger la France, il me semble que cela m'a répugné[3]». Dans de telles circonstances, les gestes individuels de rébellion paraissaient vains. «Ce qui m'a convaincu [...], c'est plutôt le sentiment de l'impuissance [...] S'il avait existé un réseau de résistance, je crois que j'y serais entré [...]» Il se rendit plutôt au bureau d'enregistrement le plus proche de Saint-Gabriel, répondit à toutes les questions usuelles, signa le document et s'en retourna avec le sentiment «que je venais de me contredire, peut-être de me trahir moi-même[4]».

Laurendeau avait vu venir la guerre depuis 1937. Avant de quitter l'Europe cette année-là, il avait observé de près le fascisme belliqueux des Italiens, et prédit que les succès de Franco en Espagne donneraient à ses alliés allemands l'audace nécessaire pour tenter de nouvelles aventures. Peu après son retour au Canada, il avait écrit qu'il craignait que les politiques d'Hitler se répandent, car plusieurs de ses éléments étaient exportables. Il avertissait ses

---

3. *Ibid.*, p. 59.
4. *Ibid.*

lecteurs que le danger d'affrontement qui en émanait était beaucoup plus grave que celui que présentait le communisme, la *bête
noire*[5] traditionnelle au Québec. Cependant, en 1938, quand les
Allemands eurent envahi les Sudètes, Laurendeau affirma que ni la
justice ni le droit ni leurs propres intérêts n'appelaient les Canadiens français à défendre la Tchécoslovaquie. Il alla jusqu'à dépeindre les Allemands de ce pays comme une minorité persécutée par le
gouvernement central de Prague. Il avait donc changé sa perspective depuis le temps, à Paris, où il s'opposait fortement à l'agression
fasciste dans la guerre d'Espagne. Désormais, il endossait le point
de vue plus familier du nationalisme canadien-français, qui considérait que les conflits européens ne valaient pas la peine qu'on s'en
mêle et étaient tout aussi dangereux pour l'unité canadienne que le
danger toujours présent de l'impérialisme britannique. Beaucoup
moins extrémiste que ses collègues ultra-conservateurs de *L'Action
nationale,* Laurendeau n'était pas cependant complètement dégagé
de leur influence, comme le montraient ses derniers articles. Il
applaudit donc aux accords de Munich aussi vigoureusement
qu'eux, mais il resta néanmoins sceptique quand Mackenzie King,
après avoir rencontré Hitler, déclara que le Führer ne lui semblait
pas un homme qui voulait la guerre. Il interpréta la visite du roi et
de la reine d'Angleterre au Canada, au printemps 1939, comme un
signe manifeste que la guerre était inévitable; il la dénonça vivement comme un exercice insultant de propagande impérialiste. Il
en était si indigné, en fait, qu'il se proclama du coup républicain:
«Non point tant par amour de la république que par rancune contre
une allégeance ambiguë, utilisée émotivement pour nous entraîner
dans des aventures d'abord britanniques.»

Laurendeau et ses camarades nationalistes gardaient aussi un
œil méfiant sur la politique outaouaise. Ils avaient vu une indication
des intentions du gouvernement libéral d'Ottawa dans la hausse
soudaine (70%) du budget de la Défense en 1937[6]. On avait beau

---

5. En français dans le texte. *NdT.*
6. André LAURENDEAU, *La crise de la conscription. 1942* (Montréal, Le Jour,
1962): 13; aussi John ENGLISH, Ian DRUMMOND et Robert BOTHWELL, *Canada,
1900-1945* (Toronto, University of Toronto Press, 1987): 311s.

répéter qu'il ne s'agissait que d'une mesure de précaution, nécessaire pour s'assurer que le Canada était prêt à se défendre, Laurendeau y vit une rupture radicale avec la politique, longtemps prônée
par King, de non-intervention dans les conflits à l'étranger. King
était, bien sûr, trop changeant pour être étiqueté comme un pur
isolationniste, et trop habile politiquement pour s'engager d'avance
à la neutralité quand pouvait jouer le lien du Canada avec l'Angleterre. Mais, depuis 1931, il avait déclaré maintes fois que le Canada
ne serait pas entraîné automatiquement dans les guerres de l'Empire britannique et que les intérêts du Canada devaient passer en
premier. *L'Action nationale* avait organisé une soirée de célébration,
en 1939, pour souligner l'importance du Statut de Westminster et
pour affirmer que la politique de neutralité éclairée de King était
maintenant plus que jamais la voie la plus sage à suivre. Mais
comme Laurendeau le notera, l'interprétation de cette politique
variait selon l'auditoire. De toute façon, à la fin de l'été 1939, toute
forme de neutralité canadienne apparaissait de plus en plus comme
une cause perdue.

  Pour les nationalistes canadiens-français, cependant, la conscription restait la grande affaire. Toutes leurs protestations ne
visaient qu'à saper la possibilité qu'elle soit imposée. Ce n'était pas
simplement que la conscription serait désastreuse pour le Canada
— une préoccupation secondaire pour eux — mais parce qu'elle
signifiait l'isolement et l'humiliation du Canada français: la volonté
et la sensibilité historique de la minorité foulées au pied par la
majorité. Laurendeau avait grandi en entendant le récit de semblables humiliations dans le passé. Plus tard, à l'Université de Montréal, l'abbé Groulx lui apprendra des faits historiques pour étayer
ces récits. Le jeune Laurendeau lui-même s'était senti frustré par
l'insensibilité canadienne-anglaise, au début des années 1930, si
vivement en fait qu'il s'engagera dans le mouvement des Jeune-
Canada. Et voilà que les vieilles attitudes réapparaissaient de nouveau! Avec le souvenir encore frais de la conscription imposée lors
de la Première Guerre mondiale, il n'était pas difficile de les reconnaître. Et n'était-ce pas pure ironie que le Parti libéral fédéral soit
celui qui avait fait le plus, justement, pour que les Canadiens français n'oublient pas? André pouvait se rappeler qu'en 1930, durant

ses vacances d'été, quand il n'était encore qu'un collégien guère intéressé par la politique, ses amis l'avaient amené à une assemblée électorale. Là, le candidat libéral, dédaignant la crise économique et nombre d'autres problèmes d'actualité, avait consacré le meilleur de son discours à rappeler aux électeurs Sir Robert Borden, Arthur Meighen, le Parti conservateur et la crise de la conscription en 1917. Durant les dernières décennies, les libéraux avaient véhiculé le mythe qu'ils n'étaient pour rien dans cette crise, mais Laurendeau savait fort bien que les libéraux canadiens-anglais avaient abandonné Laurier et ses collègues québécois pour appuyer la conscription. De fait, Laurier lui-même avait contribué à sa propre chute en s'inclinant trop souvent devant l'attachement des Canadiens anglais à l'Empire britannique.

Aux yeux de Laurendeau, c'était Henri Bourassa qui avait alors mené le combat des Canadiens français contre la conscription. C'est lui qui avait eu l'honnêteté et la prémonition de démissionner de son siège de député à Ottawa en 1899, à cause du dangereux précédent qu'établissait Laurier en faisant participer le Canada à la guerre des Boers. C'est le même Bourassa qui avait aussi vu clairement ce que la politique de réarmement naval du Canada, au début du siècle, laissait augurer pour la participation du pays aux guerres de l'Angleterre. Et quand la guerre éclata en 1914, Bourassa éleva encore la voix pour qu'on limite la participation canadienne, afin de respecter, selon lui, les deux pôles de la dualité canadienne.

> Mais ce que Bourassa clamait d'un océan à l'autre, à peu près seuls des Canadiens français l'avaient entendu. *Le sang est plus lourd que l'eau.* Les Anglo-Canadiens étaient trop proches de leurs origines britanniques, trop liés à de puissants souvenirs immédiats, trop intimement solidaires de l'Empire, trop persuadés que défendre la *Mother England* c'était défendre la part la plus précieuse et la plus noble d'eux-mêmes, pour entrer dans un pareil mouvement de libération.
>
> À l'inverse, les Canadiens français frémissaient dès qu'on faisait appel à leurs désirs d'autonomie: au point qu'alors plusieurs d'entre eux devenaient sourds à tout le reste. On les a

souvent traités de lâches: l'accusation n'est pas seulement in-juste, je la crois ridicule. Il fallait plus de courage pour refuser de marcher que pour marcher avec les autres contre ses pro-pres convictions. Des lâchetés intellectuelles se sont certaine-ment cachées sous des attitudes patriotiques: la peur se re-trouve chez tous les peuples. Mais le mobile central n'était pas la peur. Le Canadien de 1917 sent qu'il possède une seule patrie, que seul ce coin de terre lui appartient. Sentiment de pauvres, si l'on veut. Sentiment d'un peuple agricole, un peu fermé sur lui-même, qui connaît sa propre faiblesse et doit économiser ses forces, car il ne trouvera personne sur terre pour l'aider. Même si les chefs religieux et politiques lui prê-chent le loyalisme, et s'il en fait une calme et froide réalité quotidienne, son loyalisme ne va pas jusque-là. Il n'aime pas l'Angleterre, il n'aime pas les Anglais [...] [Le peuple cana-dien-français] ne voulait pas qu'on le dérange; calme d'ordi-naire, il pouvait se fâcher. En 1917, il s'est fâché, et il n'a pas oublié qu'on l'avait humilié, forcé; encore une fois, on ne le lui a pas laissé oublier[7].

La conscription de 1917 servait d'exemple à Laurendeau et à ses camarades nationalistes en 1939. Le combat qu'avait mené Bourassa à cette époque leur prouvait que céder un pouce de ter-rain à l'impérialisme britannique ou, pire encore, concourir à des demi-mesures pour plaire au Canada anglais, comme Laurier l'avait fait, ne servait finalement qu'à diminuer le Canada français.

En conséquence, quand les armées hitlériennes envahirent la Pologne le 1er septembre 1939, déclenchant la guerre en Europe, Laurendeau revint aussitôt à Montréal pour organiser des manifes-tations contre la participation canadienne au conflit. Il était, comme il l'avouait, un «militant antiparticipationniste[8]». Avec la Loi des mesures de guerre déjà en vigueur et les règlements de la Défense nationale en voie d'être appliqués le 3 septembre, les nationalistes ne se faisaient pas d'illusion sur l'intention du gouver-

---

7. André LAURENDEAU, *La crise de la conscription. 1942* (Montréal, Le Jour, 1962): 16s.

8. *Ibid.*, p. 33.

nement fédéral d'émettre sa propre déclaration de guerre. Pour eux, le débat qui avait cours au Parlement d'Ottawa n'était qu'une piètre tentative de donner de la crédibilité à la promesse maintes fois répétée par King que ce serait au Parlement de décider. Néanmoins, la bataille de l'opinion publique était déjà engagée au Québec, et les nationalistes étaient bien déterminés à l'emporter. Regardant en arrière plus tard avec le recul des années, Laurendeau considérera ces efforts nationalistes comme terriblement vains: «On en est toujours réduit aux mêmes actes dérisoires: préparer des manifestes, adresser des communiqués aux journaux, tenir des assemblées, tout cela sans posséder la moindre organisation[9].» À l'époque, cependant, il était rempli de détermination, et il prit part aux diverses assemblées tenues à Montréal.

Le soir du 4 septembre, par exemple, il se rendit au marché Maisonneuve, où Paul Gouin, qui venait de ressusciter le parti de l'Action libérale nationale, se lança dans une charge à fond de train contre la participation canadienne à la guerre. D'autres orateurs jurèrent de combattre la tyrannie dans les rues de Montréal plutôt qu'en Europe. Comme toujours dans les moments où la tension franco-anglaise monte au pays, il y eut des appels à rompre le pacte fédéral (on en appelait à la fin de la Confédération). Le lendemain soir, diverses organisations ouvrières tinrent un rassemblement antiparticipationniste au Monument national. La foule était sombre et tendue, selon Laurendeau. Elle criait: «Nous ne partirons pas!» et ce cri de ralliement prendrait une valeur symbolique dans les mois à venir. Il y eut d'autres assemblées — toutes illégales, en principe, sous la Loi des mesures de guerre —, par lesquelles les nationalistes espéraient faire pression sur le gouvernement King pour l'empêcher d'adopter des mesures plus belliqueuses comme l'envoi immédiat d'un corps expéditionnaire en Angleterre. Mais Laurendeau sentait que les foules n'étaient pas aussi agitées que leurs leaders. «Il me semblait assister à une effervescence, non à un mouvement de fond [...] Cela faisait du bruit, mais on n'entendait pas gronder le sol[10].»

---

9. *Ibid.*, p. 25.
10. *Ibid.*, p. 27; aussi Patricia DIRKS, *The Failure of the Action Libérale Nationale* (Montréal, McGill Queen's University Press, 1991): 137-141.

Laurendeau ne prêta guère attention aux débats du Parlement, qui visaient à s'assurer la collaboration des Canadiens français dans l'effort de guerre. Il en avait déjà eu un avant-goût quelque temps auparavant, en décembre 1937, quand les nationalistes avaient monté une opposition aux libéraux lors de l'élection complémentaire dans Lotbinière, au Québec. Paul Bouchard, le virulent directeur de *La Nation*, s'était présenté contre le libéral Joseph-Napoléon Francœur, et avait perdu. Mais il avait réussi à inquiéter assez le gouvernement pour entraîner dans l'arène des ministres du cabinet fédéral, comme P.J.A. Cardin et Ernest Lapointe, le lieutenant de King au Québec. Tous deux avaient promis solennellement de défendre la neutralité et l'anticonscriptionnisme du Canada français à Ottawa[11]. Il n'était donc pas étonnant que Lapointe réitère cette promesse historique à la Chambre des communes, lors du débat sur la déclaration de guerre du Canada:

> La province entière de Québec, et je parle ici avec toute ma responsabilité et la solennité que je puis donner à mes paroles, ne voudra jamais accepter le service obligatoire ou la conscription en dehors du Canada. J'irai plus loin. Quand je dis toute la province de Québec, je veux dire que telle est aussi mon opinion personnelle. Je suis autorisé par mes collègues de la province de Québec [...] à déclarer que nous ne consentirons jamais à la conscription[12].

Laurendeau ne pouvait évidemment prévoir combien de fois il lui faudrait citer cette déclaration par cœur à l'avenir. Et comment croire Lapointe, d'ailleurs[13]? Le fantôme de Laurier hantait la conscience des nationalistes.

L'une des plus grandes déceptions de Laurendeau, durant cette période, fut de découvrir que les liens personnels qu'il avait soigneusement établis avec des Canadiens anglais seraient au nombre des premières pertes de la guerre. Concevant que les protesta-

---

11. Conrad BLACK, *Duplessis* (Toronto, McClelland & Stewart, 1977): 193.
12. Cité par André LAURENDEAU, *La crise de la conscription. 1942* (Montréal, Le Jour, 1962): 30s.
13. *Ibid.*, p. 31.

tions antiparticipationnistes des nationalistes auraient beaucoup
plus de poids si des Canadiens anglais s'y associaient, André avait
invité certains de ceux qu'il avait rencontrés au cours des deux
années précédentes à se joindre au mouvement: notamment F.R.
Scott, Neil Morrison et l'écrivain socialiste George Laxton. Quand
il ne s'agissait que d'un groupe d'étude en 1938-1939 pour élargir
la base d'un soutien public à la neutralité, ces intellectuels avaient
accepté volontiers de participer[14]. Même si les discussions
subséquentes avaient fait ressortir d'importantes divergences dans
leurs points de vue historiques et constitutionnels, des liens personnels s'étaient établis et ils étaient arrivés même à être gentiment
ironiques les uns à l'égard des autres. Lors de leur émission conjointe sur les ondes de la CBC en 1939, Laurendeau avait pu faire
remarquer à Morrison que les Canadiens français n'avaient pas le
même attachement à la France que les Canadiens anglais à la
Grande-Bretagne, et pour de bonnes raisons historiques.

Réuni le 6 avril 1939, le groupe avait mis au point un programme commun que Français et Anglais pouvaient endosser.
Laurendeau et les autres Canadiens français du groupe acceptèrent
un compromis en faveur d'une neutralité sympathique à la France
et à l'Angleterre: une politique semblable à celle que les États-Unis
suivraient au début de la guerre. Le groupe avait convenu de se
retrouver à l'automne pour produire un document final, mais la
guerre avait éclaté. Alors, l'un après l'autre, les membres canadiens-
anglais s'étaient désistés, refusant de se prononcer ouvertement
pour la neutralité. Plusieurs ne voulaient pas risquer de passer pour
des traîtres aux yeux de leur propre peuple. «J'ai éprouvé ce jour-
là une indignation puis une amertume difficiles à surmonter: malgré de longs efforts, les ponts que nous avions voulu jeter d'une
nation à l'autre étaient emportés, comme des fétus[15].» S'il avait été
assez naïf au départ pour penser que ces intellectuels de centre-
gauche étaient quelque peu représentatifs de l'opinion moyenne au

---

14. Sandra DJWA, *The Politics of Imagination. A Life of F.R. Scott* (Toronto,
McClelland & Stewart, 1987): 183.

15. André LAURENDEAU, *La crise de la conscription. 1942* (Montréal, Le Jour,
1962): 27.

Canada anglais, il apprenait maintenant qu'en temps de crise, même eux n'étaient pas prêts à rompre la solidarité ethnique et à faire suivre leurs paroles d'actions.

Dans les premières semaines qui suivirent la déclaration de guerre du Canada le 9 septembre, Laurendeau se sentit aussi de plus en plus isolé de son propre peuple. À l'intérieur de son cercle fermé de nationalistes purs et durs, c'était bien sûr l'unanimité ou presque. Ils étaient sûrs que le Canada serait le seul pays des Amériques — les États-Unis étaient tout de suite devenus un modèle — à entrer en guerre, à cause de la fidélité du Canada anglais à l'Empire britannique. Comme Laurendeau l'écrivit en 1940, toute autre explication était destinée à faire appel aux sentiments ethniques et religieux du Canada français. Comment, par exemple, prendre au sérieux l'argument que «la défense de l'Angleterre et de la France coïncide nécessairement avec la défense de la civilisation ou de la chrétienté [...]»? Des années plus tard, il reviendra sur cette appréciation unidimensionnelle de la motivation anglo-canadienne et reconnaîtra que ceux qui approuvaient l'entrée en guerre le faisaient pour divers motifs qui se rejoignaient:

> La religion de la guerre pousse dans le cœur de ces hommes de profondes racines. Elle est liée à un puissant complexe de sentiments et d'intérêts. Démocratie, civilisation, *Mother England*, primauté britannique, lutte contre le racisme, solidarité culturelle, tout est mélangé et unanimement — quoique à des degrés divers — aimé, respecté, porté vers l'absolu [16].

Mais qu'en pensait le peuple canadien-français en septembre 1939? «La guerre lui est tombée dessus comme la grêle ou l'inondation, écrit Laurendeau; les nationalistes s'agitaient [...] assez émus pour parvenir très vite à des sentiments extrêmes; mais peut-être ainsi précédaient-ils la nation d'assez loin [...] Le peuple ne se livra guère, et demeura immobile [17].»

---

16. *Ibid.*, p. 39.
17. *Ibid.*, p. 33s.

En quelques semaines cependant, une occasion inattendue se présenta de sonder les reins et les cœurs politiques des Québécois. Le Premier ministre Duplessis annonça des élections provinciales prématurées pour le 25 octobre. Il expliqua qu'il faisait appel aux électeurs un an et demi avant la fin du mandat normal de son gouvernement, parce que le gouvernement fédéral empiétait déjà sur des champs de compétence provinciaux d'une façon qui empêchait de gouverner efficacement et que le problème s'aggraverait sûrement en temps de guerre. Il avait donc besoin d'un mandat politique fort pour résister à tout envahissement subséquent. Certains nationalistes avancèrent que Duplessis, s'apercevant que la guerre serait une période difficile pour tout Premier ministre du Québec, espérait céder le pouvoir au chef libéral Adélard Godbout pour lui laisser l'odieux de la situation. Laurendeau trouvait l'argument spécieux. Selon lui, Duplessis, qui avait été plusieurs années à la tête du Parti conservateur provincial, avait dû se battre désespérément contre l'image négative que ce parti avait au Québec depuis la Première Guerre mondiale. Maintenant que les libéraux fédéraux avaient fait la même erreur en déclarant la guerre, il espérait capitaliser là-dessus au niveau provincial. Laurendeau croyait que cette stratégie politique était astucieuse: «Je me souviens d'avoir écrit que l'élection serait un plébiscite, et qu'on savait d'avance dans quel sens le Québec y répondrait[18].»

Mais cela ne signifiait pas qu'André serait du côté de Duplessis. Outre sa méfiance générale à l'égard des politiciens, il se rappelait encore vivement comment, en 1936, Duplessis s'était joué de Paul Gouin et de l'Action libérale nationale. De fait, Gouin et l'ALN présentèrent une équipe de candidats contre l'Union nationale en 1939. André croyait que c'était la seule décision logique à prendre, mais il ne se faisait guère d'illusions sur les chances électorales d'une ALN désorganisée[19]. Il dut donc se contenter d'observer à l'arrière-plan la fragmentation du vote nationaliste. Même

_____

18. *Ibid.*, p. 41; aussi H.F. QUINN, *The Union Nationale* (Toronto, University of Toronto Press, 1963): 104-106.

19. André LAURENDEAU, *La crise de la conscription. 1942* (Montréal, Le Jour, 1962): 43.

des politiciens nationalistes indépendants, comme René Chaloult, le dentiste Philippe Hamel et Camillien Houde, sollicitèrent le vote des électeurs sous diverses étiquettes politiques. Le manque d'unité politique des nationalistes était, selon Laurendeau, d'autant plus déplorable que Duplessis menait une campagne terne et sans inspiration. Il était étonné par le manque de vigueur de la campagne unioniste. L'Union nationale avait eu tort, selon lui, de ne pas prévoir que les intérêts financiers se regrouperaient autour des libéraux de Godbout dans l'espoir d'obtenir d'alléchants contrats de guerre.

Mais selon Laurendeau et d'ailleurs la plupart de ceux qui se sont penchés sur cette époque, le facteur décisif des élections de 1939 fut l'intervention massive des ministres québécois de Mackenzie King dans la campagne provinciale, surtout Ernest Lapointe. Laurendeau considéra cette intervention comme un exemple patent de chantage politique. Lapointe signifia clairement que les membres canadiens-français du cabinet King interpréteraient la défaite de Godbout comme un désaveu de leur prise de position sur la guerre et qu'ils seraient alors forcés de démissionner. Ce qui aurait pour résultat, clama-t-il en termes vigoureux, de lever la seule barrière qui existait encore à Ottawa à l'imposition de la conscription. C'était une menace non déguisée de donner suite à la promesse que Lapointe avait faite auparavant de ne pas rester dans un gouvernement qui voterait la conscription. D'après Laurendeau, le lieutenant québécois de King mena une campagne très efficace. L'élection, affirma-t-il, fut dominée par un seul homme: Ernest Lapointe. «Il en fut, pour les libéraux, le stratège et le chef véritable; comme le notait assez cruellement Paul Gouin, Adélard Godbout disparut dans son ombre. Lapointe fonça sur l'adversaire; en même temps, il l'enveloppa, le rendit inefficace. Je me souviens de l'avoir suivi, maudit, mais secrètement admiré[20].» Un soir, Laurendeau se rendit au Forum de Montréal voir le déroulement de la campagne libérale. Lapointe était entouré d'un large détachement de la police de Montréal, qui craignait les manifestations contre la guerre. Mais, en peu de temps, le «géant débonnaire» —

---

20. *Ibid.*

pour employer l'expression de Laurendeau —, avec son fort accent
du Bas-Saint-Laurent, tenait la foule bien en main: «Qui ne l'aurait
pas cru quand il déclarait [...] "Entre la conscription et vous, nous
sommes la barrière, nous sommes le rempart"[21]?» Au scrutin, les
libéraux remportèrent 69 sièges, l'Union nationale 14, et l'ALN
aucun.

Ces résultats portèrent un dur coup à tous les nationalistes, y
compris ceux qui comme Laurendeau alors étaient plutôt anti-
étatistes et ne croyaient guère à l'efficacité de l'action politique.
Mais il ne faisait pas de doute que la participation à la guerre avait
été le grand sujet des débats et que les antiparticipationnistes
avaient mordu la poussière: «Ceux qui pensent comme moi se sont
fait coller les épaules à terre [...] Nous nous sentions des parias[22].»
Les nationalistes virent une autre occasion se présenter à eux lors
des élections fédérales de juin 1940, mais comme on prévoyait une
victoire facile de Mackenzie King, le résultat ne fut pas aussi désastreux. Car on pouvait interpréter le soutien du Québec aux libéraux
fédéraux comme l'exemple classique d'un vote pour le moindre
mal. Quel était le choix après tout? Les conservateurs, même s'ils
étaient dirigés par un catholique, R.J. Manion, qui avait quelque
sympathie pour le Québec, restaient néanmoins un parti chauvin
pro-britannique. Quant au CCF, il n'était guère possible d'admirer
la position pacifiste de son leader J.S. Woodsworth, sans favoriser
du même coup le programme socialiste centralisateur de son parti.
Les aspirations de Laurendeau à un nationalisme social plus avancé
s'inspiraient d'une philosophie personnaliste, basée sur des modèles
théoriques français catholiques, qui était assez éloignée du socialisme étatique à l'anglaise (fabianisme) du CCF. De toute façon,
ces considérations étaient très secondaires par rapport au problème
de la conscription. Le jugement de Laurendeau sur le résultat des
élections de 1940 fut aussi lapidaire que tranchant: «La machine
démocratique est à ce point faussée que trois millions de citoyens
ne purent pas exprimer leur opinion, et par là influer sur l'avenir
de leur pays.» Mais il était indubitable aussi que durant la «drôle de

---

21. *Ibid.*, p. 45.
22. *Ibid.*, p. 48.

guerre», cette période incertaine qui se situe entre l'invasion de la Pologne par l'armée hitlérienne et le déferlement des Allemands en Europe occidentale en avril 1940, les nationalistes canadiens-français ne voyaient aucun signe qui montrait que le peuple soutenait leur position.

Laurendeau en était réduit à prôner la neutralité canadienne, dans une atmosphère de plus en plus isolée à *L'Action nationale*:

> Nous continuions de livrer au puissant gouvernement et à sa politique une petite guerre de tous les mois [...] Nos lecteurs se réabonnaient mais n'écrivaient guère: nous continuions de nous demander s'ils nous suivaient [...] La bourgeoisie canadienne-française, dont il m'arrivait de rencontrer des représentants, acceptait l'effort de guerre et la collaboration: du moins, il le semblait. Les autres se taisaient[23].

Laurendeau n'était pas non plus libre d'écrire comme il l'entendait. La censure était en vigueur, en vertu des règlements de la défense du Canada, depuis le 3 septembre 1939. Il rageait contre ces restrictions en préparant son numéro de septembre. Bientôt il se retrouverait encore plus directement dans le collimateur de la censure. Les responsables montréalais de la censure de publications comme *L'Action nationale* étaient Fulgence Charpentier et W. Eggerton[24]. Quand André vit Charpentier, un homme qu'il connaissait bien et admirait, il se sentit momentanément soulagé.

> L'entrevue avec le censeur officiel eut un tout autre caractère. Je le connaissais, l'estimais [...] mais je ne me trouvai plus en face d'un ami. Le censeur prenait sa tâche et la cause des alliés au tragique. Il voulait nous mobiliser tous. Il ne me laissa pas répondre, me menaça, et je sortis de là avec la certitude d'avoir subi une tentative d'intimidation [...] Ces manières ne convainquent pas: elles suscitent la peur et l'obstination.

---

23. *Ibid.*, p. 60.
24. Denis MONIÈRE, *André Laurendeau et le destin d'un peuple* (Montréal, Québec/Amérique, 1983): 130s.

J'éprouvai avec amertume que la lutte pour la liberté commençait au pays par la mort des libertés[25].

À partir de ce moment, Laurendeau dut recourir à des tactiques habiles pour contourner la censure. Il devait tenir compte du fait que *L'Action nationale* était publiée par *Le Devoir* et qu'en conséquence, le directeur du journal, Georges Pelletier, courait aussi des risques. Laurendeau fit preuve d'une véritable virtuosité en citant des déclarations antérieures de politiciens fédéraux pour montrer leur hypocrisie. En outre, il rappelait à chaque numéro, dans un encadré à la première page de la revue, qu'à cause de la censure «la liberté d'expression est morte au Canada». Il rappellera plus tard: «La censure nous forçait à une véritable gymnastique mentale: il s'agissait de la tourner. Mais certains jugements, auxquels nous tenions, étaient impubliables: nous les remâchions entre nous[26].»

L'effondrement de la France à l'été 1940 porta un dur coup à Laurendeau, personnellement, et vint ébranler sa position contre la participation du Canada à la guerre. Il l'apprit à Saint-Gabriel, où il semblait toujours destiné à être lorsque les mauvaises nouvelles se présentaient durant ces années de guerre. Un couple français qu'il avait connu à Paris lui rendait visite, cet été-là. Avec eux, il était suspendu aux nouvelles qui arrivaient par la radio. Quand ils apprirent que le maréchal Pétain, héros militaire de la guerre de Quatorze et futur chef de la France de Vichy, avait pris la place des autorités civiles françaises, ils surent que la capitulation officielle surviendrait bientôt:

> Paris, pour ma famille et moi, c'est autre chose que la tour Eiffel ou les Folies-Bergères. Mon père y a séjourné jadis. J'ai vécu deux ans au Quartier Latin; notre premier enfant est né là-bas. La France, ce n'est pas seulement un lointain prestige intellectuel: j'y ai des souvenirs et des amis [...] que deviennent Mounier et le P. Paul Doncœur, la concierge, nos cama-

25. André LAURENDEAU, *La crise de la conscription. 1942* (Montréal, Le Jour, 1962): 35s.
26. *Ibid.*, p. 51s.

rades de cours, la vendeuse de légumes de la rue Mouffetard? Vers où vont refluer Daniel-Rops, Siegfried, Émile Baäs, tous ces jeunes foyers qui nous ont accueillis quand nous nous sentions seuls à Paris[27]?

Son inquiétude était accrue encore par le fait qu'en 1939 Madeleine et Émile Baäs lui avaient écrit que la guerre les avait séparés, qu'elle était enceinte, et lui enrôlé. Ils ajoutaient que le père Doncœur était fort probablement aumônier militaire dans l'armée française; ils soulignaient aussi qu'il s'agissait d'une «guerre juste». Laurendeau avouait que l'émotion lui montait à la gorge chaque fois qu'il entendait la nostalgique chanson américaine *The Last Time I Saw Paris*. En revenant à Montréal, il fut frappé de voir une tristesse profonde sur tous les visages. Même si les liens avec la France depuis plus d'un siècle et demi avaient été surtout culturels et, pour la plus grande part, au niveau des élites, une atmosphère de deuil régna dans les rues de Montréal durant des semaines. Il n'est pas étonnant, dans ce contexte, qu'il n'y eut guère de réactions publiques au plan de mobilisation du gouvernement fédéral et peu d'indignation manifestée lors de l'arrestation de Camillien Houde. En l'atmosphère sombre de cette époque, Laurendeau ne s'était-il pas mis lui-même la tête sur le billot en s'inscrivant pour le service militaire?

Durant les mois difficiles qui suivirent, André fut tiraillé émotionnellement et idéologiquement entre son horreur de l'agression nazie en Europe et sa crainte que la conscription ne soit imposée bientôt au Canada.

Il m'arrivait, en ce temps-là, de fermer les yeux et de penser aux malheurs des hommes sur les champs de bataille et dans les villes bombardées d'Europe. Je me sentais aussi impuissant à les aider [...] La douceur de notre vie m'écœurait [...] Mais je détestais la violence physique; je pressentais l'horreur de certaines «libérations»; et je ne croyais pas aux croisades[28].

27. *Ibid.*, p. 53.
28. *Ibid.*, p. 150s.

Il fut malade durant des semaines. Les affreuses migraines qui
avaient été l'un des symptômes de sa dépression au début des
années 1930 revenaient à mesure que des questions contradictoires
se bousculaient dans son esprit. N'avait-il pas été parmi les premiers au Québec à déceler les dangers du fascisme et à en prévenir
les Canadiens français? Ne s'était-il pas efforcé, depuis son retour
de Paris, d'expurger la pensée nationaliste canadienne-française de
ses tendances xénophobes et cléricalistes, pour l'orienter vers des
perspectives plus ouvertes, plus internationalistes? Ne s'ensuivait-il
donc pas que sa première priorité, le bien suprême, serait la défaite
d'Hitler et la libération de la France à n'importe quel prix, comme
tant de ses amis en Europe et au Québec le lui soulignaient avec
insistance? Et pouvait-on vraiment fermer ses yeux et son cœur —
peu importe l'intensité de son opposition à l'impérialisme britannique — devant le simple courage manifesté par les Anglais dans leur
île assiégée? Tout le Québec était remué par les reportages
émouvants de Louis Francœur à la radio, qui décrivait, au milieu
des villes en flammes en Grande-Bretagne, la résistance inébranla-
ble du peuple britannique.

Mais quand il repensait au Canada, André était aux prises
avec d'autres questions. N'était-ce pas là justement le genre de
crise qui avait amené le Canada anglais à fouler aux pieds les droits
des Canadiens français durant la Première Guerre mondiale?
N'était-ce pas toujours une crise en Europe — et une crise, en
réalité, pour la Grande-Bretagne — qui servait à passer outre à la
volonté des Canadiens français, ici même, dans la patrie pour laquelle ils étaient prêts à donner leur vie? Et les politiciens inconsis-
tants d'Ottawa n'étaient-ils pas, une fois encore, en train de trahir
systématiquement leurs promesses, l'une après l'autre, au nom
d'une grande cause lointaine?

> Les libéraux nous avaient graduellement entraînés de la neu-
> tralité à la participation, puis d'une participation surtout éco-
> nomique à une politique de guerre bien plus intense. Avec la
> mobilisation générale, ils nous faisaient parcourir une nouvelle
> étape, que jamais Lapointe ni King n'avaient laissé prévoir.
> Désormais, il suffirait, dans un texte de loi, de biffer trois

petits mots, *pour service outre-mer*, et toutes les promesses seraient violées, nous recommencerions 1917[29].

Laurendeau n'arriva jamais à résoudre ces contradictions de façon satisfaisante. Pour le moment du moins, il s'en détourna pour se concentrer sur une question plus claire: la défense de l'autonomie provinciale. Il redoutait l'appétit croissant du gouvernement fédéral pour de nouveaux pouvoirs constitutionnels depuis la fin des années 1930, depuis le *New Deal* de Bennett et ce qu'il considérait comme les conclusions manifestement centralisatrices du rapport de la Commission Rowell-Sirois (déposé finalement en 1940). Les nécessités de l'effort de guerre canadien offraient désormais à Ottawa une occasion rêvée d'appliquer sa politique centralisatrice; et, à Québec, le seul terrain de résistance était aux mains d'Adélard Godbout, qui devait sa victoire électorale aux libéraux fédéraux. Laurendeau saluera plus tard certaines réalisations du gouvernement Godbout: le droit de vote des femmes aux élections provinciales, la nationalisation de la Montreal Light, Heat and Power Company et la création d'Hydro-Québec, finalement certaines réformes de l'éducation[30]. Mais en 1940-1941, il jugeait le Premier ministre québécois pleinement inféodé au gouvernement fédéral et peu apte à défendre la position constitutionnelle du Québec: «Au lieu de garder ses distances, [l'équipe Godbout] *collabora* de toutes ses forces[31].» Car non seulement Godbout avait-il accepté, après la conférence fédérale-provinciale de 1941, de laisser Ottawa s'infiltrer dans les champs de taxation provinciaux en ce qui concerne le revenu des personnes et des sociétés pour la durée de la guerre, mais en 1940 il avait aussi permis l'intrusion fédérale dans le domaine de l'assistance sociale par le biais du programme d'assurance-chômage. Laurendeau disait que Québec ressemblait à

---

29. *Ibid.*, p. 56s.

30. Jean-Guy GENEST, «Vie et œuvre d'Adélard Godbout, 1892-1956» (Québec, thèse de doctorat en histoire, Université Laval, 1977): 376-429, 479-530.

31. André LAURENDEAU, *La crise de la conscription. 1942* (Montréal, Le Jour, 1962): 63; aussi Conrad BLACK, *Duplessis* (Toronto, McClelland & Stewart, 1977): 235.

une maison abandonnée et les hommes politiques qui siégeaient à l'assemblée législative, à un conseil de comté.

Heureux d'avoir trouvé une question qui pouvait rallier les nationalistes, sinon la population tout entière, Laurendeau exprima ses vues sur l'autonomie du Québec dans un article paru en novembre 1940, dans *L'Action nationale*, et intitulé «Alerte aux Canadiens français!». Notant qu'il y avait toujours eu des «fanatiques» au Canada anglais qui souhaitaient l'assimilation totale des francophones, il avançait que la guerre leur avait maintenant donné un prétexte pour utiliser la stratégie de «l'étranglement en douceur». Il employait des termes dramatiques pour décrire l'État québécois, qu'il entrevoyait maintenant comme l'instrument principal de la survie du Canada français et la seule force réelle qui fournisse une influence politique aux Canadiens français à Ottawa, bref une forteresse en état de siège:

> Nous sommes des assiégés dans une forteresse. L'assiégeant nous coupe les vivres. Nous allons mourir d'inanition à moins que, par une vigoureuse sortie, nous n'allions récupérer nos provisions. Mais nous ne pratiquons pas de sortie [...] La panique va nous prendre. L'assiégeant fait mine de se laisser amadouer. Vous aurez du pain, dit-il galamment; mais à condition que vous jetiez bas votre mur d'enceinte; détruisez votre forteresse et nous vous engraisserons. — C'est-à-dire qu'Ottawa nous propose d'échanger nos droits contre de belles pièces d'or [32].

Laurendeau qualifiait la stratégie du gouvernement fédéral de «fascisme» et en appelait à une défense vigoureuse de l'autonomie québécoise. Même s'il n'en était pas encore au point d'envisager une intervention politique directe des nationalistes à Ottawa pour remplir un vide qu'il déplorait, il abandonnait manifestement le point de vue anti-étatique qu'il avait défendu durant les années de crise économique. Dans sa pensée nationaliste, il commençait à concevoir le gouvernement du Québec comme le défenseur le plus

---

32. André LAURENDEAU, «Alerte aux Canadiens français!», *L'Action nationale* (Montréal), XVI (nov. 1940): 188.

sûr des Canadiens français. Et l'afflux de courrier en réponse au numéro de novembre de *L'Action nationale* lui confirma qu'il avait frappé sur le bon clou: «Ce fut le premier signe, dans nos milieux, d'une résurrection de l'esprit public[33].»

Au printemps 1941, donc, Laurendeau avait retrouvé son équilibre — en partie, du moins, en s'empêchant de trop penser au sombre conflit qui se déroulait en Europe comme s'il s'agissait d'un théâtre d'action secondaire dont d'autres avaient la responsabilité — et il put mettre à profit cette période de léthargie publique pour reprendre son effort intellectuel de synthèse de la pensée nationaliste. Il continua notamment à inviter des intellectuels de tous les horizons à écrire dans *L'Action nationale* sur des sujets qui étaient fort éloignés de la guerre ou même de l'autonomie provinciale, comme l'avenir de la littérature québécoise. Il ne pouvait savoir qu'il s'agissait seulement d'une brève accalmie avant la tempête et que les récifs qui se présentaient à l'horizon seraient plus dangereux pour lui que ceux qu'il avait déjà croisés. Par l'expérience acquise, il ne pouvait décrire ces derniers mois que comme la fin de la première phase de la guerre, celle qu'on pouvait qualifier de tranquille par rapport à ce qui s'en venait:

> Sur le front intérieur, nous avons déjà rencontré des passes difficiles. Les deux nations du Canada n'étaient pas au même rythme; mais les apparences restaient sauves, aucune n'allant au bout de ses idées, de sa tradition, de sa volonté. Le Canada anglais acceptait un minimum de retenue; le Canada français ne songeait pas sérieusement à se rebeller. Dans ces conditions, l'équipe des politiques dits relativement modérés suffisait à maintenir un semblant d'unité[34].

Mais dans les moments dramatiques qui se préparaient, durant lesquels Laurendeau jouerait un rôle majeur, bien des Canadiens en vinrent à se mépriser et à se haïr; les deux nations devinrent «soudain intolérables l'une à l'autre[35]». L'événement qui

---

33. André LAURENDEAU, *La crise de la conscription. 1942* (Montréal, Le Jour, 1962): 62.
34. *Ibid.*, p. 66.
35. *Ibid.*, p. 67.

précipita cette seconde phase de la guerre et continuerait de la dominer fut l'imposition de la conscription pour service outre-mer.

Pour Laurendeau, la mort d'Ernest Lapointe en novembre 1941 marqua le commencement symbolique de la crise de la conscription: «Sa mort frappe l'imagination populaire [...] N'était-ce pas la muraille qui s'écroule[36]?» Lapointe avait donné sa parole que le gouvernement King respecterait sa promesse de ne pas imposer la conscription. Sa mort signifiait-elle que cette promesse ne tenait plus? Par ailleurs, les historiens de la Seconde Guerre mondiale attribuent généralement au développement de la situation internationale dans la dernière moitié de l'année 1941 la cause principale de la crise de la conscription au Canada[37]. Ils mentionnent l'invasion allemande de la Russie en juin 1941 et l'attaque japonaise sur Pearl Harbor, en décembre de la même année, comme les principaux facteurs qui ont contribué à l'élargissement mondial du conflit et qui ont donné, par conséquent, du poids à ceux qui au Canada réclamaient une politique de «guerre totale». Ces derniers arguaient qu'avec les États-Unis maintenant pleinement engagés dans la guerre, avec la nouvelle menace d'attaque du Japon sur la côte ouest du Canada et avec des alliés aussi proches que l'Angleterre et les États-Unis qui avaient imposé la conscription chez eux, il était criminel de lier les mains de la force militaire canadienne; par ailleurs, la pleine conscription était le moins qu'on puisse faire pour rehausser le moral des troupes qui servaient déjà outre-mer. Plusieurs leaders canadiens-français soutenaient ce point de vue, de même qu'une puissante faction au cabinet de Mackenzie King. Et pour les aiguillonner il y avait le chef conservateur, Arthur Meighen, qui avait succédé à Manion à la tête du parti après la défaite électorale de 1940. Meighen était le Canadien anglais le plus détesté au Québec, à cause de sa position irréductible pour la conscription lors de la Première Guerre mondiale et parce qu'il était considéré comme le porte-parole du fameux *Committee of 200* à Toronto, un groupe de pasteurs protestants et de dirigeants d'entreprises, décrits

---

36. *Ibid.*, p. 65s.

37. John ENGLISH, Ian DRUMMOND et Robert BOTHWELL, *Canada, 1900-1945* (Toronto, University of Toronto Press, 1987): 323.

comme des francophobes enragés par des nationalistes comme Laurendeau. À côté de leurs diatribes enflammées, les discours proconscriptionnistes du Premier ministre ontarien Mitchell Hepburn et du chef de l'opposition George Drew semblaient anodins.

Ironie du sort, Laurendeau et ses collègues nationalistes devaient maintenant se tourner vers Mackenzie King comme vers leur dernier espoir au Canada anglais. Résisterait-il à la pression qui montait en faveur de la conscription? Même si André ne faisait guère confiance à King, il n'en fut pas moins stupéfait d'apprendre que le Premier ministre avait répondu à la question le 22 janvier 1942, lors du Discours du trône. Le gouvernement fédéral tiendrait un plébiscite à la grandeur du pays le 27 avril, pour que les Canadiens consentent, selon les termes employés, «à libérer le gouvernement de toute obligation résultant d'engagements antérieurs restreignant les méthodes de mobilisation pour le service militaire». King réservait au Parlement la décision finale d'imposer la conscription outre-mer, mais Laurendeau y fleurait la stratégie étapiste: «En somme, la promesse anticonscriptionniste a eu son heure d'utilité, elle a aidé à mieux engager et poursuivre la guerre[38] [...]» La tactique avait réussi. Malgré la promesse faite spécialement pour calmer le peuple du Québec, un plébiscite pancanadien était tenu pour aller chercher l'approbation populaire. Les nationalistes canadiens-français, écrivit Laurendeau, s'opposaient au «principe même du plébiscite». Dans le numéro de janvier de *L'Action nationale*, il déversait son mépris sur tous ces Canadiens français qui avaient accepté des compromissions pour la cause de l'unité du pays. Il affirmait que des gens comme lui qui avaient vu venir la conscription dès le départ se voyaient pleinement justifiés aujourd'hui.

Malgré son point de vue assez cynique sur les buts et la forme du plébiscite, Laurendeau se mit à l'œuvre avec des énergies et une détermination nouvelles pour influencer un vote pour le «non» au Québec. Le mouvement de «résistance», comme il l'appelait, se trouvait au départ en terrain difficile:

---

38. André LAURENDEAU, *La crise de la conscription. 1942* (Montréal, Le Jour, 1962): 71; aussi S.M. TROFIMENKOFF, *Dream of Nation: A Social and Intellectual History of Quebec* (Toronto, Gage, 1983): 259s.

[...] du côté canadien-français, il faudra improviser la résistance avec des moyens pauvres, se retrouver presque à tâtons:
car les représentants officiels de la nation à Ottawa, à Québec
et au sommet de l'Église canadienne, lui prêchent la soumis-
sion à l'inévitable. Pour que le sentiment, à deux mois d'avis,
se substitue au loyalisme et à l'organisation politique, à la
puissance financière, à l'autorité d'un cardinal, il a fallu qu'il
soit passionné, global, désespéré[39].

Mais il importait aussi de contrôler l'ardeur des éléments plus
radicaux, pour que des actes isolés de violence nationaliste ne
puissent être exploités par la propagande pour le «oui». Il était donc
essentiel de mettre sur pied une organisation qui pourrait rassembler et coordonner les forces du «non». Au début de février,
Laurendeau participa à une réunion chez Paul Gouin, où l'on constitua la Ligue pour la défense du Canada. S'y trouvaient des représentants des syndicats catholiques, de la Société Saint-Jean-Baptiste
et des mouvements de jeunesse, de même que de vieux politiciens
nationalistes et, à l'arrière-plan, l'inévitable abbé Groulx. Jean
Drapeau, le futur maire de Montréal, était l'un des jeunes enthousiastes présents. On choisit comme président J.-B. Prince, un vieux
nationaliste disciple de Bourassa. Laurendeau fut nommé secrétaire
mais c'est lui qui serait l'âme véritable du mouvement.

La Ligue pour la défense du Canada était née, selon Laurendeau, du divorce entre l'opinion officielle et le sentiment populaire[40]. À partir de ses modestes origines sur un coin de table, elle
devint la principale organisation en faveur du «non». Elle obtint
rapidement le soutien de nombreux Canadiens français qui, sans
être de fervents nationalistes, croyaient qu'on avait trahi leur appui
à l'effort de guerre. Sous la direction de Prince, de Georges Pelletier, de Maxime Raymond et de Laurendeau, la Ligue accueillit
même les Canadiens anglais qui s'opposaient à la conscription pour
diverses raisons. En outre, certains arguments avancés dans son

39. André LAURENDEAU, *La crise de la conscription. 1942* (Montréal, Le Jour,
1962): 67.
40. *Ibid.*, p. 81.

Manifeste visaient d'autres minorités ethniques qui s'objectaient à l'idée de «guerre totale»:

> Selon les statistiques données par les fonctionnaires du recrutement et par le gouvernement lui-même, le volontariat fournit encore, en février 1942, deux fois plus d'hommes que n'en peuvent absorber nos diverses armées [...] Un petit pays de onze millions d'habitants, dont l'on prétend faire l'arsenal des démocraties ou des nations alliées, ne peut être, en même temps, un réservoir inépuisable de combattants. Parce que le Canada a déjà atteint et même dépassé la limite de son effort militaire, et que, victorieux, nous ne voulons pas être dans une situation pire que les peuples défaits [...] Le Canada n'a pas le droit, ni encore moins l'obligation de se saborder [...] Nous leur [les Canadiens] demandons de mettre la patrie au-dessus de l'esprit de race ou de l'emportement partisan. Nous leur demandons un vote «d'hommes libres»[41].

La Ligue se serait bien épargné l'effort pour ce qui est du Canada anglais. Par ailleurs, peu de ses membres se souciaient réellement du sort des Japonais sur la côte ouest ou de celui des Canadiens d'origine allemande ou italienne. Mais son discours bien ciblé, sur une aussi courte période de temps, donna au mouvement une unité singulière.

Laurendeau, qui n'avait qu'une expérience très limitée en la matière, dut faire face à l'organisation d'une campagne à la grandeur de la province à partir de zéro: «Nous n'avions rien au début: pas d'argent, pas de lieutenants, pas d'organisation — un état-major sans troupes[42].» La Ligue était aussi à court de fonds, la plus grande partie de son soutien financier provenant de souscriptions d'un dollar. Laurendeau calcula que les grandes organisations qui soutenaient la Ligue ne réussirent pas à recueillir 1000$. En peu de temps, cependant, la Ligue avait constitué des sections dans 50 localités du Québec. À partir de ses locaux étroits (loués à la Banque Royale, rue Sainte-Catherine), la Ligue écrivit aux chambres

41. *Ibid.*, p. 85s.
42. *Ibid.*, p. 82.

de commerce, aux syndicats, à quelque 1600 conseils municipaux et reçut en retour des centaines de résolutions d'appui[43]. Laurendeau se chargea lui-même de la campagne à la radio, diffusant de brefs messages de la Ligue sur les ondes de stations privées, comme CHRC à Québec, CKVL et CKAC à Montréal. Mais c'est en vain qu'il chercha à obtenir du temps d'antenne à Radio-Canada. Les lettres qu'il échangea avec Augustin Frigon, le directeur général adjoint de la Société Radio-Canada, devinrent de plus en plus acerbes à mesure qu'il exigeait un traitement équitable de la demande légitime de la Ligue, dans ce qui était, après tout, un plébiscite, non une élection où seuls les partis officiels étaient accrédités. Et, à chaque fois que sa demande était rejetée, il fustigeait le radiodiffuseur public d'avoir adopté, sous la pression du gouvernement, des tactiques de propagande fasciste.

Le 22 avril, cinq jours avant le plébiscite, les autorités informèrent Laurendeau qu'elles n'autorisaient que deux autres jours de radiodiffusion. Déterminé à avoir le dernier mot, même si c'était seulement sur les ondes d'une station privée, Laurendeau attendit jusqu'à 23 h 45, le 24 avril, pour livrer son discours final à CKAC. Mais après qu'il eut terminé, l'annonceur lut calmement une déclaration de Mackenzie King sur un ton solennel et approbateur. Laurendeau avait la réputation de ne jamais sortir de ses gonds, mais il le fit ce soir-là. Car, après une longue série de vexations, c'était la goutte qui faisait déborder le vase. Des hommes de main et la police avaient arraché les affiches de la Ligue. La Banque Royale n'avait pas voulu renouveler le bail de location, après avoir découvert qui étaient ses locataires. Les administrateurs du Forum de Montréal avaient annulé une entente avec Laurendeau, à quelques heures du rassemblement final de la Ligue. André apprenait à la dure que la campagne du plébiscite n'était pas différente des autres campagnes politiques au Québec: un jeu pipé dans le meilleur des cas. Il découvrit aussi, au cours de cette campagne du «non», que la politique pouvait être violente.

---

43. Denis MONIÈRE, *André Laurendeau et le destin d'un peuple* (Montréal, Québec/Amérique, 1983): 141.

Avec la censure en vigueur et les ondes de la radio d'État réservées aux *yes men*, comme Laurendeau les appelait, les assemblées politiques étaient le meilleur moyen qui restait pour influencer l'opinion publique. D'après lui, les assemblées auxquelles il participa, durant les années 1930 avec les Jeune-Canada, et durant les années 1940 avec la Ligue, manifestaient une ferveur bien caractéristique: «Les assemblées, en ce temps-là, c'était bien autre chose qu'aujourd'hui. On y venait nombreux. Il y avait de l'électricité dans l'air. La foule, qui participait à une cause, s'engageait et manifestait une vitalité souvent débordante[44].» Même si, la plupart du temps, on y pratiquait une éloquence assez terne, cela importait peu. «C'est la situation et le thème qui excitaient les masses[45].» Le 11 février, lors de la première assemblée de la Ligue, au marché Saint-Jacques, dans l'est de Montréal, ces masses causèrent une petite émeute. Les orateurs prévus ce soir-là étaient J.-B. Prince, Maxime Raymond, Gérard Filion, Jean Drapeau et le vénérable Henri Bourassa, qui sortit de sa retraite pour l'occasion. Innovateur comme toujours, Drapeau apporta une machine à enregistrer nouvellement inventée, sans doute pour que son propre discours soit conservé, à côté de celui de Bourassa.

La foule atteignait déjà les 10 000 personnes au moment où les discours commencèrent. Mais à cause des haut-parleurs défectueux, la plupart des déclarations enflammées étaient enterrées par le bruit des tramways. Pour empirer encore les choses, Bourassa, conscient de l'engagement de toute sa carrière dans l'idéal de la dualité pancanadienne, tança quelque peu un Drapeau embarrassé, qui venait de déclarer, dans l'emportement du moment, que les Canadiens français étaient les seuls vrais Canadiens. Cet incident menaçait de terminer la soirée sur une note sombre. Alors, une partie de la foule qui avait commencé à s'éloigner décida de passer ses frustrations en lançant des briques dans les fenêtres des tramways qui appartenaient à des intérêts anglophones. Bientôt d'autres groupes couraient dans les rues pour s'en prendre aux gens. On

---

44. André LAURENDEAU, *La crise de la conscription. 1942* (Montréal, Le Jour, 1962): 91.

45. *Ibid.*

envahit l'un des bordels les plus connus de Montréal, on saccagea
une taverne: ce qui fit dire qu'il s'agissait d'une bande de voyous
à l'esprit presbytérien. On cassa à peu près tout ce qui était cassable
boulevard Saint-Laurent. Le lendemain, à titre de secrétaire de la
Ligue, Laurendeau fut convoqué par un chef de police furieux. Le
policier hurlait si fort qu'André, le grêle intellectuel pacifiste, ne
pouvant placer un mot, se tenait coi: «Je sors de mes livres, de mes
conférences, de ma revue: cette fois, j'ai l'impression d'être précipité pour de bon dans l'action[46].»

Dans les semaines qui suivirent, il travailla 18 heures par jour.
Les activités se succédaient les unes aux autres mais, pour une
raison bien précise, il n'oublia jamais le rassemblement des jeunes
de la Ligue, le 24 mars, au marché Jean-Talon de Montréal. À cette
occasion, un Canadien anglais s'était adressé à la foule anticonscriptionniste. C'était un délégué syndical de Toronto, nommé London
Ladd, que Laurendeau ne revit plus mais qui donna un discours
vibrant en anglais. D'une riche voix de ténor, il remua la foule en
lançant des cris de ralliement comme «Down with the Toronto 200»
(À bas les 200 de Toronto). Alors quelqu'un dans la foule lança:
«Down with the Jews» (À bas les Juifs). Ladd s'arrêta court, regarda
un moment l'homme qui avait crié, puis, avec ce qu'André décrivit
plus tard comme un courage admirable, il répliqua:

Non mes frères, non mes frères. Il ne faut pas dire *à bas la
finance juive*. Il ne faut pas dire *à bas les Juifs*. Mes frères, les
juifs sont nos frères, souvent calomniés. La question posée
aujourd'hui n'en est pas une de juif ou de chrétien. Nous
avons des exploiteurs parmi nous. Vous n'aimez pas les Deux
Cents de Toronto, hein, vous ne les aimez pas? Eh bien, voyez
qui les compose. Voyez tous les noms, l'un après l'autre: tous
des chrétiens, mes frères, tous des chrétiens... Mon adversaire,
ce n'est pas le juif ou le chrétien, c'est celui, quelles que soient
sa religion ou sa race, qui veut conscrire notre jeunesse, mais
qui ne veut même pas laisser conscrire sa propre richesse[47] [...]

---

46. *Ibid.*, p. 89.
47. *Ibid.*, p. 93.

La foule clama son approbation. Mais, plus tard, au moment où il quittait l'assemblée, André aperçut un groupe qui cherchait à s'en prendre aux Juifs. Il y avait toujours, admettra-t-il, un «vague antisémitisme» qui flottait dans ces assemblées canadiennes-françaises, mais cela ne suffisait pas à expliquer la présence de ce groupe-là, qui était trop bien organisé. Laurendeau soupçonna qu'il s'agissait du Parti fasciste d'Adrien Arcand, qui se servait de cette assemblée à ses propres fins. C'était probablement le cas, mais il est vrai aussi que Laurendeau était trop fin politique à ce moment-là pour ne pas couvrir du manteau de Noé l'antisémitisme canadien-français. Autrement, il aurait dû admettre que son père, de même que l'abbé Groulx et plusieurs de ses propres amis n'en étaient pas exempts.

Comme le 27 avril, jour du plébiscite, approchait, Laurendeau travaillait avec son équipe jusqu'à la limite de l'épuisement. Il n'avait plus de temps à consacrer à sa famille, à de nouveaux projets intellectuels ou à ses activités créatrices, qui avaient toujours été son refuge. Conforté par la pensée qu'un vote pour le «non» redonnerait un peu de dignité aux Canadiens français — et en même temps prouverait que lui et son groupe n'étaient pas isolés —, il était bien déterminé à mettre le paquet. On peut dire, sans exagérer, qu'à ce moment de sa vie, il détestait les Anglais: «Les Anglo-Canadiens nous regardaient comme des traîtres qui n'avaient pas le courage de combattre. Nous voyions en eux l'horrible raison du plus fort[48].» Il n'osait presque pas y croire, mais plusieurs indications de dernière minute montraient que le gouvernement fédéral avait totalement négligé la campagne au Québec. Les libéraux n'avaient tenu qu'une assemblée mais sur invitation, et la puissante machine rouge ne se montrait nulle part. Ce parti, qui avait passé les 25 dernières années à rappeler aux Canadiens français les horreurs de la conscription, ne pouvait peut-être plus faire machine arrière. Le soir du dernier rassemblement de la Ligue, devant une foule enthousiaste de 20 000 personnes au marché Atwater, dans le centre-ville de Montréal, la question n'était plus de savoir si le «non» l'emporterait mais par combien.

---

48. *Ibid.*, p. 101.

La réponse fut: par une «avalanche», selon les termes triomphants de Laurendeau. À l'échelle canadienne, le vote était de 63,7% en faveur du «oui» et de 36,3% pour le «non», mais au Québec, le «non» l'emportait par 72,1% des voix contre 27,9% pour le «oui». Qui plus est, alors que la population anglophone s'était rangée massivement du côté du «oui», les francophones québécois, quant à eux, avaient voté pour le «non» dans une proportion de 80 à 90%! Et, dans des provinces comme l'Ontario et le Nouveau-Brunswick, la très grande partie des votes pour le «non» venait de Canadiens français. Laurendeau le qualifia de «vote de race», pour cette raison et parce que, à l'intérieur du Québec, le vote pour le «non» avait transgressé les frontières géographiques, politiques et sociales. Ni les sévères avertissements des chefs politiques et ecclésiastiques, ni les considérations plus pratiques que bien des Canadiens français avaient pour des parents et des amis partis au front comme volontaires n'avaient prévalu:

> Nous avons ainsi vécu ensemble, par delà les frontières provinciales et sociologiques, une heure d'unanimité comme nous en avons peu connu dans notre histoire. Et cette heure, grâce au plébiscite, s'est inscrite dans les statistiques officielles. De son côté, le Canada anglais a lui aussi manifesté son unité: il avait comme point de ralliement la poursuite d'un effort de guerre totale. Mais le Canada français refusait de se laisser bousculer[49].

La joie du triomphe était quelque peu atténuée par la certitude que le gouvernement fédéral utiliserait les résultats globaux à l'échelle pancanadienne pour justifier la conscription, mais on le savait depuis le début. Laurendeau écrivit: «En définitive, il s'agissait de sentiments; mais l'un d'entre eux est le respect de soi[50].»

Le 8 mai 1942, Mackenzie King présentait le projet de loi 80 au Parlement du Canada afin de révoquer l'article 3 de la Loi de mobilisation, ce qui rendait enfin légale la conscription pour service outre-mer. Le ministre Cardin eut la décence de démissionner, de

---

49. *Ibid.*, p. 121.
50. *Ibid.*, p. 157.

même que Maxime Raymond, qui quitta les rangs du Parti libéral. Mais le 10 juin, Mackenzie King prononçait un discours habilement démagogique, qui promettait «la conscription si nécessaire, mais pas nécessairement la conscription». Il expliquait que bien que le gouvernement ait jugé prudent d'enlever les restrictions au service outre-mer, il croyait encore à la supériorité du volontarisme et n'imposerait l'autre type de conscription que si la situation militaire l'exigeait absolument. Dans l'esprit de Laurendeau, il ne s'agissait là que d'une autre manipulation de King:

> Il faut bien comprendre que, dans notre esprit à tous, L. M. King savait depuis le début de la guerre où il nous conduisait tous. Nous l'estimions, à l'endroit des Canadiens français, d'une mauvaise foi constante; mais nous craignions son habileté, car il savait brouiller les problèmes et jouer sur les ressorts psychologiques efficaces. Aussi ne fallait-il jamais croire au sens premier de ses paroles, mais y chercher un sens caché, celui qu'il saurait inventer plus tard. On pouvait admirer son adresse; mais à la longue elle inspirait davantage le dégoût. Avec lui, les problèmes se trouvaient constamment en porte-à-faux; on n'arrivait pas à les aborder franchement. L'idée que le plébiscite ne visait pas la conscription, mais visait la liberté du gouvernement, cette idée ingénieuse provoquait des éclats de rire: la malice était trop fragile, elle n'eut aucun succès [51].

Plusieurs années plus tard, cependant, Laurendeau tempérera son jugement sur King. Sans Mackenzie King, avouera-t-il, il y aurait sûrement eu de la violence. On ne pouvait ignorer, non plus, les nombreuses demandes opposées que le Premier ministre du Canada devait concilier. En somme, il considérait King comme un «tailleur diligent» qui, à l'époque de la guerre, passait ses nuits à réparer fiévreusement les accrocs faits au tissu de la fédération et dont la patience réussissait à garder ensemble les lambeaux du Canada.

---

51. *Ibid.*, p. 113.

Il donnera aussi crédit à King d'avoir retenu la conscription pour service outre-mer jusqu'en 1944; en outre, les 2463 soldats, recrutés, en vertu de la Loi de mobilisation générale, pour la première armée canadienne en Europe, constituaient un nombre relativement petit de conscrits[52], même s'il mentionnait que le vote massif pour le «non» au Québec, lors du plébiscite de 1942, avait été un facteur déterminant dans cette retenue du gouvernement fédéral. Laurendeau commenta avec colère, cependant, la coercition et la brutalité utilisées à l'occasion pour appliquer la Loi de mobilisation, surtout de la part de la GRC. Un tel cas se produisit en mai 1944, quand un conscrit du nom de Georges Guénette fut tué par balles en tentant d'échapper à la GRC. Pour Laurendeau, il s'agissait d'un meurtre pur et simple. Il écrivit plusieurs articles et livra au moins dix discours sur le sujet, soulignant que Guénette n'était pas différent de tout autre Canadien français qui avait fait l'erreur de croire les politiciens. Il avait été conscrit pour quatre mois mais s'était retrouvé enrôlé pour le reste de la guerre.

> [...] les parents des conscrits, que déjà l'on oblige à dénoncer leurs enfants, ont le droit de savoir si leur fils risque, par une escapade, de recevoir une balle à bout portant.
>
> Il est arrivé dans le passé que l'on a terrorisé la province au point de la réduire au silence. C'est à cette époque que l'on a arrêté, au coin d'une rue, comme un vulgaire malfaiteur, celui qui était alors le maire de la ville de Montréal. Des journaux se spécialisaient alors dans la délation, et indiquaient au ministre de la Justice et à sa gestapo, les sales besognes que la rancune, la haine ou l'envie inspiraient à des scribes. Cette époque prend fin. Les responsables doivent payer[53].

André fut également indigné d'apprendre que René Chaloult, qui avait dénoncé en termes virulents le projet de loi 80 devant une assemblée de la Ligue, avait été arrêté et accusé de menées sédi-

---

52. J.L. GRANATSTEIN, *Canada's War. The Politics of the Mackenzie King Government, 1939-1945* (Toronto, Oxford University Press, 1975): 373.

53. André LAURENDEAU, *La crise de la conscription. 1942* (Montréal, Le Jour, 1962): 148.

tieuses. De tels incidents, qui survenaient après que le peuple se soit prononcé si clairement au plébiscite, le frappaient comme des pratiques typiques d'une occupation étrangère.

Plus tard, Laurendeau spéculerait parfois sur les conséquences psychologiques à long terme de ces événements au Canada français. À ses yeux, les abus de la Loi des mesures de guerre, les arrestations arbitraires de dissidents éminents et l'usage de la censure affaiblirent les liens des Canadiens français avec le gouvernement central et les aliénèrent des institutions fédérales. Le gouvernement d'Ottawa, la GRC et la notion d'un État national d'un océan à l'autre en vinrent à être considérés de plus en plus comme parties intégrantes de l'identité canadienne-anglaise, ce qui devenait de plus en plus étranger au Canada français. Il y eut de longues périodes, bien sûr, où la crise de la conscription fut reléguée loin dans la mémoire collective du Canada français. Mais chaque fois qu'une nouvelle crise s'élevait entre les anglophones et les francophones, on ramenait l'épisode à la surface pour le réexaminer, pour le joindre à un héritage de plus en plus lourd d'oppression et d'incompréhension. Des nationalistes comme Laurendeau sentaient vivement l'odieux de la situation. Il fit remarquer que, depuis le début, «notre héros, c'eût été le conscrit révolté, le rebelle[54]». La crise de la conscription, où il joua un rôle si éminent, demeurerait toujours dans son esprit une illustration à la fois des possibilités de dégradation des relations anglo-françaises et de l'impuissance dans laquelle la minorité française pouvait se retrouver sans de fortes garanties sous forme de pouvoirs constitutionnels et de levier politique. La collaboration entre anglophones et francophones était toujours préférable mais elle ne servait guère lors des crises. Des mesures concrètes devaient être prises pour protéger l'autonomie du Québec et pour promouvoir son intégrité socioculturelle: c'était la leçon cruciale à tirer pour les nationalistes. Et après tant de déceptions et de moments de doutes, ils pouvaient maintenant considérer les résultats du plébiscite comme une preuve que le peuple était enfin derrière eux.

---

54. *Ibid.*, p. 157; aussi André LAURENDEAU, *Ces choses qui nous arrivent. Chronique des années 1961-1966* (Montréal, HMH, 1970): 221s.

Pour Laurendeau, personnellement, la crise de la conscription mit fin de façon brusque, bien que temporaire, à ses années de nationalisme intellectuel. Il était d'ores et déjà catapulté au centre des événements, dans le tumulte de l'action politique, et il ne pourrait jamais par la suite se replier autant dans sa tour d'ivoire spéculative. De plus, il s'était prouvé à lui-même qu'il pouvait être un organisateur politique et inspirer la loyauté à ses commettants. Personne ne travaillait autant ni, comme en témoignaient ses yeux de plus en plus creusés et ses doigts jaunis par la cigarette, ne s'attardait autant sur les détails. L'expérience l'avait aussi endurci. Il avait appris à affronter les hommes les plus tonitruants et à ressentir des poussées d'adrénaline viscérales contre ses opposants. Des doutes avaient commencé à germer dans son esprit au sujet du rôle de l'Église dans le nationalisme canadien-français, non à la suite de nouvelles conceptions philosophiques, mais à cause de l'appui que la hiérarchie cléricale avait donné aux forces conscriptionnistes. Se sentant désormais plus près du peuple, Laurendeau constatait qu'une volonté forte était aussi importante pour l'avancement de la cause nationale qu'une politique à long terme ou une bonne idée: «Peut-être, pour les garder [nos refus], a-t-il fallu se crever les yeux et les tympans? J'ai parfois senti jusqu'à suffocation l'amère solitude des miens dans le monde[55].»

---

55. André LAURENDEAU, *La crise de la conscription. 1942.* (Montréal, Le Jour, 1962): 157.

CHAPITRE VI

LE BLOC
POPULAIRE
1942 – 1947

> Il y a une vingtaine d'années, je parcourais la province
> comme secrétaire d'un nouveau parti politique. Ces
> voyages étaient d'ordinaire sans surprise, mais non
> sans difficulté, pour un homme qui avait mené jusque-
> là une vie d'intellectuel, et que la vie active intimidait.
>
> André Laurendeau,
> «Le secret du marguillier...» (1964)[1]

Les intellectuels qui entrent en politique sont souvent obligés, en
guise de rite d'initiation, de ravaler les propos négatifs qu'ils ont
commis antérieurement à l'égard des politiciens. Ce fut le cas pour
Pierre Elliott Trudeau, qui avait méthodiquement cloué au pilori les
libéraux fédéraux du Québec, durant les années 1950 et 1960, avant
de se retrouver parmi eux en 1965. La même chose arriva à André
Laurendeau, en 1942. Après avoir dénoncé pendant plus d'une
décennie les politiciens canadiens-français de toutes allégeances, il
finit par participer à la fondation d'un nouveau parti nationaliste:
le Bloc populaire canadien. Au début de 1944, il était nommé chef

---

1. André Laurendeau, «Le secret du marguillier: " [...] Il y a des hommes
naturellement athées"», *Le Magazine Maclean* (Montréal), 4 (mai 1964): 80.

provincial du parti et, quelques mois plus tard, se faisait élire à l'Assemblée législative du Québec. Depuis le lancement du Bloc en septembre 1942 jusqu'à sa démission controversée en 1947, Laurendeau vécut l'existence quotidienne des politiciens aux prises avec des questions pratiques. Il fut obligé de transiger avec des hommes comme Adélard Godbout et Maurice Duplessis, dont il avait souvent dénoncé la médiocrité ou la corruption. Un tel retournement exigeait des explications, surtout pour ces nationalistes qui étaient fermement antiétatiques et qui avaient écouté ou lu ses propos acerbes sur la classe politique, depuis le temps des Jeune-Canada. À cette époque, son refus de laisser le mouvement de jeunesse se compromettre avec le parti de l'Action libérale nationale (ALN) de Paul Gouin avait été justifié par la suite des événements, car Duplessis avait profité de la naïveté politique de Gouin pour gober son parti. Laurendeau écrivit à l'époque qu'il ne voyait chez les nationalistes aucun signe de «grande politique» et qu'au mieux, «les hommes de quarante ans comme Paul Gouin ne peuvent servir que de transition». Mais en 1941, avec la crise de la conscription et à cause de ce qu'il considérait comme un envahissement des champs de compétence provinciale par le fédéral, il commença à changer de perspective. La réussite de la campagne anticonscriptionniste acheva sa transformation.

Pour comprendre la portée du changement chez Laurendeau, on doit se rappeler qu'il avait toujours jusque-là oscillé entre deux attitudes envers la politique. Dans sa prime jeunesse, avant de devenir nationaliste, il levait le nez sur ce qui lui semblait un monde sordide, indigne d'un Canadien français cultivé. Il était l'un des rares jeunes de son milieu à ne montrer aucun intérêt pour le droit, ce tremplin habituel de la politique. Son but était plutôt d'apporter une contribution marquante à la culture canadienne-française, par la musique, la littérature ou peut-être les idées. En conséquence, il ne connaissait guère l'histoire politique du Québec ni les débats de l'époque. C'est en devenant nationaliste, en 1932, qu'il se mit à y regarder de plus près, mais il ne fit encore que critiquer la gent politique de ses divers manquements à l'endroit du Canada français. Les politiciens fédéraux, considérés comme des suppôts de la majorité canadienne-anglaise, étaient naturellement les plus vili pendés. Mais les dirigeants provinciaux, à l'exception de quelques figures héroïques, indépendantes d'esprit, étaient aussi fort mal cotés. Il va sans dire qu'une telle attitude était délibérément entretenue par les interprètes cléricaux, forcément conservateurs, de la destinée nationale du Canada français, afin de mieux dénigrer l'État au profit de l'Église. C'était là une partie de la pensée nationaliste d'André, jusqu'à ce qu'il aboutisse à une croisée des chemins critiques.

En avril 1941, dans un article intitulé «L'impossible troisième parti», Laurendeau admettait que la présence d'un troisième parti serait un phénomène inconnu, une aberration dans notre système solaire. Mais il poursuivait sa réflexion en disant que le temps d'une telle option était peut-être arrivé:

> [...] aucun parti n'a encore représenté les idées et les intérêts canadiens-français [...] Ces idées et ces intérêts, nul groupe — pas même le groupe nationaliste — n'a réussi à les dégager entièrement; ou ç'a été une minorité d'intellectuels, dans une langue abstraite où le peuple ne les a pas reconnus. Mais ils existent. Quand aura cessé le tragique malentendu qui sépare les foules de leurs interprètes naturels, quand la masse aura reconnu dans quelques formules claires et dures la politique la plus conforme à ses instincts profonds, à ses besoins vitaux et à ses désirs, alors leur poussée sera irrésistible. Or ce rôle d'intermédiaire est précisément celui d'un troisième parti. Chacun d'entre nous, même s'il en combat l'idée, même l'indifférent qui déclare ne pas s'intéresser aux choses politiques, désire obscurément sa naissance [2].

Au-delà de ses «désirs secrets» et de sa vision désespérée de la situation politique, Laurendeau voyait un signe de maturité dans la grande unité manifestée par la Ligue pour la défense du Canada, qui avait monté en peu de temps une organisation efficace contre la conscription. Des politiciens nationalistes reconnus pour leur farouche indépendance et leur identification à une cause, tel le

---

2. André LAURENDEAU, «"L'impossible" troisième parti», *L'Action nationale* (Montréal) XVII (avril 1941): 266.

dentiste Philippe Hamel, cet apôtre acharné de la nationalisation de
l'électricité, avaient pu collaborer à un mouvement élargi pour remporter une victoire éclatante. Tout indiquait que si l'on mettait vite
sur pied un nouveau mouvement politique aussi unifié, avec une
doctrine nationaliste crédible, on profiterait de la vague d'enthousiasme soulevée par le plébiscite.

Une première indication, qui impressionna grandement Laurendeau, fut la réaction publique à l'arrestation et au procès de
René Chaloult, durant l'été qui suivit le plébiscite. La Ligue avait
convoqué une assemblée le 19 mai 1942, au marché Saint-Jacques
de Montréal, pour protester contre le projet de loi 80 du gouvernement King, qui modifiait la Loi de mobilisation afin d'y intégrer
le service outre-mer. Chaloult, député provincial de Lotbinière,
livra un discours enflammé pour dénoncer l'impérialisme britannique, le fiasco des Alliés à Hong Kong, l'alliance des puissances
occidentales avec la Russie communiste, la prétendue unité nationale et, dans le feu du moment, à peu près tout ce qui lui venait
à l'esprit. Difficile de dire lesquels de ses propos offensèrent davantage les oreilles sensibles de la GRC. Néanmoins, poussée par la
presse anglophone de Montréal, la Gendarmerie arrêta Chaloult et
l'accusa de menées séditieuses. Le procès, qui traîna jusqu'en
juillet, dégénéra en affaire compliquée, avec témoignages contradictoires sur qui avait dit quoi et avec quelle intensité. Chaloult fut
acquitté, mais non sans une pointe de sarcasme du juge, qui fit
observer que le député de Lotbinière avait sans doute exagéré à la
manière politicienne[3]. Entre-temps, conduits par Laurendeau, les
nationalistes firent tout en leur pouvoir pour attirer l'attention sur
le procès. Ils organisèrent une collecte de fonds pour payer les frais
juridiques de Chaloult. Puis ils célébrèrent son acquittement par un
grand banquet populaire. Forts d'un sondage Gallup favorable
(dont ils apprirent bientôt à reconnaître la fiabilité), ils étaient sûrs
que le soutien public se maintenait au-delà de la crise de la conscription. André se rappellera plus tard: «Quel casse-tête, quel repas
déplorable — quelle aube, semblait-il [...] Ce soir d'août 1942, au

---

    3. André LAURENDEAU, *La crise de la conscription. 1942* (Montréal, Le Jour,
1942): 134.

marché Atwater, chacun pressentit qu'un nouveau parti allait naître[4].» De fait, il s'agissait d'un nouveau «mouvement» en train
d'émerger. Ceux qui y travaillèrent fiévreusement, à ce stade embryonnaire en juillet et août, ne voulaient pas entacher leur idéalisme du mot «parti». Ils choisirent plutôt le nom «Bloc populaire»
pour bien montrer qu'il s'agissait d'un mouvement unifié, bâti sur
des principes, et non d'une réplique des vieux partis figés[5]. La
chose importait particulièrement pour ces vieux nationalistes conservateurs, qui restaient fidèles à un anti-étatisme traditionnel tout
en trempant dans la politique avec des airs de n'y pas toucher. Mais
Laurendeau, dont le propre anti-étatisme fondait rapidement durant ces années où il reconnaissait la nécessité de l'intervention de
l'État dans les questions urbaines, industrielles et énergétiques,
représentait un groupe de jeunes nationalistes qui affirmaient qu'à
cet égard, «nous avons les mains pures, mais c'est parce que nous
n'avons pas de mains»! Il travailla donc activement à rassembler les
politiciens nationalistes canadiens-français d'Ottawa, qui avaient
quitté le gouvernement King à cause de la conscription, et les
nationalistes provinciaux de la vieille garde, dirigés par Gouin,
Hamel et Chaloult, ainsi que son propre groupe de Montréal, où
figurait Jean Drapeau. La plupart étaient restés actifs dans la Ligue
pour la défense du Canada. En effet, comme l'écrira un historien:
«Sans une participation de la Ligue [...] le Bloc [...] n'aurait jamais
pu accueillir la jeune génération de nationalistes canadiens-français
d'esprit libéral qui a fourni au mouvement ses organisateurs et sa
ferveur réformiste[6].»

La difficulté, comme il arrive souvent avec de nouveaux partis,
était de trouver un chef qui ait l'expérience nécessaire et une réussite politique derrière lui. Laurendeau faisait partie du large
consensus qui favorisait Maxime Raymond, député fédéral qui avait
été élu dans Beauharnois-Laprairie pour la première fois en 1925

---

4. *Ibid.*, p. 135.

5. Michael BEHIELS, «The Bloc Populaire Canadien and the Origins of
French-Canadian Neo-Nationalism, 1942-48», *Canadian Historical Review*, LXII,
4 (1982): 488.

6. *Ibid.*, p. 491.

et dont on pensait (à tort, comme il apparaîtra) qu'il pourrait rallier derrière lui les 11 autres députés fédéraux anticonscriptionnistes, ou la plupart d'entre eux. Raymond, lui, se considérait trop vieux, à 59 ans, et trop malade pour diriger un nouveau parti. Le temps allait lui donner raison mais, en cet été de 1942, on le persuada d'accepter la direction du Bloc, après plusieurs longues discussions avec l'abbé Groulx, qui avait été mis à contribution par Gouin, Chaloult et Hamel[7]. Malgré les pieuses protestations de Groulx contre toute immixtion dans la politique, il n'y avait guère d'anti-chambres nationalistes où il n'eût frayé. Il plongea donc dans les affaires du Bloc avec une ardeur peu cléricale. Il écrivit même à Laurendeau pour lui indiquer le genre d'ovation qu'on devait réser-ver à Raymond, lorsqu'on annoncerait publiquement la formation du nouveau parti en septembre.

Jusque-là, il était généralement acquis que Laurendeau serait le «secrétaire général du Bloc»: un titre plutôt ronflant pour un si petit parti. Il était, de toute évidence, qualifié pour le poste. Même s'il n'avait encore que 30 ans, il arborait déjà une impressionnante feuille de route, qui remontait au rôle de premier plan qu'il avait joué dans les Jeune-Canada et, plus récemment, à la direction in-tellectuelle qu'il avait exercée à *L'Action nationale*. Il était aussi considéré dans les cercles nationalistes — quoiqu'il faille ici faire la part de l'enthousiasme du moment — comme le «génie» organisa-teur derrière le succès de la campagne anticonscriptionniste[8]. Ajou-tons-y sa réputation de travailleur acharné, son expérience des médias imprimés et de la radio et, plus important peut-être, son indépendance vis-à-vis des partis politiques et de leurs grenouil-lages: sa valeur alors s'imposait clairement. Mais André prit quel-que temps pour réfléchir à l'offre du Bloc. D'abord, il y avait des considérations pratiques. Il était père de famille avec deux enfants

---

7. Paul-André COMEAU, *Le Bloc populaire* (Montréal, Québec/Amérique, 1982): 93-96.

8. *Ibid.*, p. 112s; aussi Paul-André COMEAU, «André Laurendeau et sa participation au Bloc populaire», dans Robert COMEAU et Lucille BEAUDRY, dir., *André Laurendeau* (Sillery, Presses de l'Université du Québec, 1990): 49.

à charge, Jean s'étant ajouté à Francine en 1938. Sans le réseau de soutien familial étendu qui s'étendait autour d'eux à Outremont[9], il n'aurait pu se permettre une autre aventure nationaliste peu payante et très risquée. La direction de *L'Action nationale* avait constitué une aventure de ce genre, mais il avait désormais 30 ans et n'avait encore jamais occupé un poste bien rémunéré. Quoi-qu'ayant lui-même peu d'ambitions matérielles sauf posséder assez de livres et de disques, il aurait néanmoins bien aimé, avec Ghislaine, être à l'abri des soucis pécuniaires. Ce jour n'arriverait pas avant les années 1950 et, même là, le couple ne possédera jamais de choses luxueuses ni ne voyagera beaucoup. Les Lauren-deau passaient leurs hivers à Montréal et leurs étés à Saint-Gabriel, tout juste comme André l'avait fait, enfant. En 1942, cependant, il mit comme condition pour travailler au Bloc de recevoir l'équiva-lent des salaires combinés qu'il touchait à *L'Action nationale* et à la Ligue pour la défense du Canada, soit environ 2000$ par année[10].

André avait aussi des doutes sur la routine quotidienne desséchante de la vie politique, dont il avait eu plus qu'un avant-goût durant la campagne du «non»: il se demandait si cette vie serait compatible avec son désir d'évolution intellectuelle. Pourrait-il poursuivre ses réflexions d'avant-guerre sur l'idéologie nationaliste, tout en dirigeant une formation politique? Par ailleurs, il fallait écouter ce que lui dictait son devoir nationaliste. Il faisait mainte-nant partie d'une équipe. Pouvait-il tourner les talons, alors que ses propres clameurs de crise et d'urgence résonnaient dans l'esprit de tous, et revenir tranquillement à ses livres? N'était-ce pas là, en outre, une occasion rêvée de mettre ses idées à l'épreuve, particu-lièrement son nationalisme social, de les éprouver face aux réalités pratiques de la vie québécoise? Ce fut cette dernière idée qui sem-ble l'avoir emporté chez lui. Dans sa lettre d'acceptation à Maxime Raymond, le 24 décembre, il expliquait:

> Le poste de secrétaire de parti, tel que je le comprenais d'abord, impliquait une rupture avec mon travail habituel

---

9. Les Laurendeau avaient déménagé à Outremont en 1940.
10. Denis MONIÈRE, *André Laurendeau et le destin d'un peuple* (Montréal, Québec/Amérique, 1983): 153.

depuis une dizaine d'années: car vous savez que j'ai orienté ma vie dans le sens de la recherche intellectuelle plutôt que de l'action immédiate et politique. Si j'avais accepté la besogne d'un «homme à tout faire», je m'y serais complètement dispersé, sans bénéfice réel pour le mouvement, et au détriment de mon œuvre personnelle. À 30 ans, on est encore loin de la maturité, le bagage intellectuel n'est pas complet, l'âge n'est pas encore venu de donner sans accumuler.

Mais, défini comme il l'est, le rôle de secrétaire général non seulement permet mais suppose l'étude, la recherche et la réflexion. Il réduit au minimum les travaux de routine.

Il ne faudra pas beaucoup de temps à André pour s'apercevoir que cette description de tâches était utopique et que la santé fragile de Raymond, le manque de ressources financières et les mésententes entre certains de ses collègues du Bloc réduiraient grandement son temps pour «l'étude, la recherche et la réflexion». Comme l'a souligné un historien du Bloc, «André Laurendeau joue un rôle de premier plan aux côtés et souvent à la place de Maxime Raymond[11]».

Dans sa fonction de secrétaire général, Laurendeau fut entraîné, presque dès le départ, dans des tractations diplomatiques fastidieuses pour préserver l'unité du parti. Le Bloc populaire, toutes les études le montrent, n'a jamais réussi à retrouver l'esprit de collaboration du mouvement qui l'avait précédé, la Ligue pour la défense du Canada. Il s'y produisit des tiraillements et des affrontements, qui entraînèrent des défections et eurent des répercussions fatales sur la scène électorale. Le grand schisme, dont le parti ne se remit jamais complètement, se produisit assez tôt au sein de l'aile parlementaire de Québec. Maxime Raymond était un ami et un partisan d'Édouard Lacroix, un nationaliste de longue date, député à Québec et aussi, comme par hasard, industriel prospère. Avec Raymond, Lacroix avait fourni une grande partie de l'argent nécessaire pour mettre le Bloc sur pied. De fait, les deux hommes

---

11. Paul-André COMEAU, «André Laurendeau et sa participation au Bloc populaire», dans Robert COMEAU et Lucille BEAUDRY, dir., *André Laurendeau* (Sillery, Presses de l'Université du Québec, 1990): 48.

semblent avoir été les principaux bailleurs de fonds du parti dans les premières années. En retour de sa générosité, Lacroix supposait qu'il était de fait, sinon en titre, le lieutenant de Raymond à Québec. Mais cela ne faisait pas l'affaire des «Trois de Québec», pour employer l'expression de Laurendeau, c'est-à-dire Chaloult, Gouin et Hamel. Quoique souvent en désaccord entre eux, chacun des trois se croyant le mieux placé pour être le leader à Québec, leurs différends étaient des querelles d'amoureux à comparer au mépris qu'ils nourrissaient pour Lacroix. Cette inimitié, qu'ils ne prirent jamais la peine de cacher et que Lacroix leur rendait bien, tenait, plus qu'à des considérations personnelles et à des rivalités hiérarchiques, au fait que les aspirations mercantiles de Lacroix étaient incompatibles, à leurs yeux, avec un parti anti-establishment, opposé à l'élite traditionnelle du Québec et proposant des changements sociaux et économiques profonds. Avec l'aide de Laurendeau, Maxime Raymond consacra une bonne partie de ses premiers mois comme chef du parti à essayer de calmer les deux factions [12]. Il prit la décision, par exemple, de ne pas nommer de lieutenants mais de s'en reporter plutôt à un Conseil suprême (le Bloc avait apparemment un faible pour les titres grandioses), où il espérait diluer les antagonismes. Difficile de savoir si Laurendeau faisait allusion aux leaders québécois du Bloc ou aux militants quand il écrivit plus tard qu'après les idéalistes, les mécontents forment la clientèle naturelle du Bloc.

Le Bloc put quand même faire une grande démonstration d'unité pour son assemblée inaugurale au marché Saint-Jacques, le 27 janvier 1943. Laurendeau avait fait de son mieux la veille, au micro de la radio CHLP, pour créer une atmosphère de crise, en déclarant que le Bloc avait été formé «parce que nous n'avons pas cessé d'être menacés». Mais les tensions internes se répercutèrent sur nombre de décisions importantes du parti. Certains membres n'entrevoyaient l'avenir du Bloc que comme parti fédéral qui, dans la tradition pancanadienne de Bourassa, défendrait les positions nationalistes à Ottawa. L'Union nationale pourrait ainsi mener seule la lutte pour l'autonomie au niveau provincial, tandis que sa

---

12. *Ibid.*, p. 49s.

solide organisation électorale serait acquise au Bloc pour les élections fédérales. Maxime Raymond était l'un de ceux qui jugeaient
l'idée pratique, sur le plan financier, et bénéfique pour les deux
partis. Mais il y en avait d'autres, notamment les Trois de Québec,
qui en voulaient encore à Duplessis pour sa trahison de l'ALN en
1936 et qui rêvaient d'une revanche électorale. Pour eux, le Bloc
devait être représenté aux deux niveaux de gouvernement, avec une
forte aile provinciale (qu'ils prévoyaient diriger, bien sûr!).
Laurendeau était d'accord avec eux, surtout parce qu'il était persuadé que si Duplessis gagnait les prochaines élections, il ne prendrait pas de plus grandes mesures autonomistes pour mettre en
œuvre des réformes sociales économiques au Québec. L'autonomie,
comme Laurendeau le répétait sans cesse, n'était qu'une clef: «Une
fois en possession de la clef, il fallait pénétrer hardiment dans la
maison, en chasser les parasites, rétablir l'ordre, aménager les choses à notre convenance [...] en un mot, nous rendre les maîtres de
notre propre domaine [13].» Craignant que Chaloult, Hamel et Gouin
forment de leur propre initiative un parti provincial distinct, et
désireux de ne pas perdre le zèle réformiste de jeunes nationalistes
comme Laurendeau, Maxime Raymond accepta l'idée d'un parti
aux deux niveaux. Ce fut une décision funeste, comme on le verra,
à la fois pour le Bloc et pour la carrière politique de Laurendeau.

Le rôle de ce dernier dans la formulation du programme officiel du Bloc fut assez limité, malgré les espoirs qu'il avait exprimés
à ce sujet dans la lettre où il confirmait son acceptation du poste
de secrétaire général. Il ne fut pas précisément écarté du processus
mais d'autres tâches l'accaparaient à l'époque, et le noyau de
politiciens les plus expérimentés du parti avaient trop misé dans ce
parti pour en laisser la «doctrine» aux mains d'un nouveau venu ou
presque. La tâche de rédiger une déclaration de principe revint
plutôt à Marie-Louis Beaulieu, professeur de droit à l'Université
Laval et qui avait des liens étroits avec la faction de Québec [14].

---

13. Programme du Bloc populaire canadien, *Fonds Bloc populaire, Centre de
recherche Lionel-Groulx.*

14. *Fonds Maxime Raymond, Centre de recherche Lionel-Groulx*; Marie-Louis
BEAULIEU, *Mémoire sur les principes, les idées maîtresses et les objectifs d'une politique
canadienne-française* (Québec, sept. 1942), *passim.*

Beaulieu fut aussi chargé de rédiger le programme officiel, qui fut adopté sous sa forme préliminaire lors d'une réunion à Montréal, le 1ᵉʳ mai 1943; réunion à laquelle ni Raymond ni Laurendeau n'assistèrent. On y constitua un petit comité pour produire un document final et le soumettre à l'approbation du congrès du parti, et on y convint que Laurendeau était trop occupé pour y participer. Son rôle se borna à introduire des nuances subtiles d'interprétation, à titre de propagandiste principal du parti à la radio, et à développer certains thèmes majeurs du programme officiel dans des articles qu'il écrivit pour *Le Devoir* et le journal mensuel du parti, *Le Bloc*. Il devrait attendre d'être chef provincial pour avoir une influence plus directe sur la doctrine politique du parti.

Il ne faut pas en déduire que Laurendeau n'était pas d'accord fondamentalement avec l'ensemble du document rédigé par le professeur de Laval. Ce texte contenait toutes les idées «politiquement correctes» pour un nationaliste canadien-français, surtout au niveau fédéral. Beaulieu avait repris le discours habituel contre l'impérialisme britannique, en proposant l'abolition des appels au Conseil privé, un gouverneur général canadien, un drapeau distinctif pour le Canada et le développement des rapports panaméricains. Le programme du Bloc ressortait aussi les vieux griefs sur les lacunes du bilinguisme dans la bureaucratie fédérale et le manque de services bilingues offerts aux minorités françaises à l'extérieur du Québec. Il y avait beaucoup d'autres points dans ce programme, car les nationalistes critiquaient à peu près tout dans le gouvernement et les institutions d'Ottawa. Mais le thème le plus important et le plus novateur, pour Laurendeau en particulier, était l'insistance mise sur un respect plus strict de l'esprit du fédéralisme, notamment dans la sphère politique. On pouvait ici y voir la forte influence de la bande des Trois de Québec qui, à l'instar de Laurendeau, étaient profondément inquiets de ce qu'ils considéraient comme un envahissement de l'autonomie québécoise par le gouvernement fédéral à la faveur de la guerre. Comme on l'a fait ressortir avec sagacité, les dures critiques du Bloc populaire contre la centralisation annonçaient le contentieux constitutionnel fédéral-provincial d'après-guerre. C'était là le premier mouvement nationaliste à s'en prendre aux mesures sociales naissantes et à la centralisation accrue [15]. Laurendeau craignait que la passivité de Godbout face à l'invasion fédérale dans les champs de taxation provinciale (pour financer l'effort de guerre) ait pour conséquence de faire perdre au Québec tout ce qu'il avait gagné depuis 1867. Cela signifiait aussi que de nouveaux programmes sociaux, qui étaient de compétence provinciale, ne pourraient désormais être mis sur pied que par le gouvernement fédéral. N'en avait-il pas été ainsi dans le cas de l'assurance-chômage? Le Bloc était déterminé à récupérer ces compétences fiscales. C'était là un point que Laurendeau défendrait résolument, une fois devenu chef provincial.

Dans les premiers temps cependant, Laurendeau se souciait davantage de mettre sur pied une organisation électorale. Sans pouvoir politique, les programmes ne signifiaient pas grand-chose. Il croyait que l'échec électoral de l'ALN, par exemple, avait été la cause majeure de sa déchéance. Aussi, dès 1941, proclamait-il que le travail ardu et la planification étaient les ingrédients essentiels de la réussite. Il eut l'occasion d'en faire l'expérience lui-même avant de quitter la Ligue pour le Bloc, lors d'une élection complémentaire fédérale dans Outremont prévue pour le 30 novembre 1942 [16]. Ce scrutin s'avéra l'une des plus spectaculaires élections partielles de l'histoire politique du Québec. En la déclenchant, Mackenzie King avait espéré, au départ, que les libéraux recouvrent un peu de prestige et de crédibilité après l'écrasante défaite du plébiscite au Québec. Il était furieux, semble-t-il, contre ses conseillers canadiens-français, à cause de cette débâcle; et n'ayant plus d'Ernest Lapointe sur qui compter, il se voyait obligé de reprendre en main la lutte politique au Québec. Une autre élection complémentaire dans Charlevoix était déjà perdue d'avance mais, dans Outremont, King avait toute raison de croire au succès. La circonscription, qui comptait une majorité d'anglophones et de Juifs, avait voté à 60% pour le «oui» lors du plébiscite. King choisit comme candidat libéral

---

15. Michael Behiels, «The Bloc Populaire Canadien and the Origins of French-Canadian Neo-Nationalism, 1942-48», *Canadian Historical Review*, LXII, 4 (1982): 494.

16. Paul-André Comeau, *Le Bloc populaire* (Montréal, Québec/Amérique, 1982): 302-304.

le major-général Léo Laflèche, adjoint du ministre de la Défense. C'était un héros de guerre, dont les décorations et les blessures encore visibles contrasteraient favorablement avec les mines resplendissantes de santé des jeunes nationalistes anticonscriptionnistes. Les perspectives furent encore meilleures quand le Parti conservateur et le nouveau Bloc populaire décidèrent de ne pas présenter de candidat: le premier parce qu'il ne voulait pas scinder le vote conscriptionniste, et le second parce qu'il n'était pas encore prêt. King a dû bien rigoler au-dessus de ses tables tournantes, avec cette brèche qu'il perçait au cœur de la forteresse petite-bourgeoise où bien des nationalistes allaient chercher leurs leaders.

La situation était embarrassante pour le Bloc, et pour Laurendeau à titre personnel. D'une part, il était plutôt frustrant de ne pouvoir présenter aucun candidat, ni dans Charlevoix ni dans Outremont, étant donné que le parti avait été formé en grande partie pour exploiter le sentiment anticonscriptionniste, encore prévalant. Mais, d'autre part, présenter une candidature dans Outremont (où Laurendeau habitait désormais) serait inévitablement s'infliger une défaite humiliante dès le départ. Les jeunes nationalistes autour de Laurendeau n'étaient pas prêts pour autant à laisser Laflèche gagner sans coup férir. Jean Drapeau, ambitieux mais souffrant encore de la rebuffade publique qu'il avait essuyée de Bourassa, vit là l'occasion de se sacrifier d'une façon qui pourrait lui mériter une grande reconnaissance et des retours d'ascenseur politique pour l'avenir. Il devint le candidat des conscriptionnistes et travailla comme un fou dès le premier jour pour sauver au moins son dépôt[17]. À 30 ans, Laurendeau avait seulement quatre ans de plus que Drapeau mais il n'en était pas moins le doyen des organisateurs de la campagne. Ce groupe enthousiaste de jeunes concentra ses efforts sur une section ouvrière francophone de la circonscription appelée Saint-Jean-de-la-Croix, un nom qui traduisait bien la montée au calvaire de leur candidat! Il ne leur fallut guère de temps pour transformer cette campagne en une reprise vigoureuse et hargneuse du plébiscite.

---

17. Brian MCKENNA et Susan PURCELL, *Drapeau* (Toronto, Clarke, Irwin, 1980): 49-62.

Laurendeau avouera plus tard que ses collègues étaient aussi belliqueux et immodérés que leurs opposants étaient tortueux. L'organisateur en chef de la campagne de Drapeau, Marc Carrière, reçut sa convocation militaire durant cette campagne et, soulignant la «coïncidence», il déclara publiquement qu'il n'en tiendrait pas compte et ne répondrait donc pas à l'appel. La GRC l'arrêta et commença à harceler tous les autres, y compris Laurendeau. Carrière fut remplacé par Michel Chartrand, un ancien religieux et un futur chef syndical, mais surtout un homme qui n'avait pas la langue dans sa poche. Il reprit tous les griefs historiques «dans son style virulent, avec une âcreté, une violence dont nous demeurons saisis[18]». Chartrand allait rester un ami de Laurendeau. On le voyait surgir de temps à autre, présence tonitruante dans la maison plutôt calme d'Outremont, comme le rappelèrent des parents de Laurendeau. Il était de ces gens qu'il faut une certaine dose de courage pour avoir comme ami! Plus tard au cours de la campagne, lors d'une assemblée où Laflèche arborait ses médailles de la Légion d'honneur française et du *Distinguished Service Order* britannique, l'un des opposants à l'arrière de la salle était un autre jeune résident d'Outremont, Pierre Elliott Trudeau. Comme Drapeau, Trudeau était étudiant en droit à l'Université de Montréal et, bien que n'étant pas nationaliste, il avait offert ses services par dégoût pour les chasses aux sorcières cyniques et anti-démocratiques des libéraux. Il avait la prudence cependant de dire que Drapeau n'avait pas la compétence nécessaire pour l'emporter, même s'il s'agissait d'une course inégale. Il avait, semble-t-il, déjà dit de voter pour Laflèche et non pour Drapeau[19]. On ne sait si Laurendeau a rencontré Trudeau à ce moment-là, mais c'est avec le même esprit incisif qu'il mena la campagne de Drapeau à la radio. Il avait appris depuis longtemps à mettre de côté son intellectualisme et, sans avoir la gouaille d'un Chartrand, à soulever un auditoire. Les opinions sont partagées sur ses qualités d'orateur, mais un observateur

18. André LAURENDEAU, *La crise de la conscription. 1942* (Montréal, Le Jour, 1942): 138.

19. Brian MCKENNA et Susan PURCELL, *Drapeau* (Toronto, Clarke, Irwin, 1980): 55.

qui l'a vu à l'œuvre avec le Bloc affirme que ses discours étaient très efficaces; remarquable orateur, il pouvait, avec magnétisme, faire vibrer les foules[20]. Comme le jour du scrutin approchait, Laurendeau voyait manifestement que la vigueur et l'ardeur des sentiments ne sauraient remplacer des tactiques appropriées et de bons organisateurs sur le terrain:

> Nous resserrons les rangs [...] peut-on d'ailleurs parler d'organisation? Jean Drapeau possède un élan extraordinaire, le sens de la propagande, il entraîne sa troupe au pas de course. Quand dort-il? Il ne mange qu'un repas par jour: chez Glaby, avenue Laurier, où nous nous réunissons chaque soir. Ma maison devient l'un de ses comités d'élection, au grand étonnement de mes jeunes enfants[21].

Drapeau reçut un coup de pouce de dernière minute d'Henri Bourassa. Le vieux tribun, dont la voix fêlée trahissait les 75 ans, lui rendit un hommage chaleureux devant une foule qui remplissait à craquer l'auditorium de Saint-Jean-de-la-Croix. Laflèche l'emporta néanmoins par plus de 13 000 votes et le Parti libéral triompha avec ostentation. Tout de même, Drapeau fit plus que sauver son «dépôt». Il eut le dessus dans le district de Saint-Jean-de-la-Croix, avec plus de 4000 voix, et gagna aussi dans les 51 bureaux de scrutin où les Canadiens français étaient en majorité. Les nationalistes firent ce qu'ils font toujours en pareille occasion: ils clamèrent haut et fort avoir remporté une victoire morale. Pour Laurendeau cependant, c'était là une bonne indication de ce que le Bloc devait éviter. Les victoires morales sont pour les perdants. Il n'avait pas monté toute la campagne de la Ligue, il n'était pas devenu une figure importante du Bloc pour cela, pour ce genre de victoire qu'il aurait pu tout aussi bien obtenir en demeurant

---

20. Denis MONIÈRE, *André Laurendeau et le destin d'un peuple* (Montréal, Québec/Amérique, 1983): 161; pour une autre opinion, voir Paul-André COMEAU, «André Laurendeau et sa participation au Bloc populaire», dans Robert COMEAU et Lucille BEAUDRY, dir., *André Laurendeau* (Sillery, Presses de l'Université du Québec, 1990): 48.
21. André LAURENDEAU, *La crise de la conscription. 1942* (Montréal, Le Jour, 1942): 139.

directeur de revue. Prenant Outremont comme une leçon de réalisme, il se mit tout de suite au travail afin d'être mieux préparé la prochaine fois.

L'occasion se présenta plus tôt qu'il ne l'avait prévu. De fait, le Bloc fit ses débuts électoraux officiels en août 1943, lors de deux autres élections partielles fédérales, dans Stanstead et Cartier. Les deux circonscriptions présentaient des côtés à la fois positifs et négatifs pour les nationalistes. Stanstead, dans les Cantons de l'Est, comptait une forte minorité anglophone et le vote pour le «non» au plébiscite avait été de 63%, un chiffre relativement bas. Par ailleurs, le chef du Bloc, Maxime Raymond, était tenu en grande estime par les ouvriers du textile de la ville de Magog. La circonscription de Cartier, par ailleurs, était un quartier montréalais composite (en termes ethniques), qui avait voté à 70% en faveur du «oui». Le Bloc y présentait un candidat multilingue énergique en la personne de Paul Massé mais, pour qu'il l'emporte, le vote devait se diviser entre plusieurs candidats, y compris un communiste, Fred Rose. Laurendeau prit charge de la campagne. Il dirigea la propagande et le déploiement des militants à partir du Q.G. du parti à Montréal[22]. Croyant cependant que le meilleur espoir était du côté de Stanstead, il y passa la majeure partie de son temps. Mais il avait aussi maille à partir avec les Trois de Québec et Édouard Lacroix, dont il essayait de temporiser sinon de régler la querelle. Gouin, Hamel et Chaloult refusaient de participer aux élections et menaçaient de démissionner du parti. Le 31 mai, à Ghislaine, il demanda si le mouvement était «en face d'une triple démission», comment s'en sortir pour éviter l'éclatement. Une semaine plus tard, il affirma: «Pas de solution à l'horizon pour l'instant. Je me sens assez pessimiste.» Maxime Raymond était prêt à accepter leur démission, mais cette idée ne faisait que déprimer Laurendeau encore davantage: «Désunion à l'intérieur [...] c'est le bilan du nationalisme.»

Raymond étant encore malade, Laurendeau et Drapeau assumèrent le gros du travail dans Stanstead. Laurendeau se rendit maintes fois à Magog et s'aventura dans des villages dont il n'avait

---

22. André LAURENDEAU, *La crise de la conscription. 1942* (Montréal, Le Jour, 1942): 143.

jamais entendu parler, pour rencontrer les électeurs un par un. Il dira plus tard qu'il choyait Stanstead[23]. Dans ses lettres à sa femme, il regrettait de ne pouvoir voir sa famille, de ne pas être là pour les journées consacrées aux enfants, et il s'excusait de se plaindre continuellement. Mais comme plusieurs militants du parti ne travaillaient pas les jours de congé, Laurendeau était surchargé. Le 15 juillet, il affirmait avoir beaucoup de travail: «documentation, écritures, causeries, organisation». Il était trop fatigué alors pour prêter attention aux rumeurs selon lesquelles les Trois de Québec, loin de rester tranquilles comme ils l'avaient promis, étaient plutôt en train se conspirer contre le Bloc. Il vit un signe positif dans l'assemblée qu'il avait organisée et qui attira près de 900 personnes près de Magog, alors que le CCF n'en avait réuni que 70 le même après-midi. Le jour de l'élection, le Bloc remporta le scrutin dans Stanstead et perdit par seulement 150 votes dans Cartier, où le communiste Fred Rose l'emporta.

En définitive, Laurendeau était satisfait mais il se blâmait d'avoir donné Cartier pour perdu et d'avoir passé trop de temps dans Stanstead. Songeant à l'avenir, il signalait que les collaborateurs bénévoles n'étaient pas assez sûrs. Cela pourrait se révéler fatal dans une élection provinciale, où les partisans de l'Union nationale qui leur avaient donné un coup de main ne seraient plus de leur côté. Il soutenait, ce qui allait devenir chez lui une litanie perpétuelle, que tout reposait sur le problème financier à régler. Les élections coûtaient trop cher pour qu'un parti ne dépende que de quelques bailleurs de fonds qui pouvaient retirer leur soutien n'importe quand, comme l'avait fait la bande des Trois de Québec. Il resta courtois avec Gouin, Hamel et Chaloult, mais, dès lors, il leur retira sa confiance et son respect. Quand ils mirent à exécution leur menace de démission, il considéra que c'était un bon débarras tout en admettant que leur départ nuirait aux efforts futurs dans la région de Québec. En son for intérieur, Laurendeau n'aimait guère les sacrifices que la vie politique exigeait. Quand donc avait-il le temps de penser, d'écrire? Les querelles, les petites rancunes et les menues tâches de la politique l'épuisaient. Le meilleur côté était de

23. *Ibid.*, p. 143.

rencontrer les gens face à face et de connaître leurs problèmes et ennuis quotidiens. Il n'oublierait pas cette expérience directe, qui contribua à le faire descendre des grands principes aux réalités concrètes.

Plusieurs années plus tard, Laurendeau relaterait l'une des découvertes qu'il fit en faisant campagne pour le Bloc à cette époque: une expérience qui lui ouvrit les yeux sur l'atmosphère suffocante et le conformisme religieux qui régnaient au Québec. Un soir, il s'était retrouvé dans une petite ville, attablé dans une taverne et se demandant où il pourrait trouver un lit pour la nuit. Un homme d'allure respectable, qu'il appela le marguillier, lui offrit de l'héberger. Après quelques heures de discussion autour d'un verre, l'homme lui confessa soudain qu'il avait perdu la foi longtemps auparavant. C'était considéré comme un péché grave dans le Québec d'alors: il avait donc été forcé de vivre dans une sorte de clandestinité. Intelligent et cultivé, il avait dû cacher son savoir. «Ce qui me frappait dans un livre, dit cet homme, c'était les objections. Je pense qu'il y a des hommes naturellement athées. Il doit y en avoir pas mal dans la province. Seulement on vit chacun dans son trou, *comme des rats*[24].» Laurendeau était à la fois troublé et attristé par l'intolérance religieuse qui avait forcé cet homme à bâtir sa propre philosophie, seul, dans le silence, sans même aller aussi profondément qu'il le pouvait. Il pouvait seulement imaginer ce qu'une pareille vie pouvait être.

> J'avais par moments l'impression d'un homme enterré vif. L'alcool aidait doucement à endormir la douleur d'une vie ratée. Il fallait que cet homme possédât une certaine vigueur pour tenir le coup en apparence, tout démoli qu'il fût. J'éprouvais en le regardant le sentiment d'une déperdition, d'un appauvrissement de lui-même et du milieu, d'un sacrifice bête et inutile. Et je me demandais combien de «rats» ils pouvaient être dans la société canadienne-française, à se terrer dans leur trou.

---

24. André LAURENDEAU, «Le secret du marguillier: "[...] Il y a des hommes naturellement athées"», *Le Magazine Maclean* (Montréal), 4 (mai 1964): 80.

Un nouveau jour se levait, les affaires du Bloc le reprirent et André partit, mais «jamais, depuis, je n'ai pu regarder cette société du même œil[25]». Quand Laurendeau écrivit ces mots en 1964, ils avaient un sens plus profond que ses lecteurs peut-être l'imaginaient. Comme il le révéla en privé, ce fut à cette époque du Bloc populaire qu'il perdit lui-même la foi. Le marguillier exprimait sûrement des tourments secrets qu'il avait lui-même éprouvés depuis longtemps. Dans une lettre à son fils Jean, en juillet 1964, il fit allusion au moment où il perdit la foi et aux raisons pour lesquelles il garda le silence à ce propos par la suite:

> Donc j'ai perdu la foi, et si je puis mettre une date sur cet aveu, c'est grâce à toi, qui ne t'en doutais guère. Tu as fait ta première communion le 19 mai 1945. D'habitude, à cette cérémonie, les parents communient eux aussi: je l'avais fait pour Francine deux ans plus tôt. Mais je venais de m'avouer que je ne le pouvais plus. Je me suis donc fait porter malade, et j'ai passé la journée dans mon lit — furieux de devoir jouer cette comédie. Je m'y croyais forcé: j'étais chef provincial d'un parti officiellement catholique, je siégeais comme député en face de Duplessis, dont le règne commençait. J'avais trente-trois ans. Je me débattais «contre le doute» depuis au moins sept ans, peut-être depuis dix ans (1935, mon arrivée à Paris), peut-être depuis toujours: il me semble que j'ai toujours oscillé de l'incroyance au fanatisme [religieux]. Mais en cette année 1945, il a fallu que je me rende, que je m'admette à moi-même: il n'y a plus rien, c'est fini[26].

On peut aisément concevoir l'angoisse que ce secret bien caché causait à Laurendeau, alors qu'il se mouvait à l'intérieur des cercles catholiques. La perte de la foi contribua sûrement à l'approche plus pragmatique, moins idéaliste des problèmes sociaux, qu'il commença à adopter durant la guerre. Mais l'angoisse du secret allait le ronger de plus en plus.

---

25. André LAURENDEAU, «Une société intolérante, qui force ses athées à devenir marguilliers», *Le Magazine Maclean* (Montréal), 4 (juin 1964): 80.

26. Cité dans Yves LAURENDEAU, «En guise de supplément au *Laurendeau* de Monière», *Revue d'histoire de l'Amérique française*, 38, n° 1 (été 1984): 75.

À la fin de 1943, Maxime Raymond, malade et déconfit, se tourna vers Laurendeau pour qu'il prenne la direction provinciale du Bloc, lors des élections que le Premier ministre Godbout devait déclencher en 1944. La décision fut ratifiée par 800 personnes à un congrès du parti, mais Laurendeau comprenait qu'il s'agissait d'une décision forcée par les circonstances: «Hamel, Gouin et Chaloult partis, Lacroix puissant mais inacceptable: on dut se rabattre sur moi[27].» Les congressistes étaient beaucoup plus intéressés à parler du scandale des démissions plutôt que du nouveau chef. Laurendeau ne se faisait pas non plus d'illusions sur ses aptitudes pour les manœuvres et les manipulations politiques. Même ses amis intimes reconnaissaient que c'était son intelligence, son intégrité et son engagement personnel, non son habileté politique, qui feraient de lui un grand chef. Un historien du Bloc dira que Laurendeau, jeune, frêle et froid d'apparence, n'irradie pas le charisme qui puisse rallier des foules. Selon lui, sa voix ne convient guère aux grandes assemblées et on l'imagine mal concocter des stratégies électorales où la rouerie et la ruse occupent une place importante. Laurendeau serait plutôt un manipulateur d'idées, les organisateurs électoraux misant sur le patronage et le clientélisme[28]. Il accepta surtout par sens du devoir, et peut-être en partie parce qu'il calculait être mieux à même de traduire ses idées en actions à partir de l'Assemblée législative du Québec plutôt que dans son rôle de secrétaire général du Bloc. À la fin de juillet, il restait encore étonné par ce nouveau tournant que venait de prendre son destin. Il écrivait à Ghislaine avoir «le goût de philosopher sur l'étrange marche des choses». Mais il n'eut guère le temps de le faire effectivement, car Godbout venait de déclencher les élections attendues depuis longtemps: le scrutin était fixé au 8 août. Le principal souci de Laurendeau comme chef de parti, durant la campagne électorale,

---

27. André LAURENDEAU, *La crise de la conscription. 1942* (Montréal, Le Jour, 1942): 145; aussi Paul-André COMEAU, «André Laurendeau et sa participation au Bloc populaire», dans Robert COMEAU et Lucille BEAUDRY, dir., *André Laurendeau* (Sillery, Presses de l'Université du Québec, 1990): 49s.

28. Paul-André COMEAU, «André Laurendeau et sa participation au Bloc populaire», dans Robert COMEAU et Lucille BEAUDRY, dir., *André Laurendeau* (Sillery, Presses de l'Université du Québec, 1990): 48.

était de mener une stratégie qui permette au Bloc de recueillir une proportion substantielle du vote de protestation: un vote qui pouvait être important, selon ce que ses tournées et ses analyses lui laissaient pressentir. L'électorat, selon lui, ne faisait pas confiance à Godbout et lui en voulait de son à-plat-ventrisme face aux mesures de guerre de Mackenzie King. Laurendeau était sûr que le Premier ministre québécois échouerait dans sa tentative désespérée d'apaiser à la dernière minute les nationalistes en présentant un projet de loi pour nationaliser la Montreal Light Heat and Power Company. Il dénonça donc le projet comme une demi-mesure tardive, qui laissait intactes les plus grosses sociétés d'électricité comme la Shawinigan Light Heat and Power et ne contribuait en rien à réduire les tarifs élevés d'électricité au Québec. Mais si Godbout était vulnérable politiquement, le Bloc devait s'assurer que Duplessis et son Union nationale n'en récoltent pas tous les bénéfices. Roublard, le chef de l'Union nationale essayait de racler tout le terrain anticonscriptionniste et autonomiste à son profit. Laurendeau s'efforça de rappeler aux électeurs les déceptions causées par Duplessis: le «cheuf» avait été un converti de dernière minute au mouvement anticonscriptionniste, et son soi-disant nationalisme s'était révélé du pur pragmatisme quand il avait été au pouvoir, de 1936 à 1939.

En même temps, Laurendeau comprenait que les électeurs craignaient fort un retour aux conditions de crise économique qui avaient prévalu avant la guerre et qu'ils seraient ouverts à des propositions de changement social et économique. C'était là un domaine, en outre, où le Parti conservateur de Duplessis était tout à fait dénué d'idées. De fait, depuis son discours d'intronisation comme chef provincial en février, Laurendeau avait cherché à montrer que le Bloc était synonyme de réforme sociale et d'opposition aux puissants intérêts économiques qui soutenaient les vieux partis:

> Tristes gouvernements des vieux partis qui n'ont jamais eu le sentiment de la patrie, mais qui se laissent traîner inertes, à la remorque d'une grande puissance; qui en fait ont détruit peu à peu la souveraineté des provinces. Odieux gouvernements

des vieux partis qui ont laissé les chômeurs croupir dans leur misère, parce que durant la crise les chômeurs n'auraient pu faire qu'une seule grève: la grève de la faim, et que cette grève-là, les vieux partis ne la craignaient pas. Misérables gouvernements des vieux partis qui ne se sont préoccupés ni de détruire les taudis ni de soutenir les familles, qui continuent de mépriser les familles, parce que ni les taudis ni les familles ne se mettront en grève, et ils le savent. Hypocrites gouvernements des vieux partis, qui par leurs actes, enseignent aux prolétaires, bien plus efficacement que les marxistes, que la seule manière d'avoir raison d'un État capitaliste libéral, c'est la révolte, puisqu'il consent à soulager la misère seulement quand cette misère menace d'arborer un drapeau rouge[29]!

À cet égard, il fallait surveiller de près le CCF, qui avait la même plate-forme électorale. Il est vrai que ce parti n'avait jamais fait le poids dans la balance électorale au Québec; n'empêche que, dans l'atmosphère d'incertitude économique de l'époque, il avait marqué des coups importants: notamment en remportant la victoire sur Arthur Meighen lors d'une élection partielle, dans la circonscription fédérale de York South, à Toronto, dans la fièvre du débat sur la conscription en 1942[30]. Laurendeau ne dédaigna pas de recourir à la chasse aux sorcières communistes contre la CCF; il s'attaqua aussi au centralisme étatique de cette formation. Même s'il entraînait lui-même le Bloc sur ce terrain, en dressant une liste de secteurs industriels qui pourraient être nationalisés par le gouvernement provincial, il se mit à relever les différences entre le nationalisme social judicieux de la gauche catholique, et le «socialisme» pur et dur. Un sondage Gallup, à mi-temps de la campagne, lui permit de croire que cette stratégie était rentable. Il accordait 25% des voix à l'Union nationale, 37% au Parti libéral, 22% au Bloc et à peu près rien au CCF. Avec la précarité des ressources humaines et financières du Bloc, Laurendeau chercha à pousser au maximum l'innovation et le dynamisme. Il ouvrit sa campagne

---

29. *Le Devoir*, 4 fév. 1944.

30. J.L. GRANATSTEIN, *Canada's War. The Politics of the Mackenzie King Government, 1939-1945* (Toronto, Oxford University Press, 1975): 220s.

le 12 juillet, au marché Jean-Talon, à Montréal — lieu célèbre d'assemblées anticonscriptionnistes —, devant une foule évaluée à 30 000 personnes. Maxime Raymond et lui arrivèrent dans un bruyant cortège de voitures décapotables, suivi d'une foule de jeunes gens enthousiastes, qui brandissaient des pancartes disant: «Brisons les chaînes avec André Laurendeau[31]». Espérant au départ placer des candidats dans les 91 circonscriptions, il se rabattit finalement sur 80, en pressant ses amis de se présenter eux-mêmes dans les cas désespérés: Michel Chartrand, par exemple, accepta gaiement d'aller perdre son dépôt dans Chambly-Rouville. Même si les femmes pouvaient désormais voter, la vieille garde conservatrice du Bloc n'était pas intéressée à les voir se présenter comme candidates, préférant leur laisser les tâches de comités de cuisine. Comme le comité dépendait beaucoup des dons privés et du volontariat, toutes formes de comités locaux étaient nécessaires pour rejoindre les électeurs. C'est pour la même raison que Laurendeau tâcha d'utiliser au maximum les maigres ressources financières du Bloc pour acheter du temps d'antenne à la radio et compenser ainsi l'absence du parti dans les journaux. Les résultats des élections apportèrent à la fois de bonnes et de mauvaises nouvelles. Le Bloc avait recueilli presque 200 000 voix, soit environ 15% du vote. Grâce à son infatigable organisateur en chef Jean Drapeau, Laurendeau l'avait emporté par 670 voix dans Montréal-Laurier, une circonscription qui, malgré son nom libéral plutôt inapproprié, deviendrait plus tard le château-fort d'un autre chef de parti, René Lévesque. Cependant, le Bloc n'avait fait élire que trois autres candidats et les deux tiers de ses candidats avaient perdu leur dépôt. Avec 48 sièges contre 37 aux libéraux, l'Union nationale formait un gouvernement majoritaire. Le CCF n'avait emporté qu'un siège avec seulement 2,5% des voix, mais, comme André l'avait craint, le vote protestataire qu'il avait recueilli avait nui au Bloc dans plusieurs circonscriptions[32]. Dans son bilan électoral, Laurendeau

---

31. Denis MONIÈRE, *André Laurendeau et le destin d'un peuple* (Montréal, Québec/Amérique, 1983): 161s.

32. Paul-André COMEAU, *Le Bloc populaire* (Montréal, Québec/Amérique, 1982): 316-318; Yves LAURENDEAU, «En guise de supplément au *Laurendeau* de Monière», *Revue d'histoire de l'Amérique française*, 38, n° 1 (été 1984): 88.

trouva le moyen d'exprimer un optimisme prudent. Il écrivit à un ami qu'une fois passé le premier moment de surprise, le résultat de l'élection ne l'avait pas vraiment déçu. Le vote d'environ 200 000 Canadiens français lui laissait croire à un début prometteur.

Mais, à mesure que les semaines passaient, la réalité s'imposait à lui. Avec seulement quatre sièges, comment le Bloc pourrait-il avoir une véritable influence à l'Assemblée législative? Lui-même, qui n'avait aucune expérience parlementaire, devrait affronter des politiciens consommés comme Godbout, redevenu chef de l'opposition, et le redoutable Duplessis, qui avait creusé son nid depuis des années au Parlement de Québec et avait la réputation de dévorer de faibles adversaires comme un loup les moutons. Les maigres ressources du Bloc — un thème monotone, qui commençait à être éculé — signifiaient aussi qu'il ne pourrait pas engager le personnel nécessaire mais devrait se contenter des avis professionnels de parents, comme les avocats Jacques et Antonio Perrault, et d'amis comme l'économiste François-Albert Angers. Son moral n'était pas au plus haut dans les premiers jours de la session législative, ouverte le 7 février 1945, quand il fut interrompu par le président de l'Assemblée à plusieurs reprises pour vices de procédure. Quand il livra son discours d'ouverture d'une «voix faible et hésitante», sous le regard de Ghislaine qui se trouvait dans les galeries, certains ministres de l'Union nationale quittèrent les lieux et d'autres s'entretinrent entre eux, tandis que Duplessis lisait ostensiblement son journal[33]. Néanmoins, à la fin de la session, le bilan n'était pas trop négatif. Le 25 juillet, il disait aimer la vie parlementaire, en souhaitant une équipe plus forte et «moins de petite politique» de la part de ses adversaires.

Malgré un départ laborieux, Laurendeau avait réussi, durant cette première session, à établir les objectifs prioritaires du Bloc pour les quatre prochaines années. Le programme officiel du parti contenait tous les thèmes importants, mais il était aussi un mélange

---

33. Simonne MONET-CHARTRAND, «Depuis 1938... un ami précieux», dans Robert COMEAU et Lucille BEAUDRY, dir., *André Laurendeau.* (Sillery, Presses de l'Université du Québec, 1990): 28; René CHALOULT, «Souvenirs d'André Laurendeau», *Le Devoir*, 31 mai 1969.

de notions souvent contradictoires, car les vieux clichés du temps de
l'ALN et une philosophie sociale inspirée des jésuites y côtoyaient
des idées sociales et économiques progressistes. Il fallait en repê-
cher soigneusement les meilleurs morceaux. Dès le départ, Laurendeau avait fait savoir clairement que le Bloc, si petite soit son
influence parlementaire, ne se compromettrait pas et ne voterait
qu'en fonction de la qualité des lois proposées. Il fit rigoureusement ce qu'il avait dit, car au cours de cette première session le Bloc
vota 13 fois du côté du gouvernement et 34 fois contre, s'abstenant
une fois [34]. Il avait consacré son discours inaugural, ostensiblement
ignoré par les autres partis, à faire valoir que la défense de l'autonomie provinciale était la grande priorité du Bloc. Mais le reste du
temps qu'il fut chef de parti, il se soucia principalement et
sincèrement de voir à ce que l'État provincial s'occupe des problèmes matériels et familiaux des ouvriers et des cultivateurs du
Québec. Avec ténacité, il multiplia les études, les propositions, les
interventions et les débats sur des questions comme l'habitation, les
conditions de la main-d'œuvre industrielle, l'assurance médicale,
l'instruction dans les milieux ruraux et l'aide aux familles. De fait,
durant ces années, Laurendeau descendit vraiment des cimes de la
spéculation théorique pour mesurer les problèmes sociaux sur le
terrain. Du même coup, il se mit à l'avant-garde de ses collègues
nationalistes en constatant à quel point le Québec s'était transformé
durant la guerre, sous l'action des forces urbaines industrielles.
Bien que, nationalisme oblige, il dût continuer de chanter les vieilles
antiennes, il entrevoyait déjà de nouvelles perspectives. Il l'avait
exprimé ainsi dans son discours inaugural de chef du Bloc. Il disait
que le peuple désirait une politique qui, sans être chauvine, respecte l'autonomie des provinces, une politique qui, sans être socialiste, soit néanmoins audacieusement sociale, une politique enfin
qui, sans tomber dans l'anti-britannisme, se montre canadienne.

Mais si 1945 marqua le commencement d'une nouvelle phase
d'action directe dans le nationalisme social de Laurendeau, elle fut
aussi le commencement de la fin pour le Bloc. Devant affronter

---

34. Denis MONIÈRE, *André Laurendeau et le destin d'un peuple* (Montréal, Québec/Amérique, 1983): 185s.

déjà une autre élection, cette fois au niveau fédéral, le parti n'avait plus la force de combattre. L'effondrement moral qui avait suivi les résultats décevants de l'élection provinciale était partout manifeste. Avec le déclenchement des élections fédérales, le Bloc devait s'engager sur un deuxième front électoral en moins de dix mois. Outre les problèmes usuels — manque d'argent, pénurie de bons candidats, absence de publicité —, l'atmosphère en 1945 était bien différente des autres années. La population n'avait plus rien à craindre de la conscription et n'était pas encline à punir Mackenzie King comme elle l'avait fait avec Adélard Godbout, l'année précédente. Selon Laurendeau, l'opinion publique assimilait le Bloc à la crise qui lui avait donné naissance et, une fois la guerre finie, le Bloc ne pouvait y survivre. Dans ces circonstances, une tentative mal avisée de former une alliance électorale avec le bouillant Camillien Houde fit plus de tort que de bien[35]. Le Bloc ne recueillit finalement que 8% du vote fédéral au Québec et ne fit élire que deux députés, dont l'un était le grand «survivant», Maxime Raymond. Laurendeau se rappela ainsi cette époque démoralisante:

> Nous avions senti venir la défaite. Je me souviens d'une assemblée enthousiaste tenue en faveur de Roger Duhamel au Marché Saint-Jacques. Jean Drapeau s'était promené dans la salle et à l'extérieur du Marché. Il avait scruté les réactions. De retour sur l'estrade, il m'avait dit, avec un regard désenchanté sur la foule: «Ces gens-là, ça va leur faire beaucoup de peine de voter contre nous.»
>
> Sauf erreur, cela signifiait: ils pensent comme nous, nous leur disons ce qui leur plaît, mais ce qui leur plaît ne leur paraît pas possible. Ils ne croient pas en nos chances de succès, nous sommes condamnés. En résumé: à Québec on fait ce qu'on veut; à Ottawa, on fait ce qu'on peut[36].

---

35. André LAURENDEAU, *La crise de la conscription. 1942* (Montréal, Le Jour, 1942): 118.

36. *Ibid.*

Laurendeau revint pour la session d'automne, le cœur lourd: les coffres du parti étaient plus vides que jamais. «Plus j'y pense, écrivait-il, et moins j'ai le goût d'entreprendre un hiver dans les conditions où nous nous trouvons.» Ses craintes étaient fondées, car Duplessis avait senti le vent tourner. Il entreprit dès lors de démolir ce qui restait du Bloc. «Duplessis était aussi désagréable que possible, raconta Laurendeau, surtout à mon endroit.» Le chef du Bloc apprit indirectement d'un représentant unioniste que la stratégie du Premier ministre était de profiter de la moindre occasion pour l'humilier, afin de décourager les militants bloquistes et les laisser mûrs pour la cueillette. Les libéraux, observait-il, essayaient de faire la même chose, mais d'une façon plus mielleuse. Le pire, dans ce sentiment d'être la proie des autres, c'était «[...] de ne pas sentir un mouvement derrière vous. Le Bloc traverse un désert.» Son inexpérience et son tempérament ne le rendant pas apte à retourner les vicieuses attaques personnelles de Duplessis, Laurendeau continuait plutôt à analyser soigneusement, rationnellement le menu de chaque session. Mais il n'oublia jamais les brutales tactiques d'intimidation du chef de l'Union nationale. De fait, il développa à cette époque une inimitié personnelle qui, dans les années 1950, nourrirait son combat politique et idéologique contre Duplessis, devenu pour lui le vivant symbole de tout ce qui n'allait pas au Québec.

La situation était rendue encore plus difficile par l'épuisement qu'il ressentait de porter sur ses épaules presque tout le poids du Bloc. En 1946, le parti ne comptait comme personnel permanent que trois personnes et il fallait faire des recherches pour prendre position sur des sujets comme la situation des mineurs du Québec, dont lui, Laurendeau, ne connaissait rien. Il eut beau essayer, lors des congrès du parti, cette année-là et en 1947, de prendre par les cornes les problèmes financiers et autres, en déclarant sans ambages que l'avenir du Bloc était en jeu, aucun des plans ambitieux de sauvetage qui furent élaborés alors ne porta fruit. Sa correspondance contient des remarques encore plus sombres: «Je souffre de faiblesse physique ([...] et cérébrale!) [...] L'Assemblée développe en moi une vraie phobie!» Il confiait à Ghislaine qu'il doutait avoir pris une bonne décision en allant en politique.

Étant donné la situation politique déprimante dans laquelle il se trouvait et son propre état d'esprit, il était sans doute inévitable que Laurendeau en vînt à songer à la démission. Durant le printemps et l'été 1947, deux raisons de le faire se présentèrent à peu près en même temps, ce qui devint une source d'âpres controverses au sein du parti. D'une part, Laurendeau fut approché au début d'avril par Gérard Filion, un vieil ami qui venait d'être nommé directeur du *Devoir* par suite de la mort de Georges Pelletier et qui lui proposait le poste de rédacteur en chef adjoint[37]. Mais il y avait un hic: à cause de la longue tradition d'indépendance politique du journal, Laurendeau ne pouvait être associé à aucun parti. Ce fut à ce moment-là, selon un Maxime Raymond indigné, que Laurendeau commença à manœuvrer pour se trouver une porte de sortie moins égocentrique, plus politique. Ainsi donc, lors d'une réunion du conseil du Bloc, Laurendeau informa Raymond en privé qu'il pourrait bien accepter l'offre du *Devoir* pour des raisons familiales et financières, mais il n'en dit rien aux dirigeants du Bloc ni au congrès du parti, quand celui-ci eut lieu à la fin de juin. En fin de compte, le 8 juillet, il écrivit à Raymond qu'il démissionnait en raison des divergences idéologiques qui séparaient le leader fédéral et bien d'autres dirigeants du bloc. Raymond lui répondit par une longue lettre où il l'accusait essentiellement de duplicité. C'était maintenant au tour de Laurendeau de se sentir offensé. Il admit qu'il pensait à l'offre du *Devoir* depuis le mois d'avril environ, mais il ne croyait pas que ses affaires personnelles étaient du ressort du parti. Il insistait pour dire qu'il démissionnait parce que, le 10 mai, l'exécutif du Bloc avait voté la suppression de l'aile provinciale, ce qui lui enlevait toute chance d'entrer en lice lors de prochaines élections et ce qui réduisait à néant ses efforts antérieurs. Le pire était que cette décision, selon Laurendeau, laissait tout le terrain de l'autonomie à ce politicien «anti-social» qu'était Duplessis et fournissait à l'Union nationale le parti fédéral qu'elle voulait avoir et qu'elle semblait incapable de se donner.

---

37. Gérard FILION, *Fais ce que peux. En guise de mémoires* (Montréal, Boréal, 1989): 208-210.

Pour prouver qu'il n'avait pas épousé le statu quo, Laurendeau avait proposé de transformer le Bloc en mouvement politique aux deux niveaux de gouvernement, si la majorité pensait que la lutte électorale était trop coûteuse. Mais la majorité avait penché du côté de Raymond, et Laurendeau put dire qu'il n'avait pas songé à quitter le Bloc parce qu'un poste lui était offert, mais qu'il acceptait ce poste parce qu'il estimait «devoir quitter» le Bloc.

Quel que soit ce qui l'emporta dans son esprit (il y avait des arguments convaincants des deux côtés), sa démission le fit participer à ces mêmes luttes intestines qui avaient entravé le Bloc depuis le début et qu'il avait tant voulu empêcher par crainte d'entraîner la ruine d'un autre mouvement politique nationaliste. Quand il retourna à l'Assemblée législative pour siéger comme indépendant, de vieux amis lui tournèrent le dos et, comme il le dit avec humour, il devait regarder dans les galeries pour trouver des visages souriants. Le plus déconcertant peut-être fut que Duplessis ne le considérait plus assez important pour prendre la peine de l'attaquer. À un moment donné, quand Laurendeau livra ce qu'il considérait comme son meilleur discours au Parlement, le vieux roublard politique passa un bras autour de son épaule et le traita de «brillant jeune homme». Mais si Duplessis essayait par là de se gagner à l'avance quelques éditoriaux sympathiques au *Devoir*, le temps lui prouva qu'il se trompait complètement. Avec la pression tombée de ses épaules, Laurendeau était même capable de sourire devant des pratiques parlementaires qui l'avaient horrifié auparavant. Quand il essaya, par exemple, de faire passer trois projets de loi sur l'habitation, en guise de testament parlementaire, et qu'il se trouva bloqué durant des semaines par des tactiques dilatoires appliquées à un projet de loi sur le lait, il écrivit: «Nous nageons dans le lait.»

En février 1948, il soupesa longuement une demande de Drapeau et d'autres pour se présenter dans Laurier comme nationaliste indépendant. Filion acceptait qu'il continue à siéger à l'Assemblée tout en assumant ses fonctions au *Devoir*. Mais après une rencontre avec quelque 40 militants loyaux de la circonscription, il fit ce commentaire: «J'ai remarqué chez les militants, non de l'enthousiasme, mais de la bonne volonté et de la fidélité.» Il faisait remarquer que plusieurs de ses anciens amis nationalistes conservateurs travaillaient maintenant contre lui et il posa une question qui montrait qu'il avait bien appris sa leçon: d'où viendrait l'argent? Renonçant finalement à la candidature, il demanda à Ghislaine d'amener les deux aînés voir leur père pour la dernière fois à l'Assemblée législative. Son fils Jean, qui avait neuf ans à l'époque, s'est rappelé cette occasion: «Une fois — cette unique fois — j'ai vu ce député de Laurier se lever, en face de Duplessis, et dire je ne sais quoi, à propos de la betterave à sucre[38].» Laurendeau se demandait si, en passant devant le Parlement québécois à l'avenir, il n'aurait pas quelque nostalgie, il ne regretterait pas de siéger à la Chambre et d'avoir ainsi une vaste tribune. «Mais plus je vais et plus je sais qu'il ne dépend pas de moi d'être député une seconde fois.»

Avec les années, l'opinion de Laurendeau sur la politique et les politiciens, tout en ne descendant pas tout à fait au niveau d'avant-guerre, se fit de plus en plus cynique, assez en tous les cas pour l'empêcher de revenir jamais sur sa décision. Pour d'autres nationalistes qui se tournaient vers l'État provincial comme instrument principal d'évolution du Canada français, il apparaissait logique de s'engager dans l'entreprise politique que cela supposait, mais Laurendeau aurait toujours devant lui le souvenir de son expérience au Bloc pour écarter cette tentation. Il utilisa l'expression «libéré moralement» pour faire part de son soulagement en 1948. Dès lors, il préféra à l'activisme politique le terrain plus élevé du quatrième pouvoir, comme commentateur politique. Il pensait, en fin de compte, que la législature n'était qu'une salle de liquidation pour les grandes idées politiques et que pour forger celles-ci, les penseurs étaient nécessaires autant que les chefs politiques. Jetant un regard rétrospectif sur son expérience législative en 1963, il expliqua clairement le choix qu'il avait pris alors:

> Mes collègues, divisés sur toutes questions, avaient un sentiment commun: l'ennui. De brèves batailles réveillaient parfois la combativité; mais presque tous sombraient peu à peu dans

---

38. Jean LAURENDEAU, «André Laurendeau, la musique et l'ambiance», dans Nadine PIROTTE, dir., *Penser l'éducation. Nouveaux dialogues avec André Laurendeau* (Montréal, Boréal, 1989): 122.

l'effrayante monotonie des discours qui n'en finissent plus. Songez qu'il faut les subir trois, six et jusqu'à huit heures par jour, qu'ils sont rarement substantiels ou amusants, que les mêmes hommes ont presque toujours la parole: en chambre, le backbencher intelligent risque de devenir très vite un objet[39].

Pour ce qui est du Bloc lui-même, le fait que Laurendeau écrivit très peu à son sujet plus tard montre assez que c'était là une époque qu'il voulait oublier. Quand il décida d'écrire un livre sur les années de guerre en 1962, *La crise de la conscription. 1942*, il termina son récit au plébiscite, se contentant de quelques remarques pour la forme sur ce qui s'ensuivit. C'est comme s'il avait été frappé par la vieille lassitude d'autrefois. Il put seulement dire que s'il devait écrire un livre sur le Bloc, il commencerait par parler des querelles internes: «étrange groupement qui prétendait unir les Canadiens français et ne réussit pas à rester uni; bloc fissuré; divisions inexplicables[40]». Plus récemment, des universitaires ont avancé qu'en dépit de ses échecs et de son impact politique, très marginal à l'époque, le Bloc eut une influence significative à long terme. Quelques-uns ont même découvert en puissance tout le programme de la Révolution tranquille des années 1960, dans les idées et les déclarations publiques du Bloc. Selon une autre hypothèse encore moins répandue, le Bloc populaire aurait été le début d'une scission qui deviendrait permanente au sein du mouvement nationaliste, une scission entre des nationalistes favorisant les institutions et les valeurs traditionnelles et ceux, plus jeunes, désirant des réformes socio-économiques[41].

Laurendeau était l'un de ceux qui s'écartaient inexorablement des postulats traditionnels. Du même coup, il abandonnait enfin le nationalisme conservateur, avec lequel il essayait de concilier ses

---

39. Cité dans Denis Monière, *André Laurendeau et le destin d'un peuple* (Montréal, Québec/Amérique, 1983): 193.

40. André Laurendeau, *La crise de la conscription. 1942* (Montréal, Le Jour, 1962): 145.

41. Michael Behiels, «The Bloc Populaire Canadien and the Origins of French-Canadian Neo-Nationalism, 1942-48», *Canadian Historical Review*, LXII, 4 (1982): 489.

opinions depuis son retour de France et qu'il traiterait désormais avec une politesse compassée. C'était là, sans aucun doute, que se trouvait sa vraie «libération».

Après six ans d'activité politique passionnée mais épuisante, Laurendeau revenait à plein temps à la tâche qu'il aimait le plus: écrire. Ces années lui avaient donné une perception plus réaliste de ce qu'il fallait faire, non seulement pour assurer la place des Canadiens français au Canada, comme entité politique et culturelle distincte, mais aussi pour faire du Québec un habitat plus progressiste pour la classe ouvrière aussi bien que pour les notables. Les valeurs et les préoccupations de ces derniers, il s'en rendait compte maintenant, avaient joué un trop grand rôle dans sa pensée. Au *Devoir*, il entrevoyait qu'il pourrait plus qu'au Bloc «briser les chaînes» en influençant l'opinion publique.

CHAPITRE VII

LE DEVOIR
1947 – 1954

> Mais il apparaît que les périls majeurs de l'heure sont au nombre de trois: la centralisation avec ses innombrables prolongements; l'américanisme, menace directe à notre personnalité, à notre âme nationale; le divorce entre les classes, point si profond encore, Dieu merci, qu'il soit impossible d'y remédier, à la condition d'y voir dès maintenant.
>
> André LAURENDEAU, 1953[1]

En 1947, la rue Notre-Dame dans le Vieux-Montréal était encore dominée par son austère basilique de pierre. Peu faite pour la trépidation et la circulation automobile d'après-guerre, avec son charme désuet que troublaient ici et là les échos bruyants du port à peu de distance, la rue semblait accablée sous un lourd poids d'histoire. L'immeuble du 430, rue Notre-Dame, qui abritait le journal *Le Devoir*, était lui-même une sorte de basilique pour les rats du quartier; selon les gens qui y travaillaient, on aurait dû condamner la bâtisse pour les seules odeurs qui en émanaient. Dans les bureaux de la rédaction et surtout à l'Imprimerie popu-

---

1. André LAURENDEAU, «Pour un rassemblement national», *L'Action nationale* (Montréal), XLII (nov.-déc. 1953): 110.

laire, où se faisaient la typographie et l'impression du journal, les odeurs provenaient de machines qui remontaient au tournant du siècle. Les imprimeurs et typographes, qui étaient souvent plus vieux que les machines, semblaient gémir aussi, résignés à des salaires scandaleusement bas. S'ils ne protestaient pas, c'était par loyauté, selon leur patron, mais il est plus vraisemblable que ce fût par crainte de se retrouver dans la rue, sans sécurité sociale[2]. Quand des visiteurs venaient voir les opérations de ce curieux journal, mi-européen, mi-rural, ils trouvaient déprimant le délabrement des lieux[3]. Mais Henri Bourassa, qui avait fondé Le Devoir en 1910, jugeait ces conditions vertueuses pour une publication nationaliste vouée à la cause de la survivance du Canada français. De même, pour André Laurendeau, qui entra au journal en septembre 1947 comme rédacteur en chef adjoint et y demeura jusqu'en 1963[4], ce milieu était aussi confortable qu'un vieux chandail. De toute façon, il y avait là pour lui une nette amélioration par rapport à la Législature de Québec, où les rats étaient d'une autre taille et beaucoup plus mesquins!

La transition de Laurendeau, de la politique au journalisme, ne serait pleinement accomplie qu'en 1948, quand il déciderait de ne pas se représenter aux élections provinciales. Entre temps, il ferait la navette entre Montréal et Québec, parfois en scribouillant des notes en cours de trajet pour ses éditoriaux du Devoir. Il ne pouvait pas savoir, à ce moment-là, que sa décision de se tourner vers le journalisme s'avérerait la plus importante de sa carrière. À 35 ans, avec une famille qui augmentait, son objectif principal en

---

2. Pierre GODIN, La lutte pour l'information: histoire de la presse écrite au Québec (Montréal, Le Jour, 1981): 77s.; voir aussi Michel ROY, «André Laurendeau, journaliste au Devoir», dans Robert COMEAU et Lucille BEAUDRY, dir., André Laurendeau (Sillery, Presses de l'Université du Québec, 1990): 89-90.

3. Gérard FILION, Fais ce que peux. En guise de mémoires (Montréal, Boréal, 1989): 210; voir aussi Pierre-Philippe GINGRAS, Le Devoir (Montréal, Libre Expression, 1985): 152-163.

4. Après 1963, Laurendeau resta associé au journal, mais son travail à la Commission royale d'enquête sur le bilinguisme et le biculturalisme limita sa collaboration à quelques articles ici et là et à des consultations en coulisses. Claude Ryan était alors le nouveau directeur.

abandonnant la politique était de trouver un poste qui lui permettrait de maintenir un train de vie modeste tout en conservant des liens étroits avec le mouvement nationaliste. Il découvrira bientôt que le journalisme lui offrait tout cela et davantage. Quel soulagement pour lui de pouvoir rester à Montréal et mener une vie familiale régulière, ce qu'il n'avait pu faire depuis qu'il avait adhéré à la Ligue pour la défense du Canada, en 1942! Un rédacteur en chef adjoint n'avait pas à courir les nouvelles. Dès lors, Laurendeau ne s'éloignera guère de chez lui pour de longues périodes de temps. Le journalisme signifiait aussi, pour lui, un retour à l'écriture, une voie qu'il avait tenté de suivre depuis qu'il avait renoncé à faire carrière en musique, à la fin de l'adolescence. Il pourrait aussi rester en contact avec l'actualité sur une base quotidienne, mais avec plus de temps pour la scruter et y réfléchir. En outre, *Le Devoir* permettait à Laurendeau de rester fidèle à ses principes nationalistes, car la longue tradition de nationalisme et d'indépendance du journal exigeait de lui beaucoup moins de compromis intellectuels que dans tout autre quotidien canadien-français. Et puis, depuis 1936, ne s'était-il pas éloigné de l'idéologie nationaliste de l'abbé Groulx, pour se rapprocher de celle d'Henri Bourassa?

Laurendeau arrivait à un moment critique de l'histoire idéologique et financière du *Devoir*. Son recrutement était une condition qu'avait posée Gérard Filion pour prendre la direction du journal en avril 1947; cela faisait partie d'un effort concerté pour empêcher le quotidien de tomber entre les mains de l'Union nationale[5]. Henri Bourassa avait établi que *Le Devoir*, bien que libre de choisir ses options politiques, devrait toujours rester indépendant de tout parti. Son successeur Georges Pelletier, qui fut directeur de 1932 à 1947, était resté fidèle à cet idéal tout en appuyant vigoureusement le Bloc populaire en 1942-1943. Mais dans les dernières années, Pelletier était tombé gravement malade et le journal avait besoin d'être repris en main. Certains membres de la rédaction commençaient à pencher du côté de l'Union nationale, surtout

---

5. Gérard FILION, *Fais ce que peux. En guise de mémoires* (Montréal, Boréal, 1989): 204-208; Pierre GODIN, *La lutte pour l'information: histoire de la presse écrite au Québec* (Montréal, Le Jour, 1981): 77-88.

après la victoire de Duplessis en 1944. Un groupe d'administrateurs du journal dirigé par le beau-frère de Laurendeau, Jacques
Perrault, décida de réagir. En engageant Gérard Filion — qui avait
montré dans le syndicalisme agricole son efficacité et son aptitude
aux affaires — bien avant la mort de Pelletier, ils prévinrent effectivement tout nouveau glissement[6]. Filion ne portait pas l'Union
nationale dans son cœur, et il savait que l'antiduplessisme de Laurendeau, que les récentes querelles intestines au Bloc populaire
avaient fait ressortir, assurerait l'indépendance du journal. Il connaissait bien en outre l'intelligence de Laurendeau, son talent
d'écrivain et sa force de caractère, car il avait eu l'occasion de le
côtoyer dans les Jeune-Canada, la Ligue pour la défense du Canada
et le Bloc. Bien que Laurendeau dût partager le poste de rédacteur
en chef avec Omer Héroux, il s'agissait là surtout d'une marque de
considération pour Héroux, qui avait été l'un des compagnons de
la première heure de Bourassa au *Devoir*. Laurendeau prit graduellement en charge la politique éditoriale, bien avant d'être enfin
nommé seul rédacteur en chef en 1957[7].

Mais une autre question idéologique se posait, qui était issue
en partie de la première et qui menaça l'indépendance du journal
à la fin des années 1940 et au début des années 1950. Lors des
manœuvres juridiques complexes qui permirent au groupe anti-
duplessiste de recruter Filion puis Laurendeau, Georges Pelletier
crut bon de confier les actions de contrôle du journal à l'archevêque de Montréal, Mgr Joseph Charbonneau[8]. Cet arrangement était
pris en fidéicommis avec un ecclésiastique fiable et ouvert d'esprit,
mais il n'en portait pas moins plusieurs à se demander si *Le Devoir*
n'avait réussi à préserver son indépendance politique que pour
mieux se jeter dans les bras de l'Église. Même si le journal avait
toujours reflété la pensée catholique et faisait à l'époque preuve
de complaisance à l'égard du rôle de l'Église dans la société

---

6. Pierre-Philippe GINGRAS, *Le Devoir* (Montréal, Libre Expression, 1985):
152-158.

7. Denis MONIÈRE, *André Laurendeau et le destin d'un peuple* (Montréal,
Québec/Amérique, 1983): 206.

8. Gérard FILION, *Fais ce que peux. En guise de mémoires* (Montréal, Boréal,
1989): 205-208.

québécoise, il avait toujours cherché à garder ses distances face à l'establishment clérical. Sur ce plan, il était bien différent des nombreuses publications catholiques du Québec, qui ne faisaient que répéter les diktats de l'Église.

Filion maintenait cette tradition, mais non sans coup férir. Mgr Charbonneau s'était montré parfois en vif désaccord avec l'ouverture d'esprit de l'équipe Filion-Laurendeau. Jamais, cependant, il ne chercha à utiliser son avantage juridique. Il en alla autrement avec son successeur à l'archevêché de Montréal, Mgr Paul-Émile Léger (le futur cardinal), qui tenta d'exercer une influence directe sur le quotidien. À un moment critique, Filion dut se rendre à l'autre bout du Canada, à Victoria en Colombie-Britannique, pour s'assurer que Mgr Charbonneau — qui avait été muté là en 1950, à cause de ses propres tendances libérales — tenait sa promesse de ne pas transmettre les actions du *Devoir* à Mgr Léger. De fait, le vieux prélat garda fidèlement ces actions jusqu'à sa mort en 1958, où elles revinrent à Filion[9].

L'intervention cléricale était devenue pour Laurendeau un problème beaucoup plus important en 1947 qu'au début des années 1930. D'abord, ses expériences en France avaient fait de lui un critique sévère du cléricalisme. Ayant adopté un catholicisme de centre-gauche, il critiqua fréquemment la mentalité sociale conservatrice des autorités religieuses, tout en ne rompant jamais ouvertement avec elles. À la fin des années 1930, son but était de trouver une voie mitoyenne qui permette à des nationalistes très catholiques d'embrasser, comme il l'avait fait, les idées fécondes et progressistes du personnalisme. Mais la guerre et son engagement politique lui en avaient fait abandonner le projet. L'adhésion des autorités catholiques à la politique de guerre du gouvernement canadien, qu'il jugeait aveugle et cynique, avait soulevé chez lui des questions douloureuses sur le respect que l'Église accordait à l'expression démocratique au Canada français. Ses voyages à travers la province et son activité politique courante lui avaient montré aussi à quel point le clergé était peu conscient des besoins matériels du peuple: il ne faisait que rabâcher des clichés éculés, issus d'une

---

9. *Ibid.*, p. 219-223.

doctrine qui n'avait plus aucune pertinence pour les cultivateurs tant célébrés par l'Église, et encore moins pour les ouvriers de l'industrie moderne. Laurendeau avait commencé à se demander à part soi, et il le ferait de plus en plus ouvertement dans les années à venir, si l'alliance étroite de l'Église avec les élites financières et politiques ne servait pas, en fait, à réprimer la pensée progressiste, ce qui plaçait le pouvoir religieux du côté des forces réactionnaires au Québec. Même si ses réflexions à cet égard tarderaient à rejoindre celles d'autres critiques d'après-guerre, à l'intérieur et à l'extérieur de l'Église, Laurendeau commença à exprimer ses doutes dans des domaines comme l'éducation, peu après son entrée au *Devoir*. Filion, qui travaillait à ses côtés chaque jour, remarquait qu'André Laurendeau, en 1947, n'était plus le «mystique» religieux qui, 15 ans auparavant, avait prié avec lui dans la basilique Notre-Dame pour le succès du mouvement des Jeune-Canada. Désormais, il paraissait plutôt sceptique, quoique s'accommodant encore du vague mandat du *Devoir* d'être un journal «d'inspiration catholique[10]».

Mais Filion ne savait pas ce qu'il en était exactement. L'opinion critique de Laurendeau sur l'Église se fondait en grande partie sur des lacunes bien identifiées dans la sphère temporelle, mais elle était aussi, sans nul doute, influencée par la crise religieuse qu'il traversait. Jusqu'où? Il est difficile de le dire. Nous savons, en tous les cas, qu'il n'était pas du genre à établir des cloisons étanches entre ses sentiments, ses émotions et ses pensées. Un Pierre Elliott Trudeau, notamment, pouvait en toute logique élaborer une argumentation dévastatrice contre la longue influence de l'Église au Québec, tout en restant personnellement croyant. Pour Laurendeau cependant, le spirituel, l'émotionnel et le mental étaient des sphères interreliées par des courants subconscients qui se croisaient et s'entremêlaient aux niveaux les plus profonds de son activité intellectuelle. Quand l'un de ces courants s'asséchait, l'équilibre des autres en était sûrement affecté, surtout dans le cas d'un homme qui s'était voué à l'intégrité intellectuelle et qui, néanmoins, se vit

---

10. *Ibid.*, 241-242; voir aussi Michael BEHIELS, *Prelude to Quebec's Quiet Revolution: Liberalism versus Neo-Nationalism 1945-1960* (Montréal: McGill-Queen's University Press, 1985): 24-32.

obligé de garder secret un grand changement intérieur et de vivre, par conséquent, dans le mensonge.

En 1964, il avoua à son fils Jean quelles frustrations il avait ressenties à devoir dissimuler son agnosticisme lors de ses premières années au quotidien de la rue Notre-Dame. Il écrivait que la perte de la foi n'avait jamais été pour lui une catharsis, une soupape d'athéisme militant, une incroyance définitive, mais plutôt quelque chose «comme un vide, ou même comme une infirmité» qui ne procurait aucune exaltation: «Je n'avais pas l'agnosticisme conquérant, mais honteux.» En 1953, n'en pouvant plus de se taire, il avait voulu s'ouvrir à ses aînés Francine (17 ans) et Jean (15 ans): «Je me sentais faux devant vous, devrais-je vous parler?» Après avoir consulté Ghislaine, il décida de demander l'avis d'un tiers, un prêtre. C'était là un retour à ses habitudes de jeunesse. Mais ce prêtre, le père Régis, ne prit pas son agnosticisme au sérieux, le considérant comme une «névrose». Ainsi donc, l'Église lui faisait faux bond encore. Il décida de continuer à se taire. Mais, se demandait-il: «Ai-je le droit?»

Plus tard, dans les années 1950, Laurendeau créerait des personnages dans ses pièces de théâtre, notamment dans *Deux femmes terribles*, ou dans son roman *Une vie d'enfer*, qui exprimeraient toute la tragédie de ce divorce entre les apparences et la réalité. D'aucuns affirment que ces personnages disent tout ce qu'il lui en a coûté psychologiquement de se taire, afin de rester une voix influente au Québec, plutôt que de prendre le parti plus audacieux du défi, avec l'ostracisme inévitable qui s'en serait suivi[11]. Sa critique de l'Église était plus feutrée que celle d'autres réformistes radicaux des années 1950. Ce fut seulement dans la décennie suivante, quand il affronta pleinement son conflit intérieur, qu'il se sentit libre d'appliquer tout son talent analytique au problème.

À la fin des années 1940 cependant, l'indépendance relative du *Devoir* à l'égard des pouvoirs politiques et cléricaux finissait par lui coûter cher. Le journal avait toujours éprouvé des difficultés financières, et d'autant plus qu'il s'opposait par principe à la publi-

11. Yves Laurendeau, «En guise de supplément au *Laurendeau* de Monière», *Revue d'histoire de l'Amérique française*, 38, n° 1 (été 1984): 77s.

cité, considérée comme une forme insidieuse de contrôle. Laurendeau savait qu'il faudrait toujours se battre pour étirer à l'extrême de maigres ressources, mais il pensait que l'indépendance ainsi acquise en valait la peine. Dans les nombreux commentaires qu'il écrira, dans les deux décennies à venir, sur la pratique moderne du journalisme, il déplorait vivement le fait que le contrôle politique des journaux n'ait cédé le pas qu'à la domination commerciale, car, dans les deux cas, le public était privé d'une tribune démocratique et indépendante essentielle:

> Un journal, surtout un grand journal moderne, c'est une entreprise, une affaire où l'argent a le dernier mot. Un homme, une famille, un groupe d'actionnaires y peuvent toujours déclarer: «Je suis le maître parce que je suis le propriétaire. Je risque mon argent, j'encaisse déficits ou surplus, il est donc tout à fait normal que j'exerce l'autorité.»

> Rares sont les Nord-Américains ou les Européens qui contestent la validité de ce raisonnement, dont l'extrême simplicité fait la force [...]

> On peut néanmoins se demander si les règles qui s'appliquent aux fabricants de confiture valent, telles quelles pour les fabricants de journaux — c'est-à-dire pour des organismes qui président à la dissémination des nouvelles et des idées [12].

Parce que *Le Devoir* faisait bande à part dans ce système, il était par voie de conséquence très dépendant de ses loyaux abonnés et des ventes en kiosque. Mais après une brève hausse du tirage par suite d'une prise de position sans équivoque pour le «non», lors de la crise de la conscription, et d'un appui subséquent au Bloc populaire durant les premières années de ferveur du mouvement, les abonnements et les ventes du journal chutèrent [13].

Ce déclin résultait de divers facteurs, notamment du désarroi que provoqua la longue maladie du directeur Georges Pelletier,

---

12. André LAURENDEAU, *Ces choses qui nous arrivent. Chronique des années 1961-1966* (Montréal, HMH, 1970): 256.
13. Pierre-Philippe GINGRAS, *Le Devoir* (Montréal, Libre Expression, 1985): 118-125.

entre 1943 et 1947, de la concurrence de six autres quotidiens à Montréal et de l'orientation du journalisme d'après-guerre vers la presse de masse. Quand Filion et Laurendeau entrèrent en fonction, il n'y avait plus qu'un millier d'abonnés, la plupart appartenant à cette vieille génération de notables et de curés de campagne dont les rangs s'éclaircissaient de plus en plus. Il était alarmant de constater que peu de jeunes gens se ruaient sur les 14 000 exemplaires du journal en vente dans les magasins et au coin des rues. Pour le reste, la vieille imprimerie délabrée et la moyenne d'âge de ses employés (environ 60 ans) parlaient d'elles-mêmes. Filion écrira que, du point de vue technique, l'Imprimerie Populaire montrait tous les signes d'une entreprise qui était en train de mourir[14].

Quand le nouveau directeur entra en fonction, *Le Devoir* perdait de 150 à 200 dollars par jour, une perte énorme à l'époque. Filion entreprit des changements radicaux, de la présentation typographique jusqu'à la moyenne d'âge des employés (qu'il ramena à environ 35 ans, l'âge de Laurendeau). Le nouveau directeur utilisa davantage la photographie, accepta un plus grand étalage de publicité et augmenta le prix du numéro de trois à cinq cents. Mais le changement le plus audacieux et le plus significatif qu'il opéra eut lieu le 27 novembre 1953, quand il profita de la fermeture longtemps attendue du quotidien *Le Canada* pour faire du *Devoir* un journal du matin. Ce fut une initiative lourde de conséquences financières; de fait, elle mena presque à la faillite en 1955. Le journal ne fut sauvé que par l'établissement d'un fonds appelé «Les Amis du Devoir», où des donateurs anonymes finirent peu à peu par réunir une somme de 400 000$ en 1960. Cependant, la décision de Filion avait augmenté le tirage quotidien à environ 27 000 exemplaires par jour[15]. Y contribua aussi la nouvelle position éditoriale du *Devoir* qui, tout en restant intensément nationaliste, abandonnait la vieille rengaine conservatrice sur la nécessité de préserver les traditions pour une défense de plus en plus militante

---

14. Gérard FILION, *Fais ce que peux. En guise de mémoires* (Montréal, Boréal, 1989): 211, 248.

15. *Ibid.*, p. 253; Pierre-Philippe GINGRAS, *Le Devoir* (Montréal, Libre Expression, 1985): 137, 160.

de la classe ouvrière québécoise. Plusieurs des nouveaux lecteurs
du journal étaient des membres des syndicats et des coopératives,
qui étaient impatients de lire les commentaires politiques et sociaux
incisifs de Laurendeau, toujours réfléchis mais profondément critiques.

S'il entrait au *Devoir* sans expérience préalable dans un journal, Laurendeau imposa vite un style qui resterait mémorable pour
tous ceux qui travaillèrent avec lui ou pour lui. Claude Ryan, qui
lui succéda et qui le considérait comme un modèle, l'a décrit
comme un rédacteur en chef discret et réservé, dont l'intelligence
passionnée inspirait chez les autres une sorte d'émulation[16]. Il
n'avait rien en commun, en somme, avec l'image classique du rédacteur en chef d'un journal d'après-guerre: cet ancien chroni-
queur de «chiens écrasés», formé à la dure, gueulard, qui distribuait
les assignations d'un air maussade et qui souvent arrachait la feuille
des mains du reporter inexpérimenté pour lui montrer «comment
faire» sur la machine à écrire la plus proche. De fait, Laurendeau
utilisait rarement une machine à écrire, préférant rédiger ses articles à la main et réviser la copie des autres, d'une écriture serrée,
souvent illisible, qui devait parfois confondre ses journalistes (et qui
donne du fil à retordre à ses biographes!). Il reconnaissait volontiers cependant qu'à part quelques interviews en France, en Belgique et en Italie, au milieu des années 1930, il n'avait aucune expérience du journalisme sur le terrain et était donc obligé
d'apprendre sur le tas. Sa tâche était facilitée d'une certaine façon,
parce que Filion, à la fois pour réduire les coûts et introduire des
changements, avait engagé des jeunes journalistes ambitieux comme
Pierre Laporte, Jean-Pierre Houle et Gérard Pelletier, qui travaille-
ront en association étroite avec Laurendeau au cours des années à
venir. André leur instilla graduellement ses conceptions du journalisme. Son modèle était un homme nommé Lamberti, qu'il avait
rencontré pour la première fois dix ans auparavant, en Belgique.
Laurendeau aimait cet homme curieux qui savait questionner, puis
écouter. C'était là précisément les qualités qu'il démontrait dans
ses fonctions de rédacteur en chef. Il écoutait attentivement, selon

---

16. Interview de Claude Ryan à Waterloo en 1988.

un de ses anciens collègues, durant 30, 40 ou même 60 minutes les projets de reportage d'un journaliste, l'interrompant seulement pour le lancer sur une piste prometteuse. Il laissait alors le journaliste développer son idée, vérifiant de temps à autre, mais jamais intempestivement, pour voir si elle aboutissait; et, au moment de la révision et de la correction du texte, il avançait des suggestions avec «cette indéfinissable discrétion qui le caractérisait[17]».

Néanmoins, la marque majeure que Laurendeau imprima au *Devoir* vint de ses propres écrits. À cause des difficultés financières et du personnel réduit du journal, il devait en faire beaucoup. Outre trois ou quatre éditoriaux par semaine, qu'il écrivait souvent tard le soir, par suite de «constipation mentale», disait-il, ou parce qu'il attendait à la toute dernière minute pour se mettre à l'ouvrage, il écrivait souvent des blocs-notes qui offraient des points de vue incisifs sur les événements. Sous le pseudonyme de Candide, il rédigeait aussi régulièrement des billets sur divers sujets, souvent d'ordre culturel, avec une ironie dévastatrice. Et, selon Gérard Pelletier, avec un grand sens de l'humour, un art souverain de se moquer de lui-même et des autres[18]. Comme l'ex-journaliste et ministre l'a fait ressortir, Laurendeau avait un don spécial pour le journalisme d'opinion. D'ailleurs, il travaillait presque toujours environné de livres, que ce soit au *Devoir* ou chez lui.

Laurendeau réservait l'éditorial aux sujets importants, car il ne perdait jamais de vue la gravité de son rôle d'éducateur nationaliste. Obligé pour des raisons d'espace et de clientèle de réserver ses meilleures analyses intellectuelles à *L'Action nationale*, qu'il continua de diriger de 1948 à 1954, il veillait à ce que *Le Devoir* informe le grand public des significations pour le Canada français des questions socio-économiques et politiques de l'heure, dans un cadre d'analyse souple, cohérent et diversifié. Il considérait le quatrième

---

17. Michel ROY, «André Laurendeau, journaliste au *Devoir*», dans Robert COMEAU et Lucille BEAUDRY, dir., *André Laurendeau* (Sillery, Presses de l'Université du Québec, 1990): 89.

18. Gérard PELLETIER, «Profession éditorialiste», dans Robert COMEAU et Lucille BEAUDRY, dir., *André Laurendeau* (Sillery, Presses de l'Université du Québec, 1990): 87.

pouvoir comme une meilleure plate-forme que la politique à cet égard, même si l'écriture journalistique n'était pas celle qu'il préférait. Selon un journaliste, André Laurendeau était entré au *Devoir* pour mieux adapter le nationalisme canadien-français à la nouvelle situation d'après-guerre[19].

Il faut dire que, de 1947 à 1960, l'équipe Filion-Laurendeau donna au *Devoir* une nouvelle identité comme organe nationaliste, en promouvant des réformes sociales et une plus grande démocratisation politique au Québec. Le journal finirait par être l'un des fers de lance des forces réformistes qui déclenchèrent la Révolution tranquille en 1960. Laurendeau fut l'un de ceux qui contribuèrent le plus à imposer ce nationalisme progressiste.

La contribution de Filion — primordiale, bien sûr — fut surtout du côté du financement, de l'administration du journal et de la protection des journalistes contre des pressions extérieures. Il écrivait beaucoup aussi, mais ses textes portaient davantage quand il traitait de sujets bien concrets comme, par exemple, les enquêtes flamboyantes du *Devoir* sur la corruption de la police et le trafic d'influences dans le Montréal des années 1950. Laurendeau était heureux de laisser les questions administratives au directeur, mais il semble qu'il n'ait jamais considéré Filion assez intellectuel pour discuter de sujets philosophiques ou culturels avec lui[20]. De son côté, Filion admettait que Laurendeau était, avec son bagage intellectuel et la gamme étendue de ses champs d'intérêt, celui qui pouvait tenir la barre idéologique du journal. Soulignant qu'il n'avait jamais changé une virgule dans ses textes, il avouait que Laurendeau le corrigeait parfois, non sans raison; il décrivait ainsi leur association:

---

19. Jacques GUAY, «Les grandes étapes de la carrière d'André Laurendeau», *Le Devoir*, 3 juin 1968; voir aussi François-Albert ANGERS, «André Laurendeau, journaliste à *L'Action nationale*», dans Robert COMEAU et Lucille BEAUDRY, dir., *André Laurendeau* (Sillery, Presses de l'Université du Québec, 1990): 103-107.

20. Gérard FILION, «Ce qui lui a manqué, c'est une enfance d'enfant», dans Robert COMEAU et Lucille BEAUDRY, dir., *André Laurendeau* (Sillery, Presses de l'Université du Québec, 1990): 12s.

Éloignés, nous l'étions aussi par notre culture. La mienne avait ses racines dans les talus de la rivière des Vases. Lui, dans le macadam de la rue Notre-Dame et un peu au flanc des Laurentides, à Saint-Gabriel-de-Brandon. Il avait été un élève des jésuites et ça paraissait. Je venais d'un modeste collège de campagne et ça paraissait aussi. Il se plaisait dans les abstractions, les spéculations philosophiques. Moi, je raisonnais sur des matières concrètes, des situations réelles.

Comment arrivions-nous à nous entendre? C'est simple: nous poursuivions une fin commune par des voies et des moyens différents [21].

Le 8 septembre 1947, dans son premier éditorial intitulé «Pour continuer la lutte», Laurendeau établissait clairement qu'il entendait mettre l'accent sur la réforme, dans la tradition nationaliste de Bourassa. Ses récentes expériences en politique l'avaient convaincu que les problèmes socio-économiques de base étaient les aspects les plus importants à considérer au Québec dans cette période d'après-guerre. C'était là aussi où la pensée nationaliste était la plus déficiente. Si son long combat intellectuel pour concilier le progrès social et les valeurs culturelles, tournées vers le passé, du nationalisme canadien-français avait fait de lui un penseur d'avant-garde vers la fin des années 1930, il avait appris depuis que ses propres idées sur la réalité sociale du Québec étaient à peine moins préconçues que celles de ses collègues conservateurs. En outre, qui pouvait contester que la guerre avait remis le capitalisme sur les rails et accéléré l'urbanisation et l'industrialisation de la société québécoise? Dans ce nouveau contexte, les vieilles rengaines nationalistes semblaient encore plus dépassées, mais il en allait de même des vagues théories personnalistes, un peu paternalistes, dont il s'était entiché avant la guerre. Le temps était venu de regarder en face le système économique industriel qui, malgré la répugnance que ses abus inspiraient, était installé à demeure au Québec. Pour Laurendeau, il n'était plus question de traiter la vie urbaine comme quelque chose de fondamentalement étranger à un type idéal d'existence

21. *Ibid.*, p. 13.

«canadienne». Des années plus tard, il évoquera les restes de mythe agriculturiste qui encombraient la pensée des nationalistes de sa génération. La ville apparaissait à ces derniers comme le péché personnifié, à tout le moins une erreur qu'ils espéraient temporaire. Ils passaient de longues heures à rêver de la campagne, à s'imaginer vivant de manière bucolique[22].

Dans l'optique de Laurendeau, l'ouvrier canadien-français ne devait plus être considéré comme un «habitant» déplacé ou comme un nouveau type de catholique moderne, prêt à respirer l'air tonifiant d'un nouvel humanisme urbain. Il était tout simplement un prolétaire, avec tous les problèmes de cette classe au sein d'un capitalisme nord-américain triomphant (auquel il adhérait même). Ce prolétaire devait être servi par le nationalisme dans sa vie de tous les jours. Autrement, il risquait d'être exploité sans merci par les pouvoirs établis, soit les capitalistes anglophones, les politiciens petits-bourgeois francophones et les réactionnaires catholiques. Laurendeau avait découvert cette vérité dans la rue, en militant pour le Bloc populaire; il s'en fit une cause à défendre. Il commença par lancer une enquête sur le prolétariat dans *L'Action nationale* et par consacrer une bonne partie de la page éditoriale du *Devoir* à la condition ouvrière et agricole au Québec. La première initiative venait du simple fait que les nationalistes, lui compris, avaient besoin d'en savoir davantage sur la classe ouvrière; la seconde entraînait une action immédiate sur trois fronts: une critique sans relâche des effets négatifs du capitalisme déployé sur une grande échelle, particulièrement dans le secteur des ressources naturelles; un appui aux coopératives et au syndicalisme militant d'après-guerre; et un plaidoyer pour que l'État québécois trouve des solutions aux problèmes sociaux.

Laurendeau avait toujours été fort critique à l'endroit du capitalisme. Ses dénonciations de la domination capitaliste anglo-canadienne sur l'économie du Québec, au début des années 1930, avaient été viscérales. Cet aspect restait cependant peu développé

---

22. «A Primitive Tribe Without Education or Culture», dans Philip STRATFORD, dir., *André Laurendeau: Witness for Quebec* (Toronto: Macmillan, 1973), 219-220.

dans sa formation théorique de nationaliste. Son souci principal avait été d'ordre culturel et il n'avait fait que répéter des formules économiques héritées des années 1920. En France, au cœur de la crise économique, il avait adopté la conception de la gauche catholique pour qui le capitalisme n'était pas mauvais en soi si on pouvait en contenir les abus. Il conserva ce point de vue durant la guerre, concentrant son attention sur les problèmes pratiques créés par le développement du capitalisme, ce qui plaçait le Bloc populaire en position de concurrencer des partis anti-capitalistes comme le CCF plutôt que les grands partis affairistes. N'ayant lui-même jamais fait des affaires et n'ayant guère d'amis dans ce milieu, il resterait toujours un critique intellectuel de la bourgeoisie. Dans les premières années après la guerre, cependant, il se soucia davantage de veiller à ce que le nationalisme ne perde pas l'appui des classes populaires.

Son approche avait changé de façon significative. D'abord, il acceptait désormais comme un fait établi l'expansion urbaine et industrielle enclenchée par la guerre et qui menait à une société de consommation. On ne pouvait envisager sérieusement d'autres systèmes comme le communisme ou le corporatisme utopique, qu'ils soient brandis comme des épouvantails par les gouvernements pour créer la peur ou par les nationalistes conservateurs dont le regard était tourné vers le passé. Laurendeau était déterminé à faire comprendre cela aux nationalistes d'après-guerre. Il se servait de faits et de chiffres pour montrer à quel point le capitalisme industriel avait transformé la société québécoise. Puis il soulignait à quel point il était essentiel pour les nationalistes d'abandonner leur point de vue de notables et de considérer les choses dans la perspective des ouvriers et des cultivateurs. Selon lui, le nationalisme ne pouvait être réduit aux questions de la langue, des écoles, du bilinguisme et d'un nombre d'emplois francophones équitable dans la fonction publique fédérale. D'ailleurs, ces questions n'intéressaient guère les ouvriers. Souvent, les nationalistes, se contentant d'approximations, avaient prêché à des gens qui, ne comprenant rien à la question, s'en trouvaient agacés.

Quelle que fût l'évolution de sa pensée sur le capitalisme industriel, Laurendeau continuait à condamner vigoureusement l'exploitation étrangère des ressources naturelles. Il dénonça maintes fois dans *Le Devoir* les tractations secrètes entre le gouvernement de l'Union nationale de Duplessis et les entreprises américaines et canadiennes. Il fut indigné d'apprendre, en 1948, que le gouvernement provincial, après sa réélection, avait conclu une entente avec Hollinger North Shore Exploration Co. (devenu plus tard la compagnie Iron Ore du Canada) pour l'extraction du minerai de fer dans la vaste région de l'Ungava. Cette entente qui comportait des redevances d'un cent la tonne de minerai dans un bail de 6000$ par année, allait devenir dans les années suivantes le symbole de la situation économique coloniale du Québec. Laurendeau se demandait pourquoi on n'avait pas obtenu la garantie d'au moins quelques emplois manufacturiers au Québec. Pour lui, ce genre d'entreprise perpétuait l'infériorité du Québec. Il réclamait que l'État lui-même mette sur pied une entreprise de transformation du fer sur la Côte-Nord, si on ne pouvait arriver à une meilleure entente que celle-là.

Dans la même veine, les éditoriaux de Laurendeau dans *Le Devoir* avaient une forte inclination pro-syndicale. Le boom industriel d'après-guerre avait entraîné de rapides augmentations de salaire qu'on a estimées à 90% pour la période de 1947-1954[23]. Ces nouvelles conditions créaient de grands espoirs chez les travailleurs, impatients de sortir des privations d'un passé tout récent. Les syndicats avaient enregistré un boom correspondant de leurs effectifs. En décembre 1947, Laurendeau calculait que les syndicats catholiques nationalistes, qui formaient la Confédération des travailleurs catholiques du Canada (CTCC), comptaient 70 000 membres, alors que la Fédération américaine du travail et le Congrès canadien du travail comptaient chacun 40 000 membres au Québec; donc sur les 800 000 travailleurs québécois, 150 000 étaient syndiqués. Il appuyait vigoureusement les nouveaux dirigeants de la CTCC, surtout son directeur Gérard Picard, qui tournaient le dos aux valeurs morales et au respect de l'autorité — qui avait été si souvent le souci principal des syndicats confessionnels — pour faire valoir davantage des exigences économiques. Même s'il aurait préféré un

23. Denis MONIÈRE, *André Laurendeau et le destin d'un peuple* (Montréal, Québec/Amérique, 1983): 204.

processus d'arbitrage amélioré et plus rapide pour régler les conflits, Laurendeau apporta son soutien éditorial aux grévistes des
usines de conserve, du textile et des mines, parmi d'autres, en
1947-1948. Il plaida aussi avec force pour un nouveau code provincial du travail, qui serait plus favorable aux travailleurs que celui
qui avait été adopté par le gouvernement Godbout durant la
guerre. Le 22 décembre 1947, dans un éditorial intitulé «Politique
ouvrière de la CTCC», il avançait que dans ses demandes pour un
nouveau code du travail, la centrale syndicale exprimait «la volonté
d'une classe longtemps négligée, qui a trouvé des cadres et des
chefs, qui a réfléchi sur sa condition, et fait connaître ses vues avec
une dignité ferme. Il serait sage de l'écouter, quand il en est encore
temps.» Il rejetait avec mépris le vieil argument rétrograde qui
voyait des communistes derrière toute grève. Selon lui, les communistes savaient bien se servir d'événements pareils, mais il était rare
qu'ils les créent. Ce qu'ils décriaient, ajoutait-il, c'était les conditions misérables de travail, les salaires inéquitables et le «retard
social».

Le conflit qui en vint à symboliser le nouveau militantisme des
syndicats québécois ces années-là se produisit dans la ville d'Asbestos, en 1949. Grâce à une publicité exceptionnelle à l'époque et
aux nombreux reportages qui s'ensuivirent[24], la grève d'Asbestos a
souvent été considérée comme un signal de ralliement pour les
intellectuels, les réformistes et les organisations syndicales contre
toutes les forces réactionnaires qui tenaient le Québec à l'écart
d'une pleine modernisation. D'un côté, il y avait les ouvriers de
l'une de ces nombreuses «villes de compagnie» où les conditions
d'exploitation étaient notoires; ces ouvriers étaient soutenus par les
représentants syndicaux de la CTCC, des intellectuels comme
Pierre Elliott Trudeau et des ecclésiastiques libéraux comme l'archevêque Joseph Charbonneau. De l'autre côté, il y avait un trust
étranger, le gouvernement de l'Union nationale de Duplessis, des
«scabs» armés et la police provinciale. Un an auparavant, dans *Le*

---

24. Gérard PELLETIER, *Les années d'impatience, 1950-1960* (Montréal,
Stanké, 1983); voir aussi Pierre Elliott TRUDEAU, *La grève de l'amiante* (Montréal,
Éditions Cité Libre, 1956).

Devoir, Laurendeau avait vivement dénoncé les conditions de travail dans l'industrie de l'amiante, endossant les révélations sensationnelles de Berton Le Doux, dans la revue *Relations*, sur les décès dus à la silicose à Saint-Rémi d'Amherst. Maintenant il se rangeait clairement du côté des travailleurs d'Asbestos. En éditorial, le 2 mai 1949, il soulignait que les négociations avaient été rompues par la faute du gouvernement et de la Johns-Manville. Affirmant que le syndicat avait fait des concessions raisonnables, il ajoutait:

> Que ni le gouvernement ni la compagnie n'aient accepté ces conditions, c'est le signe qu'ils ne se contentent pas de voir les ouvriers à genoux, ils les veulent effondrés, le front dans la poussière. Ils ont cru les grévistes au dernier degré de la misère et privés de tous secours. Ils ont cru les tenir dans leurs mains [...]
>
> Nous appuyons la cause des syndicats de l'amiante, non parce qu'ils sont des Syndicats catholiques, mais parce que nous croyons qu'ils ont raison [...]
>
> Une industrie qui joue avec la santé et même la vie de ses ouvriers se défend par le mensonge et la calomnie. Elle reçoit l'appui intégral du gouvernement, qui prend parti pour le capital étranger et contre la main-d'œuvre du Québec[25] [...]

Dans des éditoriaux subséquents, il accusait la police provinciale d'être responsable de la violence à Asbestos et d'être soudoyée par la compagnie. Il demandait avec ironie si le Québec était en pleine transformation, s'il était en train de devenir un État policier. Durant toute la durée de la grève, *Le Devoir* publia régulièrement des reportages de Gérard Pelletier, son reporter syndical qui, pour se rendre à Asbestos, devait se faire voiturer par de «bons samaritains», car le journal ne pouvait assumer les frais du voyage[26]. Avec Laurendeau, il assura au *Devoir* une place dans cette mystique qui se développerait autour de la grève d'Asbestos durant la Révolution tranquille.

---

25. *Le Devoir*, 2 mai 1949.
26. Gérard FILION, *Fais ce que peux. En guise de mémoires* (Montréal, Boréal, 1989): 244s.

Il faut reconnaître néanmoins que les efforts de Laurendeau pour lier le nationalisme canadien-français à la cause des travailleurs n'allaient pas sans contradictions. Par exemple, il retomba lui-même dans l'ancienne mentalité quand une grève des typographes du *Devoir* amena le problème dans sa cour. Il s'opposa à la grève en affirmant que le journal perdait de l'argent et que les typographes en étaient les techniciens les mieux rémunérés. Il prit aussi position contre une grève des enseignants de Montréal, organisée par la CTCC. S'il convenait que ces enseignants étaient bien moins rémunérés que leurs homologues du Canada anglais et qu'il pressait le gouvernement de hausser leurs salaires, il était néanmoins opposé à la grève dans un secteur public aussi important. Ces exemples montrent que, chez Laurendeau, l'adaptation des idées nationalistes traditionnelles aux valeurs matérielles allait jusqu'à une certaine limite.

Par ailleurs, l'appui de Laurendeau à la cause de l'autonomie provinciale imposait une autre limite à son radicalisme ouvrier. De même qu'il soutenait la CTCC, parce que ce mouvement syndical était entièrement québécois, sans se soucier que ce fût celui qui réclamait le plus pour les travailleurs, il s'opposait au code du travail fédéral, le projet de loi 195, présenté en 1948. Ce code avait beau avoir une légalité constitutionnelle, il péchait, selon lui, par son inspiration centralisatrice. Laurendeau était ainsi acculé sans cesse à défendre la compétence du gouvernement Duplessis dans le domaine provincial, même si ce gouvernement était ouvertement anti-ouvrier.

Il se heurtait au même paradoxe dans sa défense des initiatives étatiques dans les domaines de l'habitation et de la sécurité sociale. Le logement était le problème social le plus grave que devait affronter le Québec d'après-guerre. Des études menées à travers l'Amérique du Nord avaient montré à quel point non seulement l'urbanisation et la croissance industrielle, mais aussi les pressions engendrées par le retour des soldats et le boom des naissances avaient entraîné un phénomène d'expansion urbaine et d'accès à la propriété dans les villes et les banlieues. Il y avait, bien ancré chez ceux et celles qui avaient survécu aux années de crise économique et de guerre, y compris les immigrants, un désir de posséder ce symbole de sécurité que représentait une maison payée. Mais, comme Laurendeau le fit remarquer dans une longue série d'articles consacrés à la question, seulement 3,5% des familles ouvrières québécoises possédaient leur propre maison, et jusqu'à 87% des habitants de Montréal vivaient entassés dans des logements trop étroits. C'était là une situation critique qui ne pouvait être résolue que par une intervention massive de l'État. Mais ni le fédéral ni le provincial ne semblaient prêts à remédier à la situation par des programmes dynamiques de rénovation urbaine et de subventions domiciliaires. Siégeant au Parlement de Québec, Laurendeau avait vu Duplessis rejeter du revers de la main des réformes du logement qu'il considérait dangereusement «socialistes». Il apparaissait donc que, peu importe la gravité de la situation, l'Union nationale ne changerait pas de position là-dessus.

Laurendeau considérait que ce dilemme québécois, dans le champ de la sécurité sociale, serait encore plus grave à long terme. Lui qui avait contribué à sortir le nationalisme de l'âge de pierre anti-étatique pour l'amener à une conception plus progressiste de ce que l'État québécois pouvait accomplir par des programmes sociaux allant de l'assurance-chômage aux pensions de retraite, était outré par la mentalité sociale rétrograde de l'Union nationale. Durant les années de guerre, le gouvernement fédéral, peu entravé par la complaisance du gouvernement Godbout, avait entrepris d'établir une législation sociale moderne. Laurendeau avait compris les implications du Rapport Marsh (inspiré du Rapport Beveridge en Angleterre), qui exposait l'intention du gouvernement King d'utiliser les pouvoirs fiscaux acquis à l'époque de la guerre pour créer un ensemble de programmes sociaux après 1945[27]. Si le Québec n'intervenait pas, un gouvernement dominé par les Canadiens anglais imposerait sa politique sociale aux Canadiens français. On le voyait déjà avec l'assurance-chômage et les allocations familiales qui, selon Laurendeau, ne répondaient pas aux besoins spéciaux du Québec, dans le cas des familles nombreuses notamment.

---

27. John ENGLISH, Ian DRUMMOND et Robert BOTHWELL, *Canada since 1945: Power, Politics and Provincialism* (Toronto, University of Toronto Press, 1981): 66-68.

Duplessis était beaucoup plus enclin à se battre pour l'autonomie que Godbout, et d'ailleurs il battait la charge anti-Ottawa avant chaque élection, mais son gouvernement ne faisait à peu près rien pour fournir une assistance sociale dont le besoin était criant. Ce qui frustrait le plus Laurendeau, c'était la grotesque comédie que jouait Duplessis en se posant comme le champion du nationalisme.

L'un des domaines dans lesquels Laurendeau et *Le Devoir* gardèrent leurs coudées franches fut l'éducation. Le développement et la réforme de l'éducation s'imposaient de façon impérieuse après la guerre, alors que de plus en plus de Canadiens français en étaient venus à considérer l'éducation comme un instrument de progrès et d'ascension sociale. La société canadienne-française était à la croisée des chemins. On pouvait toujours continuer d'entretenir un système scolaire désuet et continuer de faire partie d'une sorte de communauté folklorique pré-industrielle ou, mieux, mettre en place un système scolaire moderne et gérer le développement industriel. C'était là une préoccupation essentielle pour Laurendeau, car son esprit nationaliste l'amena à souligner l'importance d'une réforme de l'éducation pour le progrès et l'autonomie du Canada français autant que pour sa modernisation. De fait, l'éducation eut pour les nationalistes, dans les années 1950, l'aura que les lois sur la langue auraient dans les décennies 1970 et 1980, en ce qui concerne le pouvoir des francophones. Il n'empêche que leur idéologie les amenait parfois à traîner les pieds derrière d'autres groupes progressistes qui réclamaient des réformes de l'éducation, à la fin des années 1940 et au début des années 1950. Laurendeau, par exemple, s'opposa à une intervention plus directe du gouvernement dans l'éducation en 1948, y craignant de nouvelles occasions de patronage pour l'Union nationale. Bien qu'il prônât des changements radicaux dans l'éducation au primaire, la scolarité obligatoire jusqu'à l'âge de 16 ans, l'accroissement des dépenses de l'État en éducation, une meilleure rémunération des enseignants et une révision des programmes pour augmenter l'enseignement de matières «modernes» comme la science et les mathématiques, il hésitait à proposer une intervention massive de l'État, parce qu'elle compromettrait l'autonomie des commissions scolaires locales, et donc politiserait l'instruction publique. Ce point de vue se défendait, il s'inspirait d'un souci démocratique, mais il ne tenait pas assez compte du retard de l'enseignement primaire au Québec.

Un autre sujet de tension entre les tendances nationalistes et progressistes était l'éducation secondaire, surtout le système des collèges classiques. À la fin des années 1930, Laurendeau, qui était un pur produit de ce système, était devenu très critique, presque méprisant, à l'égard des aspects désuets du cours classique. Son séjour en France l'avait éclairé à ce propos, mais aussi les griefs pertinents, quoique isolés, des rares scientifiques francophones du Québec avant la guerre. Au début des années 1940, d'autres problèmes l'avaient accaparé, mais maintenant il pouvait s'attaquer à nouveau aux lacunes d'une éducation secondaire et universitaire qui empêchait les Canadiens français de participer pleinement à la société moderne et de trouver des débouchés dans les domaines techniques bien rémunérés. Pour lui, c'était là une cause majeure, sinon la principale, de l'infériorité économique des Canadiens français dans leur propre province. Mais cette préoccupation montrait à quel point, chez Laurendeau, le pendule de la pensée nationaliste oscillait d'une concentration sur les menaces extérieures à une autre sur les empêchements intérieurs au progrès national. Élitistes, dominés par des professeurs et des administrateurs ecclésiastiques (qui empêchaient l'émergence d'un corps professoral laïque), axés sur l'humanisme catholique, les collèges classiques ne formaient pas assez de jeunes aptes à fonctionner dans l'économie moderne. Laurendeau préconisait donc un système d'écoles secondaires pluralistes, même si, sur plusieurs points, comme nous le verrons, cette prise de position le mettra en conflit direct avec les autorités de l'Église. Elle l'opposera aussi de nouveau au gouvernement Duplessis, qui n'entendait pas contester la mainmise cléricale sur les collèges classiques et qui n'était guère intéressé à faciliter l'avancement des Canadiens français de la classe ouvrière à des niveaux supérieurs d'éducation, puisque cela ne ferait qu'augmenter les coûts dans le monde des affaires. Pour Laurendeau, il devenait de plus en plus évident avec les années que le progrès du Québec sur plusieurs plans — et notamment dans des domaines comme l'enseignement primaire et secondaire, où la question de l'autonomie provinciale ne se posait pas directement — était bloqué par la mentalité sociale rétrograde du gouvernement Duplessis.

Dans l'esprit de Laurendeau, la lutte contre ce gouvernement et l'objectif plus large d'éduquer le public pour l'orienter vers une société plus ouverte et plus éclairée étaient liés aussi à la nécessité d'abattre les barrières qui isolaient le Canada français du monde extérieur. Sa propre expérience à l'étranger, durant les années 1930, lui avait ouvert les yeux sur le côté xénophobe de la pensée canadienne-française. Quand la guerre était venue, de par son extension internationale, abaisser certaines barrières, elle avait aussi donné lieu à des crises politiques, comme celle de la conscription, qui avaient eu pour effet à court terme d'accroître la mentalité obsidionale. Cela s'était produit chez lui aussi, mais il n'avait jamais été amené à penser pour autant qu'il n'était pas important de s'ouvrir vers l'extérieur. Il avait essayé quelque peu, à *L'Action nationale* notamment, de maintenir une perspective nationaliste ouverte; au *Devoir*, il s'efforçait d'en faire davantage. Sa contribution la plus importante était de commenter régulièrement les événements internationaux et de parler du rôle du Canada dans le monde. Laurendeau fut l'un des premiers nationalistes d'après-guerre à retracer l'évolution de la Guerre froide et à en définir les implications pour ceux qui, comme lui, étaient des opposants de longue date de l'impérialisme. Il se rendit vite compte que la Grande-Bretagne connaissait un déclin rapide, à la fois comme puissance impériale et comme menace pour l'identité du Canada français. Le monde était désormais polarisé par la rivalité idéologique entre deux superpuissances impérialistes; l'Union soviétique, avec sa vision communiste internationale, et les États-Unis qui, sortis grands gagnants de la guerre, avaient abandonné leur isolationnisme traditionnel pour répandre leur influence partout, au nom de la liberté. Laurendeau arguait que la neutralité était, dans les circonstances, la meilleure politique du Canada, tout juste comme elle l'avait été quand la Grande-Bretagne était la puissance impérialiste à redouter. Entre 1947 et 1950, Laurendeau s'attaqua à maintes reprises à la politique étrangère d'Ottawa, qui s'alignait trop sur Washington. Il était revenu de France, en 1937, fort de l'idée que l'influence américaine était une grave menace pour le Canada français aussi bien que pour le Canada tout entier. Il voyait maintenant cette influence devenue encore plus pernicieuse, car elle menaçait d'entraîner le Canada avec le reste du monde dans un affrontement atomique post-Hiroshima. Ni le gouvernement de Mackenzie King ni celui de son successeur Louis Saint-Laurent ne semblaient enclins à s'allier avec d'autres puissances moyennes et petits pays pour constituer une troisième voie entre les deux superpuissances. Laurendeau s'était opposé à l'entrée du Canada dans l'Organisation du traité de l'Atlantique nord (OTAN) en 1949, parce qu'elle signifiait une perte du pouvoir de décision sur la paix ou la guerre, plus même que durant la guerre qui venait de se terminer: le Canada entrerait automatiquement en guerre du côté des États-Unis. Rejetant le principe de la sécurité collective mais en même temps persuadé que l'isolationnisme était hors de question, il pressait le Canada de participer davantage à des organisations internationales comme les Nations Unies et l'Organisation des États américains (OÉA). Il avait beaucoup admiré la résistance pacifique à l'impérialisme du Mahatma Gandhi, qui s'était faite sous forme de désobéissance civile. Il tenait l'Inde comme un exemple remarquable de pays non aligné, qui poursuivait une «troisième voie» éclairée sur la scène internationale:

> Nous trahissons notre devoir international de petite nation, qui devrait nous associer à la politique pacificatrice de Nehrou. Au lieu d'être parmi les États qui tentent de se dresser entre les deux colosses rivaux, nous nous marions plus étroitement avec la guerre.
>
> Il nous en coûtera, sans profit pour la paix, sans profit pour les Nations Unies, que deux concurrents déchirent à belles dents. Il nous en coûtera en argent, en produits et en hommes. Nous aurons été, malgré nos belles déclarations, parmi les États qui poussaient la Grande Guerre III [28].

Mais rien n'illustre mieux les conceptions internationalistes de Laurendeau, à l'époque, que la guerre de Corée. Il affirma d'abord que la menace dans le tiers-monde venait moins du communisme

---

28. *Le Devoir*, 21 juil. 1950.

que de l'impérialisme économique occidental. Si les États-Unis prenaient autant de peine à aider ces régions à se développer qu'à leur fournir des armes, la menace communiste s'en trouverait grandement réduite. De toute façon, comment pouvait-on prétendre que les États-Unis avaient, plus que l'URSS ou que la Chine, le droit d'intervenir dans les pays asiatiques? Il fustigeait le gouvernement Saint-Laurent non seulement d'avoir approuvé la croisade anticommuniste des Américains en Corée, mais surtout d'avoir envoyé des troupes canadiennes à l'appui. C'était là une décision qu'on pensait avoir prise, disait-il, pour accroître la sécurité mondiale mais qui, en fait, contribuait à la déstabilisation et à l'insécurité. Il faut dire que Laurendeau était toujours plus sensible aux aspects des interventions à l'étranger qui pouvaient avoir des conséquences néfastes au Canada français, c'est-à-dire qui pouvaient, une fois de plus, soulever ces conflits internes douloureux qu'entraînait toute participation canadienne dans les guerres étrangères. Il était moins ouvert aux dimensions purement internationales qui, au-delà de toute autre considération, rendaient ces engagements nécessaires. En ce sens, son nationalisme canadien-français continuait d'influencer son point de vue international, mais il ne fait pas de doute qu'il fut parmi les premiers à éveiller le Québec francophone aux intérêts qu'il pouvait avoir sur la scène internationale.

Laurendeau trouva, avec la télévision, un autre moyen puissant d'élargir les perspectives internationales des Canadiens français. Nous avons vu déjà qu'il avait fait assez tôt l'expérience de la radio, comme pianiste et conférencier musical au début des années 1930. Plus tard, avec les Jeune-Canada, la Ligue pour la défense du Canada et le Bloc populaire, il donna des causeries politiques à la radio, une expérience qui le débarrassa de sa sophistication intellectuelle et contribua sans doute au développement de son style journalistique clair et dépouillé. Durant les années de crise économique, il avait participé à d'autres projets radiophoniques, notamment la scénarisation et la diffusion d'un roman de l'abbé Groulx et une série d'émissions à la CBC avec Neil Morrison, en 1939, qui visaient à améliorer la connaissance que les Canadiens français et les Canadiens anglais ont les uns des autres. Il avait donc toute l'expérience et l'ouverture d'esprit qu'il fallait pour que Radio-

Canada lui fasse signe, dès la première année de diffusion de la télévision d'État[29]. Il était logique qu'à ses débuts, la télévision se tourne vers d'autres médias pour aller chercher les ressources nécessaires, et Laurendeau était une personnalité bien connue. Par ailleurs, bien de l'eau avait coulé sous les ponts depuis les affrontements épiques qu'il avait eus avec la radio d'État pour obtenir du temps d'antenne lors de la crise de la conscription.

La direction de Radio-Canada aurait pu difficilement s'imaginer que Laurendeau se ferait un jour un nom dans le téléthéâtre. À l'époque, l'intérêt du journaliste pour les affaires internationales en faisait un candidat de choix pour l'émission qu'on avait en tête au sujet des cultures et des pays étrangers. L'émission «Pays et Merveilles», qui prit l'antenne en 1952, ne devait durer que quelques semaines. Or elle resta en ondes jusqu'en 1961 et fit de Laurendeau une des personnalités de la télévision les plus connues et les plus appréciées au Québec. «Pays et Merveilles» était une fenêtre qui s'ouvrait sur le monde tous les mercredis soirs, et Laurendeau, bien conscient des possibilités révolutionnaires de la télévision pour informer le public et élargir ses horizons, se gagna un auditoire extrêmement fidèle. Comme René Lévesque, que les interviews qu'il menait à sa fameuse émission «Point de mire» à Radio-Canada firent connaître partout au Québec dans les années 1950, Laurendeau y imposa une image de franchise et d'intensité qui persisterait bien au-delà de ses années de télévision. Comme Lévesque aussi, il menait ses entrevues la cigarette aux doigts. Mais la comparaison s'arrêtait là. Il était plutôt effacé alors que Lévesque perçait l'écran. Il se contentait de relancer doucement ses invités, tandis que Lévesque les poussait dans leurs derniers retranchements. Avec des images des pays étrangers apparaissant de temps à autre à l'écran, il posait ses questions d'une voix nerveuse; il ajoutait souvent, pour bien clarifier les choses: «Alors si je vous ai bien compris...», et il répétait l'idée exposée par l'invité. C'était un style appliqué, guère flamboyant, qui ne pouvait sans doute réussir

---

29. Voir les articles de Laurendeau sur la télévision dans *Ces choses qui nous arrivent. Chronique des années 1961-1966* (Montréal, HMH, 1970): 187-191, 290-294, 339-343.

qu'au début de la télévision, avant l'époque de la vidéo, quand il fallait dix heures parfois pour mettre les choses au point[30].

Laurendeau plaisantait en privé sur le fait qu'il devait passer des heures, sinon des jours, avec des personnes qu'il n'avait jamais rencontrées auparavant et qu'il ne rencontrerait plus jamais par la suite. Il trouvait amusant de recevoir des lettres de purs étrangers qui connaissaient ses moindres tics et caractéristiques physiques. Dans l'une de ses lettres, par exemple, on lui reprochait de ne jamais sourire:

> Permettez au miroir de vous renvoyer votre image, telle qu'elle apparaît sur notre écran du mercredi soir! Un visage terne, presque ennuyé, surtout lorsque vous nous dites «Bonsoir», d'une voix cassante et peu sympathique. Allons, un petit effort. Détendez-vous. Pratiquez le Yoga, s'il le faut, mais, puisque vous en êtes capable, souriez gentiment, parlez-nous sur un ton chaleureux... Entre nous, vous savez à quel point la caméra de la TV est implacable: elle nous livre presque votre subconscient. Alors, quittez ce personnage fade et monotone et mordez dans votre rôle comme on mord dans une pomme. Avec aise, avec satisfaction, avec joie, avec chaleur et... avec le sourire! Laissez l'écran irradier ce feu intérieur qui vous anime et là vraiment, nous aurons l'impression que vous communiquez avec nous, que vous désirez établir le contact, et ce faisant, vous oublierez l'œil froid braqué sur vous pour sentir une salle tout à fait réceptive et pour percevoir, à la fin, nos applaudissements[31].

La romancière Gabrielle Roy lui écrivit aussi: «Je vous admirais déjà beaucoup comme journaliste aux grandes vues qui rassemblaient les hommes; je vous retrouve avec profit le mercredi soir, à

---

30. Denis Monière, *André Laurendeau et le destin d'un peuple* (Montréal, Québec/Amérique, 1983): 218-219; voir aussi Paul-André Comeau, «La banalisation télévisuelle», dans Nadine Pirotte, dir., *Penser l'éducation. Nouveaux dialogues avec André Laurendeau* (Montréal, Boréal, 1989): 155-160.
31. Lucille De Garie à André Laurendeau, 9 fév. 1961, *Fonds Famille Laurendeau-Perrault, Centre de recherche Lionel-Groulx*.

votre programme de télévision qui a tout fait, il me semble, pour combattre les préjugés et pour élargir le cercle des amitiés et des connaissances[32].»

En 1954, cependant, Laurendeau constatait avec tristesse qu'un fossé énorme le séparait d'autres Québécois qui se définissaient comme nationalistes. Dans les efforts qu'il déployait au *Devoir*, à *L'Action nationale* et à la télévision pour répandre une idéologie plus progressiste, tournée vers l'extérieur et vers la classe ouvrière, une idéologie qu'il appelait nationalisme social, il se retrouvait en opposition fondamentale avec ceux qui se barricadaient dans leurs idées conservatrices et camouflaient une mentalité petite-bourgeoise, socialement arriérée, derrière une façade de rhétorique nationaliste. Ses vues sur plusieurs questions s'accordaient de plus en plus avec celles de ces esprits libéraux — intellectuels, religieux éclairés ou syndicalistes —, dont l'influence montait au sein de la société québécoise. L'un d'eux, Pierre Elliott Trudeau, dans son livre *La grève de l'amiante*, salua le progressisme de Laurendeau en ces termes: «Depuis le moment où M. André Laurendeau était devenu directeur de la revue, à la fin de 1937, le nationalisme de *L'Action nationale* se disculpa de toute accusation de racisme, se dissocia des doctrines d'extrême droite, et chercha à donner une inclinaison plus sociale aux pentes autonomistes[33].» Comme bien d'autres esprits libéraux à l'époque, Trudeau condamnait le nationalisme qui n'était, à ses yeux, qu'une idée réactionnaire, dépassée. Là-dessus, Laurendeau n'était pas d'accord avec lui ni avec d'autres critiques sociaux comme le père Georges-Henri Lévesque, de l'École des Sciences sociales de Laval, mais il admettait néanmoins que le nationalisme traversait une crise de conscience. Il soulignait que la crise s'expliquait par le fait que cette riche variété de nationalisme s'était réduite brusquement à une «gauche» et une «droite» et qu'il ne semblait plus y avoir de possibilités de rencontre entre les deux.

---

32. Gabrielle Roy à André Laurendeau, 25 mai 1960, *Fonds Famille Laurendeau-Perrault, Centre de recherche Lionel-Groulx.*

33. Pierre Elliott TRUDEAU, *La grève de l'amiante* (Montréal, Éditions Cité Libre, 1956): 46.

Il ne faisait guère de doute que Laurendeau se retrouverait avec cette gauche ou ces nationalistes sociaux dans les années à venir. Mais il était moins sûr qu'il puisse trouver une réponse au problème critique avec lequel la gauche québécoise se débattait: allait-on continuer de soutenir le combat de Maurice Duplessis pour l'autonomie provinciale, alors qu'il était désormais évident que l'autocrate Premier ministre ne se servirait jamais de l'autonomie pour instaurer le progrès social? Laurendeau était devant ce dilemme depuis la réélection de Duplessis, en 1944, et il avait toujours fait passer l'autonomie avant le progrès social. Mais durant ses dernières années au *Devoir*, il s'était heurté à l'intransigeance de l'Union nationale sur toutes les questions importantes qui avaient trait au travail, au logement et à l'éducation. L'État était devenu un tel moteur de développement dans la société moderne que tolérer le féodalisme hypocrite de Duplessis finissait par miner la cause nationaliste elle-même. Pour Laurendeau, qui cherchait depuis presque deux décennies à réunir nationalisme et progrès social dans un même mouvement, le régime duplessiste devenait intolérable.

André Laurendeau, élève de ballet, 13 novembre 1921.
(Photographie par Albert Dumas, Fonds Famille Laurendeau-Perrault.
Archives du Centre de recherche Lionel-Groulx)

Parents d'André Laurendeau, Blanche Hardy et Arthur Laurendeau, avril 1910. (Photographie par Dupras & Colas, Fonds Famille Laurendeau-Perrault. Archives du Centre de recherche Lionel-Groulx)

André Laurendeau et Ghislaine Perrault, 2 mai 1933. (Fonds Famille Laurendeau-Perrault. Archives du Centre de recherche Lionel-Groulx)

André Laurendeau en compagnie d'Hector de Saint-Denys Garneau, 24 septembre 1931. (Fonds Famille Laurendeau-Perrault. Archives du Centre de recherche Lionel-Groulx)

André Laurendeau sur le bateau *Alaunia* qui le conduit en Europe, 1933. (Fonds Famille Laurendeau-Perrault. Archives du Centre de recherche Lionel-Groulx)

Maxime Raymond, André Laurendeau et Henri Bourassa:
trois générations au sein du Bloc populaire canadien.
(Photographie: *La Presse*, Fonds Famille Laurendeau-Perrault.
Archives du Centre de recherche Lionel-Groulx)

André Laurendeau à une assemblée du Bloc populaire canadien, au marché Jean-Talon, 12 juillet 1944. (Fonds Famille Laurendeau-Perrault. Archives du Centre de recherche Lionel-Groulx)

André Laurendeau avec Frank Scott au Cercle juif de la langue française à l'occasion d'une conférence sur les liens culturels entre la France et le Canada, 14 mai 1952. (Fonds Famille Laurendeau-Perrault. Archives du Centre de recherche Lionel-Groulx)

André Laurendeau en compagnie de l'abbé Pierre à l'émission «Pays et merveilles». (Photographie par J. Marcel, Fonds Famille Laurendeau-Perrault. Archives du Centre de recherche Lionel-Groulx)

Commission royale d'enquête sur le bilinguisme et le biculturalisme
à Québec. De g. à dr.: Gertrude Laing, le père Clément Cormier,
Neil Morrison, Paul Lacoste, Paul Wyczynski, Jean-Louis Gagnon,
André Laurendeau, Wilfrid Hamel, A. Davidson Dunton,
Jaroslav B. Rudnyckyj, Royce Frith et Frank R. Scott, 16 juin 1964.
(Photographie: Ville de Québec, Fonds Famille Laurendeau-Perrault.
Archives du Centre de recherche Lionel-Groulx)

CHAPITRE VIII

LA GUERRE
CONTRE DUPLESSIS
1955-1959

> M. Duplessis considère [...] le pouvoir comme une
> propriété personnelle. Il en dispose à son gré. Ses amis
> obtiennent des faveurs. Les comtés amis reçoivent un
> traitement particulier. Les députés de l'opposition
> n'ont en Chambre à ses yeux que des moitiés de droits:
> il les traite comme s'ils n'avaient pas été élus aussi
> légitimement que les majoritaires.
>
> M. Duplessis paraît croire juste et légitime d'affamer
> l'opposition: qu'il s'agisse de situations ou de routes,
> d'écoles ou de ponts, seuls les favoris sont servis. Il
> vient d'appliquer ce principe aux journaux: un adver-
> saire à son gré n'est pas digne de l'entendre. Il choisit
> parmi les journaux ceux qu'il regarde comme loyaux et
> il commence d'exclure les autres.
>
> Cet arbitraire va contre la démocratie et les coutu-
> mes d'un régime parlementaire.
>
> André LAURENDEAU,
> «La théorie du roi nègre», 1958[1]

Durant les années 1950, André Laurendeau habitait une maison
hantée. C'était une vieille maison en briques, à deux étages, avec
de multiples recoins et lézardes, rue Stuart, à Outremont. Deux

---

1. *Le Devoir*, 4 juil. 1958.

fantômes partageaient les lieux avec le couple Laurendeau et leurs six enfants. L'un de ces mystérieux hôtes était fort bienvenu. C'était quelqu'un qui n'avait jamais mis les pieds en Amérique du Nord, encore moins à Montréal, et qui était mort presque un demi-siècle auparavant. L'autre était l'ombre ténébreuse d'un personnage encore bien vivant que Laurendeau détestait plus que personne. Ces deux fantômes s'appelaient Debussy et Duplessis. Les plus jeunes enfants de Laurendeau se rappellent que les deux noms se confondaient un peu dans leur esprit, avant qu'ils n'apprennent que Claude Debussy, le grand compositeur français, représentait la lumière, et Maurice Duplessis, le Premier ministre du Québec, les ténèbres. La nuit, enfoncés dans leur lit, ils pouvaient entendre le triste chant de *Pelléas et Mélisande* et ils n'avaient pas besoin de voir leur père pour savoir qu'au coin de sa bouche flottait un sourire mélancolique, lassé du monde, et que ses yeux se perdaient dans un horizon lointain[2]. Pour Laurendeau, Debussy était l'occasion de replonger dans un refuge sacré à l'intérieur de lui-même où personne ne pouvait le suivre. Il en était ainsi depuis qu'il avait vu à quel point son père Arthur était captivé par la musique de Debussy, comme si cette passion était inscrite dans les gènes de la famille. Il aimait d'autres compositeurs aussi, bien entendu. Il avait toujours hâte de faire tourner les nouveaux enregistrements qui arrivaient, toutes les trois ou quatre semaines, de New York ou de Londres et dont il faisait la recension comme critique musical au *Devoir*[3]. Mais aucun autre compositeur n'arrivait à surpasser le pouvoir magique de Debussy de le transporter dans un autre univers.

À cette époque de sa vie, Laurendeau s'était tourné plus que jamais vers les activités culturelles. L'atmosphère de la maison de la rue Stuart en était marquée. Une de ses nièces a fait remarquer

---

2. Jean LAURENDEAU, «André Laurendeau, la musique et l'ambiance», dans Nadine PIROTTE, dir., *Penser l'éducation. Nouveaux dialogues avec André Laurendeau* (Montréal, Boréal, 1989): 122s., 129s.; aussi Chantal PERRAULT, «Oncle André...», dans Robert COMEAU et Lucille BEAUDRY, dir., *André Laurendeau* (Sillery, Presses de l'Université du Québec, 1990): 32, 35.

3. Yves LAURENDEAU, «André Laurendeau ou la culture comme mode de vie», dans Nadine Pirotte, dir., *Penser l'éducation. Nouveaux dialogues avec André Laurendeau* (Montréal, Boréal, 1989): 23.

que malgré la présence de six enfants, l'ambiance y était toujours plus proche d'une délicate musique de chambre que des crescendos d'un grand orchestre. Le deuxième fils Laurendeau, Yves, a affirmé que son père n'avait pas tant entraîné ses enfants dans les hautes sphères culturelles qu'il leur avait donné l'exemple de quelqu'un qui vivait chaque jour comme un vrai humaniste. Il était d'une «modestie rare» et avait tendance à maintenir une certaine distance entre lui et les autres. Pour lui, l'amour de la culture supposait une relation personnelle avec l'œuvre d'art. Il répétait qu'on devait écouter attentivement la musique, et non d'une oreille distraite, en fond sonore [4]. Les invités qui venaient à la maison se voyaient souvent dirigés tout de go vers la salle à manger, loin du salon où se trouvaient les disques et les appareils haute fidélité: la musique dominait de façon manifeste le lieu qui lui était réservé, soit le meilleur de la maison [5]. Ceux qui n'étaient pas au courant de cette prédominance de la musique la découvraient bientôt. Jean a raconté l'histoire d'un jeune visiteur étranger, qui avait des liens plutôt vagues avec les Laurendeau, mais qui, aussitôt entré dans la maison, montra un vif intérêt pour la musique classique. C'était le passeport qu'il fallait présenter; il pouvait dès lors rester aussi long-temps qu'il voulait [6].

Mais la littérature tenait aussi une place d'honneur dans la maison. Il y avait des livres partout: dans les salles de toilettes, dans l'escalier, empilés sur les radiateurs. Laurendeau s'était découvert un grand intérêt pour les sciences humaines à cette époque, mais, pour les vérités profondes sur l'âme humaine, il revenait toujours aux grands maîtres de la littérature. Sa croyance en la supériorité de ses sources d'inspiration intemporelles ne faiblirait jamais. Quand il évoqua les influences intellectuelles les plus marquantes de sa vie devant la Société royale du Canada, en 1964, il ne men-

---

4. *Ibid.*, p. 25.
5. Chantal PERRAULT, «Oncle André...», dans Robert COMEAU et Lucille BEAUDRY, dir., *André Laurendeau* (Sillery, Presses de l'Université du Québec, 1990): 32.
6. Jean LAURENDEAU, «André Laurendeau, la musique et l'ambiance», dans Nadine PIROTTE, dir., *Penser l'éducation. Nouveaux dialogues avec André Laurendeau* (Montréal, Boréal, 1989): 130.

tionna, à quelques exceptions près, que de grands écrivains français: Racine, Molière, Stendhal, Flaubert, Mauriac, Péguy[7]. La lecture et la discussion de ces auteurs étaient une sorte de rituel qui permit non seulement aux enfants Laurendeau, mais aussi à leurs cousins et amis, d'acquérir un savoir précoce, presque par osmose. Cependant, alors que son propre père avait l'habitude de méditer durant des heures sur une page de littérature et ensuite de lui faire part de ses lectures de sa voix impérieuse, Laurendeau était timide et discret, attendant souvent jusqu'à la fin d'une conversation pour donner ses impressions. Avec sa pâleur de pierrot lunaire, son regard sombre et sensible, sa moustache à la Errol Flynn, l'intensité qu'il dégageait à ces moments-là frappèrent au moins l'une de ses nièces comme quelque chose de très romantique: «[...] avec juste assez d'hésitation dans la démarche et de lointain dans le regard, pour qu'on devine, sous les traits de l'oncle journaliste, l'identité secrète d'un exilé de l'imaginaire[8]». En 1957, comme nous le verrons, Laurendeau réalisera finalement son désir de longue date de plonger plus complètement dans son monde intérieur en prenant un congé sabbatique du *Devoir* pour écrire plusieurs ouvrages de création littéraire.

Mais l'ombre de Debussy et tout ce qu'elle signifiait pour Laurendeau était fréquemment écartée par cette autre présence «envoûtante», Maurice Duplessis, qui en était venu rapidement à représenter tout ce que Laurendeau combattait. Comme une proche parente l'a fait remarquer, quand le Premier ministre lui-même n'était pas le sujet de vives condamnations, son gouvernement de l'Union nationale était la cible des critiques, notamment dans ces domaines que Laurendeau considérait essentiels pour l'avenir du Québec: la législation sociale, la modernisation de l'éducation, la réforme électorale et le développement culturel. Que ce soit un dîner normal du dimanche, avec 10 ou 12 membres de la famille

---

7. André LAURENDEAU, «Réponse de M. André Laurendeau de la société Royale du Canada», *Écrits du Canada français* (Montréal) 35 (1972): 59s.

8. Chantal PERRAULT, «Oncle André...», dans Robert COMEAU et Lucille BEAUDRY, dir., *André Laurendeau* (Sillery, Presses de l'Université du Québec, 1990): 31.

à table, ou une réunion avec un journaliste, un dirigeant syndical ou un militant politique, la conversation portait immanquablement sur Duplessis. Chantal Perrault, la nièce de Laurendeau, a évoqué cette atmosphère:

> Duplessis n'a jamais mis les pieds rue Stuart, mais il était de toutes les conversations. Pendant longtemps, j'ai eu l'impression que le salon des Laurendeau était le quartier général des combattants de la gauche, où chacun venait se vider le cœur et refaire ses forces [9] [...]

Au début de la soirée, l'hôte des lieux préparait des cocktails de gin au pamplemousse et à l'ananas. Puis il écoutait attentivement ses invités, qui étaient presque toujours aussi obsédés que lui par les abominations de Duplessis. Offrant d'abord ses propres réflexions sous forme de nuances et de digressions subtiles, il finissait par résumer ce qu'il jugeait être l'essence de la discussion. Plus la soirée se prolongeait, plus il s'animait et devenait expansif, jusqu'au moment où, d'habitude bien après minuit, il s'installait à son bureau avec un café noir et des cigarettes pour écrire. Le lendemain, quand les éléments essentiels de leurs critiques apparaîtraient dans *Le Devoir*, ses invités comprendraient souvent pourquoi il se décrivait plaisamment lui-même comme un «rabâcheur[10]». Ainsi, durant plus de 15 ans, Duplessis lui-même fut un important objet de discussion et de combat chez les Laurendeau et leurs amis.

Pourquoi la «guerre contre Duplessis», comme il l'appelait souvent, était-elle devenue la préoccupation majeure de Laurendeau à la fin des années 1950, à la fois comme rédacteur en chef d'un quotidien et comme nationaliste canadien-français? Il faut rappeler d'abord que sa méfiance à l'égard du chef de l'ancien Parti conservateur provincial remontait au moins aux années 1935-1936, à l'époque de l'échec de l'Action libérale nationale. D'une part, les manipulations auxquelles Duplessis s'était livré lors de la formation

---

9. *Ibid.*, p. 34.

10. Yves LAURENDEAU, «André Laurendeau ou la culture comme mode de vie», dans Nadine PIROTTE, dir., *Penser l'éducation. Nouveaux dialogues avec André Laurendeau* (Montréal, Boréal, 1989): 22.

de l'Union nationale avaient découragé une génération entière de jeunes nationalistes de se lancer en politique; d'autre part, les mesures qu'il avait adoptées comme Premier ministre, entre 1936 et 1939, avaient rebuté la nouvelle conscience personnaliste de Laurendeau. Le jeune nationaliste fut ensuite dégoûté de voir Duplessis tenter d'exploiter les griefs canadiens-français au sujet de l'entrée en guerre du Canada, en déclenchant une élection prématurée à l'automne 1939. Ce dégoût se transforma en dédain profond quand le leader de l'Union nationale, flairant le vent, attendit jusqu'à la dernière minute pour se déclarer lui-même en faveur du «non» lors du plébiscite sur la conscription. Durant les années difficiles qu'il passa à la tête du Bloc populaire, Laurendeau fut traité de façon humiliante puis paternaliste par Duplessis, à l'Assemblée législative. En 1947, il entra au *Devoir* en s'associant à un mouvement pour empêcher l'Union nationale de prendre le contrôle du journal. Au début des années 1950, il avait été forcé de reconnaître la divergence qui existait dans le camp nationaliste entre les esprits conservateurs traditionalistes, qui considéraient Duplessis comme leur champion, et un groupe montant de jeunes nationalistes de gauche auquel il appartenait. Il est toujours difficile de rompre avec de vieux amis et des camarades nationalistes, mais il était convaincu à cette époque que la façon de gouverner de Duplessis et ses conceptions arriérées étaient l'obstacle majeur qui empêchait d'associer nationalisme et progrès social. Bref, Laurendeau avait toujours considéré Duplessis comme un adversaire.

Mais il y avait aussi quelque chose de personnel dans sa répugnance pour le personnage. Même s'il n'avait pas un tempérament de polémiste — de fait, l'objectivité journalistique l'amènerait à écrire un article plutôt pondéré à la mort de Duplessis, en 1959 [11] —, il entretenait envers le Premier ministre une colère qui semblait s'envenimer d'année en année et qu'à certains moments il pouvait difficilement contenir. On n'a guère de peine à le concevoir: Duplessis réunissait tous les traits qu'il détestait non seulement chez un politicien mais chez un être humain en général. De toute évidence, le chef de l'Union nationale possédait un instinct de bête

11. *Le Devoir*, 8 sept. 1959.

politique (il avait été réélu avec de fortes majorités depuis 1944) et
il était un maître accompli du jeu parlementaire, mais son intelligence se limitait à la politique. Le fait qu'il se vantait d'être resté
célibataire parce qu'il avait épousé la province et lui avait voué sa
vie apparaissait à Laurendeau comme une preuve d'étroitesse d'esprit et non de sacrifice personnel. Selon lui, Duplessis considérait
le succès politique comme une fin en soi plutôt que comme un
moyen d'améliorer la société. Sa façon de gouverner, par laquelle
il se mettait seul en vedette, lui paraissait un retour au XIXe siècle
ou au genre de politique qui prévalait dans certains États sudistes
américains, où des dictateurs paternalistes comme Huey Long, en
Louisiane, se taillaient de petits empires marginaux. Duplessis avait
le même humour cru que ces douteux personnages — allant jusqu'à faire des calembours aux dépens d'amis autant que d'adversaires —, et la même tendance à flatter bassement les couches les
moins évoluées de l'électorat. Il considérait tous les intellectuels
comme des «poètes» et la culture comme un pays exotique qui ne
valait pas une visite. Avec ses chemises empesées et ses costumes au
pli impeccable pour impressionner les foules rurales, il projetait
l'image d'un Canada français digne des pires caricatures: désuet,
autoritaire et bêtement satisfait de lui-même. Certains souriaient
ou haussaient les épaules devant ce personnage politique de bas
étage, mais Laurendeau, l'intellectuel raffiné, se sentait avili par son
Premier ministre.

Au-delà des considérations personnelles, cependant, Laurendeau s'opposait à Duplessis parce qu'avec le temps, et particulièrement dans le contexte changeant des années 1950, il en était venu
à voir dans le duplessisme l'obstacle majeur à la libération de la
nation canadienne-française. Le Premier ministre de la province
avait désormais supplanté le gouvernement fédéral et les capitalistes
étrangers au titre de menace la plus directe au progrès. L'une des
raisons de ce déplacement de perspectives, selon Laurendeau, était
le lien de plus en plus vital qui s'établissait entre l'État québécois
et le destin de la nation. Sa propre pensée nationaliste était passée
par une véritable métamorphose à cet égard depuis les années
1930. À cette époque-là, il s'inspirait encore des nationalistes traditionnels et assimilait l'État à la politique, pour laquelle il n'avait à

peu près que mépris. Comme l'historien Michel Brunet et plusieurs autres l'ont montré depuis, cet anti-étatisme était une donnée fondamentale de l'idéologie nationaliste canadienne-française. Mise de l'avant par l'Église catholique en particulier, cette conception voulait qu'à travers l'histoire les politiciens avaient bien moins que l'Église défendu et assuré la survivance nationale du Canada français. Comme l'État politique versait trop facilement dans la corruption, il devait donc rester un partenaire mineur dans la société canadienne-française. Laurendeau commença à perdre foi dans cette doctrine, sans toutefois l'abandonner vraiment, à la fin des années 1930, quand il développa une vision critique personnelle du cléricalisme au Québec et que la philosophie personnaliste le conduisit à porter son attention sur les problèmes sociaux.

Mais il fallut le grand bouleversement de la Seconde Guerre mondiale et des années d'expériences politiques concrètes avec le Bloc populaire pour qu'il en vienne à prôner une intervention plus dynamique de l'État québécois pour le mieux-être des Canadiens français. Après la guerre, il avait perdu confiance en l'Église pour mener à bien les réformes sociales et économiques qui s'imposaient dans une société moderne, urbanisée et industrialisée. De fait, il envisageait un renversement des rôles institutionnels, l'Église devant céder le pas à l'État dans ces secteurs. La chose était d'autant plus nécessaire, croyait-il, que dans cette société laïque — que, malgré les efforts de l'Église, le Québec était déjà devenue —, seul un pouvoir politique comme le gouvernement de Québec pouvait défendre l'autonomie de la province contre les tentatives incessantes du fédéral pour envahir les champs de compétence provinciale. Ses éditoriaux du *Devoir* durant ces années martelaient de plus en plus l'importance de l'État québécois dans toutes les sphères sociales et économiques. Il écrivait, en avril 1955: «Québec est la seule province où les Canadiens français tiennent la clef: la seule où ils sont maîtres du système d'éducation, des richesses naturelles, d'une bonne partie de la vie sociale[12].» La funeste vérité s'était imposée à lui dès le début des années 1950: aussi longtemps que Duplessis serait au pouvoir, l'État québécois ne serait jamais utilisé

---

12. *Ibid.*, 21 avril 1955.

de façon dynamique pour moderniser et améliorer les conditions de vie au Québec. Dans un éditorial intitulé «M. Saint-Laurent continue d'oublier que Québec est "différent"», il écrivait:

> Québec est, se veut et s'affirme différent parce que beaucoup de Canadiens français voient dans l'État provincial leur base de départ vers une participation plus effective à la vie canadienne.
>
> Ce n'est pas à dire que l'État provincial joue pleinement ce rôle: il a presque toujours été aux mains de groupes conservateurs, qui sont toujours en retard sur les initiatives à entreprendre. Les tâches préliminaires à la renaissance du Canada français, et donc à sa possibilité de coopérer pleinement à la vie canadienne, sont doubles; elles consistent à sauver l'instrument politique (l'État provincial), et à l'ajuster aux besoins d'aujourd'hui (par la formation d'un nouveau groupement politique) [13].

Aussi Laurendeau et Filion s'en prirent-ils systématiquement, dans *Le Devoir,* à la politique économique de l'Union nationale. Ils dénoncèrent avec une virulence particulière la tendance du gouvernement provincial à brader les ressources naturelles, même après la levée de boucliers qu'avait suscitée le prix ridicule demandé pour le minerai de fer de l'Ungava. Québec prétendait ainsi encourager les investissements et la création d'emplois. Les relations profitables de Duplessis avec des capitalistes anglo-canadiens et étrangers, combinées à sa politique mesquine dans le domaine de l'éducation signifiaient tout simplement à leurs yeux que les trusts monopolistes continueraient de dominer l'économie québécoise et qu'une classe d'entrepreneurs canadiens-français ne pourrait jamais prendre son essor. Les préoccupations des deux éditorialistes à cet égard les aveuglaient sur le fait que des éléments d'une classe d'affaires et d'une classe bureaucratique, orientés vers des entreprises modernes à grande échelle — et qui, dans maints cas, acquéraient leur expérience à des postes de gestion dans des grandes sociétés — étaient déjà en train d'émerger. Ils n'avaient pas tort, néanmoins,

---

13. *Ibid.,* 24 nov. 1954.

d'affirmer que Duplessis ne faisait guère d'efforts pour promouvoir l'entrepreneuriat canadien-français [14]. En même temps, brandissant sans cesse de nouveaux exemples de mesures gouvernementales anti-ouvrières, ils soulignaient que l'Union nationale favorisait la croissance économique beaucoup plus au profit des capitalistes de tous crins que pour le bien-être matériel des travailleurs canadiens-français. Pour Laurendeau, ces récriminations n'avaient rien de nouveau, il les répétait à peu près depuis l'époque de Taschereau. Parfois, il se demandait tout haut si, un jour, les choses changeraient.

Vers la fin des années 1950, cependant, la politique sociale du gouvernement provincial, ou plutôt son manque de politiques, prit encore plus d'importance. À travers le monde occidental, les populations en étaient venues à exiger de plus en plus d'avantages sociaux de l'État, au titre de droits démocratiques. Au Canada, des programmes comme l'assurance-chômage et les allocations familiales, établis dans les années 1940, pavaient la voie à l'État-providence des années 1960 et au rêve projeté, sinon presque réalisable, d'une sécurité sociale «du berceau à la tombe». Laurendeau avait toujours défendu la position autonomiste de l'Union nationale contre l'intrusion du fédéral dans les champs de compétence provinciale, que cette invasion se fasse directement, par des programmes lancés d'Ottawa, ou indirectement, par des arrangements complexes, à frais partagés, qui donnaient au fédéral une voix prépondérante parce que c'est lui qui distribuait l'argent. Mais plus le temps passait, plus les exigences se faisaient pressantes pour des services comme l'assurance-santé et l'enseignement universitaire. L'incapacité du gouvernement Duplessis à conjuguer sa forte opposition au gouvernement fédéral à des programmes sociaux autonomes et bien financés contribuait à agrandir l'écart entre le Québec et d'autres sociétés plus progressistes en ce qui concerne les services fournis par l'État. La crainte qu'avait Duplessis d'offenser l'Église en lui

---

14. Hubert GUINDON, «Social Unrest, Social Class and Quebec's Bureaucratic Revolution», *Queen's Quarterly*, 71 (été 1964): 150-62; Jean-Charles FALARDEAU, «L'origine et l'ascension des hommes d'affaires dans la société canadienne-francaise», *Recherches sociographiques* 6 (janv.-avril 1963): 33-45.

enlevant ses responsabilités traditionnelles mais mal remplies dans
ces domaines, son inclination à présenter des budgets bien balancés
tout en maintenant les taxes aussi basses que possible et ses dénonciations passéistes des «socialistes» et des «communistes» qui prô-
naient trop l'intervention de l'État dans des sphères mieux gérées
par des entreprises privées «bien établies» — soutenues par des
subventions directes, qu'il contrôlait lui-même, bien sûr! —, tout
contribuait à une situation que Laurendeau qualifiait de «retard
social». À mesure que la décennie avançait, il devenait plus difficile
aux nationalistes de tolérer cette situation, et même plus difficile de
la changer.

Si Laurendeau avait de bonnes raisons de combattre vivement
le duplessisme, à cause de la faillite patente de ce régime dans le
domaine économique et social, il mit encore plus de virulence à en
dénoncer la corruption politique. Il n'en était pas à ses premières
découvertes dans ce domaine. De fait, il avait vitupéré les manigan-
ces électorales et administratives du gouvernement québécois dès
les années 1930, quand il avait commencé à se faire les dents sur
le vieux régime libéral de Taschereau. Il savait parfaitement que le
népotisme, le patronage politique, l'octroi systématique des charges
publiques à des partisans du régime au pouvoir étaient un mal
endémique au Québec, un héritage de l'histoire, et qu'il était peu
probable que cela change avec un nouveau gouvernement. Mais le
régime Duplessis, que Laurendeau avait méprisé pour ses pratiques
antidémocratiques lors de sa brève carrière politique à l'époque de
la guerre, était au pouvoir depuis si longtemps qu'il avait institu-
tionnalisé la corruption et l'avait rendue presque normale. Pis encore, selon lui, les partisans de l'Union nationale en étaient venus
à considérer ce parti et l'État, la volonté du chef et celle du peuple,
comme pratiquement indissociables.

Au milieu de la décennie, Laurendeau et son équipe au *Devoir*
lancèrent une véritable croisade contre la corruption politique au
Québec. Même si cette campagne comporta des enquêtes auda-
cieuses sur la corruption dans l'administration et la police munici-
pales de Montréal, ainsi que des critiques régulières sur la délégation politique canadienne-française à Ottawa, la cible principale en
était Maurice Duplessis. Selon un observateur de l'époque: «*Le*

Devoir: mot magique. Un journal, bien sûr, mais d'abord un champ de bataille où "continuer la lutte [15]" [...]»

Le grand croisé de cette bataille, qui visait rien de moins qu'à démasquer et à faire tomber le régime unioniste, fut sans doute Pierre Laporte. Comme correspondant du *Devoir* à Québec, il devint l'un des plus célèbres journalistes d'enquête de la province. Plus tard, il publia un livre intitulé *Le vrai visage de Duplessis*, qui dépeignait le Premier ministre en petit autocrate revanchard. En 1956, il signa dans le quotidien de la rue Notre-Dame une série d'articles dévastateurs, qui fournissaient des preuves détaillées de la fraude électorale pratiquée par l'Union nationale pour remporter les élections cette année-là. Duplessis était si enragé des critiques continuelles du *Devoir* qu'il interdit à un autre reporter du journal, Guy Lamarche, l'accès aux conférences de presse qu'il donnait dans son bureau [16].

Comme rédacteur en chef du *Devoir*, Laurendeau affirma clairement qu'il préférait un excès de zèle journalistique au silence qui avait prévalu si longtemps. Il donna le ton dans ses éditoriaux et se mérita l'inimitié ferme de Duplessis. Gérard Pelletier faisait remarquer qu'il n'avait pas visité les hommes politiques, qu'il n'avait pas non plus joué le confesseur des ministres importants du gouvernement; et pourtant il les impressionnait par l'autorité de ses propos [17]. Mais les attaques de Laurendeau ne portaient pas d'habitude sur des problèmes politiques à court terme ou sur des actes individuels de corruption. Il cherchait plutôt à montrer à quel point le manque de démocratie au Québec affaiblissait les institutions de la province. Dans le cas de la fonction publique, par exemple, il en dénonça abondamment l'utilisation abusive comme réservoir de patronage pour les militants fidèles de l'Union nationale.

15. Chantal PERRAULT, «Oncle André...», dans Robert COMEAU et Lucille BEAUDRY, dir., *André Laurendeau* (Sillery, Presses de l'Université du Québec, 1990): 33.

16. *Le Devoir*, 4 juil. 1958.

17. Gérard PELLETIER, «Profession: éditorialiste», dans Robert COMEAU et Lucille BEAUDRY, dir., *André Laurendeau* (Sillery, Presses de l'Université du Québec, 1990): 86.

Il réclamait une réforme complète de la fonction publique, par l'établissement de normes d'admissibilité professionnelles, un système de promotion moderne basé sur le mérite, de meilleures rémunérations et l'absence d'interventions politiques: ce qui était en fait devenu des pratiques normales dans d'autres démocraties modernes.

En outre, Laurendeau tenait la minorité anglophone du Québec responsable, en partie, du niveau lamentable de la vie publique et démocratique dans la province. L'élite et les journaux de cette minorité s'étaient, en effet, contentés de tolérer les abus politiques du gouvernement québécois aussi longtemps que ceux-ci ne dérangeaient pas leurs intérêts. Oubliant momentanément ses propres contradictions là-dessus à la fin des années 1930, il soulignait que lorsque Duplessis adopta une mesure aussi antidémocratique que la Loi du cadenas, les anglophones, à quelques exceptions près, restèrent silencieux, continuant à récolter les bénéfices économiques d'une législation ouvrière qui leur livrait une main-d'œuvre peu coûteuse, exploitable à merci. Il assimilait Duplessis à ces «rois nègres» complaisants d'Afrique, qui vendaient leur propre peuple à la faveur de régimes dictatoriaux, avec les bénédictions de leurs maîtres impérialistes, «attachés aux libertés»:

> Les Britanniques ont le sens politique, ils détruisent rarement les institutions politiques d'un pays conquis. Ils entourent le roi nègre mais ils lui passent des fantaisies. Ils lui ont permis à l'occasion de couper des têtes: ce sont les mœurs du pays. Une chose ne leur viendrait pas à l'esprit: et c'est de réclamer d'un roi nègre qu'il se conforme aux hauts standards moraux et politiques des Britanniques.
>
> Il faut obtenir du roi nègre qu'il collabore et protège les intérêts des Britanniques. Cette collaboration assurée, le reste importe moins. Le roitelet viole les règles de la démocratie? On ne saurait attendre mieux d'un primitif [...]
>
> Je ne prête pas ces sentiments à la minorité anglaise du Québec. Mais les choses se passent comme si quelques-uns de ses chefs croyaient à la théorie et à la pratique du roi nègre. Ils pardonnent à M. Duplessis, chef des naturels du pays québécois, ce qu'ils ne toléreraient pas de l'un des leurs [...]

> Le résultat, c'est une régression de la démocratie et du parlementarisme, un règne plus incontesté de l'arbitraire, une collusion constante de la finance anglo-québécoise avec ce que la politique de cette province a de plus pourri[18].

Le combat de Laurendeau pour un Québec plus démocratique s'étendait bien au-delà de l'arène politique, jusqu'à l'atmosphère générale de peur et de conformisme qui régnait dans la province. Il avait acquis la conviction que la répression de la liberté de pensée — par des élites retranchées dans la bourgeoisie professionnelle, l'Église et le gouvernement, et dont Duplessis n'était que le porte-parole — étouffait l'innovation et la réforme. En février 1957, dans un éditorial intitulé «Le Diable est-il à gauche[19]?», il retraçait la longue histoire de cette répression conservatrice au Québec. Au centre des forces répressives, il plaçait les autorités catholiques, qui avaient tâché de supprimer tout mouvement progressiste de gauche ou même simplement libéral. «Nous avons l'humiliation de constater que des socialistes athées, en tant de domaines, sont arrivés les premiers, ont conquis les commencements d'une liberté réelle et d'une égalité que des chrétiens infidèles à leur vocation ne cessaient pas de déclarer anathèmes[20].» Puis il faisait ressortir comment l'Église traitait pratiquement toute idée nouvelle d'hérétique:

> Chaque fois qu'une pensée a tenté de se former à gauche, au Canada français, les conformistes qui sont légion sont entrés dans un état de frousse communautaire, patriotique et religieuse. Ils ont voulu communiquer leur anxiété à la foule et pour y parvenir ils ont utilisé des mots magiques. L'ennemi fut d'abord le libéral (doctrinaire). Il fut ensuite le franc-maçon. Il a essayé de devenir le juif, mais ça n'a pas réussi. Il est aujourd'hui le communiste[21].

Encore à ce moment-là, alors qu'il habitait Outremont, il avait entendu de la bouche de ses enfants des remarques antisémites

---

18. *Le Devoir*, 4 juil. 1958.
19. *Ibid.*, 4 fév. 1957.
20. *Ibid.*
21. *Ibid.*

contre des voisins juifs qui étaient là depuis plusieurs années. Il continuait de se dresser contre de telles intolérances et il fut l'un des premiers Canadiens français invités à prendre la parole devant le Cercle juif de langue française, établi en 1950 par le Congrès juif canadien[22]. Mais à lui seul il pouvait difficilement combattre les préjugés qui se multipliaient dans un climat idéologique aussi étroit. Il disait: « [...] la progression de ce que nous avons convenu d'appeler une gauche serait une bénédiction pour le Canada français[23]».

Laurendeau sollicita activement la collaboration d'autres opposants au régime, qui luttaient pour libérer l'atmosphère idéologique et intellectuelle de la province. La plupart étaient de ces intellectuels de gauche que Duplessis détestait. Quelques années plus tard, Laurendeau fit observer que quand le duplessisme commença à perdre de son éclat, les intellectuels du Québec se sont mis à briller[24]. Il établit des relations particulièrement suivies avec deux groupes. Le premier était formé de jeunes étudiants de l'Université Laval, la plupart associés à l'École des sciences sociales du père Georges-Henri Lévesque. Laurendeau avait été en contact avec le père Lévesque et son école depuis les débuts de l'institution. Il n'ignorait pas que Duplessis avait cherché à se servir du contrôle qu'il exerçait sur le financement universitaire pour faire fermer l'école. À cette époque, des hommes comme Jean-Charles Falardeau et Léon Dion (qui allaient tous deux se lier d'amitié avec Laurendeau) comptaient parmi les plus fervents défenseurs, à Laval, de la modernisation des institutions et de la réforme sociale au Québec. Le deuxième groupe réunissait des intellectuels d'esprit libéral qui, en 1950, à Montréal, avaient lancé une revue intellectuelle appelée *Cité libre*, devenue vite un lieu de ralliement pour les tenants d'une réforme démocratique. Pierre Elliott Trudeau et Gérard Pelletier apparurent bientôt comme les plus éminents de

---

22. Pierre ANCTIL, «Laurendeau et le grand virage identitaire de la Révolution tranquille», dans Robert COMEAU et Lucille BEAUDRY, dir., *André Laurendeau* (Sillery, Presses de l'Université du Québec, 1990): 236, 238.

23. *Le Devoir*, 4 fév. 1957.

24. Philip STRATFORD, dir., *André Laurendeau: Witness for Québec* (Toronto, MacMillan, 1973): 201.

ces «cité-libristes». Laurendeau les côtoyait fréquemment, avec le journaliste vedette René Lévesque; au début des années 1960, le groupe se rencontrerait régulièrement à la maison de Pelletier.

Laurendeau s'entendait généralement avec ces groupes sur la nécessité d'un changement au Québec, mais il se sentait néanmoins bousculé par leurs points de vue plus modernes, plus dégagés. Ils n'avaient pas baigné autant que lui dans les valeurs traditionnelles de l'entre-deux-guerres et ils étaient plus disposés que lui à ne pas considérer le passé comme exemplaire. En outre, bon nombre d'entre eux s'opposaient à toute forme de nationalisme, sans essayer comme lui de faire la distinction entre un nationalisme conservateur et un autre plus social ou de gauche. Il expliqua cette divergence quelques années plus tard:

> C'est arrivé pour moi avec *Cité Libre* [...] et avec la Faculté des sciences sociales de Laval. Alors que ma promotion avait cru au nationalisme, la nouvelle vague décrétait la mort du nationalisme canadien-français. Elle parlait au nom des libertés individuelles, des valeurs sociales, des exigences techniques. Elle bousculait les partisans du «monolithisme» canadien-français. Elle critiquait vivement le cléricalisme et posait peu à peu en termes nouveaux les problèmes de l'enseignement[25].

Trudeau était une pierre de touche à cet égard. Laurendeau admirait beaucoup son rationalisme, sa critique incisive des échecs passés du Canada français et son intrépidité devant la controverse. Mais il n'était pas d'accord avec sa dénonciation tous azimuts du nationalisme, surtout quand Trudeau y voyait le facteur qui contribuait le plus à fausser les perspectives démocratiques du Canada français et à inspirer une mentalité xénophobe d'assiégés aux Québécois. Quand le même Trudeau écrivit, dans l'introduction de son livre de 1956 sur la grève d'Asbestos, que le Québec était une société handicapée par le nationalisme et le cléricalisme, Laurendeau réagit de façon très critique dans *Le Devoir*. Dans un article

---

25. «Dialoguer entre familles d'esprit est plus aisé qu'entre générations», *Le Magazine Maclean* (Montréal), 4 (mars 1964): 64.

intitulé «Sur cent pages de Pierre Elliot Trudeau», il affirmait que Trudeau manquait de recul historique pour bien juger des circonstances de temps et de lieu qui rendaient le passé beaucoup moins noir et blanc qu'il le voyait, dans son optique polémique:

> L'étude de M. Trudeau s'appuie sur une lecture immense; l'effort de synthèse y est visible, et obtient souvent des résultats remarquables. L'auteur a l'esprit clair et lucide, son analyse est aiguë, tranchante et simplificatrice. Je regrette qu'ainsi armé il ne nous apporte pas une page d'histoire. Sa plume nous présente tout sur le même plan, les hommes et les doctrines manquent de relief. Trudeau les rencontre toujours comme un journaliste d'action rencontre ses adversaires: l'épée à la main. L'effet de choc paraît constamment recherché, au détriment de l'intelligence des situations réelles et complètes. Trudeau donne l'impression d'avoir spontanément choisi ce qui, à la lumière d'aujourd'hui, apparaît le plus absurde: on peut dire que, de ce point de vue, il a composé un sottisier[26].

La question fondamentale qui séparait Laurendeau des cité-libristes et d'autres intellectuels antinationalistes était l'autonomie provinciale. Même les cité-libristes qui acceptaient la notion d'un État québécois fort dans un véritable système fédéral ne pouvaient en arriver à soutenir Duplessis, quand il essayait de dissimuler ses nombreuses lacunes en se posant en champion de l'autonomie. Pour eux, il fallait se débarrasser du duplessisme d'abord. Et après seulement, on pourrait jeter un nouveau regard sur des relations fédérales-provinciales saines et progressistes. Mais Laurendeau ne pouvait sacrifier le principe sacré de l'autonomie, même si, sur certaines questions importantes, cela voulait dire soutenir l'espèce de laisser-faire politique de Duplessis. Depuis qu'il avait abandonné la cause séparatiste dans les années 1930, il avait considéré la lutte pour l'autonomie comme l'option de rechange la plus viable au séparatisme ainsi qu'à une forme centraliste de fédéralisme, qui conduirait inévitablement à l'assimilation du Canada français.

---

26. *Le Devoir*, 6 oct. 1956.

À l'automne 1955, il fit une tournée dans les provinces de l'Ouest à l'invitation de Radio-Canada. Ce qu'il y découvrit comme attitude du Canada anglais à l'égard des Canadiens français lui confirma qu'un Québec fort était la clef de la survivance du Canada français au sein du Canada. Il disait qu'une véritable coopération n'était possible que si les Québécois disposaient d'un vrai gouvernement autour duquel ils s'assembleraient et uniraient leurs forces[27]. Pour répondre à la fameuse remarque du Premier ministre canadien Louis Saint-Laurent selon laquelle le Québec était «une province comme les autres», il affirmait que c'était, au contraire, le foyer de l'une des deux nations du Canada et que cela ne se comparait en rien à l'Île-du-Prince-Édouard. Dans une longue série d'articles dans Le Devoir, il faisait part des nombreuses réflexions pénétrantes sur la société anglo-canadienne que lui avait inspirées cette tournée dans l'Ouest, mais la poursuite de l'isolement mutuel des deux solitudes du pays était, en somme, ce qui l'avait frappé le plus:

> Pour eux [...], le Canada français demeure une réalité très lointaine. Plusieurs de nos attitudes leur semblent étranges, et nos ambassadeurs parmi eux, qui d'abord sont très rares, les ont souvent confirmés dans leurs illusions à notre endroit. Sauf certaines chercheurs (spécialisés dans l'étude du Canada français et qui, sur le terrain de la connaissance intellectuelle, pourraient nous rendre des points), ils font assez peu de place au Canada français dans leurs réflexions. Ils sont en général très Canadiens par la volonté, mais ne se rendent pas toujours compte que le Canada qu'ils rêvent est un Canada anglais[28].

Duplessis mit beaucoup de pression sur les nationalistes sociaux et pro-autonomistes comme Laurendeau lorsqu'en février 1953, il mit sur pied la Commission Tremblay — de son nom officiel, la Commission royale d'enquête sur les problèmes constitutionnels — pour faire contrepoids et donner une justification à sa position autonomiste. Les nationalistes durent montrer leurs couleurs quand la commission finit, dans plusieurs domaines, par jus-

---

27. *Ibid.*, 27 août 1954.
28. *Ibid.*, 22 déc. 1955.

tifier le nationalisme conservateur de Duplessis. Laurendeau et *Le Devoir*, cependant, se servirent des quatre volumes du rapport final de la commission, qu'ils obtinrent rapidement en 1956, pour faire valoir la forte argumentation qu'il contenait pour la décentralisation de la confédération. Le retour au Québec des pouvoirs perdus et de l'autonomie fiscale que la commission recommandait n'aboutissait pas seulement à une autonomie provinciale mais à ce qui serait bientôt appelé un «statut spécial» du Québec à l'intérieur de la Confédération. Pour Laurendeau et *Le Devoir*, cet aspect central du rapport surpassait tous les autres. Si Duplessis pouvait s'en servir aussi pour se justifier, c'était un prix qu'il valait la peine de payer.

Outre que cette opinion le mettait un peu à l'écart de certains de ses concitoyens réformistes, à un moment où l'unité des forces anti-duplessistes était plus que jamais nécessaire, elle accula aussi Laurendeau à des positions frustrantes et contradictoires. Comme tous les nationalistes de cette époque, il était vivement intéressé par la réforme de l'éducation. De fait, il s'agissait là d'une priorité de longue date pour lui. Mais alors qu'autrefois le souci principal portait sur l'éducation au primaire et au secondaire, l'attention se concentrait désormais sur les universités. La génération vieillissante de la crise économique, les anciens combattants et les nouveaux immigrants, tous considéraient l'enseignement universitaire comme l'occasion pour leurs enfants d'accéder à une vie meilleure. Or, par sa seule importance démographique, la génération du baby-boom commandait déjà que les universités s'agrandissent prodigieusement pour faire face à la demande. Au Québec, le système universitaire, surtout du côté français, était dans un état déplorable. Élitiste, arriéré, avec une capacité d'accueil lamentablement inadéquate, ce système exigeait des investissements immédiats. Laurendeau écrivait que 40 ans de mesquineries provinciales dans ce domaine avaient abouti à des résultats «criminels»:

> En 1957, une université vivante réclame un équipement et des chercheurs dont l'entretien coûte infiniment plus cher qu'autrefois. Partout les universités traversent une crise. Les nôtres s'efforcent de naître et de s'épanouir, on ne saurait pas

dire encore qu'elles s'affirment. Elles luttent pour exister;
certaines facultés — les plus importantes pour une nation,
celles où l'on cherche et invente — ne sont encore que des
ombres où palabrent des amateurs ou bien s'esquintent de
rares initiateurs. En outre, nos universités continuent de se
méfier des pensées trop personnelles, de certaines recherches
originales dont les résultats risqueraient de secouer les vieux
conformismes. Elles n'ont pas toujours le respect des libertés
qu'on nomme académiques, elles ont rarement cette ferveur
de la recherche, qui sont pour la découverte, un climat nécessaire. Notre paysage universitaire est désolé [29].

Dans les circonstances, ce fut le gouvernement fédéral qui
offrit une aide financière, en lançant dans les années 1950 un programme de subventions fédérales aux provinces, pour faciliter la
construction d'universités et contribuer à leurs coûts d'opérations.
Duplessis refusa les subventions, sous prétexte qu'il s'agissait de
l'envahissement direct d'un domaine constitutionnel provincial, en
somme une violation de l'autonomie provinciale. Il promit plutôt
d'utiliser les revenus tirés d'un nouvel impôt provincial sur le revenu, pour verser aux universités du Québec plus d'argent que le
fédéral même leur offrait. Laurendeau était plutôt sceptique, mais
il se sentit obligé de prendre position du côté de Duplessis. Il
recommanda aux universités de refuser les subventions, parce que
le programme fédéral mènerait sûrement à un contrôle fédéral des
objectifs éducatifs du Québec [30]. Compte tenu des grands besoins
qui existaient, il s'agissait pour lui d'une décision douloureuse à
prendre, une décision qui exigeait un sacrifice insensé.

Ces attitudes, et bien d'autres, communiquent à l'État provincial — tel que nous ne cessons pas de nous le donner — les
allures d'un vieux Ford à pédales qui prend ses apparences de
vieux bazou pour une dignité supplémentaire, et qui fait de

---

29. *Ibid.*, 4 fév. 1957.
30. Denis MONIÈRE, *André Laurendeau et le destin d'un peuple* (Montréal,
Québec/Amérique, 1983): 223.

l'autonomie provinciale un frein alors qu'elle devrait et pourrait être un moteur[31].

Le Québec avait décidément besoin d'un moteur politique qui serait à la fois autonomiste et progressiste sur le plan social.

Cette quête d'une nouvelle voie politique prit plus d'ampleur après les désastreuses élections de 1956 où, malgré tous les efforts du *Devoir* et d'autres éléments anti-duplessistes, l'Union nationale remporta une éclatante victoire. Laurendeau avait donné un appui mitigé aux libéraux, dirigés par Georges-Émile Lapalme, lequel prétendait réunir une nouvelle équipe, accordée à l'esprit de réforme qui soufflait. Les libéraux n'arrivèrent pas à se mettre sur la longueur d'ondes de l'électorat sur la question de l'autonomie et ils subirent un balayage électoral. Bien qu'il eût préféré le Parti libéral à l'Union nationale, Laurendeau avait le sentiment que les options politiques traditionnelles offraient peu d'espoir. Et, cependant, il fallait trouver une solution politique. De 1956 à 1959, plusieurs solutions de tiers partis se présentèrent, les forces anti-duplessistes se battant les flancs pour trouver une bannière politique derrière laquelle se regrouper. Laurendeau, toujours prudent à cause de sa désastreuse expérience au Bloc populaire, considérait chacune de ces initiatives avec un mélange d'espoir et même d'admiration, tempéré par un scepticisme qui lui faisait garder ses distances. Ce fut manifestement le cas, par exemple, en ce qui concerne le Parti social démocratique (PSD), la version provinciale requinquée du parti CCF. Il avait de fortes raisons personnelles pour l'appuyer. Son beau-frère et collègue au conseil d'administration du *Devoir*, Jacques Perrault, était l'un des dirigeants du parti avec Thérèse Casgrain, la grande militante du droit des femmes. En outre, à l'époque, sa fille Francine avait adhéré à ce parti de même qu'à la croisade familiale contre Duplessis, en participant à une protestation de trois mois devant le bureau du Premier ministre pour obtenir une augmentation des bourses aux étudiants[32]. Laurendeau

---

31. *Le Devoir*, 4 fév. 1957.

32. Francine LAURENDEAU, «André Laurendeau et la musique», dans Robert COMEAU et Lucille BEAUDRY, dir., *André Laurendeau. Un intellectuel d'ici* (Sillery, Presses de l'Université du Québec, 1990): 117.

était aussi attiré par la plate-forme socialement progressiste et l'orientation ouvrière du PSD.

Mais, en définitive, il ne pouvait pas concevoir que les forces de la gauche libérale se rallient derrière ce parti. D'abord, les nationalistes n'étaient pas encore convaincus que le PSD, qui mettait l'accent sur la lutte des classes, était suffisamment sensible à la différence culturelle des travailleurs canadiens-français. Ensuite, malgré une direction canadienne-française crédible, le PSD était encore le rejeton d'un parti canadien qui favorisait des mesures centralistes au Canada. Laurendeau disait avoir beaucoup de respect pour les partisans du CCF, mais ne pas croire aux solutions que proposait ce parti. Il n'était pas convaincu non plus que les «nouvelles stratégies» des tiers partis aient beaucoup de chances de succès. En 1956, plusieurs intellectuels de *Cité libre* lui avaient demandé son appui pour la création d'un parti appelé simplement «Le Rassemblement», dont le congrès de fondation eut lieu en septembre de la même année. Avant les élections, l'atmosphère désolante de la scène politique l'avait amené à considérer la possibilité d'un troisième parti. Maintenant, avec son vieil ami des Jeune-Canada Pierre Dansereau comme président du Rassemblement et Trudeau comme vice-président, il avait des raisons de penser qu'une option de rechange sérieuse se présentait. Il se joignit à cette formation, mais celle-ci sombra rapidement dans la vieille tendance des tiers partis aux dissensions intestines. Quand il devint évident que, malgré toutes ses velléités réformistes intellectuelles, cette formation ne pourrait devenir une machine politique capable de faire échec à Duplessis, il se retira. Comme il l'avait craint, c'était une reprise du Bloc populaire, mais cette fois, au moins, il ne s'y était pas engagé corps et âme.

Il apparaissait de plus en plus évident à Laurendeau que les forces de changement social au Québec divergeaient trop, surtout sur la question du nationalisme, pour demeurer unies longtemps dans une nouvelle formation politique. Il y aurait d'autres essais pour forger une telle alliance, notamment l'Union des forces démocratiques en 1958, mais Laurendeau était alors plus enthousiasmé par les perspectives de regroupement derrière un Parti libéral revigoré, sous la direction de Jean Lesage. Après avoir été élu à la direction du parti en 1958, Lesage avait habilement fait appel à la fois aux libéraux réformistes et aux nationalistes comme Laurendeau, pour tenter de réunir toutes les voix dissidentes de la province. En plus de proposer une plate-forme de modernisation et de réforme sociale radicale, il offrait aux nationalistes la perspective d'affronter victorieusement Duplessis et même d'aller plus loin que lui dans le dossier de l'autonomie politique. C'était là enfin, pour Laurendeau, l'occasion de s'engager à la fois comme nationaliste et réformiste libéral. Mais ces développements ne s'étaient pas encore produits en cette sombre année de 1957. À ce moment-là, Laurendeau envisageait la perspective décourageante de plusieurs autres années de duplessisme, sans espoir que se réalisent jamais ses aspirations vers un Québec ouvert, progressiste et bien protégé constitutionnellement.

Peut-être est-ce sous le poids de ce découragement que Laurendeau, en 1957, demanda à Filion un congé sabbatique du *Devoir* pour se consacrer pleinement à la création littéraire. Les lettres et les arts avaient toujours été ses refuges depuis sa jeunesse. Dans son for intérieur, à tout le moins[33], c'est à ce monde qu'il appartenait vraiment. Il écrivit à cette époque à la romancière Gabrielle Roy, pour lui dire à quel point il admirait sa détermination à préserver sa solitude de créatrice, sans grand espoir de pouvoir lui-même l'imiter. En même temps, il était déprimé par ce qu'il considérait comme le caractère relativement superficiel et à court terme de l'écriture journalistique. Il se plaignait souvent à ses amis et à sa famille de devoir produire plusieurs éditoriaux par semaine, affirmant, à un moment donné, que cette profession obligeait à beaucoup de «bavardages pour rien». Filion devait souvent essuyer son insatisfaction à cet égard. Même supérieur à la politique, le journalisme n'était pas l'aspiration fondamentale de Laurendeau. Il

---

33. Au sujet des motifs subconscients qu'aurait pu avoir Laurendeau de ne pas s'engager davantage dans la création artistique, voir Yves LAURENDEAU, «En guise de supplément au *Laurendeau* de Monière», *Revue d'histoire de l'Amérique française*, 38, n° 1 (été 1984): 81-83; Fernand DUMONT, préface à l'ouvrage d'André LAURENDEAU, *Ces choses qui nous arrivent. Chronique des années 1961-1966* (Montréal, HMH, 1970): xvi.

souhaitait plutôt, dans le meilleur sens du terme, devenir un intellectuel aussi bien qu'un artiste[34].

Pour ajouter à sa frustration, il considérait qu'à 45 ans, la borne repère de la maturité, il n'avait rien accompli de valable, rien d'assez éclatant pour satisfaire son ambition inassouvie d'apporter une contribution culturelle qui puisse, au moins, se remarquer dans l'ombre des maîtres littéraires qu'il vénérait. À des moments comme ceux-là, il ne voyait pas sa vie comme le voyage multidimensionnel qu'elle était, mais plutôt comme une série fragmentaire d'épisodes dissociés. Alors que ses premiers enfants atteignaient rapidement l'âge coûteux des études universitaires et des voyages à l'étranger, c'était peut-être pour lui la dernière chance de mettre en valeur ses talents de créateur. Filion disait que le démon de l'écriture le hantait[35].

Au cours des mois suivants, Laurendeau acheva diverses œuvres de création auxquelles il travaillait depuis un certain temps, ainsi que d'autres projets nouveaux. Chaque fois, l'accent était mis sur la psychologie, avec des thèmes qui tournaient autour des relations interpersonnelles et d'autres aspects de la condition humaine; l'intrigue, le décor et les circonstances étaient toujours secondaires. Le contraste entre son style antérieur, plus solennel, et ses préoccupations actuelles sur les tourments d'une âme partagée ressortait de façon évidente dans ses récits et son roman. D'abord, les *Voyages au pays de l'enfance* étaient en fait une série d'émissions pour la radio, qui avaient été mises en ondes pour la première fois en 1953, sous forme de saynètes de 15 minutes. Rassemblés et révisés, ces textes formèrent un livre publié en 1960. Laurendeau s'y penchait sur sa propre enfance. À travers les expériences de ses enfants, il retrouvait la pureté de regard de son premier âge. C'était plus qu'un exercice de nostalgie; évoquant la simplicité profonde de son modèle littéraire, Péguy, il cherchait à explorer la pureté émotionnelle et spirituelle de l'enfance. Son style était dépouillé et mystique, oscillant sur une frontière indistincte entre la prose et la

---

34. Gérard FILION, *Fais ce que peux. En guise de mémoires* (Montréal, Boréal, 1989): 240.

35. *Ibid.*, p. 242.

poésie[36]. Son livre fut accueilli par un concert de louanges, même si plusieurs de ses admirateurs pensaient moins à son art qu'à ses autres réalisations. Le romancier Hugh MacLennan, par exemple, écrivit:

> C'est un livre d'une exquise tendresse, d'une grande beauté et sincérité. J'ai toujours senti cette tendresse en vous, cet amour des enfants, cette sensibilité à la vie. Votre pensée politique a toujours été essentiellement chevaleresque, inspirée par le désir de protéger ce qui était à la fois fragile et précieux. C'est la principale raison qui me fait croire que vous avez fait beaucoup pour votre pays, par lequel j'entends aussi mon pays, car votre vision du Canada n'est guère différente de la mienne[37] [...]

L'histoire était tout à fait différente dans le roman qu'il écrivit dans la période noire où tombait son année sabbatique. *Une vie d'enfer* est la description complexe de la vie intérieure d'un journaliste qui rêve d'être reconnu comme un grand écrivain. Bien qu'il soit toujours dangereux de voir un rapport autobiographique marqué entre la vie d'un auteur et les personnages qu'il met en scène, on a beaucoup spéculé sur le fait que, dans ce roman et d'autres écrits amorcés dans les années 1957-1958, Laurendeau exprimait les sentiments interdits et les tourments intimes qu'il n'osait révéler et assumer publiquement[38]. Le ton désespéré du livre, son exploration sombre des ravages que la vie fait subir à l'idéalisme de la jeunesse, des personnages de femmes dominantes, jalouses ou simplement culpabilisatrices, les sous-thèmes de la foi perdue — du tourment d'une libido réprimée et de l'aliénation de soi-même — tout était offert en pâture au voyeurisme psychologique. Quand Laurendeau fit lire son manuscrit à Filion, ce dernier refusa de voir *Le Devoir* associé de quelque façon à cet ouvrage, invoquant le fait

---

36. Denis CHOUINARD, «André Laurendeau: Voyages au pays de l'enfance», *Dictionnaire des œuvres littéraires du Québec* (Montréal, Fides, 1984), IV, p. 967.

37. Hugh Maclennan à André Laurendeau, 16 juin 1960, *Fonds Famille Laurendeau-Perrault, Centre de recherche Lionel-Groulx.*

38. Denis MONIÈRE, *André Laurendeau et le destin d'un peuple* (Montréal, Québec/Amérique, 1983): 245-249.

que les lecteurs du journal en seraient offusqués. Il l'a démenti plus tard, mais il semble qu'il ait menacé de congédier Laurendeau. Dans ses mémoires, l'ancien directeur du *Devoir* qualifie le livre de «noir, noir, noir[39]». Voyant que l'opinion de Filion était représentative de la mentalité conformiste et conservatrice de l'époque, Laurendeau essaya de faire publier le livre en France. Dans une lettre à Paul Flamand, le directeur littéraire des Éditions du Seuil à Paris, il disait qu'il avait bien essayé de publier ce livre osé au Canada, mais que son poste de rédacteur en chef du *Devoir* rendait les choses difficiles. Et il ajoutait que son épouse croyait qu'il n'en serait pas de même en France. Mais les lecteurs de la maison d'édition rejetèrent l'ouvrage et, malgré un échange de lettres au sujet d'une révision éventuelle du roman, celui-ci ne sera publié qu'en 1965, à Montréal[40].

En définitive, la contribution la plus importante de Laurendeau à la culture canadienne-française serait les œuvres théâtrales qu'il écrivit à la fin des années 1950 et au début des années 1960. Son intérêt pour le théâtre remontait à sa petite enfance, quand il hantait les coulisses du théâtre montréalais où son père montait des opéras-comiques:

> Car, si je cherche la racine de mon amour du théâtre, c'est dans l'atmosphère des coulisses, respirée à cinq ou six ans, que je le trouve — antérieure donc au premier choc, aux grandes découvertes, à l'amour qui sait ou croit savoir ce qu'il cherche.
>
> Les «entrailles du monstre» n'étaient ici ni vastes ni profondes: un petit théâtre lyrique de l'est de Montréal qu'on allait bientôt transformer en cinéma. Nous arrivions tôt, bien avant la représentation. Par l'entrée des artistes arrivaient un à un,

---

39. Gérard FILION, *Fais ce que peux. En guise de mémoires* (Montréal, Boréal, 1989): 242; au sujet d'autres opinions négatives sur le roman de Laurendeau, voir Gilles HÉNAULT, «Les avatars d'une vie littéraire», dans Robert COMEAU et Lucille BEAUDRY, dir., *André Laurendeau* (Sillery, Presses de l'Université du Québec, 1990): 128-129.

40. Denis CHOUINARD, *Dictionnaire des œuvres littéraires du Québec* (Montréal, Fides, 1984), IV, p. 922s.

déjà transformés par le trac, des gens que je connaissais bien, des gens de tous les jours. Ils descendaient par un escalier sombre vers le soubassement où se trouvaient les loges; ils y entraient; on les entendait lancer des vocalises; cela sentait la poudre et les fards. Puis ils sortaient de là habitants d'un autre siècle, héros, pécheresse, bandits, roi de France et reine d'Angleterre [...] Les jeux de la lumière achèveraient sur scène la transformation.

Il s'agit d'un jeu: c'est le conditionnel de l'enfance (*je serais un bandit, et puis tu viendrais m'attaquer et puis je te tuerais* [...]) réalisé au présent par des adultes. C'est un jeu grave auquel on s'est longuement préparé[41].

Plus tard, au collège Sainte-Marie, il jouait du piano pour les représentations montées régulièrement par les jésuites au théâtre du Gesù[42]. L'été avec des amis, il transformait en théâtre une grange des environs de Saint-Gabriel pour y jouer leurs propres pièces. À un moment donné, il se rendit compte de l'amateurisme de ces entreprises; de fait, il n'y eut pas de véritable théâtre professionnel à Montréal avant la Seconde Guerre mondiale[43]. Mais, durant les années 1930 en France, il découvrit le dramaturge Ibsen, dont les personnages troubles et désespérés le marquèrent profondément.

La tragédie de l'homme idéaliste enfermé dans des relations personnelles insatisfaisantes, souvent oppressives, limité par un conformisme social étouffant et qui se retire dans un monde de chimères ou envisage le geste libérateur du suicide: c'était là un thème récurrent dans ses œuvres dramatiques. Trois d'entre elles furent jouées à la télévision de Radio-Canada, durant sa période sabbatique de 1957-1958: *La vertu des chattes*, *Les deux valses* et *Marie-Emma*. Genre tout à fait nouveau au Québec, le téléthéâtre

---

41. André LAURENDEAU, «Ça a commencé dans un théâtre de l'est de Montréal...», *Le Magazine Maclean* (Montréal), V (août 1965): 48.

42. *Ibid.*; voir aussi Alain PONTAUT, «Le théâtre d'André Laurendeau», dans Robert COMEAU et Lucille BEAUDRY, dir., *André Laurendeau* (Sillery, Presses de l'Université du Québec, 1990): 123-125.

43. Denis MONIÈRE, *André Laurendeau et le destin d'un peuple* (Montréal, Québec/Amérique, 1983): 244.

fut un succès immédiat: il permettait à un auteur d'atteindre un
auditoire de centaines de milliers de personnes. Avec son expérience de la télévision, Laurendeau avait les contacts qu'il fallait
pour faire valoir ses œuvres. Par ailleurs, l'idée d'adapter son écriture dramatique pour l'œil froid de la caméra ne lui posait pas de
problèmes. Cela dit, ses œuvres n'en furent pas pour autant accla-
mées à l'unanimité; en fait, les critiques allèrent de mauvaises à
tièdes. Mais cette froideur du public mettait moins en cause son
talent de dramaturge qu'elle n'exprimait la colère ou le malaise
provoqués par les thèmes délicats qu'il touchait. Le Québec n'était
encore qu'à la veille de la Révolution tranquille. Même si le vent de
cette révolution était en train de se lever, il y avait encore une
grande partie de la société qui ne tolérait pas l'expression publique
des thèmes dérangeants abordés dans *La vertu des chattes*, notamment le fait que le mariage moderne est souvent basé sur le conformisme social et non sur une vraie fidélité. Une bonne partie des
critiques que Laurendeau reçut par le courrier exprimait des sentiments d'indignation morale[44].

Davantage même que ses romans, ses pièces avaient soulevé
diverses conjectures sur les liens possibles entre les thèmes et personnages de ses œuvres et certains aspects de sa vie. Une relation
qu'il expose couramment dans sa fiction, par exemple, est celle
d'une mère jalouse, oppressive, étouffante, avec un fils aux tendances autodestructrices. Dans quelle mesure en 1957, l'année de la
mort de sa mère, Laurendeau évoquait-il consciemment ses rapports avec elle? D'autres thèmes qui revenaient fréquemment
étaient le mariage malheureux, sans passion, et la culpabilité terri-
ble d'un homme idéaliste, qui s'engage dans une union pour y
découvrir, en fin de compte, que ce refuge est en soi une sorte de
prison. À cette époque, semble-t-il, Laurendeau était au zénith
d'une liaison de 11 ans avec Charlotte Boisjoli, une comédienne
qui fut plus tard auteure de nouvelles[45]. De fait, c'est pour elle qu'il

---

44. Pour un commentaire à ce sujet et une analyse de l'œuvre théâtrale, voir
Jean Cléo GODIN, «André Laurendeau, dramaturge», dans Robert COMEAU et
Lucille BEAUDRY, dir., *André Laurendeau* (Sillery, Presses de l'Université du
Québec, 1990): 133-137.

avait écrit le rôle-titre de la pièce *Marie-Emma,* représentée le 21 janvier 1958. Dix jours plus tard, il écrivait à un ami qu'il ne savait comment féliciter «Madame Boisjoli» qui fut «si parfaite en Marie-Emma». On peut se demander à bon droit jusqu'où les hommes affligés de culpabilité dans ses pièces étaient l'expression de son propre malaise face à l'infidélité. On peut s'interroger aussi sur l'importance à donner au thème de «la réalité face aux apparences», qui est si souvent mentionné en rapport avec ses œuvres de création au cours de cette période[46]. Il est certain qu'à cette époque de sa vie, Laurendeau cherchait beaucoup à fuir le milieu dans lequel il vivait. Les secrets combinés de son agnosticisme et de sa liaison amoureuse durent peser lourdement sur la conscience d'un homme qui avait pour fonction d'exprimer l'indignation morale d'une société à l'endroit du régime menteur et corrompu de Duplessis, et à partir d'une tribune aussi élevée que la page éditoriale du *Devoir.* Dans la société fermée qu'était le Québec d'alors, il ne pouvait pas montrer son vrai visage.

Laurendeau revint à ses fonctions au *Devoir* en 1958, sans avoir complètement assouvi son désir de création littéraire. Il mettra la main à divers autres projets dans les années qui suivront, notamment une adaptation télévisée des *Frères Karamazov* de Dostoïevski et une pièce de théâtre, *Deux femmes terribles,* qui prit l'affiche au Théâtre du Nouveau-Monde. Mais il avait besoin de temps pour évaluer la direction dans laquelle sa carrière d'écrivain pourrait l'amener et il devait voir si son tempérament pouvait tolérer sans tourments indus les blessures inévitables infligées par les critiques à ceux qui exposent leur talent et leur personne au regard public.

Il y avait, en outre, des signes encourageants dans l'air, qui montraient que le Québec pourrait bien être en train d'émerger de la grande noirceur duplessiste. La mort soudaine du Premier minis-

---

45. Denis MONIÈRE, *André Laurendeau et le destin d'un peuple* (Montréal, Québec/Amérique, 1983): 256.

46. *Ibid.*, p. 257s; voir aussi Yves LAURENDEAU, «En guise de supplément au *Laurendeau* de Monière», *Revue d'histoire de l'Amérique française*, 38, n° 1 (été 1984): 76-78.

tre dans le Grand Nord québécois, en septembre 1959, apportait enfin des perspectives de renouveau à l'intérieur même du gouvernement. Quand Paul Sauvé, jeune politicien progressiste, fut nommé Premier ministre, le glacier commença à craquer et à fondre. Au même moment, sous la houlette de Jean Lesage, les libéraux étaient à rassembler une large coalition qui permettait d'espérer une victoire prochaine contre l'Union nationale. On sait à quel point Laurendeau était devenu sceptique sur le plan politique. Il attendait de voir si les promesses que présentaient Sauvé ou Lesage se réaliseraient dans les faits. Il n'y avait pas de doute cependant, la pression pour le changement qui s'était accumulée hors les murs de la politique forçait désormais l'ouverture des portes. Peut-être pourrait-on enfin abattre l'épaisse muraille de conservatisme qui emprisonnait le Québec depuis trop longtemps.

CHAPITRE IX
LA RÉVOLUTION TRANQUILLE 1960-1963

> [Il reste...] que notre propre aventure en passionne
> plusieurs; que nous sommes moins pauvres, moins
> démunis; que nous recommençons à accomplir des
> choses; que nos projets ne nous font pas tout de suite
> peur; que nous discutons sur la place publique de pro-
> blèmes que nous essayions hier de nous cacher soi-
> gneusement les uns aux autres; que ce bouillonnement
> dépasse la politique, et pourtant ne cesse de l'attein-
> dre. Est-ce l'euphorie qui suit la mort du duplessisme?
> Nous sommes plusieurs à croire que la création est
> devenue possible; que la seule recette de survie, c'est
> de vivre.
>
> André LAURENDEAU, «Québec joue son rôle de
> capitale nationale du Canada français», 1961[1]

Au printemps 1963, les Nord-Américains découvrirent avec stu-
peur qu'une révolution était en cours au Québec, cette province
pittoresque mais qui ne faisait guère de bruit avec ses églises aux
hauts clochers et ses danseurs folkloriques à ceinture fléchée. Les
Canadiens anglais en prirent conscience de la même façon qu'ils
apprenaient les événements nationaux et internationaux: en regardant les nouvelles à la télévision. Dans le confort de leur salon, ils

---

1. *Le Magazine Maclean* (Montréal), 1 (nov. 1961): 3.

virent tout à coup des spécialistes en explosifs s'approcher précautionneusement de boîtes aux lettres à Westmount, en plein Montréal, afin de désamorcer des bombes posées par des terroristes. Un soir, ils aperçurent avec horreur un policier qui avait sauté sur une bombe, et tout autour des morceaux de chair brûlée et des restes humains encore pantelants qu'on transportait sur un brancard. Ils découvrirent aussi des statues mutilées de héros militaires britanniques. Ces images paraissaient tout à fait étrangères au Canada. Les téléspectateurs apprirent — et il y avait partout des graffiti pour en témoigner — qu'une organisation terroriste appelée Front de libération du Québec (FLQ) «revendiquait la responsabilité» de ces attentats: une expression étrange, promise à un grand avenir. Toutefois, quand les premiers terroristes furent enfin capturés et se révélèrent n'être, pour la plupart, que des étudiants exaltés, le Québec disparut rapidement de l'avant-scène de l'actualité. Il est douteux, en effet, que les Canadiens anglais se rappellent ces événements avec la même vivacité qu'un autre événement sanglant de 1963, à Dallas, au Texas. Mais, comme le nom «Dallas», le sigle FLQ évoquerait désormais des moments dramatiques. Et le cauchemar terroriste allait revenir en force durant la crise d'octobre 1970. Entre-temps, ceux qui cherchaient des explications à cette violence au sein du Canada français restaient stupéfaits quand des «spécialistes du Québec» leur disaient qu'on assistait là à une révolution «tranquille»!

Cette Révolution tranquille qui débuta en 1960 fut un point tournant pour le Canada français. Son importance historique ne le cède qu'à la Conquête britannique, deux siècles auparavant, et ses effets à long terme, comme ceux de la Conquête, n'ont pas encore été pleinement évalués. En quoi consistait cette révolution? Hélas, le cimetière des «spécialistes du Québec» est rempli de pierres tombales qui portent cette question en épitaphe. Ceux qui ont l'audace de tenter d'y répondre présentent les explications de circonstance avec beaucoup de «d'une part» et «d'autre part» sur la lutte des classes, l'autodétermination, les aspirations néo-nationalistes, la renaissance culturelle et ainsi de suite. Mais les plus avisés s'inspirent peut-être de la sagesse de l'ancien chef communiste chinois Chou En-lai qui, lorsqu'on lui avait demandé d'évaluer l'importance historique de la Révolution française de 1789, avait dit qu'il était «encore trop tôt pour le dire[2]». On s'entend néanmoins assez sur le caractère général de la Révolution tranquille. On la décrit d'habitude comme une révolution idéologique, par laquelle la société québécoise se tourna, après un long retard, vers un système de valeurs urbain industriel. Selon cette théorie, autour de 1960, les élites francophones du Québec de même qu'une partie croissante du grand public se vouèrent à la cause de la modernisation des institutions et des structures socio-économiques, cause que les intellectuels réformistes et les leaders d'opinions avaient défendue vivement durant les années 1950[3]. La mort de Duplessis en 1959, un personnage qui symbolisait à lui seul l'idéologie conservatrice traditionnelle du Québec, devint l'événement majeur qui fit enfin pencher la balance du côté du changement. Le successeur de Duplessis, Paul Sauvé, fut le premier à lancer le signal d'une nouvelle époque, mais il mourut subitement après trois mois seulement en fonction. Ce fut donc Jean Lesage, le leader libéral élu en 1960, qui eut à accomplir la tâche. Malgré le FLQ, ce ne fut pas une révolution de barricades et de cocktails Molotov; il n'y eut pas non plus de Fidel Castro descendant tout armé des Laurentides. Ce fut plutôt un rattrapage rapide, qui se fit plus bruyant avec le temps, mais dont les Canadiens français eux-mêmes n'étaient que partiellement conscients en 1960.

Cependant, André Laurendeau fut conscient de la force de cette révolution dès le départ. Comme nous l'avons vu, il fut l'un de ces réformistes qui attendaient avec grande impatience la fin du duplessisme. Le barrage au progrès personnifié par le vieux chef de l'Union nationale était devenu une obsession personnelle et l'ouverture de ce barrage était selon lui la condition *sine qua non* d'une véritable renaissance dans tous les domaines de la société. La chose était d'autant plus vraie pour lui qu'il avait fini par être persuadé

2. Simon SCHUMA, *Citizens* (New York, Knopf, 1989): xii.

3. Kenneth McROBERTS, *Quebec: Social Change and Political Crisis* (Toronto, McClelland & Stewart 1984): 128-172; voir aussi Fernand DUMONT, «De Laurendeau à l'intellectuel d'aujourd'hui», dans Robert COMEAU et Lucille BEAUDRY, dir., *André Laurendeau* (Sillery, Presses de l'Université du Québec, 1990).

avec le temps que dans une société moderne l'État devait être le moteur principal d'une juste réforme. Aussi, quand Paul Sauvé esquissa des projets de changements en politique, en éducation, dans les programmes sociaux et la culture, Laurendeau les accueillit dans les pages du *Devoir* comme une preuve de renaissance longtemps attendue. Il le fit malgré sa méfiance des politiciens et notamment ceux de l'Union nationale, qui avaient fait beaucoup de vaines promesses en 1936, au début du long règne de Duplessis. Il le fit tout en sachant bien, au fond de lui-même, qu'il s'agissait toujours du parti de Duplessis. Mais pour Laurendeau c'étaient les réformes elles-mêmes qui importaient. Il n'en était pas moins conscient que le déclenchement d'une vaste réforme pouvait poser une sérieuse menace au nationalisme canadien-français. Certains de ses collègues réformistes, notamment les jeunes intellectuels de *Cité libre*, associaient le nationalisme canadien-français au duplessisme, au cléricalisme et au tribalisme. Pour eux donc, la Révolution tranquille était essentiellement un rejet du nationalisme. Ce furent ces mêmes intellectuels, comme Laurendeau l'expliqua, qui lui firent comprendre durant les années 1950 qu'il n'était plus le porte-parole de la jeune génération, qu'il avait été rangé à son insu parmi les «croulants[4]». Mais, bien qu'on puisse le considérer lui-même comme dépassé, le nationalisme, lui, ne l'était pas. On ne pouvait pas le mettre à l'écart comme un mauvais gouvernement.

> [...] il fait partie de notre vocabulaire. Il n'est pas facile à définir, car il y a toutes sortes de nationalistes. Trois notions, cependant, se retrouvent chez chacun d'entre eux: un amour vif de la nation; un sentiment aigu de la menace qui pèse sur les valeurs portées par la nation; la conviction que l'État a un rôle important à jouer dans la sauvegarde et surtout l'épanouissement de ces valeurs[5].

S'étant battu depuis 1937 pour créer un nationalisme social progressiste au Québec, il le considérait comme un élément essentiel

---

4. André LAURENDEAU, «Dialoguer entre familles d'esprit est plus aisé qu'entre générations», *Le Magazine Maclean* (Montréal), 4 (mars 1964): 64.
5. *Le Devoir*, 9 avril 1962.

dans ce processus de rattrapage. De fait, l'un des développements les plus significatifs de la Révolution tranquille fut l'émergence d'un néo-nationalisme dynamique après 1960[6]. Les nationalistes de la nouvelle allégeance voulaient bâtir une société plus moderne et plus ouverte bien sûr, mais aussi défendre la culture et l'autonomie du Québec.

Mais ce n'était pas là un défi que Laurendeau cherchait à relever lui-même. Il était épuisé par presque trois décennies d'engagement nationaliste. En plus d'être aux prises jour après jour avec des questions qui concernaient presque tous les aspects de la vie canadienne-française, il avait tâché de garder quelque peu ses distances pour en arriver à cette indépendance d'esprit si essentielle à la liberté de penser. Les conversations téléphoniques qui duraient des heures tard le soir, la tyrannie de l'heure de tombée au journal, les heures prélevées sur le sommeil pour lire une pile toujours plus imposante de livres, sans parler des invitations presque sans fin pour prendre la parole en public, assister à tel et tel événement qu'il ne pouvait refuser, tout cela avait un prix. Il n'avait jamais assez de temps pour faire les choses aussi bien qu'il aurait voulu et encore moins pour s'adonner aux plaisirs culturels supérieurs qui le ravissaient tant. Il commençait à avoir l'apparence fatiguée de celui qui doit consciemment s'efforcer d'afficher son enthousiasme pour qu'il paraisse sur sa figure. Des années de fatigue s'étaient accumulées autour de ses yeux, qui étaient plus enfoncés et cernés que jamais. En somme, Laurendeau avait payé un lourd tribut pour être haussé, comme il commençait à l'être, au rang de troisième gourou nationaliste du XXe siècle, après Bourassa et Groulx. Les jeunes journalistes le considéraient comme un mentor et des intellectuels de diverses allégeances venaient aiguiser leurs idées nouvelles sur les bords tranchants de son expérience. À 48 ans, il n'avait pas encore l'air d'un vieil homme d'État à la retraite, mais il était prêt à jouer le rôle de conseiller auprès d'une jeune génération de nationalistes. Qu'ils prennent d'assaut les années 1960, alors que

---

6. Jean-Pierre WALLOT, «L'histoire et le néo-nationalisme des années 1947-1970» dans Georges-Henri LÉVESQUE *et al.*, *Continuité et rupture. Les sciences sociales au Québec* (Montréal, Presses de l'Université de Montréal, 1984): 111-116.

lui s'employait quotidiennement, dans *Le Devoir*, et mensuelle-
ment, dans l'article qu'il écrivait pour *Le Magazine Maclean*[7], à
fouiller plus en profondeur la nature humaine.

Il y avait aussi la famille dont il fallait tenir compte. La maison
de la rue Stuart était encore remplie d'enfants, mais aucun des six
n'avait plus l'âge d'être bordé avant que leur père se retire dans son
cabinet: la plupart étaient de jeunes adultes ou faisaient partie de
cette nouvelle catégorie, les adolescents, avec leur éventail ordinaire
de problèmes insurmontables. Francine, l'aînée, avait 24 ans en
1960. Jeune femme intelligente aux opinions bien ancrées, elle était
déjà partie en France où elle resterait plusieurs années, accomplis-
sant ainsi pour une autre génération le rituel du séjour à l'étranger.
La mère de Laurendeau était morte et son père n'en avait guère
pour longtemps à vivre. Ghislaine aux pyjamas rouges était déjà
bien entrée dans cette période décrite avec euphémisme comme *un
certain âge*[8]. Le temps n'était-il pas venu enfin de se consacrer à la
création littéraire? Ses *Voyages au pays de l'enfance* venaient d'être
publiés. Son fils Yves racontera beaucoup plus tard le sentiment de
magie qu'il avait éprouvé en écoutant pour la première fois ces
récits à la radio au début des années 1950. Les téléthéâtres que
Laurendeau avait écrits durant son année sabbatique avaient reçu
un accueil mitigé de la critique, mais les commentaires étaient assez
bons cependant pour indiquer un début prometteur bien que
modeste. Et si son roman *Une vie d'enfer* avait été un peu trop
anticonformiste pour les années 1950, il pourrait être tout à fait
indiqué dans la nouvelle décennie. C'était là après tout la tâche
«non terminée» de sa vie et quoiqu'il se fût résigné à ne pouvoir
jamais avoir la liberté d'un créateur littéraire, c'était sûrement le
moment propice pour se décharger un peu du fardeau national
qu'il avait pris sur ses épaules depuis 1932.

Mais il n'en serait pas ainsi. De fait, Laurendeau était au seuil
de la période la plus épuisante et la plus exigeante de sa carrière de

---

7. Les articles de Laurendeau dans *Le Magazine Maclean* sont réunis dans
Ces choses qui nous arrivent. Chronique des années 1961-1966 (Montréal, HMH,
1970).

8. En français dans le texte. *NdT*.

nationaliste, tellement d'ailleurs, aux yeux de certains intimes, que la tâche allait le tuer. Les changements amenés par la Révolution tranquille l'entraînèrent inexorablement dans le débat sur l'avenir du nationalisme et cela l'amena, en fin de compte, à jouer un rôle central dans les nouveaux efforts menés pour définir l'avenir du Québec au sein du Canada. Ayant été de ceux qui avaient le plus contribué à préparer le terrain aux réformes de la Révolution tranquille[9], Laurendeau se vit dans l'impossibilité de rester à l'écart dans cette ère postduplessiste, alors qu'on débattait des questions aussi importantes que l'éducation, la réforme de la démocratie politique, le rôle de l'État dans la société et les relations fédérales-provinciales. Il croyait, à tout le moins, que son rôle de rédacteur en chef au *Devoir* comportait l'obligation de scruter les faits et gestes du gouvernement Lesage avec une «vigilance sceptique» pour s'assurer que celui-ci ne trahissait pas la cause de la réforme (comme tant de régimes précédents l'avaient fait) et qu'il ne négligeait pas les intérêts légitimes du Canada français. Il écrivait beaucoup sur le rôle de chien de garde que devaient exercer les journalistes durant ces années cruciales et il était bien déterminé à faire ce qu'il prêchait.

Il s'inquiétait aussi du manque d'expérience de la génération montante de nationalistes. Ces jeunes étaient trop extrémistes pour qu'on leur confie le flambeau qu'il aurait bien voulu passer à d'autres. Cette jeunesse le troublait même davantage que le groupe brillant de *Cité libre*, qu'il avait au moins compris et dans certains cas admiré: «L'histoire ne s'avance pas en ligne droite. Un jour je me suis senti désemparé en constatant que la nouvelle génération semblait se détacher du nationalisme. Aujourd'hui, c'est elle qui s'étonne de sentir de drôles de jeunes loups se lancer dans la carrière[10].» Laurendeau était manifestement l'un des rares hommes de prestige qui pouvaient discerner avec le plus de justesse les diverses factions idéologiques qui essayaient de prendre les devants de la

---

9. Denis MONIÈRE, *André Laurendeau et le destin d'un peuple* (Montréal, Québec/Amérique, 1983): 263.

10. André LAURENDEAU, «Québec joue son rôle de capitale nationale du Canada français», *Le Magazine Maclean* (Montréal), 1 (nov. 1961): 3.

scène de la Révolution tranquille. Entre 1960 et 1963, ses éditoriaux étaient des lectures obligatoires pour tous ceux qui essayaient
de comprendre les changements remarquables qui se produisaient
au Québec. C'est avec une pénétration particulière, à la différence
du journaliste canadien-français moyen, qu'il énumérait les influences internationales qui se faisaient sentir au Québec. Il jugeait égocentrique que l'idée que la Révolution tranquille fût exclusivement
une affaire interne. C'était même depuis son retour de Paris en
1937 qu'il pressait les nationalistes et les Canadiens français en
général d'élargir leurs perspectives, soulignant à maintes reprises
que le Québec ne pourrait pas assurer la survivance de sa culture
originale en gardant la tête dans le sable. Dans les années 1950, à
la télévision et au *Devoir*, il s'était acquis la réputation de celui qui
ouvrait les yeux du Québec sur le monde extérieur. Il était même
prêt à admettre maintenant, au moins pour le besoin de l'argumentation, qu'il avait eu tort, en 1939, de s'opposer à la participation
canadienne à la Seconde Guerre mondiale. Il était bien conscient
aussi du fait que, durant le long combat contre Duplessis, les idées
les plus fécondes, les critiques les plus pertinentes étaient venues de
ceux qui, à un certain moment, s'étaient éloignés du Québec et
avaient pu tirer des comparaisons avec d'autres milieux plus progressistes. Même en 1963, il continuait de déplorer le fait que des
gens de talent devaient se sacrifier en retournant dans ce milieu
québécois tourné sur lui-même:

> Nous avons parcouru du chemin depuis un demi-siècle. Dans
> plusieurs disciplines, les fondations sont posées. Néanmoins
> les meilleurs «retour [*sic*] d'Europe» ou des États-Unis savent
> qu'en acceptant de rentrer chez eux, ils s'amputent d'une
> partie d'eux-mêmes [...] l'amertume leur remonte parfois à la
> bouche, quand ils sont trop environnés d'obstacles, quand des
> mauvaises volontés les empêchent d'accomplir même ce qui
> serait possible[11].

---

11. André LAURENDEAU, «Il y a l'Europe du plaisir ou celle, vécue comme
un malaise, des "retour [*sic*] d'Europe"», *Le Magazine Maclean* (Montréal), 3 (juin
1963): 3.

Les Québécois francophones, affirmait-il, ne pourraient pleinement tirer parti du sens et du potentiel de la Révolution tranquille s'ils n'en reconnaissaient pas la dimension «universelle».

Un problème qui permit à Laurendeau d'illustrer clairement ce point fut la menace de guerre nucléaire. Il était convaincu que les nouvelles attitudes, qui se manifestaient par une impulsion soudaine pour une réforme radicale, l'exigence frénétique de satisfaction immédiate des désirs et la brusque mise au rancart de la morale sexuelle victorienne provenaient en partie d'une peur réprimée de l'holocauste nucléaire. Constatant qu'il ne restait pas de refuge sûr sur terre, et que l'imagination ne pouvait pas vraiment embrasser la réalité de la mort collective et de la dévastation qu'une guerre nucléaire entraînerait, les humains poursuivaient leur traintrain quotidien (que pouvaient-ils faire d'autre?) avec une angoisse subconsciente qui s'exprimait par des voies détournées. Mais les Canadiens français ne pouvaient pas faire comme si la menace n'existait pas. L'isolement dans le monde moderne était une folie. Laurendeau admettait qu'un petit pays comme le Canada avait peu d'influence réelle sur les événements, sinon pour témoigner qu'il refusait de participer à la folie collective[12]. Il affirmait que le Canada devait s'opposer à la prolifération des armes nucléaires, en refusant d'abord de s'en servir pour sa propre défense. Bien qu'il en voulût au gouvernement Diefenbaker à Ottawa pour son indifférence, sinon son hostilité à l'endroit du Canada français, il jugeait la question trop importante, à la veille des élections fédérales de 1962, pour taire ses louanges à l'égard du ministre des Affaires extérieures, Howard Greene, qui venait de prendre position contre l'arme nucléaire au Canada. Du même coup, il condamnait le chef libéral Lester Pearson, ancien lauréat du prix Nobel de la paix, qu'il traitait de faux homme de paix, car celui-ci acceptait le nucléaire après l'avoir d'abord rejeté. Il disait que les libéraux formaient le «parti de deux drapeaux[13]». Avec de tels arguments et en écrivant en long et en large sur ces questions, Laurendeau faisait la preuve que, dans

---

12. André LAURENDEAU, *Ces choses qui nous arrivent. Chronique des années 1961-1966* (Montréal, HMH, 1970): 57.

13. *Ibid.*, p. 65.

le monde moderne, il y avait des considérations plus importantes que les problèmes locaux ou même nationaux.

Une question «universelle» plus délicate, dont Laurendeau discutait fréquemment dans les années 1960, était le conflit des générations. Il considérait ce conflit comme un catalyseur qui augmentait à la fois le rythme et la volatilité du changement social et comme partie intégrante d'un phénomène qui se répandait à travers le monde occidental. La génération née depuis la fin de la Deuxième Guerre mondiale atteignait l'âge de la majorité dans les années 1960. De par sa seule importance démographique, cette génération exerçait une énorme influence; quoique trop jeune pour accéder au pouvoir, elle était capable de s'opposer au pouvoir établi tout en promouvant des options radicales. Outre leur pression démographique, les baby-boomers au Québec comme ailleurs avaient des valeurs différentes de leurs parents, qu'ils accusaient d'être «dogmatiques et conformistes», selon les termes de Laurendeau. Celui-ci notait ainsi les différences entre les deux générations:

Certes, d'avoir été jeune durant la crise, la guerre ou l'après-guerre, d'avoir eu vingt ans sous Duplessis ou Lesage, d'avoir lu Malraux ou Camus ou Sartre à vingt ans plutôt qu'à quarante ans, cela marque. Vous ne sauriez être sensibilisés aux mêmes faits ou aux mêmes idées, vous ne pouvez avoir exactement les mêmes perspectives [...]

Voici une génération nouvelle. Elle porte sur les choses et les êtres un regard à la fois inquiet et gourmand. Elle veut faire des choses. Ce qui est accompli ne saurait la retenir. Elle se cherche des tâches. Elle magnifie l'importance des tâches qu'elle se découvre, elle est ennuyée qu'on lui parle constamment de celles qui sont en voie d'exécution et qu'elle regarde comme achevées. C'est ainsi que la face de la terre se renouvelle. Comme tous les créateurs, elle est enivrée des découvertes qu'elle entrevoit et qui lui masquent les autres. Elle a l'air d'être l'adversaire de tout ce qui n'est pas elle [14].

14. André LAURENDEAU, «Dialoguer entre familles d'esprit est plus aisé qu'entre générations», *Le Magazine Maclean* (Montréal), 4 (mars 1964): 64.

Laurendeau avait plusieurs raisons de vouloir combler le fossé des générations pour communiquer avec la jeunesse. Certaines étaient personnelles. Comme tout parent d'âge moyen à cette époque, il craignait que ses propres enfants sombrent dans le radicalisme ou la contre-culture. Les plus jeunes, Sylvie et Geneviève, ne donnaient pas encore de soucis, mais Olivier et Yves faisaient partie de cette génération des années 1960, tandis que Jean et Francine étaient, dans le début de la vingtaine, encore assez jeunes pour s'écarter des idées de leurs parents. Ils avaient été élevés dans un foyer où la culture était à l'honneur, où l'ambiance générale pouvait être considérée comme élitiste et même conservatrice, alors que ce que la nouvelle génération applaudissait en général semblait tapageur et gauchiste. Laurendeau, malgré ses opinions libérales, n'aima jamais vraiment la culture populaire nord-américaine. Selon son fils Yves, il fut essentiellement un élitiste français même dans ses goûts musicaux et littéraires; par exemple, le seul écrivain canadien-français qu'il aurait vraisemblablement admis dans son panthéon littéraire était Gabrielle Roy[15]. Pour lui, le saut était trop grand de Debussy au rock'n roll.

Mais il essaya de s'ajuster d'autres façons. Il écrivit des articles d'une grande lucidité et ouverture d'esprit durant ces années, sur des sujets allant du contrôle des naissances à la censure[16]. Il tâcha aussi de comprendre sa fille Francine qui, très féministe, écrivait de Paris des lettres caustiques au sujet des écoles catholiques arriérées et des effets débilitants des tabous sexuels sur les jeunes Québécois. Bien que Francine aille beaucoup plus loin qu'il ne l'aurait fait, toute prête à jeter le bébé avec l'eau du bain, il était capable de sympathiser avec elle. De fait, en 1965, il allait écrire des textes très critiques sur ces sujets, notant par exemple le sentiment déprimant qu'il éprouva en inscrivant sa fille benjamine Sylvie dans une école catholique de filles. Il se demandait si la vieille roue ne se remettrait

---

15. Yves LAURENDEAU, «André Laurendeau ou la culture comme mode de vie», dans Nadine PIROTTE, dir., *Penser l'éducation. Nouveaux dialogues avec André Laurendeau* (Montréal, Boréal, 1989): 23.

16. Voir, par exemple, André LAURENDEAU, *Ces choses qui nous arrivent. Chronique des années 1961-1966* (Montréal, HMH, 1970): 79-84; 324-329.

pas à tourner; si sa fille n'entendrait pas à son tour les religieuses
traiter de perverties les femmes qui fument et de dévergondées
celles qui portent des shorts, ou si ses cours d'histoire du Canada
se limiteraient à l'énumération des vertus de Mgr de Laval[17]. Mais
il admettait à regret qu'il ne s'adressait pas aux jeunes gens autant
qu'il l'avait déjà fait: «Il se peut que je ne sente pas toute l'origi-
nalité de la génération qui commence à s'exprimer, que je ne
prenne pas assez leurs négations au sérieux[18].»

Certes, il était plus enclin à leur faire la leçon qu'à les écouter,
même s'il prétendait que c'était parce qu'ils rejetaient le dialogue.
Ils commettaient là, selon lui, leur plus grande erreur. Lui aussi, il
avait été autrefois un jeune homme radical. Il avouait qu'un nombre incroyable de ses aînés et contemporains l'avaient mortellement
ennuyé, mais que certains méritaient d'être écoutés. Les jeunes
devaient comprendre les conditions dans lesquelles leurs ancêtres
avaient vécu; il ne s'agissait pas tant de les exonérer de tout blâme
que d'apprendre de leurs erreurs. Il soulignait que ceux et celles
qui commençaient tout juste à apprendre à lire formeraient un jour
la «jeune génération» et le cycle recommencerait. Pour Laurendeau,
il ne fallait pas voir une nouvelle génération comme un ennemi qui
va renverser les précédentes, mais plutôt comme une nouvelle
équipe, dont chacun des membres viendrait à remplir chacun des
postes occupés par la présente équipe. À mesure que les années
1960 avançaient, il craignait manifestement que les éléments les
plus radicaux et les moins réfléchis de la jeune génération s'empa-
rent de la Révolution tranquille et la poussent à des extrémités
inacceptables. Il s'agirait d'une régression vers la même sorte de
société, fermée et intolérante, qu'il avait lui-même vivement com-
battue:

> Ils n'en finissent plus de confesser leurs colères et leurs dégoûts.
> Il entre de la magie dans leur réprobation, comme la religion
> de leurs aînés était superstitieuse. Aux théologiens routiniers
> d'une époque conservatrice correspondent les théologiens

---

17. *Ibid.*, p. 253s.
18. André Laurendeau, «Dialoguer entre familles d'esprit est plus aisé
qu'entre générations», *Le Magazine Maclean* (Montréal), 4 (mars 1964): 64.

acariâtres d'une époque radicale. L'affirmation manquait de rigueur: la négation demeure aussi molle. On prend l'antique colonne et on la renverse, se croyant novateur, mais c'est toujours la même colonne[19].

Même s'il devait au passage s'opposer à la jeunesse, Laurendeau était déterminé à faire en sorte que l'ère de réforme en cours reflète les valeurs libérales qu'il chérissait, tout en respectant ce que le passé du Canada français avait de meilleur.

Mais une autre tendance internationale contribuait à alimenter la Révolution tranquille: la montée irrésistible du laïcisme. Cette tendance l'avait mis lui-même en marge de sa propre génération. Même s'il avait été élevé dans l'idée que catholique et canadien-français étaient deux notions inséparables, Laurendeau s'était battu plus tard pour associer le nationalisme canadien-français à une pensée sociale catholique progressiste, représentée alors par le personnalisme. À cette époque, le personnalisme semblait une façon de concilier la religion avec les tendances laïques et matérialistes qui allaient de pair avec la vie moderne. Mais comme il le soulignait en 1961, il semble que, dans la plupart des pays occidentaux, la révolution industrielle ait amené un retrait des croyances religieuses[20]. Il était devenu difficile aussi pour un laïc catholique, dans les années 1950, de défendre le rôle temporel de l'Église dans la société québécoise. Pour plusieurs qui pensaient comme Laurendeau, l'Église s'était irrémédiablement déshonorée en s'associant étroitement au duplessisme, même si une poignée de clercs avaient été à l'avant-garde des réformistes. En ajoutant l'agnosticisme secret qui avait réduit l'homme à vivre dans les tourments de l'hypocrisie, on comprend pourquoi, dans les années 1960, Laurendeau écrivit de moins en moins sur la composante catholique du nationalisme.

---

19. André LAURENDEAU, «Ces jeunes sont les fils de leurs pères: les idées ont changé, les attitudes, non!», *Le Magazine Maclean* (Montréal), 3 (oct. 1963): 88.

20. André LAURENDEAU, *Ces choses qui nous arrivent. Chronique des années 1961-1966* (Montréal, HMH, 1970): 20; voir aussi Fernand DUMONT, «De Laurendeau à l'intellectuel aujourd'hui», dans Robert COMEAU et Lucille BEAUDRY, dir., *André Laurendeau* (Sillery, Presses de l'Université du Québec, 1990): 259-263.

Il pensait plutôt que l'Église méritait, dans une bonne mesure, d'être l'une des principales cibles de la réforme. Il ne s'agissait pas simplement de réformer l'Église; toute la société devenait laïque et ses structures changeaient. En 1961, Laurendeau reconnaissait qu'une vague d'agnosticisme balayait le Québec et qu'on ne pouvait l'écarter du revers de la main en parlant d'invasion étrangère; il ajoutait qu'il était inutile de monter aux barricades et de crier à la trahison[21]. Les Canadiens français devaient commencer à se définir par la culture et la langue, et non plus par la religion. Ils le devraient d'autant plus, faisait-il observer avec beaucoup d'acuité, qu'une vague de «Néo-Canadiens» — encore une autre influence extérieure — venait s'ajouter, en nombre croissant, à la population de souche. Comme les non-croyants, ces nouveaux arrivants avaient parfaitement le droit de s'attendre à ce que les institutions québécoises, qui étaient pour la plupart confessionnelles, offrent au moins le choix d'écoles neutres. Bien que Laurendeau ne fût pas encore prêt, à ce moment-là, à embrasser pleinement la révolution laïque, il entrevoyait la nécessité des accommodements.

Ses opinions sur l'éducation, cependant, constituaient un rejet beaucoup plus radical du rôle traditionnel de l'Église. Ses critiques des effets néfastes du cléricalisme dans l'éducation remontaient aux années 1930. À partir de sa propre expérience du système scolaire et des lacunes lamentables qu'il y avait observées à tous les niveaux, il avait alors indiqué clairement que des réformes majeures s'imposaient. À la suite des années d'inertie de la part des autorités religieuses au Québec, en grande partie à cause de leur acoquinement avec Duplessis, les éditoriaux de Laurendeau étaient devenus plus acerbes. En 1959, il soulignait qu'un système scolaire qui vantait uniquement son caractère humaniste classique, alors que le Québec prenait de plus en plus de retard dans les domaines scientifiques et techniques, n'arrivait même pas à apprendre un français décent à ses écoliers. Ceux-ci parlaient plutôt ce qu'il appelait le «joual»: un terme venant de la prononciation du mot «cheval» et qui, dans les années à venir, allait devenir synonyme du besoin de réforme linguistique et éducationnelle. Il faisait aussi remarquer que plusieurs

---

21. *Le Devoir*, 21 oct. 1961.

professeurs au sein du clergé écrivaient au *Devoir* pour protester
contre l'atmosphère de peur dans laquelle ils travaillaient. Ils
n'osaient ouvrir la bouche pour apporter des critiques construc-
tives, de peur que leurs supérieurs religieux ne les réprimandent
vertement. À l'un de ces correspondants, Jean-Paul Desbiens,
Laurendeau suggéra de publier ses observations sous le pseudonyme de «Frère Untel[22]». L'esprit caustique du frère, qui dénonçait
les normes scandaleusement basses de l'éducation cléricale, déclen-
cha un débat majeur sur le rôle de l'Église dans l'éducation. La
publication des *Insolences du Frère Untel*, en 1960, avec une introduction de Laurendeau, fut un succès immédiat. Mais Laurendeau
s'attira la réprobation du cardinal Léger, l'archevêque de Montréal.

Le cardinal lui écrivit pour le semoncer d'avoir trahi l'allégeance traditionnelle du *Devoir* à l'Église et d'avoir laissé planer un
doute sur sa propre fidélité comme catholique. En lançant le débat
sur l'éducation et en publiant une critique favorable du livre de
Desbiens, même si le frère avait été réprimandé par sa communauté religieuse, il avait contribué, selon le prélat, à répandre l'accusation non fondée que le climat intellectuel au Québec était
alourdi et entravé par l'Église[23]. L'incapacité du cardinal à voir que
ses propres accusations étaient un exemple patent de ce qu'il cherchait à démentir dut faire sourire Laurendeau. Néanmoins il rédigea sa réponse avec beaucoup de soin, se reprenant à plusieurs
reprises avant d'arriver à la rédaction finale. Le résultat fut une
assertion définitive de la place que le catholicisme occupait désormais dans sa conception d'une nation canadienne-française, ainsi
qu'une brillante analyse du déclin rapide de l'Église comme institution au Québec. Laurendeau se rangeait ouvertement du côté de
ceux qui croyaient que l'Église outrepassait son rôle dans des
domaines comme le service social et l'éducation, qu'elle avait d'une

---

22. Voir l'introduction de Laurendeau, *Les insolences du Frère Untel* (Montréal, Éditions de l'Homme, 1960); voir aussi Jean-Paul DESBIENS, «André
Laurendeau, au diapason de son temps», dans Nadine PIROTTE, dir., *Penser l'éducation. Nouveaux dialogues avec André Laurendeau* (Montréal, Boréal, 1989): 255-
258.

23. Le cardinal Léger à André Laurendeau, 30 sept. 1960, *Fonds Famille
Laurendeau-Perrault, Centre de recherche Lionel-Groulx.*

façon ou d'une autre dominés depuis trois siècles. Il pressait le cardinal de ne pas s'opposer à l'entrée de l'État dans ces domaines où les niveaux de compétence étaient inacceptablement bas; l'Église devrait plutôt s'en retirer avec grâce. Il en appelait aussi à moins d'intolérance et à une attitude plus positive des autorités ecclésiastiques sur la liberté individuelle et la liberté de penser[24]. Même si la chose était sans doute plus douloureuse pour lui que pour les jeunes réformistes, Laurendeau en était venu à envisager le fait que la mainmise de l'Église au Québec approchait de sa fin. Après des siècles d'adaptation réussie, cette Église avait échoué à répondre aux besoins de la réalité moderne et urbaine du Québec.

Rien n'illustra mieux cette tendance chez Laurendeau ou ne confirma plus clairement la force de ses convictions que son appui à la création d'un ministère de l'Éducation. Parce qu'il croyait que le système d'éducation en général, des écoles normales aux universités en passant par les collèges classiques, avait 75 ans de retard, il ne voyait rien d'autre qu'un réaménagement complet. C'était le premier pas nécessaire vers la réussite à long terme d'autres initiatives car, comme il l'affirmait brutalement, «[...] on se rend de plus en plus compte à quel point *le Québec manque d'hommes* [...] vous vous heurtez à une extrême pénurie de spécialistes possédant déjà une expérience sûre[25]». En 1960, il fut le premier à demander au nouveau gouvernement Lesage de mettre sur pied une commission qui ferait les recommandations nécessaires à une grande réforme[26]. Quand la Commission Parent, établie en 1961, recommanda de mettre sur pied le premier ministère de l'Éducation du Québec, Laurendeau applaudit à tout rompre. En adoptant la loi 60, l'État québécois prendrait effectivement charge de l'éducation:

J'ai été, comme mes contemporains, longtemps immergé dans cette crainte de l'intervention politique en matière d'enseigne-

24. André Laurendeau au cardinal Léger, 18 oct. 1960, *Fonds Famille Laurendeau-Perrault, Centre de recherche Lionel-Groulx.*
25. André LAURENDEAU, *Ces choses qui nous arrivent. Chronique des années 1961-1966* (Montréal, HMH, 1970): 45.
26. Léon DION, «Bribes de souvenirs d'André Laurendeau», dans Nadine PIROTTE, dir., *Penser l'éducation. Nouveaux dialogues avec André Laurendeau* (Montréal, Boréal, 1989): 39.

ment. Il y a trente ans, il y a vingt ans, il y a quinze ans, j'aurais
sans doute été parmi les adversaires du bill 60. À peine recon-
naissions-nous alors les droits de l'État dans cet ordre: nous
affirmions plus volontiers ceux de l'Église et des parents, sans
nous rendre compte que:

— Les parents n'exerçaient à peu près aucune influence au
plan des structures.

— Par la force des choses, l'État pesait de plus en plus sur
les décisions d'ordre administratif, car, de plus en plus, il
subventionnait l'enseignement. Et cette influence risquait
d'être d'autant plus arbitraire qu'elle était niée officiellement[27].

Alors que plusieurs membres du haut clergé québécois me-
naient un combat d'arrière-garde pour limiter le pouvoir du nouveau ministre, en insistant sur le fait qu'il devait être conseillé par
un Conseil supérieur de l'éducation comprenant des membres du
clergé, Laurendeau se porta à l'attaque visière baissée. Il souligna
qu'au moment où presque tous les pays modernes, y compris certains nouveaux États du tiers-monde, avaient un ministère de l'éducation, le Québec, après avoir attendu si longtemps pour en avoir
un, se préparait à l'entraver à cause des objections de quelques
évêques. Ceux-ci voulaient un ministre, mais qui ne soit pas
comme les autres. Autrement dit, ils étaient prêts à accepter l'existence d'un ministre à condition qu'il n'en soit pas réellement un;
ils essayaient de faire jouer leur influence, comme toujours, par des
pressions antidémocratiques et des intrigues de haut niveau. Dans
ses éditoriaux de l'époque, Laurendeau traita avec mépris ce petit
univers fermé que l'Église préférait. Il écrivait en 1963: «Plus profondément, je crois que le Canada français avait confié la direction
de l'enseignement public et privé à l'Église. Il s'en trouvait bien:
sécurité morale, bas salaires et désintéressement. Dans le même
temps, il assistait au patronage et aux abus de pouvoir des partis
[...]» En outre, il rappelait que l'Église s'était opposée à des mesures
progressistes — instruction obligatoire, éducation gratuite et main-

---

27. André LAURENDEAU, *Ces choses qui nous arrivent. Chronique des années
1961-1966* (Montréal, HMH, 1970): 155.

tenant la création d'un ministère — sous prétexte qu'il s'agissait d'inventions diaboliques des francs-maçons. «Malheureusement, soulignait-il, une partie de la communauté nationale en est restée aux sentiments d'hier[28].» Même si cette prise de position ferme lui aliéna plusieurs nationalistes conservateurs et l'entraîna dans de vifs échanges avec des amis de longue date comme François-Albert Angers de *L'Action nationale*, il enjoignit le gouvernement Lesage de s'armer de courage et de résister à ceux qui voulaient ramener le Québec en arrière.

Or en tenant compte de ces larges influences — armement nucléaire, changement des générations, sécularisation — qui étaient une partie des «temps dans lesquels nous vivons», Laurendeau prenait soin d'éviter une interprétation strictement politique de la Révolution tranquille. Car, à ses yeux, le gouvernement Lesage subissait ces influences autant qu'il était lui-même la cause du changement — et peut-être davantage. En 1961, Laurendeau faisait remarquer qu'il était trop tôt pour juger les efforts et les initiatives du gouvernement libéral[29]. Tout en applaudissant à des initiatives si longtemps attendues comme la Commission Parent et la réforme des régimes de retraite, il craignait que le gouvernement recule devant le problème politique le plus important de tous: la corruption électorale. Il était naturel, selon lui, que les politiciens soulèvent ce problème dans l'opposition, mais une fois au pouvoir ils s'empressaient à leur tour de faire jouer tous les leviers du patronage. On n'avait qu'à se souvenir de Duplessis en 1936, ce loup qui avait revêtu la toison d'agneau de la moralité politique. Les nombreuses années de combat de Laurendeau contre la corruption de l'Union nationale lui avaient montré qu'il fallait extraire ce cancer une fois pour toutes sinon les autres gains pourraient s'avérer éphémères. En outre, un tel changement ne pouvait commencer que dans les années 1960, car il exigeait une transformation à long terme de toute une culture politique. Les Canadiens français devaient apprendre à haïr la corruption pour se donner une véritable démocratie. S'il est vrai, comme certains l'affirment, que Laurendeau a

---

28. *Ibid.*, p. 157.
29. *Ibid.*, p. 7.

été le plus brillant journaliste politique du Canada à la fin des années 1950 et au début des années 1960, cela s'explique notamment par son analyse audacieuse de ce problème. Il y apporta une passion authentique de réforme.

> Nous avons le patronage dans le sang. Nous regardons le poste de fonctionnaire comme une récompense politique parfaitement légitime. Les élections nous apparaissent comme un grand jeu populaire dont les règles échappent aux impératifs de la morale la plus courante. Nous avons la religion de la caisse électorale [...] Et nous ne faisons, en cela, qu'accentuer des vices qui fleurissent partout.
>
> Il s'agissait donc de redonner au partisan son rôle dans le parti, et au parti, son rôle dans l'État[30].

Laurendeau passa au crible les nombreuses explications offertes par de savants professeurs. Celles-ci allaient de théories basées sur l'interminable pauvreté rurale du Québec et son effet corrupteur sur la moralité publique jusqu'à l'hypothèse, mieux défendue par Pierre Elliott Trudeau, que les Canadiens français n'appréciaient pas pleinement la responsabilité de la démocratie, parce qu'ils n'avaient jamais eu à se battre pour ses institutions[31]. Selon Laurendeau, aucune cause unique ne rendait compte adéquatement de cette corruption — le patronage —, mais on pouvait expliquer pourquoi elle continuait: «C'est que nous le souffrons, nous le tolérons, nous le dénonçons du bout des lèvres[32] [...]» Pourquoi, par exemple, les juristes, en principe voués à la justice, acceptaient-ils si complaisamment un régime impitoyable de patronage dans leurs propres rangs? Au Québec, où la rhétorique pieuse et moraliste avait occupé une telle place dans la vie publique, le grand public semblait indifférent à la corruption qui rongeait les institutions. Il ne sert à rien, affirmait-il, de se mettre en colère chaque fois qu'un «Mr Smith» de l'extérieur du Québec ose critiquer les

---

30. André LAURENDEAU, *Ces choses qui nous arrivent. Chronique des années 1961-1966* (Montréal, HMH, 1970): 14.
31. *Ibid.*, p. 97s..
32. *Ibid.*, p. 74.

Canadiens français si ceux-ci ne peuvent d'abord prouver qu'ils étaient capables d'avoir une «politique propre». Il faudrait d'abord commencer par avoir une attitude différente envers l'État. «Cette conception de l'État, "monstre étrange" auquel on ne participe pas, mais qu'on tente d'utiliser, nous vient sans doute du fond des âges. Elle a la vie dure. Il faudra pourtant lui tordre le cou si nous voulons entrer dans l'époque contemporaine[33].»

Puisque l'État québécois était manifestement destiné à devenir plus actif dans la société, et donc plus central dans la vie canadienne-française, Laurendeau affirmait avec insistance que la politique devait s'ouvrir à la participation: elle ne pouvait pas rester l'instrument d'oligarchies retranchées derrière leurs privilèges. Il avait combattu les oligarchies financières sous Taschereau et Duplessis, il les combattrait encore sous le gouvernement Lesage, si celui-ci manquait à son devoir de réformer les mœurs électorales, pour écarter le patronage et les influences occultes. Il fut ravi de voir le gouvernement libéral introduire une réforme majeure dans les soumissions publiques pour les contrats du gouvernement, en 1961. Les vives protestations des militants libéraux qui, après des années de purgatoire politique, espéraient maintenant leur «juste» part du gâteau mais qui se retrouvaient plutôt devant l'obligation de concourir pour des contrats, furent pour lui réjouissantes à entendre. Il alla jusqu'à attribuer en partie la percée remarquable du Crédit social aux élections fédérales de 1962, avec 26 députés élus dans le Québec rural, à la déchéance du patronage provincial dans les campagnes. Néanmoins, il dut suspendre son jugement final sur le régime Lesage jusqu'après la mise en vigueur de la Loi de réforme électorale proposée pour 1963. Celle-ci promettait de limiter les dépenses électorales, d'introduire un remboursement des dépenses électorales par l'État et de circonscrire le rôle des législateurs comme distributeurs du patronage. Il écrivit: «Tout ceci est très beau: nous saurons dans quelques années si c'est vrai [...] Qu'on puisse poser la question sans rigoler, c'est le signe d'un progrès dont nous n'aurions pas rêvé[34] [...]» Même si le processus

---

33. *Ibid.*, p. 99.
34. *Ibid.*, p. 15.

allait s'étaler sur des décennies, la plume influente de Laurendeau a joué un rôle durant ces années de transformation du Québec qui est passé de la province où les mœurs politiques étaient peut-être les plus corrompues à celle qui jouit de la plus grande démocratie électorale au Canada.

Laurendeau se montra également intransigeant sur l'établissement d'une fonction publique par concours, où la compétence plutôt que l'allégeance partisane serait à la base du recrutement et des promotions. L'absence de fonctionnaires professionnels compétents, faisait-il remarquer, était un obstacle sérieux à la mise en train des réformes de la Révolution tranquille.

> C'est un grief qu'on doit formuler contre les gouvernements antérieurs, c'est une responsabilité que porte en particulier le duplessisme: méfiant à l'endroit des intellectuels et des spécialistes, il n'a pas vu à renouveler le fonctionnarisme, à ouvrir assez de carrières nouvelles. Or nous sommes ici dans un domaine où, sauf brillantes exceptions, l'effort collectif, l'appui social et politique sont rigoureusement nécessaires. Les adolescents n'embrasseront pas une spécialité dont l'existence leur est inconnue ou qui n'offre pas de débouchés assez nombreux; les étudiants d'université ne pousseront pas leurs études assez loin s'ils ont le sentiment que l'effort ne conduit nulle part et s'ils ne reçoivent pas assez l'appui moral ou financier de la société à laquelle ils appartiennent. Enfin, leur science ou leur art ne suffiront pas si on ne leur donne pas l'occasion de les exercer sur un théâtre assez vaste. Partout, les stimulants ont manqué[35].

Laurendeau avait souvent été effrayé par le fort courant d'anti-intellectualisme qui sévissait au Québec. En 1963, il laissa entendre que le gouvernement Lesage montrait des signes de réaction conservatrice contre l'ascension soudaine des hommes d'idées. Rien, selon lui, ne pouvait être plus rétrograde, car c'était précisément l'intelligentsia qui avait les idées et la compétence nécessaires pour

---

35. *Ibid.*, p. 46.

accélérer le rattrapage et, le moment venu, transformer le Québec en une société d'avenir plutôt que du passé.

La foi intellectualiste de Laurendeau, sa défense de l'idée que toute société progressiste devrait utiliser pleinement son élite intellectuelle, était à la fois une inspiration personnelle et une marque des années 1960. Nous avons vu comment il avait été modelé dès l'enfance dans le moule humaniste classique et à quel point il s'était senti isolé, au retour de Paris, dans la stagnation et la vacuité intellectuelles du Québec des années 1930. À partir de ce moment-là, il se sentit comme une sorte de rebelle et tenta de s'allier occasionnellement à d'autres penseurs non conformistes qu'il considérait comme des alliés éclairés dans le combat pour surmonter la médiocrité ambiante. Puisqu'il ne s'était jamais considéré lui-même comme un penseur original, mais plutôt comme quelqu'un qui pouvait absorber, amalgamer et peut-être populariser les meilleures idées des autres, il jugeait vitaux ses contacts avec des intellectuels. Les entretiens téléphoniques et les rencontres régulières avec des professeurs comme Léon Dion et Pierre Elliott Trudeau, ainsi que des journalistes comme Gérard Pelletier et René Lévesque avaient été essentiels pour lui durant les années de résistance à Duplessis. Ils continuaient de l'être durant ces premiers temps de la Révolution tranquille. Après les longues années de «grande noirceur», où le terme même d'intellectuel était ridiculisé, il se réjouissait de l'attitude plus favorable des années 1960 à cet égard.

Mais, dans l'esprit de Laurendeau, les «intellectuels engagés» étaient des gens qui savaient apprécier divers types de connaissances et savaient mettre à contribution leur savoir supérieur pour le bénéfice de la société. Il n'avait que mépris pour les scientifiques arides — bien qu'il savait que ce genre de personnes était nécessaire — et il détestait franchement ces diplômés arrogants qui cherchaient seulement à se promouvoir eux-mêmes dans le nouvel ordre social:

J'ai connu des cultivateurs québécois qui n'avaient pas dépassé l'école du rang, et qui étaient de magnifiques êtres humains: raisonnables, savoureux, capables d'assumer d'assez lourdes responsabilités, et d'intelligence pénétrante. Les meilleurs d'entre eux avaient quelque chose de royal. On pouvait causer longuement avec eux et tirer profit d'une expérience humaine qu'ils avaient méditée et qu'ils savaient exprimer. Ils m'apparaissaient comme des êtres sains et joyeux [...]

[...] je me souviens d'une réflexion que je me suis souvent faite alors à leur sujet. Je me demandais comment des personnalités aussi riches se transformaient, dans les usines à bacheliers, en une «élite» rachitique, chez qui la joie et la saveur originelles s'étaient presque éteintes. Il me semblait que nous réussissions mieux nos habitants que nos intellectuels [36].

Il est peut-être heureux que Laurendeau n'ait pas vécu assez longtemps pour voir les intellectuels mis à l'écart, après leur bref passage au soleil, et remplacés par les bureaucrates et les gens d'affaires à partir des années 1970.

Bien que Laurendeau consacrât la plus grande partie de ses énergies intellectuelles, entre 1960 et 1963, à analyser les facteurs à la fois externes et internes qui provoquaient des changements révolutionnaires, il était aussi entraîné dans le vif débat qui avait cours entre Canadiens français sur les relations du Québec avec le reste du Canada. De fait, dès 1963, c'était la question dominante, celle qui allait littéralement lui coûter la vie. Car ce débat le mit en conflit direct avec des amis intimes. Il fut forcé de blâmer publiquement des collègues nationalistes qui, à ses yeux, résistaient au changement ou encore poussaient la Révolution tranquille vers des objectifs non souhaitables. Le débat était avivé par les tendances nationalistes croissantes du gouvernement Lesage, notamment en ce qui concerne le partage des pouvoirs fiscaux entre Ottawa et Québec. Il entraîna Laurendeau dans des confrontations avec des fédéralistes, des séparatistes et des révolutionnaires sur la façon de dénouer l'impasse. Il était inévitable que le programme réformiste de Lesage débouche sur une crise financière. Duplessis avait pu équilibrer les budgets de son gouvernement en ne faisant que le

---

36. André Laurendeau, «Une tribu primitive, sans éducation et sans culture...», *Le Magazine Maclean* (Montréal), 6 (mars 1966): 48.

strict minimum en éducation, en matière de services sociaux et dans d'autres domaines. Avec des revenus à peine augmentés, les libéraux n'en faisaient pas seulement plus, mais ils essayaient de combler les déficiences du passé. Les taxes ne pouvaient être augmentées que jusqu'à un certain niveau. Bientôt, des ministres populaires comme René Lévesque, qui cherchaient de l'argent pour mener à terme la nationalisation des dernières sociétés d'électricité privées du Québec, proclamèrent avec force que le Québec avait besoin d'une plus grande autonomie fiscale vis-à-vis d'Ottawa. Avant d'appeler le Québec aux urnes à l'automne de 1962, avec le slogan nationaliste «Maîtres chez nous», Lesage prononça plusieurs discours pour faire valoir les prétentions du Québec à plus de pouvoirs fiscaux. Il exigeait le contrôle de tous les impôts de successions, un quart de l'impôt sur le revenu prélevé au Québec et la renégociation des ententes de frais partagés entre le fédéral et le provincial[37]. S'ajoutant à une victoire électorale retentissante des libéraux, ces demandes donnaient la forte impression que le nationalisme était bien vivant au Québec.

Laurendeau soupçonnait que le gouvernement Lesage n'avait pas de stratégie globale pour la renégociation des relations fédérales-provinciales, mais il soutint ces exigences de plus grande autonomie fiscale. Après tout, elles allaient dans le sens de sa position personnelle sur l'usurpation des pouvoirs provinciaux par Ottawa depuis les années 1930. Il l'avait payée chèrement durant les années Duplessis, quand ce point de vue autonomiste ne faisait que favoriser un gouvernement provincial socialement rétrograde. Mais la question était beaucoup plus sensée, maintenant qu'un effort était en cours pour moderniser les institutions québécoises et les divers domaines d'intervention publique. Pourquoi le gouvernement fédéral ne rendrait-il pas ces pouvoirs de taxation qu'il s'était appropriés durant la Seconde Guerre mondiale? Mais quand donc sa patience serait-elle à bout face à cette fédération canadienne? demandait-on à Laurendeau. Il répondit:

> Nous avons à Québec, même à l'intérieur du régime imparfait où nous vivons, une œuvre à accomplir. Nous venons seule-

---

37. *Le Devoir*, 30 avril 1963.

ment de nous en apercevoir, et nous en improvisons le premier temps, faute d'un personnel compétent; c'est normal d'ailleurs, car c'est devant une grande tâche que les hommes commencent à donner leur mesure. Nous avons, en particulier dans l'enseignement, la fonction publique, le domaine économique, les entreprises culturelles, des objectifs à atteindre. Ce sera l'œuvre d'une génération.

Le cadre politique dans lequel elle s'accomplira est étroit; nous en rencontrerons les limites, en particulier dans l'ordre fiscal. Il faudra élargir le cadre — c'est-à-dire notamment assurer les ressources financières de l'État provincial. Si la croissance normale de l'État provincial est bloquée par l'attitude du gouvernement central, c'est alors que «ma patience» [...] serait vite à bout [38].

Laurendeau revenait constamment, à cette époque, sur la nécessité de renégocier les termes des ententes fédérales-provinciales. La Révolution tranquille rendait inacceptables des solutions de replâtrage, et obligatoires des changements constitutionnels.

Cette position le mit en conflit direct avec des fédéralistes québécois, notamment ceux de *Cité libre* qui avaient été des alliés dans la résistance au duplessisme. Les fédéralistes s'opposaient à une réforme constitutionnelle pour la raison qu'en vertu de l'Acte d'Amérique du Nord britannique, le Québec avait toujours eu les pouvoirs nécessaires pour bâtir le genre de société qu'il voulait et que les exigences de pouvoir accru, comme celles que brandissait Lesage, étaient en fait la manifestation d'une rhétorique nationaliste trop connue. Ces néo-nationalistes pouvaient, comme le cas s'était souvent présenté dans le passé, empêcher les Canadiens français d'accomplir les réformes libérales à l'intérieur de la province, dans l'esprit véritable de la Révolution tranquille. En 1962, Pierre Elliott Trudeau, le porte-parole le plus mordant de ce point de vue fédéraliste, écrivit un article cinglant intitulé «La nouvelle trahison des clercs», dans lequel il disait que le progrès des récentes

---

38. André LAURENDEAU, «Condamnés à vivre ensemble», *Liberté* (Montréal), 4 (avril 1962): 269s.

années était trahi par ceux qui revenaient au vieux rituel insensé de la lutte contre Ottawa[39]. Laurendeau, nous l'avons vu, admirait la force intellectuelle de Trudeau. Au cours de leurs fréquentes rencontres chez Gérard Pelletier pour discuter politique, il se laissait souvent convaincre par les arguments clairs et rationnels de cet homme plus jeune que lui. Il louait les mêmes qualités dans les écrits de Trudeau sur le Québec[40], et il faisait lui-même usage de trudeauisme dans ses propres écrits, en particulier dans la lutte contre le séparatisme. Trudeau avait aussi une admiratrice en sa fille, Francine qui le fréquentait à l'occasion. Néanmoins, Laurendeau n'avait jamais accepté chez Trudeau la dénonciation violente de presque tout le passé du Québec, ni son opposition à toute forme de nationalisme. Il le trouvait trop légaliste, trop catégorique et insensible au fait social. Laurendeau fit remarquer une fois à un collègue journaliste que si Trudeau avait été artiste, il aurait peint des tableaux très clairs et colorés: les traits en auraient été audacieux et distinctifs mais sans beaucoup de subtilité. Ses propres tableaux, d'autre part, auraient présenté les divers ombres et dégradés nécessaires pour exprimer toutes les nuances qu'il ne cessait d'entrevoir. Dans les années à venir, les divergences entre les deux hommes, sur le besoin de restructuration du fédéralisme canadien par rapport au Québec, seraient projetées sur la scène canadienne, où elles auraient de grandes répercussions.

Mais la conviction chez Laurendeau que le gouvernement central devait changer fondamentalement procédait de la politique fédérale du moment. C'était l'époque du régime conservateur de John Diefenbaker, de 1957 à 1963. Un groupe de sadiques politiques, minutieusement choisis, n'auraient pu trouver un leader qui exacerberait davantage la situation québécoise. Juste au moment où la Révolution tranquille commençait à réveiller des énergies longtemps dormantes au Canada français, qui mettaient partout au défi la politique canadienne — et la virulence autonomiste du gouvernement Lesage n'était que la pointe de l'iceberg — les Canadiens

---

39. Pierre Elliot TRUDEAU, *Le fédéralisme et la société canadienne-française* (Montréal, HMH, 1967): 159-190.
40. *Le Devoir*, 9 avril 1962.

élisaient un Premier ministre qui était, par ignorance autant que
par mauvaise volonté, profondément insensible aux Canadiens
français. Il en resta ainsi même après le balayage électoral des conservateurs en 1958 avec un fort appui du Québec, une grande
première dans l'histoire de ce parti, comme Laurendeau s'empressa
de le souligner. Comment ensuite Diefenbaker dissipa son capital
politique en s'aliénant même les plus conservateurs de ses appuis
canadiens-français, pour s'effondrer finalement devant les libéraux
de Lester Pearson en 1963, tout cela appartient désormais à l'histoire politique du Canada. Mais pour Laurendeau et les nationalistes du Québec à l'époque, ce fut le style de Diefenbaker, peut-être
davantage même que sa politique, qui les détourna complètement
de lui. Laurendeau laissa entendre qu'il n'y avait pas eu vraiment
de Premier ministre canadien au XXe siècle que les Canadiens français avaient pu aimer, pas même Laurier ni Saint-Laurent, mais
cela était probablement inévitable pour une minorité ethnique. Il y
avait eu cependant des leaders comme Mackenzie King qui avaient
essayé, même par des voies de patronage, de tenir compte de leur
sensibilité. Diefenbaker était d'un autre genre. Ses discours au
Québec étaient d'habitude émaillés d'allusions condescendantes
aux explorateurs français et ponctués ici et là de contorsions linguistiques laborieuses, raboteuses, qui étaient un régal pour les
humoristes (sa façon de prononcer «Mesdames et Messieurs» gênait
même des anglophones unilingues sceptiques). De tels discours
étaient des réminiscences insultantes d'un passé où l'on pouvait
apaiser le Québec par quelques gestes insignifiants. Ce Premier
ministre pouvait-il répondre à la conjoncture entièrement nouvelle
qui se développait au Québec? Laurendeau se demandait où les
Canadiens français pouvaient trouver leur place dans la conception
de Diefenbaker d'une identité canadienne sans trait d'union:

> Homme de l'Ouest, solidaire des milieux néo-canadiens et
> marqué par des expériences assez douloureuses dans son jeune
> âge, M. Diefenbaker aime affirmer que nous sommes tous des
> Canadiens. Croit-il très fort au bilinguisme et au rôle histori-
> que du Canada français? On a longtemps pu en douter; je
> crois qu'il nous regarde comme la plus importante des mino-

rités qui habitent le pays. À ce titre, et parce que la Constitution nous reconnaît certains droits, il faut nous accorder des égards particuliers. Mais il ne saurait s'agir d'une collaboration entre égaux[41].

L'idée de partenariat égal de Laurendeau s'appuyait beaucoup sur une définition culturelle de la nationalité. Cette conception, nous le verrons, le plaçait à part parmi ses collègues nationalistes des années 1960, car ceux-ci mettaient plutôt de l'avant des objectifs politiques et à un moindre degré économiques. De même qu'il penchait fortement pour une dévolution de pouvoirs au Québec et pour une plus grande autonomie fiscale, le test ultime du fédéralisme reposait selon lui sur le développement d'un Canada vraiment bilingue et biculturel. Rappelons qu'il était devenu nationaliste en 1932, à la suite de l'insensibilité du gouvernement conservateur de R.B. Bennett à propos d'une juste représentation des Canadiens français dans la fonction publique fédérale. Le problème avait pris une importance symbolique pour Laurendeau depuis lors. Il manquait rarement une occasion de rappeler aux Canadiens que les services du gouvernement à Ottawa n'étaient guère un lieu propice aux Canadiens français. Il lui apparaissait stupéfiant qu'après 30 ans, il n'y ait pas eu de changements substantiels à cet égard. Quelques mesures avaient été prises, comme l'impression d'une monnaie bilingue et un usage plus étendu de la traduction simultanée, mais un fait demeurait: les Canadiens français ne pouvaient pas espérer travailler dans leur langue à Ottawa, ni compter évidemment recevoir des services en français du gouvernement fédéral. C'était là, fit-il remarquer à un auditoire canadien-anglais, un marécage anglophone où le séparatisme pouvait croître et se multiplier:

> Je connais des fonctionnaires canadiens-français qui sont séparatistes, et probablement le sont-ils parce qu'ils sont fonctionnaires. Dans la pratique, ils parlent, écrivent et travaillent en anglais, à partir d'idées et de projets germés dans des esprits

---

41. André LAURENDEAU, «Mal représentés, les Québécois se détournent d'Ottawa», *Le Magazine Maclean* (Montréal), 2 (mai 1962): 3.

anglais. Car, dans l'administration fédérale de ce supposé pays bilingue, le français est une langue étrangère. Pour servir son pays, le Canadien français doit souvent oublier son identité; s'il ne le fait pas, il est congédié ou peut-être toléré; en tout cas, sa carrière est compromise.

Laurendeau soulignait aussi que la discrimination linguistique était même un problème au Québec où l'on craignait de plus en plus que, si rien ne se produisait bientôt, le bilinguisme continuerait d'être synonyme à la fois d'assimilation et d'exploitation. Et il utilisait souvent des exemples précis pour illustrer un problème répandu:

L'autre jour, une grande entreprise réunissait son conseil d'administration à Montréal. Cette société compte cinq vice-présidents dont un Canadien français. Tout le monde a demandé à cet homme pourquoi, diable, il y avait un mouvement séparatiste au Québec. Il a répondu: «Dans toute compagnie, chaque vice-président ambitionne de devenir un jour président. Nous sommes cinq, ici. Or, le seul qui n'a aucune chance de devenir président, c'est moi: parce que je suis canadien-français.» C'est la meilleure explication que je puisse vous donner du séparatisme.

Je pourrais multiplier les exemples de ce genre, et ça se manifeste souvent dans les plus petits détails de la vie quotidienne. Par exemple, dans un restaurant de Montréal, je commande du café, et quelle est ma surprise d'entendre la serveuse répondre: «Sorry, Sir, I don't speak French.» Je n'en suis pas encore revenu parce qu'à Montréal, il se trouve que le français est la langue de la majorité.

Même s'il était encore loin de concevoir une solution globale à l'inégalité linguistique et culturelle, il ne pouvait pas accepter les assertions cavalières des fédéralistes canadiens-français, pour qui ces problèmes pouvaient être réglés dans la sphère des droits individuels et sans changement constitutionnel significatif. Au départ, au moins, le gouvernement d'Ottawa devait prendre conscience du problème. Laurendeau trouvait presque impossible d'imaginer que John Diefenbaker, l'homme qu'il appelait le prophète bavard[42], embrasse tout à coup la notion de dualité canadienne. Était-ce un hasard, demandait-il, que ce gouvernement conservateur à Ottawa coïncide avec la montée du séparatisme au Québec?

Au début des années 1960, Laurendeau fut souvent accusé d'exagérer la menace séparatiste afin de faire pression sur les Canadiens anglais pour qu'ils accordent plus de concessions au Canada français. Certains affirmaient qu'il était lui-même un crypto-séparatiste, tandis que d'autres — dont l'ignorance paraissait plus charitable — laissaient entendre qu'il contribuait au séparatisme en écrivant trop sur le sujet. Ces accusations semblent incongrues à la lumière du développement subséquent du séparatisme, mais il est vrai qu'à l'époque le mouvement était encore très faible. En 1960 et 1961, quand Laurendeau commença à parler des séparatistes, il dit qu'ils étaient peu nombreux — quelques milliers tout au plus —, divisés politiquement en petits partis, qui allaient de la droite à la gauche, et limités aux classes moyennes. Comme tant de mouvements nationalistes radicaux avant lui, celui-là n'avait pas «rejoint les masses». En 1962 encore, il affirmait avoir l'impression que le mouvement n'avait pas d'emprise chez les travailleurs et les fermiers, mais il ajoutait que ce n'était qu'une impression[43].

Pourquoi donc, alors, sonnait-il déjà l'alarme? De fait, là encore, il avait une vision prophétique des événements. Il pouvait déjà voir la flamme au bout de l'allumette, parce qu'il devinait les possibilités de croissance rapide du séparatisme dans la conjoncture de la Révolution tranquille. Comme il le fit remarquer plus d'une fois, il avait été lui-même séparatiste dans une autre période d'ébullition lors des années 1930, et il savait comment l'idée pouvait enflammer la jeunesse tout spécialement. Le nationaliste de longue date chez lui reconnaissait aussi qu'en un sens «tous les Canadiens français sont séparatistes[44]», parce qu'ils sont déterminés à protéger

---

42. André LAURENDEAU, *Ces choses qui nous arrivent. Chronique des années 1961-1966* (Montréal, HMH, 1970): 128.

43. André LAURENDEAU, «The Meaning of Present-Day Separatism», dans Michael BEHIELS et Ramsay COOK, dir., *The Essential Laurendeau* (Toronto, Copp Clark, 1968): 226s.

44. André Laurendeau, «Nationalism and Separatism», dans Michael BEHIELS et Ramsay COOK, dir., *The Essential Laurendeau* (Toronto, Copp Clark, 1968): 214.

leur culture distincte et qu'ils rêvent de le faire dans un État qui leur soit propre. La plupart des séparatistes insistaient désormais pour se qualifier d'indépendantistes, parce qu'ils voulaient mettre l'accent, dans le langage progressiste du temps, sur le but constructif de bâtir un pays. Mais Laurendeau n'en continuait pas moins d'affirmer que le mouvement était nourri par l'aliénation ressentie face au fédéralisme canadien, et qu'il augmenterait dans la proportion de l'incapacité du Canada anglais à comprendre le problème et à le résoudre.

Laurendeau expliquait souvent pourquoi le séparatisme avait un tel potentiel dans l'atmosphère de la Révolution tranquille. D'abord, il lui semblait que c'était, en toute logique, la prochaine étape à franchir pour certains Canadiens français dont l'attention et la loyauté s'étaient tournées vers Québec depuis 1960:

> Depuis l'arrivée au pouvoir de Paul Sauvé, mais surtout après la victoire de Jean Lesage, nous nous sommes mis à nous intéresser prodigieusement à ce qui nous arrivait dans le Québec, pour et contre: réformes de l'éducation, lutte au patronage, liquidation du duplessisme, vastes projets d'ordre économique, etc. Le gouvernement québécois devenait plus actif, plus vigoureux et entreprenant, plus lucide et intelligent, à l'instant même où le gouvernement d'Ottawa perdait de son dynamisme. Québec fut le centre d'attraction: des fonctionnaires canadiens-français émigrèrent alors de la capitale fédérale à la capitale provinciale. C'est chez nous désormais qu'il se passait des choses[45].

Chez les jeunes, par exemple, il y avait déjà une tendance à se définir désormais comme Québécois plutôt que comme Canadien français. Les membres de la génération montante voulaient des solutions immédiates et ils étaient parfois dirigés par des gens à peine moins jeunes qui avaient connu l'atmosphère étouffante des années 1950. Voyant plusieurs anciennes colonies d'Afrique et d'Asie devenir de nouveaux États-nations, ces jeunes se demandaient

---

45. André LAURENDEAU, *Ces choses qui nous arrivent. Chronique des années 1961-1966* (Montréal, HMH, 1970): 131.

naturellement pourquoi le même principe d'autodétermination ne s'appliquerait pas au Québec. Il y avait des intellectuels, notamment des historiens de l'Université de Montréal, qui avaient popularisé une interprétation du passé voulant que le Québec avait été socialement décapité par la Conquête britannique et avait vécu depuis lors une existence essentiellement parasite. La seule solution qui offrait des perspectives de dignité, si l'on poussait cette théorie à son extrême limite, était la souveraineté du Québec. L'État souverain était devenu, comme Laurendeau le fit observer avec une certaine dérision, une «condition de vie». Mais il n'écartait pas du revers de la main la position moins hypothétique prise par Marcel Chaput, un fonctionnaire fédéral devenu séparatiste, dans un livre paru en 1960 et intitulé *Pourquoi je suis séparatiste*. Best-seller, ce livre fut ce qui se rapprochait le plus d'un manifeste pour le mouvement séparatiste jusqu'à ce que René Lévesque publie son *Option Québec* en 1967. Chaput commençait par dire que le Canada français était la minorité la mieux traitée au monde, mais il affirmait ensuite que c'était justement ce statut de minorité qui ne pourrait jamais permettre un plein épanouissement: c'était là le problème. Pour Chaput et pour bien d'autres, selon Laurendeau, le rappel presque quotidien de leur statut minoritaire était ce qui rendait si séduisante l'idée d'indépendance.

Laurendeau affirma alors aussi clairement son opposition au séparatisme. Plusieurs auteurs nationalistes qui se sont penchés après coup sur cette époque ont essayé de le dépeindre comme un séparatiste en puissance, comme quelqu'un, autrement dit, qui considérait que l'idée serait intéressante à réaliser quand les conditions s'y prêteraient et quand ceux qui la proposaient apporteraient des arguments plus convaincants. Ils en arrivent ainsi à affirmer qu'à mesure que les années 1960 avançaient, il devenait plus sympathique à la cause séparatiste et que s'il avait vécu plus longtemps, il l'aurait endossée ouvertement. Mais rien ne permet d'étayer pareille affirmation. Ceux qui transposent ainsi leurs conceptions politiques dans les années 1960 doivent mettre une sourdine aux nombreuses et vives dénonciations du séparatisme faites par Laurendeau. En mars 1962, par exemple, dans une lettre ouverte au *Devoir*, il expliqua comment sa longue réflexion de 1936 et 1937 à Paris avait éteint chez lui la flamme séparatiste: «C'est là que j'ai perdu ma foi séparatiste; et je ne l'ai jamais retrouvée depuis.» Il disait craindre encore que notre société se referme sur elle-même. Même s'il pouvait, comme tout le monde, énumérer de nombreux exemples du prix à payer pour rester une minorité, le séparatisme menaçait les Québécois francophones d'un plus grand danger encore: la xénophobie. Il l'expliquait ainsi en 1961:

> Inscrite dans nos subconscients, elle [l'histoire du dernier siècle] pousse dans tous les sens: vers le refus et l'amour, vers la lâcheté ou le fanatisme, vers ces chers murs établis autour de nous et qu'il faut à tout prix maintenir, vers ces murs odieux qui nous empêchent de voir, de respirer, et que certains mettent une sorte de fureur à jeter bas[46] [...]

À ceux qui, comme le séparatiste Pierre Bourgault, affirmaient que Laurendeau avait perdu le feu sacré et refusait d'accepter «la logique» de l'indépendance, il répliquait qu'ils confondaient la logique avec la réalité; de fait, un grand nombre de réalités incontournables réduisaient l'argumentation séparatiste à ce qu'il appelait une «chimère utopique».

La plus importante de ces réalités, à ses yeux, était la menace de l'impérialisme économique et culturel des États-Unis. Ce fait avait été décisif pour lui en 1937 et il l'était encore. Alors que les esprits libéraux canadiens, d'une part, considéraient la présidence de John F. Kennedy comme un exemple inspirant de ce que l'Amérique pouvait offrir de mieux, une société digne d'imitation, et que des Canadiens conservateurs, d'autre part, appuyaient l'anti-américanisme viscéral de John Diefenbaker, Laurendeau, lui, considérait, au-delà du moment présent, la vulnérabilité à long terme du Québec:

---

46. André Laurendeau, «Indépendance? Non: un Québec fort dans un fédéralisme neuf», *Le Magazine Maclean* (Montréal), 1 (sept. 1961): 3; voir aussi Pierre de Bellefeuille, «André Laurendeau face au séparatisme des années 60», dans Robert Comeau et Lucille Beaudry, dir., *André Laurendeau* (Sillery, Presses de l'Université du Québec, 1990): 157-162.

Ce qui rend notre existence difficile, c'est la présence à nos côtés du colosse américain. Nos vraies difficultés actuelles ne viennent pas de ce que nous sommes le tiers du Canada, mais de ce que nous ne sommes même pas le trentième de l'Amérique du Nord. L'accession à la souveraineté ne change pas notre situation géographique ou démographique, elle ne modifie pas essentiellement nos rapports avec le monde nord-américain.

Ou plutôt oui: elle nous affaiblit. La masse non étatsunienne tombe à 6 millions, de 18 millions qu'elle était auparavant. Nous devenons une économie encore plus fragile, encore plus vulnérable, encore plus assujettie à l'économie américaine: une «république de bananes», dont le duplessisme [...] nous a peut-être fourni la préfiguration[47].

Quand il réfléchissait sur l'Amérique contemporaine, Laurendeau ne voyait pas pourquoi un Québec indépendant (de nom seulement) y serait en meilleure position comme minorité, au sein d'un empire caractérisé par sa paranoïa de Guerre froide, ses gestes d'intimidation à l'endroit de Cuba et ses tensions raciales dans le Sud. Et puis, demandait-il, qu'est-ce qui faisait croire aux séparatistes que les Canadiens anglais assisteraient passivement au démembrement de leur pays? Selon lui, jamais les Canadiens n'accepteraient cela. À ceux qui faisaient confiance au *fair play* anglais, il soulignait qu'il avait vécu la crise de la conscription et en avait alors vu peu d'exemples. Même un brillant esprit comme René Lévesque — qui était le plus radical des ministres de Lesage et que Laurendeau soupçonnait de tendances séparatistes — n'avait pu répondre à cette objection.

Et les Canadiens anglais ne seraient pas les seuls à refuser d'accepter que le principe de l'autodétermination, si facilement brandi par les séparatistes, justifie un État québécois indépendant. Lui aussi s'y refusait:

---

47. André Laurendeau, «Condamnés à vivre ensemble», *Liberté* (Montréal), 4 (avril 1962): 271.

D'autres motifs m'éloignent de l'indépendantisme.

Ainsi, je ne crois pas, dans l'absolu, au principe des nationalités. Le droit à l'autodétermination me paraît un ferment anarchique qui risquerait de remettre en question la plupart des États aujourd'hui constitués: rares, en effet, sont ceux qui ne contiennent pas une ou plusieurs minorités nationales. Sauf cas de persécution, je me refuse à réclamer pour nous l'application d'un principe dont je ne reconnais pas la valeur universelle.

D'ailleurs, le sentiment indépendantiste se développe à partir d'une équivoque. On parle toujours des anciennes colonies européennes qui, en Asie et en Afrique, viennent d'accéder à l'indépendance. Or une grande partie de ces États ne sont en rien des nations: anciennes divisions administratives des vieux empires coloniaux, ils sont habités par des groupes humains fort peu homogènes. Ne parlons pas du Congo et du Katanga: l'Inde est un «subcontinent», une civilisation, mais pas du tout une nation. On y parle vingt langues, on y possède des cultures particulières, souvent agressives l'une envers l'autre. Appliquez à l'Inde le principe de l'autodétermination, et le pays vole en éclat. De même, comment parler de nation en Afrique, avec le régime des tribus, la multiplicité des langues et des origines ethniques?

Je crois que les Canadiens français forment une nation — du moins au sens que nous donnons à ce mot. Mais, dans ma façon de voir, l'existence d'une nation ne postule pas le droit formel, automatique, mécanique à l'indépendance totale [48].

En outre, le nationalisme culturel de Laurendeau ne l'inclinait guère à abandonner à leur sort les minorités françaises dans le reste du Canada. Il lui semblait bizarre d'entendre dire que, puisque ces minorités avaient été traitées injustement et qu'elles étaient en voie d'assimilation rapide, il fallait les abandonner plutôt que les défendre.

En 1963, après avoir décidé de lutter pour ces minorités au sein de la Commission royale d'enquête sur le bilinguisme et le

---

48. *Ibid.*

biculturalisme, Laurendeau fut accusé de traîtrise par les séparatistes. Pour lui qui avait consacré sa vie à la défense du Canada
français, de telles accusations étaient difficiles à avaler; et d'autant
plus qu'elles venaient le plus souvent de néophytes politiques qui
avaient la moitié de son âge et qui n'avaient rien fait de positif
jusque-là pour la nation. L'idéologie indépendantiste était une option
légitime qui méritait d'être débattue, mais non avec des fanatiques.
«Quand on a comme réflexe habituel de déclarer traîtres ceux qui
ont des convictions contraires aux siennes, ou quand on les appelle
plus poliment "collaborateurs" [...] Quand il se généralise, il signifie un refus de voir les choses et de dialoguer avec les êtres [49].» Il
persista à dire que le séparatisme était devenu plus extrémiste et
que, désormais, tout son plaidoyer était négatif. «Le départ fut
généreux, mais la crispation s'est vite établie. Les condamnations se
succèdent, les anathèmes se gonflent, nous sommes toujours en
présence de moralistes [50].» Blessé au vif, il se mua en adversaire
formidable qui, avec un esprit incisif et un sens aigu de l'ironie,
affrontait les séparatistes sur leur propre terrain. S'ils sont si dé-
voués à la cause et à l'avenir du Québec, disait-il, pourquoi n'ont-
ils pas pu mettre leur énergie à contribution dans le débat sur le
projet de loi 60, qui proposait la création d'un ministère de l'Éducation? Pendant que Laurendeau se trouvait aux prises sur cette
question avec ces mêmes conservateurs que les séparatistes préten-
daient vouer aux gémonies, ceux-ci se contentaient de jeter les
hauts cris pour des choses secondaires:

> Voilà ce que j'appelle le risque de stérilité: ne plus voir qu'un
> aspect des choses, faire la chasse aux traîtres, songer plus au
> contenant qu'au contenu, négliger la réalité quotidienne, pra-
> tiquer un nationalisme d'abord formel — cesser d'appartenir
> au jour le jour à la nation qu'on prétend sauver.

L'intolérance, affirmait-il, «a simplement traversé la rue. On
sent qu'elle peut devenir sauvage [51].»

---

49. André LAURENDEAU, «Ces jeunes sont les fils de leurs pères: les idées ont
changé, les attitudes, non!», *Le Magazine Maclean* (Montréal), 3 (oct. 1963): 88.
50. *Ibid.*
51. *Ibid.*

Ayant observé la montée du militantisme séparatiste et de l'aventurisme juvénile dans le climat idéologique de 1963, Laurendeau ne fut pas étonné comme la plupart des Canadiens par l'apparition soudaine du FLQ. Un soir, chez Gérard Pelletier, à Westmount, au cours d'une de ces réunions qu'il tenait assez régulièrement avec d'autres intellectuels québécois, il entendit des bruits d'explosion en prenant son café. Pelletier, René Lévesque et lui eurent des réactions de «reporters» et sautèrent dans une voiture pour faire le tour du quartier, en se guidant sur les bruits entendus. D'autres explosions se firent entendre durant le parcours, tandis que des gens en pyjama sortaient dans les rues. Comme il le nota par la suite, ce qui le frappa alors, c'est «l'absurdité de ce genre d'action[52]». Dans ses articles sur le terrorisme, il rappelait que le recours à une telle violence n'avait jamais été envisagé sérieusement dans le climat beaucoup plus oppressif de la Seconde Guerre mondiale et de la crise de la conscription en 1942. Il qualifiait les terroristes de «dangereux animaux échappés de leurs cages». Il trouvait ridicule toute comparaison que le FLQ, qui prenait pour modèle le mouvement de guérilla urbaine FLN en Algérie, pouvait établir entre une lutte anti-impérialiste au Québec et celle qui avait cours dans le tiers-monde. «[...] armés d'un Frantz Fanon encore indigéré, ils proclament la nécessité de la haine[53] [...]» Laurendeau disait que la violence ne se justifiait que comme dernier recours contre un gouvernement intolérable. Ce n'était pas la situation qui prévalait au Québec, où ceux qui voulaient l'indépendance avaient le droit de le faire valoir démocratiquement.

Il déplorait le fait, brillamment exposé par Léon Dion dans *Le Devoir*, que de nombreux Canadiens français s'étaient montrés moins indignés par le terrorisme quand ils avaient découvert que le FLQ était formé de jeunes «improvisateurs[54]». Lui, au contraire,

---

52. André LAURENDEAU, *Journal tenu pendant la Commission royale d'enquête sur le bilinguisme et le biculturalisme* (Montréal, VLB éditeur/Le Septentrion, 1990): 96.

53. André LAURENDEAU, «À cause du respect que j'ai pour l'homme, la violence m'apparaît comme un recul», *Le Magazine Maclean* (Montréal), 3 (août 1963): 52.

54. André LAURENDEAU, «Freedom vs Violence», dans Michael BEHIELS et Ramsay COOK, dir., *The Essential Laurendeau* (Toronto, Copp Clark, 1968): 234.

n'avait que mépris pour ces «convertis de l'avant-veille au nationalisme, [ces] amateurs dont les convictions paraissent aussi absolues qu'elles sont fragiles et superficielles[55]». On ne pouvait excuser la chose, en disant que ces jeunes posaient des bombes comme d'autres abandonnaient leur foyer ou s'adonnaient à des sports dangereux. La violence était une «régression» et ceux qui s'y livraient n'en étaient pas moins lâches parce qu'ils étaient jeunes. Laurendeau décrivit avec admiration ceux qui avaient plutôt choisi la voie de la non-violence et de la désobéissance civile pacifique. Admirateur de longue date du Mahatma Gandhi, il citait aussi en exemple les Noirs du sud des États-Unis: «Les Noirs américains qui se laissent arroser, insulter et mordre par des chiens, se situent plus haut à mes yeux dans l'échelle humaine, et je les regarde comme de plus vrais serviteurs de leur nation, que les semeurs de bombes et les auteurs d'attentats terroristes[56].»

Mais, malgré la profonde répugnance que lui inspiraient l'étroitesse d'esprit des séparatistes et toute forme de terrorisme, Laurendeau lançait aussi l'avertissement qu'on se tromperait en interprétant leur action comme rien de plus qu'un signe de frustration croissante au Québec. Les autorités devaient prendre garde de faire de nouveaux convertis au terrorisme en réagissant excessivement: «Les fauves réveillent d'autres fauves: bourgeois rancuniers, qui griffent par animal interposé.» Il craignait particulièrement que les politiciens se servent du FLQ pour laisser entendre que tous les séparatistes et les nationalistes étaient des fanatiques et que les réformes n'étaient pas nécessaires. «Le fanatisme des possédants, qui se cache d'ordinaire (il en a les moyens), consiste à ne pas bouger, à ne pas entendre, à poursuivre aveuglément les gestes d'hier. [...] C'est ainsi qu'il y a des fanatiques de l'ordre, des sectaires de la modération, des sourds et aveugles aux mouvements de l'histoire[57].»

---

55. André LAURENDEAU, *Ces choses qui nous arrivent. Chronique des années 1961-1966* (Montréal, HMH, 1970): 151.

56. André LAURENDEAU, «À cause du respect que j'ai pour l'homme, la violence m'apparaît comme un recul», *Le Magazine Maclean* (Montréal), 3 (août 1963): 52.

57. André LAURENDEAU, *Ces choses qui nous arrivent. Chronique des années 1961-1966* (Montréal, HMH, 1970): 176.

Il était plus que jamais convaincu que la Révolution tranquille avait libéré au Québec des énergies qui imposaient des changements fondamentaux dans le Canada tout entier. «Je me range parmi ceux qui trouvent le statu quo intolérable, bien que j'appartienne à une génération qui l'a toléré et parfois glorifié. Mon hypothèse est la suivante: la Confédération vaut mieux que la séparation, à condition qu'elle soit refaite [58].» Lors de conférences prononcées devant des auditoires canadiens-anglais en 1962, il avait souligné que les Canadiens français n'accepteraient plus de «concessions parcellaires [...], humiliant grignotage où nous était constamment rappelée notre situation de minorité culturelle [59]». De fait, il proposait un moratoire sur des changements comme l'introduction d'une monnaie bilingue, parce que ceux-ci créaient une fausse illusion de progrès. Il était plus que temps que les Canadiens anglais en viennent à accepter que le Québec n'était pas «une province comme les autres», qu'il lui fallait plus d'autonomie qu'à l'Île-du-Prince-Édouard, par exemple, et que le bilinguisme ne pouvait plus continuer d'être une feinte, un truc de magicien, un lapin qu'on fait apparaître ou disparaître de son chapeau. Son message au Canada français mettait aussi l'accent sur une dernière chance — la première de ce qui s'avérerait une longue suite de dernières chances — pour la Confédération:

> Il reste à utiliser ce que nous avons: l'État provincial du Québec, mais à l'utiliser vraiment, et non à brailler comme des enfants en songeant à tout ce que, dans des conditions idéales, nous pourrions faire. Il reste aussi à tâcher patiemment d'étendre nos pouvoirs, et à jeter les bases d'un nouveau fédéralisme [60].

---

58. André LAURENDEAU, «Mon hypothèse est la suivante: la Confédération vaut mieux que la séparation, pourvu qu'elle soit refaite», *Le Magazine Maclean* (Montréal), 2 (mars 1962): 5.

59. *Ibid.*

60. André LAURENDEAU, «Indépendance? Non: un Québec fort dans un fédéralisme neuf», *Le Magazine Maclean* (Montréal), 1 (sept. 1961): 3.

Le 20 janvier 1962, Laurendeau signait ce qui allait être, avec
le recul du temps, son éditorial le plus important au *Devoir*. Il y
écrivait qu'ayant bien examiné le discours du Trône du gouvernement Diefenbaker, il pouvait en conclure qu'Ottawa n'avait aucune
intention de s'attaquer aux grands problèmes auxquels faisait face
le Canada. Bien que la défense nucléaire et les conditions économiques du pays fussent des questions de haute importance, le souci
le plus pressant était, selon lui, l'état de la Confédération elle-
même. La recherche continuelle d'une formule de rapatriement de
la Constitution (pour la ramener d'Angleterre au Canada) et d'autres rafistolages mineurs du côté constitutionnel montraient que le
régime Diefenbaker n'avait pas conscience de l'importance de la
crise en cours. Il demandait au gouvernement de créer une Commission royale d'enquête sur le bilinguisme et il esquissait les
paramètres d'une telle commission. D'abord, elle devrait vérifier ce
que les Canadiens d'un océan à l'autre pensaient du bilinguisme.
«Ce serait peut-être une bonne façon de crever l'abcès. Car autant
cesser de se raconter des histoires: il est sain de connaître la
vérité[61].» Ensuite, elle devrait examiner la situation dans d'autres
pays comme la Belgique et la Suisse, qui faisaient face à des problèmes linguistiques analogues. En troisième lieu, elle devrait mener une enquête approfondie sur l'utilisation de l'anglais et du
français dans la fonction publique fédérale.

C'est à partir de là seulement, disait-il, qu'on pourrait jeter les
bases de ce pays bilingue que les Premiers ministres du Canada
avaient si souvent proclamé comme une réalité. Certains préten-
dront plus tard que la grande priorité de Laurendeau était un arrangement constitutionnel qui accorderait des pouvoirs accrus au
Québec, mais il est plus exact de dire que les questions de langue
et de culture étaient en tête de liste de ses objectifs à cette époque.
Il y alla d'un autre article en mars. Il se posait la question: «Que
signifie refaire la Confédération? Ceci, il me semble: le Canada se
proclame bilingue, mais il l'est à peine; il faut donc le rendre vraiment bilingue. Je parle du pays, de ses institutions politiques, et

---

61. *Le Devoir*, 20 janv. 1962.

non de chacun de ses habitants [62].» La réponse de Diefenbaker fut, comme on peut le deviner, un non catégorique. Mais c'était loin d'être la dernière fois que les Canadiens entendraient parler du sujet.

Dans l'atmosphère tumultueuse de 1963, au moment où la Révolution tranquille semblait se fragmenter dans une demi-douzaine de directions idéologiques, Laurendeau se sentit appelé une fois encore à défendre la nation canadienne-française pour laquelle il s'était battu toute sa vie. Il était blessé par les critiques qu'on lui adressait; il aspirait encore avec nostalgie à son sanctuaire d'écrivain de fiction, mais il était aussi poussé par le désir de promouvoir des réformes libérales au Québec et de trouver une nouvelle formule d'entente avec le Canada. Il n'était pas question à ce moment-là de laisser cette responsabilité ou ce leadership nationaliste à la jeune génération. Ces jeunes étaient trop extrémistes, trop peu conscients des pièges en route. Il fallait une main plus sûre, plus expérimentée, pour franchir les rapides des changements sociaux sans chavirer dans le torrent. Selon lui, être séparatiste à 25 ans est normal, en tous les cas parfaitement acceptable; à 35 ans cependant, voilà qui est plus problématique. À 51 ans, la chose lui apparaissait tout à fait impensable, surtout depuis que la haine semblait le grand moteur des extrémistes séparatistes. Le changement amorcé depuis 1960 — et qui, pour quelqu'un comme lui qui avait attendu si longtemps, semblait tout à fait révolutionnaire — était en soi une bonne chose, mais pour qu'il donne les meilleurs résultats pour le plus grand nombre de Canadiens français et qu'il préserve leur culture distincte, la réforme devait y avoir préséance sur la rupture. Qui pouvait dire qu'on ne trouverait pas de Canadiens anglais pour partager l'idéal d'une nouvelle association sur un pied d'égalité? Laurendeau se tournait vers le Canada anglais avec la prudence d'un ancien combattant, mais aussi avec l'espoir sincère que la Confédération pouvait être régénérée. C'était un geste d'ouverture dans la tradition d'Henri Bourassa et, comme le vieux tribun, il mettait en jeu sa réputation de défenseur de son peuple.

---

62. André LAURENDEAU, «Mon hypothèse est la suivante: la Confédération vaut mieux que la séparation, pourvu qu'elle soit refaite», *Le Magazine Maclean* (Montréal), 2 (mars 1962): 5.

CHAPITRE X

BILINGUISME ET BICULTURALISME 1963 – 1968

> Je reste un nationaliste canadien-français qui ne croit pas au séparatisme et qui se demande comment deux nations peuvent vivre au sein de quelle fédération — deux nations dont l'une est dominatrice, et l'autre dominée mais ne veut plus l'être. Un biculturalisme, en un sens, parasite donc des nationalismes réalisateurs (René Lévesque) qui entendent modifier l'équilibre des forces. La difficulté, c'est que les deux besognes soient menées de front en même temps — modifier l'équilibre des forces et signer un «nouveau pacte».
>
> André LAURENDEAU,
> *Journal*, 1964[1]

La distance de Montréal à Ottawa dans les années 1960 était, avant tout, une question de perspective. Pour un corbeau qui volait en droite ligne, elle se mesurait en kilomètres. Pour un automobiliste, la distance se calculait en heures et dépendait beaucoup du fait que la Sûreté du Québec se trouve ou non dans une de ses rares journées de surveillance de la vitesse. Par ailleurs, en 1967, pour le

---

1. André LAURENDEAU, *Journal tenu pendant la Commission royale d'enquête sur le bilinguisme et le biculturalisme* (Montréal, VLB éditeur/Le Septentrion, 1990): 96.

président de la France, le général de Gaulle, cette étape finale de
son voyage au Canada fut vite hors de question. Après qu'il eut
lancé son fameux «Vive le Québec libre!» du balcon de l'hôtel de
ville de Montréal — un encouragement direct au séparatisme —, le
gouvernement canadien lui fit savoir clairement qu'il n'était plus le
bienvenu à Ottawa. En cette année où se déployaient les images
symboliques, les Montréalais eurent l'occasion de se remémorer les
hauts faits de leur histoire lorsqu'un groupe de jeunes et hardis
canoteurs remontèrent les voies fluviales de l'Ouest, sur les traces
des «voyageurs» de l'ancien temps. À l'apogée de l'empire français
de la traite des fourrures en Amérique, le voyage en canot de
Montréal à Ottawa n'était que le prélude de l'expédition vers
l'Ouest, l'occasion de se réchauffer un peu et d'ajuster l'air de ses
chansons pour l'expédition qui se rendait aussi loin qu'aux fourches
de la rivière Saskatchewan. C'était un peu pour revivifier cette
vision expansive du destin du Canada français qu'à l'été de 1963,
André Laurendeau accomplit son propre pèlerinage de Montréal à
Ottawa. Ce serait la dernière aventure de sa vie.

Elle commença officiellement le 11 juillet 1963, quand il arriva
au 24 Sussex Drive, pour dîner avec le Premier ministre Lester
Pearson. Trente et un ans auparavant, en jeune nationaliste enflammé, il avait demandé à rencontrer le Premier ministre de l'époque, R.B. Bennett, pour lui présenter la pétition du mouvement de
jeunesse des Jeune-Canada, qui protestaient contre le traitement
injuste des Canadiens français dans la fonction publique fédérale.
Sa requête avait été refusée. N'ayant cessé d'exprimer des griefs sur
le même sujet depuis lors, il reçut une autre rebuffade en 1962, de
la part d'un autre Premier ministre conservateur, John Diefenbaker, quand il demanda une enquête fédérale sur le bilinguisme au
Canada. Mais, en décembre 1962, Pearson, alors chef de l'opposition libérale, avait repris l'idée et en avait fait la politique de son
parti. Le 17 décembre, au Parlement (dans un discours qu'il con-
sidère dans ses mémoires comme le meilleur de sa vie), il déclarait
qu'il voulait examiner la situation du biculturalisme et du bilinguisme au pays, et voir notamment pourquoi il y avait si peu de
Canadiens français dans les postes supérieurs de la fonction publique fédérale.

Par l'intermédiaire de son collègue québécois Maurice Lamontagne qui, parmi la députation libérale, exerçait la plus grande influence quant au bilinguisme[2], Pearson consulta Laurendeau à l'avance pour son discours. N'ayant aucun lien avec les libéraux et peu de confiance dans les promesses des politiciens, Laurendeau conseilla à Pearson de s'engager, lorsqu'il serait Premier ministre, à mener une enquête fédérale même si les provinces refusaient de collaborer dans le domaine de l'éducation. À son grand étonnement, Pearson ajouta cette promesse à la dernière minute. Ce serait la première d'une série de surprises. Après avoir appris, dans les mois qui suivirent, de la part d'amis bien placés comme René Lévesque et Jean Marchand, que sa candidature ne serait pas considérée pour la commission, il fut finalement approché par Marchand, de la part de Lamontagne, pour savoir s'il serait prêt à entrer en fonction. Peu après, à la suite de la victoire des libéraux aux élections d'avril, Pearson l'appelait au *Devoir*. Reconnaissant qu'il était le «père» de l'idée de cette commission, le Premier ministre lui demandait s'il voulait bien y travailler. Le lendemain, Lamontagne lui offrait le poste de coprésident. Le but de la visite de Laurendeau à la résidence du Premier ministre, en juillet, était de discuter les détails du mandat et de la composition de la commission avant de s'engager officiellement[3].

Le rédacteur en chef du *Devoir* s'attendait à une rencontre un peu difficile, en partie parce qu'il s'était illustré comme critique virulent des libéraux fédéraux depuis le temps de Mackenzie King, de la Commission Rowell-Sirois et de la crise de la conscription, lors de la Seconde Guerre mondiale. Peu après la nomination de Pearson à la tête du Parti libéral, il avait écrit: «M. Pearson apparut comme un homme d'État qui tente, sans grand succès, de se métamorphoser en politicien. Le parti ne se réformait guère. Il ne

---

2. Lester B. PEARSON, *Mike. The Memoirs of the Right Honourable Lester B. Pearson*, (Toronto, University of Toronto Press, 1973), III, p. 67-69, 239.

3. André LAURENDEAU, *Journal tenu pendant la Commission royale d'enquête sur le bilinguisme et le biculturalisme* (Montréal, VLB éditeur/Le Septentrion, 1990): 296.

parvenait pas à renouveler son personnel québécois. Le "grand lieutenant" ne paraissait pas à l'horizon[4].» Laurendeau ne considérait
certainement pas Maurice Lamontagne — aussi présent lors de
cette rencontre et recruté au Québec avec Maurice Tremblay, par
Pearson, pour renouveler la popularité du parti dans la province —
comme un homme qui pouvait chausser les bottes d'Ernest
Lapointe ou même de Louis Saint-Laurent. Tout en conseillant aux
électeurs du Québec de rejeter les libéraux en 1962, Laurendeau
n'avait pas fait mystère du fait qu'il ne voterait pas personnellement
pour Lamontagne dans la circonscription d'Outremont. Il affirma
clairement devant Pearson qu'il ne compromettrait pas sa liberté
d'éditorialiste au *Devoir* pour devenir le coprésident de la commission proposée. Il ajouta que le gouvernement devrait fournir les
ressources et le temps nécessaires pour une enquête approfondie
sur les possibilités du bilinguisme et du biculturalisme au Canada.
Pearson tomba d'accord sur tous ces points, disant même à la
blague que Laurendeau serait tout à fait libre de débattre d'affaires
comme la question nucléaire dans *Le Devoir*. C'était une allusion
subtile aux critiques sévères que l'éditorialiste avait faites des
louvoiements de Pearson sur la question de l'arsenal nucléaire du
Canada. À la fin de la réunion, Laurendeau se sentait un peu
décontenancé. D'une part, il était ravi d'une ouverture d'esprit à
laquelle il ne s'attendait guère, mais, d'autre part, l'atmosphère
d'improvisation et d'incertitude qui flottait autour du projet tempé-
rait un peu son enthousiasme.

Pourquoi les libéraux fédéraux mettaient-ils de l'avant l'idée
avancée par Laurendeau d'une commission d'enquête fédérale et
pourquoi Pearson le choisissait-il, lui parmi bien d'autres, pour la
coprésider? Il n'est guère difficile de comprendre les motifs purement politiques de ce geste de Pearson, à l'automne de 1962. Il
avait d'abord connu un échec retentissant contre Diefenbaker aux
élections de 1958, qui avaient permis aux conservateurs de faire
une percée historique au Québec. Mais on pouvait attribuer cette
défaite aux erreurs des prédécesseurs de Pearson dans le gouverne-

---

4. André LAURENDEAU, *Ces choses qui nous arrivent. Chronique des années
1961-1966* (Montréal, HMH, 1970): 132.

ment Saint-Laurent. Dans les années qui suivirent, la maladresse de Diefenbaker à l'endroit de sa députation québécoise et du Canada français en général laissait augurer un retour de l'appui traditionnel du Québec aux libéraux au scrutin suivant. Mais, en juin 1962, la plus grande partie de cet appui, soit 26 sièges cruciaux, était allée plutôt au parti du Crédit social, ce qui avait permis à Diefenbaker de rester au pouvoir avec un gouvernement minoritaire. Les libéraux soupiraient sur l'occasion perdue et regardaient de haut, sur les banquettes de l'opposition, ces collègues un peu rustiques, les députés créditistes: ils avaient manifestement besoin d'une nouvelle stratégie au Québec[5]. Réveillé par les clameurs séparatistes, les bombes du FLQ et les exigences croissantes du gouvernement Lesage en matière fiscale, le Canada anglais devenait de plus en plus conscient du potentiel explosif de la Révolution tranquille. Cette prise de conscience permettait d'envisager des initiatives nouvelles, voire radicales. Il apparut évident aussi, en novembre 1962 — quand Donald Gordon, le président du Canadien national, souleva une tempête au Québec en déclarant publiquement qu'il n'y avait pas assez de Canadiens français compétents pour remplir des postes de cadres supérieurs —, que la question du bilinguisme dans la fonction publique fédérale devrait être traitée le plus tôt possible.

Quand Pearson arriva au pouvoir en 1963, à la tête d'un autre gouvernement minoritaire, il était bien conscient de l'impatience grandissante de l'électorat. La cohorte croissante des baby-boomers, la génération de l'instantané, avait de quoi alimenter son mépris quand elle comparait le réformisme vigoureux de l'administration Kennedy aux États-Unis avec la direction indécise du gouvernement canadien. Bien que Diefenbaker souffrît davantage de la comparaison — il semblait vieillir politiquement de cinq ans par année passée au pouvoir —, les nœuds papillons de Pearson, sa voix gazouillante et ses manières peu engageantes n'avaient rien de taillé

---

5. Peter C. NEWMAN, *The Distemper of Our Times* (Toronto, McClelland & Stewart, 1978): 241-253; pour un bon compte rendu des origines de la commission, voir J.L. GRANATSTEIN, *Canada 1957-67. The Years of Uncertainty and Innovation* (Toronto, McClelland & Stewart, 1986): 243-249.

sur mesure pour la nouvelle génération. Il avait besoin d'un programme gagnant. En campagne électorale, il promit 60 jours de
décisions après son arrivée au pouvoir. Cette stratégie partit du
mauvais pied cependant, quand son ministre des Finances Walter
Gordon présenta un budget anti-américain, qui se révéla indigeste
pour la communauté d'affaires canadienne [6]. Pearson devait redorer
son blason et la Commission sur le bilinguisme et le biculturalisme
pouvait l'y aider. En outre, l'avantage des commissions royales c'est
qu'elles ne vous embarrassent pas de sitôt. Ainsi disait-on.

Dans ses discours publics et beaucoup plus tard dans ses
mémoires, Pearson brandissait évidemment les raisons les plus
nobles pour mettre sur pied cette commission. Il affirmait, par
exemple, que l'unité nationale était la clef de voûte de sa carrière
politique. Bien que la question était vaste, englobant aussi bien la
Constitution que les relations fédérales-provinciales et le partage
fiscal, «[...] en fin de compte, disait-il, je suis convaincu que les
problèmes de culture et de langue prédominent». Il ajoutait que son
souci culturel le plus crucial était la reconnaissance de la langue
française [7]. Et cela supposait plus que la simple reconnaissance du
droit de la minorité à utiliser sa langue maternelle dans certaines
circonstances spéciales: il fallait un vaste programme pour faire du
français une langue égale à l'autre au Canada. Tout en admettant
qu'il y avait des interprétations très différentes, du côté francophone et anglophone, de ce que signifiaient historiquement les droits
linguistiques et culturels du français au Canada, il adoptait le point
de vue canadien-français, qui mettait l'accent sur les mots «égal» et
«partenaire»:

> Dans l'esprit des Canadiens français, la Confédération avait
> créé un pays bilingue et biculturel. Elle protégeait leur langue
> et leur culture dans tout le Canada. Elle signifiait partenariat,

---

6. John ENGLISH, Ian DRUMMOND et Robert BOTHWELL, *Canada since 1945: Power, Politics and Provincialism* (Toronto, University of Toronto Press, 1981): 272; voir aussi Walter GORDON, *A Political Memoir* (Toronto, McClelland & Stewart, 1977).

7. Lester B. PEARSON, *Mike. The Memoirs of the Right Honourable Lester B. Pearson*, (Toronto, University of Toronto Press, 1973), III, p. 236.

et non domination. Les Canadiens français croyaient que ce partenariat se traduirait par des chances égales pour les deux peuples fondateurs à toutes les étapes d'évolution du pays[8].

Pearson, semble-t-il, croyait sincèrement faire d'une pierre deux coups avec une entente culturelle établie sur les bases suivantes: apaiser dans l'immédiat les tensions issues de la Révolution tranquille et fournir le cadre nécessaire à l'épanouissement d'une identité canadienne originale et dualiste.

Le mandat de ce gouvernement libéral coïncidait avec la montée sans précédent d'un nationalisme canadien enraciné profondément dans la crainte séculaire de la domination américaine. L'attention était concentrée à l'époque sur l'impérialisme économique américain, qui menaçait l'indépendance du Canada beaucoup plus que, disons, l'agression militaire que les États-Unis, sous le couvert des nécessités de la Guerre froide, infligeaient au Vietnam. Dans un sens positif, l'approche du centenaire de la Confédération soulevait la ferveur patriotique en même temps qu'il imposait le retour à cette manie récurrente de la quête d'identité. Le «néo-macdonaldisme[9]» de John Diefenbaker, qui cherchait à renouveler les liens historiques avec la Grande-Bretagne, laissait froids les nombreux immigrants d'après-guerre et ne faisait qu'aggraver les relations avec les Canadiens français et les jeunes, qui étaient du côté de la décolonisation. D'ailleurs, les Britanniques eux-mêmes, qui reluquaient déjà vers le Marché commun, s'en fichaient pas mal. Le grand public aspirait à des symboles canadiens plus distinctifs et Pearson tâchait d'aller au-devant de ces vœux par l'adoption d'un drapeau à feuille d'érable et par l'unification des forces armées canadiennes. Mais, entre-temps, il s'apercevait qu'il était irréaliste de viser à la fois l'indépendance économique vis-à-vis des États-Unis et une identité de type «melting pot» (qui allait à l'encontre des aspirations nouvelles du Canada français). La promotion de

---

8. Lester B. Pearson, *Words and Occasions* (Toronto, University of Toronto Press, 1970): 193.

9. De John A. Macdonald, Premier ministre (conservateur) du Canada de 1867 à 1873, puis de 1878 à 1891. *NdT.*

l'identité bilingue et biculturelle, par ailleurs, offrait l'avantage
d'une singularité par rapport aux Américains et des voies d'avenir
prometteuses pour le Canada français. Si l'on prenait bien soin
d'apprivoiser les Canadiens anglais à l'idée, ils en reconnaîtraient
vite les mérites, soit, d'une part, un enrichissement culturel et une
identité distincte des États-Unis et, d'autre part, la possibilité de
régler enfin le sempiternel «problème du Québec». Une commission
royale d'enquête semblait tout indiquée pour atteindre cet objectif.
Pearson le rappelle dans ses mémoires: «Ce devait être la grande
enquête sur les relations entre les deux principaux groupes linguistiques du Canada, avec comme but de recommander des mesures
pour améliorer leur coexistence future[10].» Et qui donc pouvait
donner à l'entreprise plus de crédibilité au Canada français que
l'intellectuel nationaliste, sans allégeance politique, qui l'avait proposée en tout premier lieu? Dans la perspective de Pearson, il valait
la peine de ravaler les insultes antérieures de l'éditorialiste pour
convaincre André Laurendeau de coprésider cette commission.

Mais si tout cela contribue à éclairer les motifs du gouvernement fédéral, on ne s'explique guère, par contre, ce qui a poussé
Laurendeau à accepter. Il avait passé la plus grande partie de sa
carrière, jusque-là, à combattre les Premiers ministres fédéraux l'un
après l'autre. Durant des décennies, sa plume redoutable avait
dénoncé les politiciens québécois sans scrupule qui s'étaient «vendus» à Ottawa. Sa défense de l'autonomie provinciale contre ce
qu'il considérait comme l'ingérence continuelle du fédéral n'avait
pas vacillé, même sous le régime immobiliste de Duplessis. Pourquoi alors, pendant que du côté québécois on prenait de grandes
initiatives nouvelles dans tant de secteurs tout en défendant l'autonomie de façon plus agressive que jamais, pourquoi se laissait-il
attirer au niveau fédéral? À ce moment-là d'ailleurs, Laurendeau
s'était engagé intensément dans la question purement provinciale
de la réforme de l'éducation et il se préparait à entrer en conflit

---

10. Lester B. PEARSON, *Mike. The Memoirs of the Right Honourable Lester B.
Pearson* (Toronto, University of Toronto Press, 1973), III, p. 240; voir aussi Denis
MONIÈRE, *André Laurendeau et le destin d'un peuple* (Montréal, Québec/Amérique,
1983): 280.

avec de vieux amis catholiques pour veiller à ce que la réforme passe. Il venait aussi d'être nommé au nouveau Conseil des Arts du Québec, un poste qui lui offrait la perspective d'un plus grand engagement dans le monde culturel, selon ce qu'il avait toujours souhaité. Qu'est-ce que ses amis nationalistes allaient penser de lui? En particulier des hommes comme René Lévesque dont le jugement comptait pour lui: le traiteraient-ils de «vendu» derrière son dos? Et quelles en seraient les répercussions dans sa famille? Francine, la jeune radicale qui était encore à Paris, comprendrait-elle? Ghislaine, pour sa part, ne se ferait guère d'illusions sur le temps énorme qu'il devrait passer loin de Montréal. Même s'il serait pour la plupart du temps à Ottawa, c'était encore en territoire «ennemi». Cela signifiait vivre à l'extérieur du Québec et travailler avec une bureaucratie fédérale notoirement anglaise, en pensée, en fait et en action. Il y avait aussi *Le Devoir* à considérer. Laurendeau avait passé les 16 dernières années à travailler enfin pour un organe nationaliste brillant et respecté. Tout récemment, son grand partenaire, Gérard Filion, avait démissionné, laissant la direction du quotidien à un triumvirat formé de Paul Sauriol, Claude Ryan et lui-même. Partir à ce moment-là aurait des effets désastreux. Comme il l'expliquait dans son journal, en 1965, son refus initial «tenait uniquement à la situation intérieure du *Devoir* que Filion venait de quitter[11]». Mais Ryan n'avait-il pas raison aussi de souligner qu'il était difficile à celui qui avait proposé l'idée de la commission de ne pas s'y engager?

À cet égard, Laurendeau se demandait avec inquiétude s'il pourrait atteindre son objectif initial en joignant les rangs de la commission. Jusqu'où ses collègues et lui seraient-ils autorisés à recommander des changements fondamentaux? Y aurait-il assez de ressources financières et humaines pour mener la recherche étendue qui serait certainement nécessaire? Quelles garanties avait-on que les provinces collaboreraient dans la sphère essentielle de l'éducation? Et, question encore plus cruciale, jusqu'où pouvait-on se

11. André LAURENDEAU, *Journal tenu pendant la Commission royale d'enquête sur le bilinguisme et le biculturalisme* (Montréal, VLB éditeur/Le Septentrion, 1990): 293.

fier à la volonté de Pearson et de Lamontagne de mettre en vigueur les recommandations de la commission? Sa méfiance des politiciens l'entraînait dans un véritable débat intérieur. Bien qu'il ait demandé au départ le plus large mandat possible pour la commission et qu'il continuât de faire pression pour l'obtenir, il soupçonnait néanmoins les libéraux, au début, de n'envisager l'exercice que pour la galerie: une grande entreprise de rafistolage pour sauver la face, comme il arrivait si souvent avec les commissions royales d'enquête. «Je crains même un peu les ambitions de l'enquête que Pearson veut instituer et, me méfiant des politiciens, je me demande si une chose aussi vaste ne risque pas de tomber dans le vague [12].» Il savait qu'une des tactiques notoires du Parti libéral était d'absorber ses critiques en leur offrant des postes au gouvernement fédéral et en recupérant les seules idées qu'il jugeait opportunes. Il avait commis quelques remarques sur la duplicité des libéraux à l'endroit du Canada français, en 1962, avant que Pearson n'adopte l'idée de la commission:

> Ceux-ci nous connaissent mieux. Ils savent mieux nous parler. Mais ils gardent au fond exactement les mêmes réticences. Ils se sont montrés, au pouvoir, les plus centralisateurs; les voici soudain autonomistes: ça vous inspire confiance? Ils sont experts dans l'art de noyer le poisson. Ce n'est pas eux qui répondraient NON à l'idée d'une enquête royale sur le bilinguisme; ils se contenteront, poliment, de ne pas la conduire [13].

Maintenant que les libéraux étaient au pouvoir, ils allaient mener une enquête mais pour quelles raisons? René Lévesque n'avait-il pas raison de dire qu'une commission finit par réduire ses participants au silence [14]? Et Lamontagne n'avait-il pas auparavant offert à Laurendeau un siège au Conseil des Arts du Canada?

---

12. André LAURENDEAU, *Journal tenu pendant la Commission royale d'enquête sur le bilinguisme et le biculturalisme* (Montréal, VLB éditeur/Le Septentrion, 1990): 290.

13. André LAURENDEAU, *Ces choses qui nous arrivent. Chronique des années 1961-1966* (Montréal, HMH, 1970): 68.

14. André LAURENDEAU, *Journal tenu pendant la Commission royale d'enquête sur le bilinguisme et le biculturalisme* (Montréal, VLB éditeur/Le Septentrion, 1990): 294.

Avec tant de questions en tête, Laurendeau entreprit de vastes consultations autour de lui. Il commença par ses collègues du *Devoir*, leur disant qu'il n'avait aucune intention d'accepter l'invitation du gouvernement mais qu'il suivrait un peu Lamontagne pour voir, en bon journaliste, jusqu'où les libéraux étaient prêts à aller. Pourtant, comme il l'écrit dans son journal, tout le monde était favorable, «ou plus exactement, on ne voyait pas comment je pourrais refuser[15]». Il rencontra René Lévesque dans un restaurant chinois. Le ministre du cabinet Lesage inscrivit d'un côté de la serviette de table les raisons de refuser, et de l'autre, la seule raison valable d'accepter, à ses yeux: Laurendeau pourrait démissionner en faisant un tollé[16]. Lévesque n'était pas le seul à dire que la façon pour le Québec d'obtenir ce qu'il voulait était de poursuivre les négociations fédérales provinciales et non d'essayer de réformer la bureaucratie fédérale avec des normes linguistiques ou de laisser croire que les Canadiens anglais accepteraient le biculturalisme.

À la fin de juin, Laurendeau se rendit à Québec rencontrer Léon Dion, qui était devenu un confident pour lui dans les dernières années, ainsi que d'autres professeurs de Laval. L'idée ne soulevait guère d'enthousiasme. Jean-Charles Falardeau, une figure prédominante de la Révolution tranquille dans le domaine universitaire, se dit fatigué, pour sa part, de tendre la main au Canada anglais. Plus tard ce soir-là, chez Jean Marchand, près de Cap-Rouge, Laurendeau tomba en contemplation devant le magnifique décor naturel, oubliant presque la raison de sa présence sur les lieux. Étaient présents aussi Claude Morin et Michel Bélanger, qui étaient tous deux destinés à jouer un rôle clé dans les relations Québec-Canada dans les décennies à venir. Bien que Marchand parût hésitant, Laurendeau se souvint de cette visite à Québec comme du moment où il décida d'accepter la coprésidence de la commission: «Ma décision s'est confirmée à Québec[17] [...]» Il est assez ironique de constater que Marchand et Dion viendraient plus tard se joindre à la commission. La famille de Laurendeau semble n'avoir joué

---

15. *Ibid.*
16. *Ibid.*
17. *Ibid.*, p. 295.

qu'un rôle marginal dans cette décision (quoiqu'ils en auraient beaucoup à dire après sa mort). Peut-être en partie parce que les deux aînés, Francine et Jean, étaient en France et que Ghislaine était du genre à dire son opinion sur le coup, puis à endosser ensuite la décision que son mari prenait. Dans une lettre qu'il écrivit à son père le 16 avril 1963, Jean soulève peut-être un coin du voile en faisant allusion à l'idéalisme invétéré de Laurendeau:

> Plus j'y songe et plus j'aime cette idée d'une enquête sur le biculturalisme [...] J'imagine que, pour toi, cela représente l'affaire de ta vie — ou, comme on dit en musique, le solo de ta vie — le rôle de ta vie [...] la chose qui te gratifiera le plus car elle te permettra d'être au service du plus grand nombre possible de personnes [18].

Si Laurendeau n'eut jamais l'occasion, au-delà de son journal intime et de ses lettres personnelles, d'expliquer en détail les raisons de sa décision — comme il l'avait fait, par exemple, au sujet du rôle qu'il avait joué lors de la crise de la conscription, dans un livre publié en 1962 —, il présenta cependant une brève explication aux lecteurs du *Devoir* le 23 juillet, le lendemain de l'annonce officielle de sa nomination. Il attira particulièrement l'attention sur la composition équilibrée de la commission: deux coprésidents, représentant respectivement le Canada français et le Canada anglais; trois commissaires canadiens-français, trois commissaires canadiens-anglais; puis deux néo-canadiens, dont l'un était de langue française et l'autre de langue anglaise. Il considérait cela de bon augure pour la promotion de l'idée d'égalité. «Dans ma façon de voir, la mission des commissaires revient à étudier et à essayer de résoudre, dans le domaine fondamental de la langue et de la culture, le problème de la coexistence amicale des "deux nations".» Son activité journalistique allait s'en trouver réduite, mais il rassurait ses lecteurs en ces termes: «Il y a surtout que je n'entends point partir en exil loin des miens. Je veux conserver mes liens avec la vie

---

18. Jean Laurendeau à André Laurendeau, 22 avril, 1963, *Fonds Famille Laurendeau-Perrault, Centre de recherche Lionel-Groulx.*

d'ici. Bien sûr, j'accepte sans arrière-pensée le mandat de la commission [...] mais je n'émigre pas.» Il semble manifeste que la motivation fondamentale de Laurendeau, malgré sa méfiance et ses craintes, procédait d'une croyance sincère que la commission offrait l'occasion de lancer un processus qui permettrait aux Canadiens français d'obtenir un statut d'égalité linguistique et culturelle au Canada. «[...] c'est le destin d'un peuple qui est en cause», disait-il [19]. En outre, le caractère en principe apolitique de la commission répondait à son désir de dialogue véritable entre les Canada anglais et français, un objectif qu'il croyait impossible d'atteindre par la politique, depuis qu'il avait quitté l'assemblée législative du Québec, en 1948. Il était aussi attiré intellectuellement par la perspective de poursuivre une recherche d'envergure, sur des bases scientifiques. Il cherchait lui-même à se convaincre davantage des possibilités d'une identité canadienne bilingue et biculturelle, pour pouvoir ensuite convaincre les autres, preuves à l'appui. Ayant toujours cru que les lacunes de la Confédération étaient attribuables à l'ignorance plus qu'à la mauvaise volonté, il voyait l'occasion de faire quelque chose de concret pour l'éducation du public. «Voilà trente ans que je me bats pour l'égalité, rappelait-il aux lecteurs du *Devoir*. Je réclame la tenue d'une enquête depuis janvier 1962. J'en ai défendu l'idée dans vingt articles. J'y crois. Je plonge [20].»

Laurendeau dut payer le prix de sa décision. D'abord, elle lui aliéna de nombreux nationalistes. Paul Lacoste, qui devint cosecrétaire de la commission et, plus tard, commissaire lui-même, résuma ainsi les réactions du côté nationaliste: «Avait-il pensé à l'indifférence amusée, aux sarcasmes parfois blessants, à la mauvaise foi et aux malentendus tenaces auxquels il s'exposait [21]?» Laurendeau s'était attendu à ces réactions; elles n'étaient d'ailleurs pas sans précédent. Il avait déjà faussé compagnie à maints nationalistes,

---

19. *Le Devoir*, 23 juil. 1963.
20. *Ibid.*
21. Paul LACOSTE, «André Laurendeau et la Commission royale d'enquête sur le bilinguisme et le biculturalisme», dans André LAURENDEAU, *Journal tenu pendant la Commission royale d'enquête sur le bilinguisme et le biculturalisme* (Montréal, VLB Éditeur/Le Septentrion, 1990): 30.

depuis la fin des années 1930: d'abord, les extrémistes du journal *La Nation*, puis les politiciens marginaux du Bloc populaire, les conservateurs traditionalistes après la guerre, les duplessistes des années 1950, les séparatistes et les ultracatholiques plus récemment. Si quelques autres ne pouvaient pas comprendre qu'il allait à Ottawa pour y porter le flambeau nationaliste et non pour l'abandonner, grand bien leur fît! Le père Georges-Henri Lévesque, qui avait essuyé semblables critiques quand il avait siégé à la Commission fédérale Massé sur les arts, en 1949, l'avait déjà mis en garde[22]. Mais le plus dur à supporter fut la méfiance manifeste d'amis de longue date, comme l'abbé Groulx et François-Albert Angers. Déplorant qu'ils communiquent rarement ensemble, Laurendeau écrivit à Groulx en 1965: «Peut-être ai-je cru, aussi, que vous n'êtes pas d'accord avec le rôle que depuis un an et demi je crois devoir jouer [...] J'espère vous revoir malgré l'évolution de ma pensée — non sur le terrain nationaliste, mais par un retour à mes jeunes ambitions d'artiste[23].»

En 1964, Laurendeau se sentit obligé de démissionner de la Ligue d'action nationale, après plus de trois décennies, à cause de différends idéologiques avec Angers, en particulier: «[...] j'ai trop donné de ma vie à cette œuvre pour la quitter de gaîté de cœur. Mais les divergences de pensée [...] sont devenues si fortes et s'expriment de façon si constante qu'il me paraît assez ridicule d'appartenir à un mouvement dont plusieurs idées se situent aux antipodes des miennes[24].» Même ceux qui l'appuyaient, comme Jean-Paul Desbiens, ne pouvaient pas s'empêcher d'exprimer certains doutes. Le fameux frère Untel le taquinait: «Après Lafontaine-Baldwin, Cartier-MacDonald, Rowell (ou Lowell)-Sirois, Massey-Lévesque... il y aura Laurendeau-Dunton. On parlera de vous dans les manuels d'histoire.» Sur un ton plus sérieux, le frère disait que le bilinguisme n'était pas aussi facile ici qu'il semblait l'être en Suisse,

---

22. Interview de Georges-Henri Lévesque, mai 1982.

23. André Laurendeau à l'abbé Lionel Groulx, 10 janv. 1965, *Fonds Famille Laurendeau-Perrault, Centre de recherche Lionel-Groulx.*

24. André Laurendeau à Francois-Albert Angers, 19 fév. 1965, *Fonds Famille Laurendeau-Perrault, Centre de recherche Lionel-Groulx.*

où il y avait au moins un équilibre démographique. Au Canada, la chose paraissait hautement utopique. Les Suisses n'avaient qu'une heure de voiture à faire, dans n'importe quelle direction, pour trouver des interlocuteurs dans l'autre langue. Mais comment en dire autant pour les gens de Winnipeg ou de Vancouver? Dans son esprit, il ne restait que cinq ans environ pour endiguer la vague du séparatisme. Il doutait que la Commission sur le bilinguisme et le biculturalisme suffise à la tâche. «On ne replâtre pas une maison aussi menacée, écrivait-il. On rebâtit à côté, et différent[25].»

Dans les années à venir, Laurendeau aura maintes occasions de se rappeler les réserves exprimées par ses amis. Mais il aborda cette grande entreprise avec de grandes espérances et, sa décision prise, il agit avec persévérance. Durant l'été de 1963, il resta en contacts fréquents avec Lamontagne, qui était manifestement le politicien en charge de la commission, et avec son homologue anglophone Davidson Dunton, pour régler les détails de l'embauche du personnel et du lancement officiel de la commission. Bien qu'il ne connût que vaguement Dunton, qui avait été aussi journaliste et ancien président de la CBC, il en vint bientôt à avoir le plus grand respect pour lui. Et il ne s'agissait pas là uniquement d'une attitude publique, visant à maintenir l'harmonie. Il disait de lui dans son journal: «J'ai trouvé en M. Dunton un collaborateur vraiment idéal, qui ne s'est pas déjugé depuis. Il est évident qu'une présidence conjointe est une tâche difficile [...] , mais cela dit, je n'aurais pas pu rêver d'un meilleur collègue[26].» La plupart de ceux qui étaient associés à la commission se félicitaient, vu les graves problèmes sur lesquels ils se penchaient, d'avoir des présidents qui s'entendaient aussi bien, qui étaient d'humeur égale et remarquablement patients[27]. Bien qu'aucun des deux coprésidents ne fût

---

25. Frère Untel (J.-P. Desbiens) à André Laurendeau, 22 août 1963, *Fonds Famille Laurendeau-Perrault, Centre de recherche Lionel-Groulx.*

26. André LAURENDEAU, *Journal tenu pendant la Commission royale d'enquête sur le bilinguisme et le biculturalisme* (Montréal, VLB Éditeur/Le Septentrion, 1990): 298s.

27. Paul LACOSTE, «André Laurendeau et la Commission royale d'enquête sur la bilinguisme et le biculturalisme», dans André LAURENDEAU, *Journal tenu pendant la Commission royale d'enquête sur le bilinguisme et le biculturalisme* (Montréal, VLB Éditeur/Le Septentrion, 1990): 30.

«l'adjoint, le conjoint ou l'associé de l'autre[28]», selon les termes de
Laurendeau, c'est lui qui fut nommé administrateur en chef de la
commission et, de ce simple fait, aussi bien qu'à cause de sa pro-
digieuse capacité de travail, il devint le partenaire plus qu'égal. Il
serait abusif de dire, comme un des commissaires, qu'il s'agissait de
la «commission de Laurendeau[29]», surtout après 1965, où les rivalités internes ne tournèrent pas en sa faveur. Mais il est vrai qu'à
certains moments, il semblait garder cette vaste machine sur les
rails par la seule force de sa volonté. Il eut aussi son mot à dire lors
de la rencontre avec Pearson, le 11 juillet, sur la nomination des
autres commissaires. C'était là une tâche d'équilibrage fort délicate,
comme Pearson l'a rappelé plus tard: «Ce fut une commision royale
difficile à organiser. Les problèmes furent analogues à ceux qui
surviennent lors du choix du cabinet canadien. Comme on assem-
ble les pièces d'un casse-tête, il était capital de nommer la bonne
personne aux bonnes fonctions[30].» Par ces «bonnes personnes», il
voulait dire, à tout le moins, un groupe de commissaires bilingues
qui pouvaient juger des deux cultures fondatrices, qui étaient prêts
à consacrer une bonne partie de leur temps, sur une période qu'on
évaluait, en général, à deux ou trois ans, non seulement à examiner
la question du bilinguisme et du biculturalisme, mais à en faire
ressortir les avantages éventuels. Au-delà des formules à l'usage du
public sur le caractère de recherche et les aspects éducatifs du
travail de la commission, il était présumé au départ que les commissaires comme le gouvernement en favorisaient l'idée.

Laurendeau discuta de la composition de la commission avec
Pearson, lors de la rencontre du 11 juillet, à Ottawa. On ne sait au
juste quel levier politique il pouvait faire jouer dans les circonstances et les politiciens avaient leurs propres priorités. Chose certaine,
il connaissait bien deux membres canadiens-français de la commission: Jean Marchand, le président de la centrale syndicale CSN et

---

28. *Le Devoir*, 23 juil. 1963.

29. Sandra DJWA, *The Politics of the Imagination: A Life of F.R. Scott*
(Toronto, McClelland & Stewart, 1987): 385.

30. Lester B. PEARSON, *Mike. The Memoirs of the Right Honourable Lester B.
Pearson*, (Toronto, University of Toronto Press, 1973), III, p. 241.

qu'on pouvait considérer comme un ami personnel, et Jean-Louis Gagnon, le journaliste et patron de presse, à qui il donnait le crédit d'avoir fait du quotidien *La Presse* de Montréal un journal de qualité[31]. Laurendeau fit remarquer à Lamontagne qu'à eux trois, ils donneraient à la commission une allure de gauche: «en effet, [nous] avions, à peu de frais, gagné cette réputation». C'était une bénédiction cependant que le père Maurice Cormier, un Acadien qui avait été le premier recteur de l'Université de Moncton, soit également disponible, car «la soutane nous couvrirait tous[32]». Laurendeau écrivit, dans son journal, qu'il ne connaissait pas les membres du côté anglais: Royce Frith, un partisan libéral de longue date, Gertrude Laing, professeure d'université de l'Alberta et la seule femme aux échelons élevés de la commission, et F.R. Scott, le poète et professeur de McGill qui avait été autrefois président de la Ligue pour la reconstruction sociale, durant les années 1930.

Dans le cas de Scott, Laurendeau semble avoir omis de parler dans son journal de la période où ils s'étaient connus juste avant la Seconde Guerre mondiale. Peut-être leur relation à l'époque n'avait été que celle de simples membres d'un même groupe; peut-être que Laurendeau cherchait à réprimer le souvenir de la déception profonde qu'il avait éprouvée lorsque Scott et les autres membres canadiens-anglais de ce cercle ne s'étaient pas rangés de son côté, contre l'entrée en guerre du Canada. Les deux derniers membres de la commission étaient le professeur Paul Wyczynski, un spécialiste de la littérature canadienne-française à l'Université d'Ottawa, et J.B. Rudnyckyj, professeur d'études slaves à l'Université du Manitoba et représentant assez évident de ce que les commissaires appelaient les «groupes ethniques». Laurendeau se montra très satisfait de l'équilibre linguistique de la commission et de la sensibilité dont elle faisait montre, en général, envers le Canada français. En privé, il racontait à la blague qu'au cours des premiers mois, on

---

31. André LAURENDEAU, *Ces choses qui nous arrivent. Chronique des années 1961-1966* (Montréal, HMH, 1970): 257.
32. André LAURENDEAU, *Journal tenu pendant la Commission royale d'enquête sur le bilinguisme et le biculturalisme* (Montréal, VLB Éditeur/Le Septentrion, 1990): 296.

disait souvent que la commission était composée de francophones
et de francophiles. Pour le moment, il se souciait peu des tendances
fortement centralisatrices des commissaires canadiens-anglais
comme Scott, un facteur qui prendrait de l'importance dans les
débats internes de la commission.

À titre d'administrateur en chef, Laurendeau était le premier
responsable du fonctionnement quotidien de la commission. Et
cette responsabilité était d'autant plus lourde durant les moments
où d'autres membres importants comme Dunton, Marchand et
Gagnon se trouvaient eux-mêmes accaparés par leurs fonctions régulières. Il eut donc beaucoup plus d'influence que d'autres dans
le choix du personnel supérieur. Il travailla étroitement avec celui-
ci pour établir la procédure interne et la planification des travaux,
ainsi que pour orienter la recherche. Les membres de la commission, qui devaient parcourir de grandes distances pour se retrouver,
étaient souvent réduits, après quelques questions pour la forme, à
endosser les plans déjà établis par le noyau central. Il y avait deux
secrétaires de la commission. Qu'il y en eut un francophone et un
autre anglophone allait de soi dans cet organisme bien équilibré.
Ces deux secrétaires étaient Paul Lacoste, philosophe et professeur
de droit à l'Université de Montréal ainsi qu'animateur de télévision
à Radio-Canada, où Laurendeau l'avait d'abord rencontré, et Neil
Morrison, qui avait déjà été directeur des Affaires publiques à la
CBC et, en 1963, doyen du Atkinson College à l'Université York de
Toronto. Morrison pouvait être décrit comme le premier ami canadien-anglais de Laurendeau, leur amitié remontant à la fin des
années 1930. Bien qu'il mentionne dans son journal[33] que le nom
de Morrison lui était simplement venu à l'esprit, il a dû sauter sur
l'occasion de nommer un si solide allié anglophone. Les deux
autres personnalités qui eurent une grande influence dès le départ
furent les codirecteurs de la recherche, Léon Dion et Michael
Oliver. Ce dernier venait de terminer son mandat comme président
du NPD; il fut engagé en décembre 1963, pour diriger ce qui
deviendrait une véritable usine de recherche. Il semble qu'Oliver

---

33. André LAURENDEAU, *Journal tenu pendant la Commission royale d'enquête
sur le bilinguisme et le biculturalisme* (Montréal, VLB Éditeur/Le Septentrion, 1990):
298.

fut engagé parce que Lacoste et Morrison n'arrivaient pas à bien fonctionner ensemble[34]. Étant donné les liens que Laurendeau avait déjà avec Dion, Lacoste, Morrison, Marchand et Gagnon, il n'est guère difficile de voir pourquoi certains considéraient qu'il s'agissait de «sa» commission. Lui qui accordait beaucoup d'importance aux relations de longue date, spécialement au niveau intellectuel, il n'aurait probablement pu espérer meilleure équipe. Mais cela n'était pas en soi une garantie de succès.

Laurendeau manqua la première réunion de la commission, le 5 septembre 1963, pour cause de maladie. Il rencontra ses collègues commissaires en groupe, pour la première fois, du 16 au 19 septembre. Même si le commissaire général d'Expo 67, l'exposition universelle de Montréal, leur offrit les locaux bien fournis de son organisation, à la place Ville-Marie, Dunton et Laurendeau optèrent pour la prudence politique et s'installèrent, en premier lieu, dans l'inconfortable Daly Building, en face du Château Laurier, à Ottawa. Les premières réunions servirent surtout à définir le mandat de la commission, à lancer son programme de recherche et à décider comment réaliser au mieux l'objectif initial de consulter les Canadiens pour recueillir leurs opinions sur le bilinguisme et le biculturalisme. En ce qui concerne le mandat, les commissaires commencèrent par se pencher sur l'Ordre de renvoi du Conseil privé, décrété le 19 juillet 1963 et qui établissait ainsi le mandat de la commission:

> Faire enquête et rapport sur l'état présent du bilinguisme et du biculturalisme au Canada et recommander les mesures à prendre pour que la Confédération canadienne se développe d'après le principe de l'égalité entre les deux peuples qui l'ont fondée, compte tenu de l'apport des autres groupes ethniques à l'enrichissement culturel du Canada, ainsi que des mesures à prendre pour sauvegarder cet apport[35].

---

34. *Ibid.*; à la fin de l'année 1965, la commission employait plus de 200 personnes, à temps plein ou à temps partiel.

35. André LAURENDEAU, Davidson DUNTON *et al.*, *Rapport préliminaire de la Commission royale d'enquête sur le bilinguisme et le biculturalisme* (Ottawa, Imprimeur de la Reine, 1965): 143.

C'était là un vaste programme, et les commissaires eurent peine au départ à définir plus précisément certains termes de ce mandat. Laurendeau et Dunton durent rencontrer à nouveau Pearson, le 23 novembre, pour obtenir des éclaircissements. La commission préférait, par exemple, utiliser la formule «deux peuples fondateurs» plutôt que «races» (comme il était mentionné dans le texte anglais), par référence au «rôle indiscutable joué par les Canadiens d'origine française et anglaise en 1867 et longtemps avant la Confédération». Cette formulation ignorait largement le rôle joué par les peuples autochtones mais, dans les années 1960, on se souciait davantage de savoir comment et sur quelle base intégrer les peuples d'origine non britannique et non française que la commission désignait globalement sous le nom de «groupes ethniques». Il ne faudrait guère de temps à ces minorités, au sein du Canada anglophone, pour manifester clairement qu'elles ne se laisseraient pas écarter aussi aisément. La commission clarifia aussi assez tôt ce qu'elle considérait comme l'élément clé de son enquête: «La langue est la plus évidente expression d'une culture, celle qui distingue les groupes culturels [...] Nous croyons résumer le mandat en disant que son idée-force, c'est le bilinguisme et le biculturalisme (i.e. l'anglais et le français) [36].»

Pour Laurendeau cependant, le terme essentiel du mandat de la commission était «égalité». C'était pour cela qu'il avait fait acte de foi et était venu à Ottawa. Il prit donc l'initiative de faire pression pour que la définition du mandat soit la plus large et la plus libre possible, de sorte que la commission puisse faire des investigations dans toute sphère en rapport avec l'égalité linguistique ou culturelle. Son influence était apparente dans cette assertion de la commission selon laquelle:

> L'idée maîtresse du mandat, selon nous, c'est «l'égalité entre les deux peuples» [...] Les termes de notre mandat paraissent viser toutes les formes de la vie en société [...] non dans leur totalité assurément, mais en fonction des problèmes que suscite ici la coexistence de deux langues et de deux cultures [37].

---

36. *Ibid.*, p. 178.
37. *Ibid.*, p. 13.

Laurendeau soulignait avec une particulière insistance l'urgence de trouver des façons d'en arriver à cette égalité. Émergeant des serres chaudes de la Révolution tranquille, il soulignait qu'il faudrait trouver rapidement une réponse fédérale à la menace séparatiste, et la commission pourrait y contribuer, dans deux ou trois ans. Pour lui, comme aussi pour Pearson, le moteur de la commission était le «problème du Québec». C'est la raison pour laquelle les commissaires lancèrent un ambitieux programme de recherche, qui se déroulerait en même temps, plutôt qu'à la suite de la première phase d'activité. C'était un programme qui serait augmenté à maintes reprises, pour devenir finalement la queue qui remuait le chien. Parce que la recherche était à ce point coûteuse — elle coûterait, en fin de compte, plus de trois millions de dollars, un montant sans précédent dans l'histoire des commissions d'enquête canadiennes —, parce qu'elle était la raison majeure qui retarda si longtemps le rapport de la commission, elle devint un sujet de controverse sans fin.

Il suffira de dire ici que Laurendeau n'était pas le seul responsable de l'envergure du programme de recherche de la commission (sept grandes catégories, comprenant dix chefs de section sous la supervision de Dion et d'Oliver), mais il avait établi les paramètres flexibles qui en permettraient la croissance. Dès ses premières rencontres avec Lamontagne, quand il avait encore l'avantage de se savoir courtisé, il insista sur le fait qu'il faudrait mettre à la disposition de la commission des fonds de recherche suffisants pour accomplir un travail valable. Il savait que, dans certains secteurs où la commission voulait enquêter, il n'y avait pas d'informations disponibles. S'il ne fallait produire que des «impressions», il pouvait très bien faire le travail au téléphone, à partir du *Devoir*. Selon Laurendeau, la réponse de Lamontagne fut: «Aucune limite!» Dans sa rencontre avec Pearson, le 11 juillet 1963, il revint sur ce point et Pearson s'empressa d'abonder dans son sens. Plus tard, en fait, il se souviendrait d'avoir mis le Premier ministre à l'épreuve, en mentionnant d'un ton convaincant qu'il serait nécessaire de faire enquête dans les grandes entreprises, où les deux langues se rencontraient et des frictions se produisaient. «Ainsi avons-nous, en l'espace d'un clin d'œil, ajouté à notre budget de recherche au

moins un million de dollars[38].» Comme Paul Lacoste le fit observer, en jetant un regard rétrospectif sur le travail de recherche de
la commission: «Laurendeau, fortement appuyé par ses collègues,
fut intraitable sur ce point comme sur d'autres; la commission
devait disposer de tous les moyens qu'elle estimait nécessaires[39]
[...]» Néanmoins, Laurendeau se méfiait aussi des chercheurs scientifiques et des idolâtres des chiffres: «J'ai, si j'ose dire, la religion de
la recherche — de la vraie, qui est honnête et désintéressée —, mais
je n'ai pas la religion de chaque opinion des chercheurs [...] surtout
quand il s'agit de disciplines aussi nouvelles, la science se contre-
dit[40].» Parfois, il choisissait de ne pas tenir compte de certaines
recherches de la commission; d'autres fois, il écartait délibérément
les scientifiques des discussions sur l'orientation de la commission.
Même ceux qui travaillaient de près avec lui ne pouvaient pas toujours évaluer l'effet que les résultats de certains travaux de recherche pouvaient avoir sur ses opinions. Certains critiques des travaux
de la commission ont prétendu que, sur la plupart des questions,
son opinion était déjà établie au départ, mais ces accusations sont
sans fondement. Il semble toutefois qu'il donna un poids au moins
égal aux observations épisodiques, très subjectives, qu'il tira des
réunions et audiences de la commission.

Ces audiences — le résultat de la détermination de la commission à consulter le plus largement possible — eurent lieu entre
janvier 1964 et novembre 1966; elles se partageaient en trois catégories distinctes. D'abord, des délégations comprenant toujours les
coprésidents allèrent rencontrer les Premiers ministres de toutes les
provinces pour sonder leur opinion sur le mandat de la commis-

---

38. André LAURENDEAU, *Journal tenu pendant la Commission royale d'enquête
sur le bilinguisme et le biculturalisme* (Montréal, VLB Éditeur/Le Septentrion, 1990):
296; voir aussi Denis MONIÈRE, *André Laurendeau et le destin d'un peuple* (Montréal,
Québec/Amérique, 1983): 291.

39. Paul LACOSTE, «André Laurendeau et la Commission royale d'enquête
sur le bilinguisme et le biculturalisme», dans André LAURENDEAU, *Journal tenu
pendant la Commission royale d'enquête sur le bilinguisme et le biculturalisme* (Montréal, VLB Éditeur/Le Septentrion, 1990): 31.

40. André LAURENDEAU, *Ces choses qui nous arrivent. Chronique des années
1961-1966* (Montréal, HMH, 1970): 82s.

sion, pour voir s'ils seraient prêts à fournir des chiffres sur l'éducation et, dans certains cas, sur la fonction publique et, bien sûr, pour savoir comment ils évaluaient la gravité de la menace d'assimilation des minorités linguistiques dans leur propre province. Ces rencontres comprenaient aussi, le plus souvent, des séances avec des «parties intéressées» dans chaque capitale provinciale. La seconde catégorie était des réunions régionales. Il y en eut 24, de mars à juin 1964, qui permirent à plus de 11 000 personnes de faire connaître leurs opinions et de répondre particulièrement à la question principale: «Ces deux peuples, l'anglophone et le francophone, peuvent-ils et veulent-ils vivre ensemble?» Les commissaires se partageaient la tâche pour ces audiences et diverses équipes parcouraient le pays dans ce qui devint un marathon épuisant. Enfin, en 1965-1966, des audiences publiques furent tenues, où des individus et surtout des organismes vinrent présenter des mémoires. Même si Laurendeau détestait les déplacements fréquents, ainsi que l'ennui et le provincialisme indécrottable qu'il rencontrait partout, il finit par considérer ces tournées régionales comme un exercice fort utile:

> Ai-je souligné ailleurs un aspect important des voyages que nous faisons? Dans un bref espace de temps, nous entrons en contact avec un nombre considérable d'individus, nous entendons dire des choses dont plusieurs nous touchent et nous émeuvent, souvent en sens contradictoire, et le lendemain la même expérience recommence ailleurs. C'est exactement comme si nous subissions une mitraillade. Il est facile de comprendre pourquoi les plus faibles plient immédiatement, et pourquoi les plus vigoureux traversent des moments de grande émotivité. Pour tout le monde, c'est un rude traitement, et en même temps je le crois profondément utile.
>
> Cette forme d'enquête n'a pas de valeur scientifique: il nous est impossible de pratiquer de véritables échantillonnages d'opinions, de sorte que ces réunions sont fondées sur des faits incomplets [41].

---

41. André LAURENDEAU, *Journal tenu pendant la Commission royale d'enquête sur le bilinguisme et le biculturalisme* (Montréal, VLB Éditeur/Le Septentrion, 1990): 172s.

Les audiences publiques, par ailleurs, n'étaient pas loin d'être une colossale perte de temps: en privé, Laurendeau les qualifiait de «mal nécessaire[42]».

Les rencontres avec les dix Premiers ministres provinciaux, qui s'amorcèrent avec Duff Roblin, au Manitoba, et se terminèrent avec W.A.C. Bennett, en Colombie-Britannique, se révélèrent à la fois déprimantes et déconcertantes, pour la conception que Laurendeau se faisait du Canada anglais. Il trouva la plupart d'entre eux peu impressionnants comme individus, étroits d'esprit sur les questions de langue et de culture et, dans la plupart des cas, soucieux uniquement de voir si la commission marcherait sur leurs plates-bandes. Stanley Lloyd, de la Saskatchewan, paraissait ouvert d'esprit et bien renseigné. Robert Stanfield, de la Nouvelle-Écosse, faisait bonne impression sur le plan intellectuel et Joey Smallwood, de Terre-Neuve, se montra poli et coopératif. Mais les dirigeants des plus grandes provinces du Canada anglais furent beaucoup moins avenants. Au sujet de Roblin, Laurendeau écrivit: «J'en déduis que M. Roblin fera tout ce qu'il pourra dans le sens de l'égalité culturelle au Canada, mais qu'il mesurera toujours avec beaucoup de soin la portée de chacun de ses actes, et qu'en définitive, sauf changement important d'atmosphère, il ne pourra pas faire grand-chose[43].» Ernest Manning, de l'Alberta, gourmé et suffisant, était de loin le pire: «Ce que nous avons à dire ne l'intéresse aucunement. Il reconnaît l'existence d'une crise grave et intense dans le Québec [...] après quoi il passe à d'autres sujets.» Manning croyait vraiment que la commission apporterait plus de problèmes qu'elle n'en résoudrait. Bennett parut aussi non intéressé et peu informé, croyant résolument que les francophones n'avaient aucun problème dans sa province[44].

Mais le plus décevant de tous fut John Robarts, de l'Ontario. Il avait la réputation de vouloir améliorer peu à peu le sort des Canadiens français, mais Laurendeau le trouva peu intéressant, d'esprit terre à terre et ne posant aucune question. Il ne fallait pas

42. *Ibid.*, p. 229.
43. *Ibid.*, p. 49.
44. *Ibid.*, p. 53, 82s.

compter sur lui pour des gestes symboliques audacieux, qui aideraient réellement la cause du bilinguisme, comme de faire du français une langue officielle en Ontario: «Il est typiquement "anglais", il conduit la conversation et réagit peu, on ne l'atteint pas, ou bien il a l'art de se cacher [...] sur le plan humain, un type avec qui je ne saurais pas quoi échanger, mais le problème ne se pose pas puisqu'il ne donne guère[45].» Bien que tous les Premiers ministres aient promis leur collaboration, Laurendeau était convaincu qu'ils ne croyaient pas à l'existence d'une crise nationale. Quand ils admettaient qu'il y avait un problème sérieux, ils pensaient que c'était aux autorités politiques du Québec et au gouvernement fédéral de le régler. Quant aux minorités françaises, elles se portaient très bien, merci.

Le clou fut enfoncé encore plus lors des séances avec des universitaires, des hommes d'affaires et des journalistes, qui suivaient les rencontres avec les Premiers ministres, et lors des audiences régionales. Après l'une de ces réunions avec des hommes d'affaires de l'Ouest, Laurendeau notait: «À entendre ces hommes, on a la conviction que la commission crée un problème artificiel, que le français est destiné à disparaître [...], que le biculturalisme est une vieille querelle Ontario-Québec[46].» De telles opinions s'exprimaient encore plus fort à mesure qu'on progressait vers l'Ouest, mais Laurendeau fit aussi des commentaires négatifs au sujet des Provinces maritimes: notamment sur leur aveuglement complaisant au sujet de la triste condition des minorités acadiennes, et sur la «densité» de leur provincialisme[47]. Dans l'Ouest canadien, cependant, ses espoirs en prenaient pour leur rhume. Il s'était déjà rendu à Winnipeg, en 1939, et il avait visité le reste des provinces de l'Ouest en 1955, comme nous l'avons vu. À cette dernière occasion, il avait écrit abondamment sur les opinions mesquines qu'on entretenait à l'égard du Canada français. Mais il lui restait encore à découvrir toute la profondeur de l'ignorance et de la mauvaise volonté qu'il put sonder dans les audiences publiques là-bas:

45. *Ibid.*, p. 60.
46. *Ibid.*, p. 51.
47. *Ibid.*, p. 69s.

Partout, le provincialisme est très fort. On a beau se dire
Canadien, on raisonne d'abord et avant tout en Albertain ou
en Manitobain. La seule façon de rejoindre ces interlocuteurs
dans une mesure «X», c'est de leur rappeler qu'ils sont tout de
même canadiens, que le Québec fait partie du Canada, et que,
par exemple, si le séparatisme cassait le Canada en deux, ils en
ressentiraient les conséquences[48].

Plusieurs fois, dans le journal intime qu'il tint durant ses voyages pour la commission, Laurendeau mentionna que le séparatisme
était une bonne chose s'il pouvait secouer la complaisance et
l'aveuglement du Canada anglais sur les problèmes qui menaçaient
le pays tout entier. Il devait sans cesse expliquer que le bilinguisme
ne signifiait pas que tout le monde serait obligé de parler français,
que son principal but était de permettre aux citoyens francophones
de transiger avec les institutions du pays dans leur propre langue et
d'assurer un traitement équitable aux minorités francophones, là où
leur nombre le justifiait. Il fut profondément déçu de voir que les
médias — dont il trouva les représentants, à quelques exceptions
près, étroits d'esprit et paresseux — ne se donnaient même pas la
peine d'expliquer ce point de vue. Ils se contentaient de monter en
épingle les déclarations isolées de quelques maniaques et de
«plaignards» professionnels, qu'on ne pouvait, bien sûr, empêcher
de s'exprimer devant la commission. Il y avait beaucoup de témoignages de ce genre au Québec aussi, avouait-il. Mais comment
pouvait-on compter ou espérer bâtir un consensus national raisonnable à partir d'un tel ramassis d'opinions?

Quand il put réfléchir plus profondément à la situation qui
régnait dans l'Ouest, Laurendeau fit ressortir particulièrement la
menace posée au Canada anglais par les États-Unis. En quittant
Vancouver en 1964, il écrivait: «Nous sommes sortis de là la bouche
un peu amère, convaincus bien davantage que le Canada anglais,
en particulier en Colombie, traverse une crise dont nous ne
sommes que l'élément second: le grand problème, c'est les États-
Unis[49].» La menace culturelle américaine sur le Canada français

---

48. *Ibid.*, p. 52.
49. *Ibid.*, p. 90.

avait été un thème récurrent de sa propre pensée, depuis la fin des années 1930. Sa vision du biculturalisme s'enracinait dans l'idée qu'il y avait une autre nation, appelée Canada anglais, qui possédait sa propre identité et qui avait donc de fortes raisons de s'associer au Canada français pour résister à l'envahissement américain. Avant la création de la commission, il avait été déçu de voir Pierre Burton, le célèbre journaliste et historien canadien-anglais, affirmer que le Canada français était l'élément essentiel qui permettait aux Canadiens anglais de se distinguer des Américains:

> J'avoue mon malaise à la lecture de ces lignes. Être la totalité de l'originalité d'un autre, cela a moins de sens encore que le Canada privé du Québec. Qu'un groupe social puisse se définir uniquement par sa relation avec un autre groupe, cela signifierait que le premier n'a pas d'existence. C'est comme si la main d'un noyé se crispait sur votre épaule[50].

Ses tournées à travers le Canada lui confirmaient maintenant que l'identité du Canada anglais était effectivement assez floue. Il lui apparut à l'évidence que les soi-disant «groupes ethniques», notamment les Ukrainiens, se considéraient eux-mêmes comme une partie intégrante du Canada anglais, sur le plan linguistique mais non culturel. Culturellement, ils se considéraient avec fierté comme des minorités légitimes, sur un pied au moins égal avec les Canadiens français. C'est la raison pour laquelle ils s'opposaient souvent davantage au biculturalisme que les anglophones d'origine britannique. Force était de constater, hélas, comme Laurendeau l'avait déjà fait, que les Canadiens anglais, particulièrement dans l'Ouest, s'unissaient de plus en plus en opposition au Canada français. «On peut imaginer que, pour se défendre contre le remous québécois, le Canada anglais parvienne à former une nouvelle unité et réapprenne à se définir. Alors, nous trouverions à qui parler, dans les deux sens, et le conflit serait rude. Cela vaudrait mieux, il me semble, que le marécage dans lequel nous pataugeons tous[51].»

---

50. André LAURENDEAU, «À la base du canadianisme: une foi trop volontariste en un objet trop flou...», *Le Magazine Maclean* (Montréal), 3 (juil. 1963): 68.
51. *Ibid.*

Laurendeau était si troublé par les préjugés et le manque de compréhension qui sévissaient au Canada anglais — et qui parfois dégénéraient en attaques personnelles — qu'il devait souvent réprimer en lui-même des sentiments séparatistes:

> D'une part, le Canada anglais est plus présent à la discussion que nous ne le prévoyions; et cela est excellent. Pour l'instant, son négativisme est très affirmé: négativisme à la commission, ce qui n'a guère d'importance, mais refus en bien des cas du Canada français lui-même [...] j'éprouve quelques fois chaque semaine, et même quelques fois par jour, de véritables poussées intérieures vers le séparatisme. Il s'agit là de réactions élémentaires, à caractère émotif, auxquelles je n'accorde pas plus d'importance qu'il ne faut. Mais la densité, la profondeur de l'ignorance et des préjugés sont vraiment insondables, et même si des sociologues pouvaient nous expliquer le pourquoi des choses, il reste que ces choses sont difficiles à subir et à vivre[52].

Ces sentiments disparaissaient quand les rencontres régionales se tenaient au Québec et qu'on devait affronter les vrais séparatistes. Les collègues anglophones de Laurendeau étaient en état de choc. À Sherbrooke, par exemple, ils eurent un contact direct avec la grande frustration des Québécois francophones, qui devaient pour des raisons économiques apprendre à parler anglais dans la province même où ils constituaient la majorité de la population, un problème de longue date, qui en avait conduit plusieurs à pencher vers l'unilinguisme. Leur témoignage amena aussi les commissaires à se demander comment on pourrait établir, au Québec, une base assez forte pour soutenir l'expansion de la langue et de la culture française. Pour certains commissaires anglophones, c'était une pilule difficile à avaler que d'envisager la nécessité d'une politique d'unilinguisme au Québec afin d'atteindre cet objectif.

---

52. André LAURENDEAU, *Journal tenu pendant la Commission royale d'enquête sur le bilinguisme et le biculturalisme* (Montréal, VLB Éditeur/Le Septentrion, 1990): 173-174.

À Chicoutimi, une région en train d'émerger comme un château-fort nationaliste, et à Québec, les commissaires canadiens-français furent traité de «vendus» par les éléments radicaux et séparatistes qui dominèrent bruyamment les audiences. Laurendeau, qu'on avait déjà qualifié de traître, n'en fut pas troublé plus qu'il ne fallait. De fait, au cours de ces années de travail à la commission, il ne cessa d'entretenir le dialogue avec des indépendantistes. À un moment donné, il rencontra même les rédacteurs de la revue gauchiste *Parti pris*. Il correspondit aussi avec Pierre Vallières, un jeune révolution-naire relié au FLQ et auteur du livre *Nègres blancs d'Amérique*, lorsque celui-ci fut détenu avec son camarade Charles Gagnon aux Nations Unies, à New York, pour avoir protesté contre «l'oppression» au Québec[53]. Il cherchait à rester en contact avec tous les courants de l'opinion québécoise. Mais les vives confrontations auxquelles donnèrent lieu les audiences du Québec contribuèrent à convaincre ses collègues de la commission (ceux qui avaient encore besoin d'être convaincus) que le Canada était en état de crise et qu'une grande partie de ses citoyens, particulièrement au Canada anglais, étaient inconscients du danger.

Alors, à la réunion du 4 septembre 1964, la commission dé-cida de publier un rapport préliminaire qui cernerait la nature de la crise en cours et qui préparerait les recommandations à venir dans des volumes subséquents. L'idée flottait dans l'air depuis quelques mois. Laurendeau était de ceux qui souhaitaient consacrer un rapport intérimaire à un sujet particulier (l'armée, par exemple), un sujet qui illustrerait éloquemment le degré de discrimination linguistique et culturelle que subissaient les Canadiens français dans la fonction publique. Mais le vif sentiment d'une crise plus large et plus immédiate commandait un rapport plus général, por-tant sur la nécessité d'actions radicales. À la tête d'un gouverne-ment minoritaire qui semblait trébucher de crise en crise, Pearson avait besoin de positions claires et solides de la commission pour justifier sa souplesse politique, pour montrer qu'elle servait à main-

---

53. Pierre Vallières à André Laurendeau, 29 nov. 1966, *Fonds Famille Laurendeau-Perrault, Centre de recherche Lionel-Groulx.*

tenir l'unité nationale. Il laissa savoir qu'il attendait un rapport préliminaire[54].

D'autres pressions s'exerçaient, par ailleurs. Des critiques s'élevaient de divers horizons, dans les milieux politiques et dans la presse, sur les coûts de la commission et le temps prévu pour produire des recommandations à partir de ses recherches. Un rapport préliminaire enlèverait manifestement une partie de cette pression. Même si certains membres du groupe de recherche, Oliver en particulier, étaient peu enthousiastes à publier un document qui fonderait une grande partie de ses conclusions sur des impressions hautement subjectives, recueillies lors des rencontres régionales[55], Laurendeau et une majorité des commissaires pensaient que ces problèmes seraient contrebalancés par la valeur de choc qu'aurait le rapport. Laurendeau, qui rédigea lui-même certaines parties du rapport et en supervisa la préparation, convint de l'intituler «La crise canadienne». Cette décision n'eut pas l'heur de plaire à Pearson. Le Premier ministre déclara que l'initiative de donner un titre à un rapport d'une commission royale d'enquête était sans précédent. Il craignait manifestement que son adversaire John Diefenbaker l'accuse d'avoir manigancé une justification politique de ses orientations gouvernementales. Cependant, quand Dunton et Laurendeau lui présentèrent le document, le 11 février, il le qualifia de bon rapport, quoiqu'un peu sombre. Laurendeau nota dans son journal: «En somme, il m'a donné le sentiment d'avoir trouvé notre analyse lucide, mais il n'oublie pas que cette lucidité pourra lui créer quelques inconvénients[56].»

Les problèmes étaient garantis, non seulement parce que ce rapport préliminaire dressait le portrait d'un Canada en crise — une idée sérieusement mise en doute, et pas seulement dans les milieux politiques fédéraux — mais parce que l'analyse et les jugements qu'il contenait étaient basés sur ce qu'on appelait, au cours des années

---

54. André LAURENDEAU, *Journal tenu pendant la Commission royale d'enquête sur le bilinguisme et le biculturalisme* (Montréal, VLB Éditeur/Le Septentrion, 1990): 250, 253-254.
55. *Ibid.*, p. 111.
56. *Ibid.*, p. 303.

1960, la «théorie des deux nations». Cette théorie voulait que les deux langues et cultures sur lesquelles portait le mandat de la commission constituaient de fait deux nations. Et ces deux nations devaient être représentées également dans les institutions fédérales; elles devaient être consacrées à travers le pays dans les institutions d'enseignement et dans les médias, ainsi que par une protection législative des minorités anglaises et françaises. On ne s'entendait guère sur ce qui différenciait cultures, nations et cultures nationales, mais le rapport avançait hardiment que l'idéal de bilinguisme et de biculturalisme était la clef pour résoudre la crise, bien que la commission n'ait trouvé, en réalité, que peu d'appuis pour étayer ce point de vue[57].

Laurendeau eut de quoi être à la fois ravi et peiné par les réactions à ce rapport intérimaire. Le fait qu'il s'avéra un best-seller du jour au lendemain (dans la catégorie publication gouvernementale), provoquant des commentaires en long et en large dans les médias et les milieux politiques, indiquait que le rapport avait atteint son principal objectif: sensibiliser le pays aux problèmes existants. En outre, au Canada français, les commentaires étaient largement positifs; au Canada anglais, plus mitigés. Plusieurs Premiers ministres provinciaux affirmèrent qu'il s'agissait là d'une bonne analyse des tenants et aboutissants de la crise d'identité culturelle du Québec et du Canada; ils suspendaient cependant leur jugement jusqu'à ce que la commission fasse des recommandations plus précises sur la façon de remédier à la situation. Mais, si elles étaient minoritaires, les critiques n'en furent pas moins tonitruantes et efficaces. Diefenbaker, on s'y attendait, dénigra le rapport, le considérant comme une collection de «généralités et de platitudes» qui n'offraient aucune solution. Mais les critiques qui offensèrent le plus Laurendeau furent celles qui laissaient entendre qu'il s'agissait d'un «rapport canadien-français». Certains journaux de l'Ouest, par exemple, affirmèrent que la commission fabriquait

---

57. La phrase du rapport préliminaire que tous ont retenue dans l'ensemble du Canada est la suivante: «Le Canada traverse actuellement, sans toujours en être conscient, la crise majeure de son histoire.» André LAURENDEAU, Davidson DUNTON et al., *Rapport préliminaire de la Commission royale d'enquête sur le bilinguisme et le biculturalisme* (Ottawa, Imprimeur de la Reine, 1965): 5.

de toutes pièces une atmosphère de crise, à cause des seuls problèmes du Québec; et, pire encore, qu'elle essayait de changer artificiellement le contexte culturel du pays et à des coûts prohibitifs. Pour la plupart de ces commentateurs, il n'y avait pas deux nations ni deux cultures égales au Canada, mais une culture anglophone prédominante avec une minorité française substantielle au Québec, à qui on pourrait ou ne pourrait pas donner des privilèges spéciaux en guise d'apaisement, mais qui ne devait pas être haussée, aux dépens des autres minorités à un niveau d'égalité dans une culture dualiste. Dans l'*Ottawa Citizen*, Charles Lynch prétendit que les commissaires canadiens-français l'avaient emporté et que la commission devrait donc s'appeler «Laurendeau et Cie[58]». On murmurait qu'il y avait de hauts fonctionnaires qui pensaient ainsi et qui, manifestement, n'approuvaient pas l'expansion du mandat de la commission en une sorte de rapport de l'état de la nation. Le 9 mars 1965, Laurendeau écrivait dans son journal:

> Ceci ouvre des perspectives assez pessimistes sur les suites qu'un gouvernement central donnerait un jour à notre rapport final. Mais ce qui me frappe le plus, c'est qu'un exposé où nous avons tous tenté d'être objectifs soit regardé a priori comme une victoire canadienne-française — et victoire dans le sens le plus strict du terme, c'est-à-dire de forces l'emportant sur d'autres, toutes questions de convictions écartées[59].

L'histoire complète de la Commission sur le bilinguisme et le biculturalisme reste encore à écrire, mais les études partielles produites jusqu'ici, de même que les souvenirs personnels des participants, indiquent que l'année 1965 fut un point tournant. Des difficultés qui se présentèrent à l'extérieur et à l'intérieur même de la commission réduisirent non seulement son importance comme moyen de résoudre la crise d'identité du Canada, mais elles entravèrent sa capacité à dépasser l'audacieux diagnostic du rapport

---

58. André LAURENDEAU, *Journal tenu pendant la Commission royale d'enquête sur le bilinguisme et le biculturalisme* (Montréal, VLB Éditeur/Le Septentrion, 1990): 306.
59. *Ibid.*

préliminaire pour produire six volumes d'analyses et de recommandations qui étaient censés proposer un remède. La commission dès lors perdit son *élan vital*[60], son personnel permanent commença à se rétrécir et elle acquit la réputation d'être un «éléphant blanc». Si l'on tient compte des contributions à long terme de la commission, ces critiques étaient injustifiées, mais elles affectèrent profondément Laurendeau. Sa santé qui se détériorait, son état d'esprit de plus en plus préoccupé et ses habitudes de travail presque maniaques, tout incline à penser qu'il avait le triste pressentiment que ce rapport préliminaire pourrait bien être l'apogée du travail de la commission et que s'ensuivrait une interminable désagrégation. Même Pearson, dont l'appui n'avait pas fait défaut jusque-là, se fit plus critique, pressant Dunton et Laurendeau d'en finir rapidement. Au sein de la commission elle-même, on parlait davantage de la documentation formidable qu'on laisserait à la postérité plutôt que de ses effets de transformation institutionnelle et culturelle dans un proche avenir. De fait, l'idée même d'une solution culturelle aux problèmes intérieurs du Canada commençait à céder la place à l'idée plus traditionnelle des négociations constitutionnelles et politiques entre les gouvernements.

Ce changement de climat politique, dans la deuxième moitié des années 1960, fut le facteur le plus important qui contribua à démoraliser les membres de la commission, et particulièrement André Laurendeau. Il faut rappeler qu'il avait été amené là par la Révolution tranquille, au début de la décennie, avec la conviction que s'il y avait une réponse canadienne aux aspirations des francophones québécois, deux changements fondamentaux s'imposaient. Le premier et le plus important à ses yeux, comme nous l'avons vu, était le genre d'initiative culturelle entreprise par la commission. Le second était la négociation d'une plus grande autonomie pour le Québec. Parce que Laurendeau était avant tout un nationaliste culturel, il choisit la Commission sur le bilinguisme et le biculturalisme comme son cheval de bataille. Mais il continua à suivre de près et à contacter régulièrement ceux qui étaient engagés dans le combat apparemment sans fin entre le gouvernement Lesage, dont

---

60. En français dans le texte. *NdT.*

le champion nationaliste était René Lévesque, et le gouvernement fédéral sur ce qui finit par être appelé le «statut spécial» du Québec. L'un des plus grands sacrifices auxquels consentit Laurendeau en travaillant à la commission fut, comme Lévesque l'avait prédit, l'interdiction d'écrire sur un sujet qui avait été si important pour lui durant des décennies. Il continua à écrire des articles dans *Le Devoir* et il poursuivit sa chronique mensuelle dans *Le Magazine Maclean*, mais les sujets dont il traitait étaient de ceux pour lesquels, comme il l'affirma lui-même, ni lui ni ses lecteurs n'avaient d'intérêt[61]. Il était, en somme, un journaliste politique qui ne pouvait écrire sur la politique, au moment même où l'avenir constitutionnel du Québec était en jeu.

Une raison pour laquelle Laurendeau avait cru, en 1963, que les temps étaient mûrs pour des solutions à long terme, à la fois sur le front culturel et constitutionnel, était l'engagement de Pearson dans ce qu'on appelait alors le «fédéralisme coopératif». À la différence de Diefenbaker, qui n'avait pas compris et, encore moins, voulu céder aux demandes autonomistes du Québec, Pearson semblait déterminé à adopter une approche plus souple. Le Premier ministre canadien expliquait ainsi les raisons de cette politique:

> J'estimais qu'il ne pouvait y avoir de statut spécial pour aucune province [...] mais j'étais prêt è faire des concessions substantielles au Québec (et à d'autres provinces) dans l'intérêt de l'unité nationale [...] En imposant une centralisation peut-être acceptable à certaines provinces mais non au Québec, et en insistant sur le fait que le Québec devait être comme les autres provinces, on pouvait détruire le Canada. Cela devint ma conception du fédéralisme: je voulais décentraliser jusqu'à un certain point[62] [...]

---

61. André LAURENDEAU, *Journal tenu pendant la Commission royale d'enquête sur le bilinguisme et le biculturalisme* (Montréal, VLB Éditeur/Le Septentrion, 1990): 110; à quelques reprises, Laurendeau ne put résister à la tentation d'écrire un éditorial dans *Le Devoir* sur la politique québécoise, mais en général, il resta scrupuleusement silencieux. Ses articles dans *Le Magazine Maclean* portaient généralement sur des questions plus abstraites.

62. Lester B. PEARSON, *Mike. The Memoirs of the Right Honourable Lester B. Pearson*, (Toronto, University of Toronto Press, 1973), III, p. 239.

Certains analystes affirment que Laurendeau comptait tirer parti de cette politique en se servant de la commission pour recommander de nouveaux arrangements constitutionnels pour le Québec qui iraient au-delà des questions de langue et de culture. Claude Ryan, que Laurendeau avait consulté sur l'opportunité de joindre les rangs de la commission, prétend qu'il avait cette idée en tête dès le départ et qu'il n'aurait pas accepté autrement[63]. Il est vrai que Laurendeau avait à la fois espéré et prévu qu'on traiterait des problèmes constitutionnels. Il était en désaccord sur plusieurs points avec F.R. Scott, en particulier, quand la question était soulevée. Mais il est vrai aussi que, dans les premiers temps, ce n'était pas là une question sur laquelle il mettait beaucoup d'insistance. Il n'y eut jamais de menace de démission, cependant. En 1964, Dunton avait expliqué à Pearson, en présence de Laurendeau: «Nous avons toujours interprété notre mandat dans le sens suivant: nous ne sommes pas une commission d'abord constitutionnelle; mais si notre sujet nous y conduit, nous y entrerons autant qu'il le faut[64].» Pearson avait beau se montrer d'accord, il ne pouvait manifestement pas laisser la commission s'aventurer loin dans cette direction; en tout cas, certainement pas jusqu'à usurper le rôle des politiciens. Comme certains analystes l'avaient souligné, le seul commissaire qui fût spécialiste de la Constitution était Scott et c'était celui qui s'opposait le plus à l'idée.

Néanmoins, Laurendeau se montrait de plus en plus déterminé à cet égard, à mesure qu'augmentait son désenchantement sur les perspectives du bilinguisme et du biculturalisme. Sa vision de deux cultures nationales vigoureuses, qui collaboreraient au sein de l'État fédéral, reposait sur l'idée d'un Québec fort et autonome comme foyer d'une culture française nationale. L'objectif lui appa-

---

63. André LAURENDEAU, *Journal tenu pendant la Commission royale d'enquête sur le bilinguisme et le biculturalisme* (Montréal, VLB Éditeur/Le Septentrion, 1990): 305; Claude RYAN, «Il a soulevé les vraies questions et réfuté les réponses toutes faites», dans Robert COMEAU et Lucille BEAUDRY, dir., *André Laurendeau* (Sillery, Presses de l'Université du Québec, 1990): 278s.

64. André LAURENDEAU, *Journal tenu pendant la Commission royale d'enquête sur le bilinguisme et le biculturalisme* (Montréal, VLB Éditeur/Le Septentrion, 1990): 310.

raissait de plus en plus important à mesure que montait l'hostilité du Canada anglais dans les réunions régionales. Ce fut après ces audiences que la commission décida d'entrer définitivement dans le champ constitutionnel, en y consacrant le dernier volume de son rapport, le volume VI.

Paul Lacoste, le cosecrétaire qui devint commissaire quand Jean Marchand démissionna pour se présenter aux élections fédérales de 1965, a révélé que Laurendeau se sentait incapable comme coprésident de mener ce combat de façon trop partiale, mais il le pressait en privé de le faire lui-même[65]. La plus grande contribution écrite de Laurendeau au travail de la commission, à la suite du rapport préliminaire, fut la rédaction de ce qui serait appelé par la suite les «pages bleues» au début du volume I. Sans être tout à fait un rapport minoritaire sur la question, ce texte faisait valoir la nécessité d'un changement constitutionnel, dans la sphère politique aussi bien que culturelle.

Mais au moment où Laurendeau se sentait obligé de suivre cette voie, même si cela l'entraînait dans une confrontation avec ses collègues commissaires, le gouvernement libéral faisait preuve de moins de souplesse dans le domaine constitutionnel. La réélection plus forte des libéraux, en novembre 1965, rendit le gouvernement Pearson moins vulnérable au Parlement, notamment face aux attaques emphatiques de Diefenbaker. Cela contribua aussi à réduire le rôle de la commission, dont le gouvernement avait moins besoin pour montrer qu'il s'occupait des problèmes du pays. Le caucus des députés libéraux québécois prit une tournure entièrement différente, avec le départ plutôt abrupt de Lamontagne et l'arrivée des trois colombes — Jean Marchand, Gérard Pelletier et Pierre Elliott Trudeau —, qui devenaient les nouveaux conseillers de Pearson pour le Canada français. Bien sûr, Laurendeau les connaissait bien tous les trois: il les avait encore rencontrés occasionnellement, à Montréal, jusqu'en 1965. Mais Pelletier et, surtout,

---

65. Paul LACOSTE, «André Laurendeau et la Commission royale d'enquête sur le bilinguisme et le biculturalisme», dans Robert COMEAU et Lucille BEAUDRY, dir., *André Laurendeau* (Sillery, Presses de l'Université du Québec, 1990): 211-212.

Trudeau avaient été parmi les critiques les plus sévères du rapport préliminaire, dans les pages de *Cité libre*. Pour Laurendeau, il ne faisait aucun doute que Trudeau était l'auteur d'un article particulièrement mordant, intitulé «Bizarre algèbre»: « [...] personne dans ce groupe n'a cette finesse de lame de rasoir, cette frénésie de logique[66]». On y accusait la commission d'avoir outrepassé son mandat, de fonctionner à partir d'hypothèses *a priori,* inspirées du nationalisme canadien-français, et de présumer qu'il y avait un quelconque fondement constitutionnel à la division du pays en deux nations égales. Non seulement ces fédéralistes québécois rejetaient-ils tout de go l'idée qu'un changement constitutionnel était nécessaire, au-delà des modifications requises pour inscrire les droits linguistiques dans la Constitution, mais ils pensaient que la commission n'avait aucun droit de se mêler de la question. Laurendeau fut particulièrement irrité par une accusation (qu'il traita de «dogmatisme pseudo-scientifique»), selon laquelle le rapport préliminaire était fondé sur des impressions journalistiques plutôt que sur une recherche en bonne et due forme. Pour lui, Trudeau et ses collègues avaient le tort, comme d'habitude, de sous-estimer systématiquement le facteur culturel.

Il était donc on ne peut plus clair que l'arrivée des «trois colombes» était de mauvais augure pour la commission. Laurendeau avait regardé le résultat des élections avec René Lévesque. Les deux nationalistes s'étaient rendu compte qu'ils devraient, dès lors, mener le combat, chacun de son côté, contre un fort contingent d'anti-nationalistes au gouvernement fédéral[67]. La seule élection que Laurendeau eut sincèrement le goût d'applaudir était celle de Jean Marchand. Il est vrai qu'il était allé lui-même à Ottawa, en partie pour paver la voie à des Canadiens français de talent. À ses yeux, non seulement Pelletier et Trudeau avaient-ils abandonné la cause de la social-démocratie au Québec, y portant un coup mortel au NPD, mais les deux se préparaient déjà à abattre le nationalisme

---

66. André Laurendeau, *Journal tenu pendant la Commission royale d'enquête sur le bilinguisme et le biculturalisme* (Montréal, VLB Éditeur/Le Septentrion, 1990): 351s.

67. *Ibid.*, p. 347.

canadien-français. Pour quel autre motif Trudeau aurait-il choisi de se présenter dans le comté bourgeois à majorité anglophone de Mont-Royal?

[...] étrange terroir pour un Canadien français de gauche, mais qui donnera au député la liberté d'attaquer sans danger le nationalisme canadien-français. C'est d'ailleurs, je crois, ce qui a motivé Pierre, que le séparatisme et l'irrespect des jeunes à son endroit ulcèrent: il a cherché une position de force de laquelle il pourra contre-attaquer un René Lévesque[68].

Les soucis de Laurendeau augmentèrent lorsque, quelques mois après les élections, Marchand lui apprit que Trudeau était devenu le préféré de Pearson: «Jean sait que Pierre est un mauvais informateur, quant au Québec actuel[69] [...]»

On ne sait pas exactement dans quelle mesure Trudeau et ses collègues fédéralistes du Québec ont usé de leur influence sur Pearson, à partir de 1965, pour limiter les pouvoirs de la commission. Laurendeau sentait que Pearson était quelque peu mal à l'aise avec lui, mais le Premier ministre continuait de soutenir les travaux de la commission, en approuvant son budget. À un moment donné, Laurendeau demanda à Trudeau d'intervenir pour faire taire des critiques émanant des milieux officiels et du gouvernement à l'égard de la commission. Selon le point de vue de Trudeau, il n'y avait aucune raison d'empêcher Laurendeau de mener à terme les recherches de la commission et de respecter les échéances de publication; le rapport préparerait le terrain à un bilinguisme accru dans la fonction publique fédérale et dans le pays en général, ce que Trudeau favorisait. Il suffisait de s'assurer que la commission, ou du moins la faction Laurendeau en son sein, n'élabore pas de plans ambitieux de réforme constitutionnelle. De fait, la majeure partie de la pression politique que subit la commission semble être venue après la mort de Laurendeau et l'accession de Trudeau au poste de Premier ministre, en 1968[70]. Il est assez significatif, à cet égard,

---

68. *Ibid.*, p. 346.
69. *Ibid.*, p. 351.
70. Denis MONIÈRE, *André Laurendeau et le destin d'un peuple* (Montréal, Québec/Amérique, 1983): 319; voir aussi Neil MORRISON, «Bilinguisme et

que le volume final de la commission sur la Constitution ne vit jamais le jour. Laurendeau fut déjoué par la nouvelle donne politique, et ses «pages bleues», dans le volume I, étaient davantage un testament politique (dans le domaine constitutionnel) qu'un plan d'action sérieux. Au moment où le premier volume fut enfin présenté à Pearson, à la fin de 1967, de nouveaux développements, comme l'engagement ouvert de René Lévesque dans la voie indépendantiste et la position ferme du Premier ministre Daniel Johnson à la conférence constitutionnelle «Confédération de demain» à Toronto, avaient enterré la voix de la commission[71].

Néanmoins, quelle que fût la part jouée par la polarisation politique dans l'enterrement des espoirs de Laurendeau, le succès à long terme de la commission se trouvait plus gravement compromis encore par l'absence de véritables fondements pour le biculturalisme au Canada. Laurendeau reconnaissait déjà en 1964, dans une lettre à Francine: «Le biculturalisme, comme la plupart de mes contemporains l'entendent, pour le bénir ou le honnir, est une vaste blague (réédition moderne de la vieille "bonne entente")[72].» Il ne s'agissait pas simplement de l'hostilité qu'il avait découverte au Canada anglais envers la culture du Canada français: notamment, les affirmations que cette culture était désuète et destinée à disparaître de toute façon. À cet égard, il avait été forcé d'écouter des anglophones qui ne parlaient pas un traître mot de français et qui se permettaient des commentaires catégoriques sur la qualité du français parlé au Québec. Il ne s'agissait pas, non plus, du résultat de distinctions intellectuelles entre langue et culture. Là encore, il avait été irrité par des fendeurs de cheveux en quatre qu'à un moment donné il interrompit en disant: «J'appelle un chat un chat[73].»

---

biculturalisme», dans Robert COMEAU et Lucille BEAUDRY, dir., *André Laurendeau* (Sillery, Presses de l'Université du Québec, 1990): 217.

71. André LAURENDEAU, *Journal tenu pendant la Commission royale d'enquête sur le bilinguisme et le biculturalisme* (Montréal, VLB Éditeur/Le Septentrion, 1990): 378-382.

72. *Ibid.*, p. 96.

73. Léon DION, «André Laurendeau, un intellectuel engagé», dans Robert COMEAU et Lucille BEAUDRY, dir., *André Laurendeau* (Sillery, Presses de l'Université du Québec, 1990): 274.

Non, la «vaste blague» était plutôt en rapport avec les minorités françaises à l'extérieur du Québec, dont la langue et la culture s'étiolaient et se perdaient irrémédiablement.

En fin de compte, cependant, le déclin du biculturalisme était surtout dû à la montée du multiculturalisme. Avant de s'engager dans la commission, Laurendeau avait prévu que les groupes ethniques seraient une pierre d'achoppement majeure. Mais son expérience limitée du Canada anglais et son souci de défendre l'idée des deux nations au Québec ne lui permettaient pas de voir la force politique et l'importance croissante de ces groupes. Ce fut au cours de ses voyages dans l'Ouest, en 1963 et 1964, que ses yeux se dessillèrent:

> C'est alors que nous avons commencé à nous formuler à nous-mêmes la situation comme nous commencions de la voir; c'est-à-dire un multiculturalisme de fait, indiscutable, et dont il faut tenir compte, mais dont les incidences sont constamment locales. Par là-dessus, le grand problème des relations entre Français et Anglais au Canada. Comment arriver à faire sentir à nos interlocuteurs qu'un «groupe ethnique», même relativement nombreux au sein de sa province, mais qui ne représente que 3% de la population canadienne totale, ce n'est pas du tout la même chose qu'une société organisée comme la société québécoise, nombreuse, possédant ses institutions, et une histoire à la fois ancienne et précise [74]?

Dans ses mémoires, Pearson mentionna comme une des lacunes majeures de la commission son incapacité à reconnaître la force du multiculturalisme [75]

Si les problèmes politiques et biculturels échappaient aux possibilités d'intervention de Laurendeau, on doit lui accorder une part de responsabilité pour les autres problèmes rencontrés par la

---

74. André LAURENDEAU, *Journal tenu pendant la Commission royale d'enquête sur le bilinguisme et le biculturalisme* (Montréal, VLB Éditeur/Le Septentrion, 1990): 54s.

75. Lester B. PEARSON, *Mike. The Memoirs of the Right Honourable Lester B. Pearson* (Toronto, University of Toronto Press, 1973), III, p. 240s.

commission dans les dernières années. L'un de ceux-ci fut le temps nécessaire pour en arriver au rapport final. Il fallut quatre ans pour produire le volume I et le programme de la commission ne fut pas complété avant 1971, soit huit ans après le début des travaux. Après avoir publié un rapport préliminaire alarmiste en 1965, proclamant que la situation exigeait une attention immédiate, la commission se mut à une vitesse de tortue pour publier ses propres analyses et recommandations. Plusieurs de ses collègues ont indiqué que Laurendeau fut piqué au vif par l'accusation que le rapport préliminaire était «non scientifique» et il céda aux pressions du personnel de recherche, canadien-anglais en particulier, pour qu'on veille avec un plus grand soin au produit final. Il en résulta, après 1965, une vaste entreprise de recherche, qui engloutit énormément de temps et d'argent. La commission se transforma en ce que Jean-Louis Gagnon, le successeur de Laurendeau comme coprésident, appela la «super université du Canada[76]». Pearson, qui devait assumer les conséquences politiques des retards et des dépenses qui s'ensuivirent, fut moins indulgent. Sans accuser directement le coprésident, il n'en concluait pas moins qu'il y avait eu excès de recherche hermétique[77]. Par son manque d'expérience administrative et par son inaptitude à distinguer les critiques légitimes des jugements négatifs qui n'étaient rien de plus que des attaques déguisées contre le Canada français, Laurendeau était devenu incapable de garder les choses en main comme administrateur principal de la commission. La solution qu'il trouva, semble-t-il, fut de redoubler de travail.

Quoi qu'il en soit, il est improbable qu'à partir de 1967 Laurendeau eût pu injecter un nouveau souffle à la commission. Une entreprise qui avait été lancée avec de si grands espoirs et un objectif aussi global ne pouvait simplement que s'épuiser. Cela ne veut pas dire qu'elle ne parvint pas à des résultats significatifs. Par exemple, Laurendeau lui-même fut si impressionné par les études

---

76. Denis MONIÈRE, *André Laurendeau et le destin d'un peuple* (Montréal, Québec/Amérique, 1983): 291.

77. Lester B. PEARSON, *Mike. The Memoirs of the Right Honourable Lester B. Pearson* (Toronto, University of Toronto Press, 1973), III, p. 241; en 1967, la commission avait déjà coûté 6 960 000$, un montant alors sans précédent.

produites pour le volume consacré au milieu économique qu'il
voulut le voir paraître en premier: cela clouerait le bec à ceux qui
avaient mis en doute la véracité du rapport préliminaire, en montrant que les Canadiens français étaient opprimés économiquement
partout au Canada, y compris au Québec. Mais ce volume ne parut
pas avant sa mort. Il ne vivra pas assez longtemps, non plus, pour
voir les recommandations de la commission entrer en vigueur dans
la vie culturelle et linguistique du Canada. Parmi les résultats directs de la commission, mentionnons la Loi sur les langues officiel-
les de 1969, qui mettait le français et l'anglais sur un pied d'égalité
au sein du gouvernement et des institutions fédérales du Canada,
une plus grande part dévolue aux Canadiens français dans la fonction publique fédérale, des progrès dans l'enseignement de la langue minoritaire dans plusieurs provinces et la création de plus de
30 «districts» bilingues à travers le Canada, où les minorités françaises et anglaises recevaient une attention spéciale. C'était là un
legs impressionnant qui, même s'il n'était pas à la hauteur des
espoirs initiaux, aurait pu soulager le sentiment d'accablement qui
le submergea dans les derniers mois de sa vie.

Durant les cinq ans de voyages, de travail, de tensions et de
critiques blessantes qu'il eut à subir entre 1963 et 1968, la santé de
Laurendeau s'était grandement détériorée. Il avait toujours été
sujet à des migraines et à des insomnies, et dans les dernières
années il avait éprouvé de graves maux de dos. Il semblait pressentir que sa carrière de 35 ans au centre de la vie publique québécoise
était à la veille de se terminer. Il écrivait assez tristement dans son
journal:

> Les années s'annoncent comme ingrates. Je vais me trouver
> allié à des gens que souvent je méprise (l'argent, les vieux
> partis, les masses, et encore faut-il espérer que celles-ci ne
> soient pas happées par le maelström indépendantiste), et
> j'aurai contre moi la plupart de mes amis, je veux dire de ceux
> pour qui l'amitié m'est naturelle et spontanée. Le plus bel
> exemple de ceci, René Lévesque, et les jeunes. Une seule
> chose me répugne plus que d'être chahuté par la jeunesse,
> et c'est de la flatter démagogiquement. Voici un nouveau

domaine où je serai condamné à la solitude. La vie ne me
sourira plus guère[78].

Le 15 mai 1968, après une conférence de presse, André Laurendeau subit une rupture d'anévrisme (hémorragie cérébrale) et
fut amené d'urgence à l'Hôpital général d'Ottawa, où il demeura à
demi conscient durant 15 jours. Il mourut le 1er juin. Trois jours
plus tard, un millier de personnes suivaient son cortège funéraire à
Montréal, parmi lesquelles figuraient le maire Drapeau, le Premier
ministre québécois Daniel Johnson et Pierre Elliott Trudeau, qui
allait dans moins d'un mois être élu Premier ministre du Canada.
Après les funérailles à Outremont, le quartier où il s'était ancré
depuis longtemps, Laurendeau fut enterré à Saint-Gabriel, ce lieu
où plus qu'ailleurs il avait appris à se reconnaître comme Canadien
français.

78. André LAURENDEAU, *Journal tenu pendant la Commission royale d'enquête
sur le bilinguisme et le biculturalisme* (Montréal, VLB Éditeur/Le Septentrion, 1990):
380s.

ÉPILOGUE

> Mais ce ne sera pas facile de faire du Canada
> une nation. Quelquefois, quand je réalise l'am-
> pleur du problème, je désespère de bâtir un jour
> un pays unifié.
>
> André LAURENDEAU,
> CBC, 1939

Il y a une idée qui revenait souvent dans les divers hommages et
commentaires qui accueillirent la mort de Laurendeau en 1968, à
l'âge relativement jeune de 56 ans. Cette idée était exprimée suc-
cinctement par l'ancien Premier ministre Pearson, qui était à ce
moment-là en Angleterre: «Le Canada, particulièrement en ce
moment, peut difficilement s'offrir le luxe de perdre un homme de
la qualité d'André Laurendeau[1].» Cette affirmation que le Canada
et le Québec avaient été d'une façon inattendue privés d'une personnalité exceptionnelle au moment même où ses analyses et son
talent unique étaient le plus nécessaires se retrouvait dans les nombreux hommages rendus dans les semaines qui suivirent, ainsi que
dans une série spéciale d'articles écrits par des amis et des collègues
qui parut alors dans *Le Devoir*. Mais pour certains membres de sa
famille et les collègues nationalistes l'expression de la tristesse s'accompagnait d'amertume. À leurs yeux, Laurendeau avait fait un
mauvais choix en acceptant de coprésider la Commission sur le
bilinguisme et le biculturalisme et il s'était littéralement tué à la
tâche dans un vain effort pour atteindre ses objectifs. Simonne

---

1. *Fonds Famille Laurendeau-Perrault, Centre de recherche Lionel-Groulx.*

Monet-Chartrand, une amie intime, se rappelait une visite que Laurendeau lui avait faite au début de 1968 quand elle se trouvait elle-même à l'hôpital. Il avait l'air hagard, épuisé et souffrait de terribles maux de tête. Elle l'exhorta à se trouver un remplaçant à la commission avant qu'il ne soit trop tard et d'un ton troublant et prophétique il lui répondit: «Vous avez peut-être raison. Il faut me hâter. Je ne sais si j'aurai le temps de terminer le dernier rapport. Je m'en sens responsable[2].»

Revenant sur cette époque presque un quart de siècle plus tard, Francine Laurendeau se montrait encore indignée que son père soit devenu un homme presque brisé dans ses dernières années, selon ses propres termes, une «victime du devoir». À son retour de France en 1966 elle entendit sa mère Ghislaine traiter en dérision la «Commission BB», une allusion à Brigitte Bardot, la vedette sexy de l'époque. Rien n'aurait pu témoigner plus éloquemment des longues absences de son père que la disparition de sa fameuse chaîne stéréo de la place d'honneur qu'elle occupait au salon dans la maison de la rue Stuart. Il n'est guère facile de savoir dans quelle mesure ces changements avaient un rapport avec la liaison amoureuse de Laurendeau, mais Francine soulignait que c'était son «exil» à Ottawa qui dévorait tout son temps et son énergie. Quand elle le revit, il semblait préoccupé de problèmes insurmontables:

> Vous me direz que j'exagère. Que cette rupture d'anévrisme au cerveau qui l'a emporté en quinze jours se serait peut-être produite même si mon père ne s'était pas embarqué dans cette galère. Mais au moins, il aurait continué jusqu'à la fin à faire ce qu'il aimait, c'est-à-dire à réagir chaque jour à l'événement, à agir chaque jour sur l'événement par son métier de journaliste. Certes éditorialiste, André Laurendeau avait l'habitude d'être discuté, voire contredit, c'était même très certainement un stimulant. Mais comment vivre dans l'incompréhension,

---

2. Simonne MONET-CHARTRAND, «Depuis 1938... un ami précieux», dans Robert COMEAU et Lucille BEAUDRY, dir., *André Laurendeau* (Sillery, Presses de l'Université du Québec, 1990): 29-30.

l'hostilité, et, pire, l'indifférence qui ont entouré le labeur ingrat de cette mission impossible?

Voilà pourquoi je trouverais profondément injuste que la postérité ne retienne de mon père que cette dernière image sur laquelle s'est gelé le film de sa vie, image du coprésident de la Commission Laurendeau-Dunton[3].

Des amis nationalistes affirmèrent aussi que Laurendeau avait perdu ses dernières années en faisant confiance aux «fripons» d'Ottawa, dont certains étaient des Canadiens français, et en présumant qu'une oasis de bonne volonté pouvait se trouver dans ce désert qu'était le Canada anglais. Il ajoutait son nom à une longue liste de victimes — Adolphe Chapleau, Wilfrid Laurier, Ernest Lapointe — qui avaient fait la même erreur.

Le deuil éprouvé par ceux qui ne considéraient pas les cinq dernières années de Laurendeau comme un échec total s'étendait, au-delà des considérations personnelles, aux temps difficiles qui régnaient. En un temps où les positions idéologiques se durcissaient au Québec et où le penchant de la fin des années 1960 pour la confrontation et les déclarations extrémistes était à son plus haut niveau, une voix d'équilibre et de compromis avait quitté la scène. Laurendeau avait montré plus d'une fois par le passé qu'il pouvait être inflexible et agressif. Ses activités antisémites au sein des Jeune-Canada de 1933 à 1935 en témoignent, de même que ses paroles enflammées durant la crise de la conscription de 1942 et à l'endroit des jeunes séparatistes de 1963. Mais il s'agissait là d'exceptions dans la carrière de cet homme qui tenait pour une grave faute le mépris des autres plutôt que celui de leurs erreurs. Il se trompa plus souvent lui-même en étant trop circonspect. Selon Jean-Marc Léger, un collègue nationaliste et journaliste, Laurendeau était «l'exact opposé d'un démagogue[4]». C'est cette qualité

---

3. Francine LAURENDEAU, «André Laurendeau et la musique», dans Robert COMEAU et Lucille BEAUDRY, dir., *André Laurendeau* (Sillery, Presses de l'Université du Québec, 1990): 122.

4. Jean-Marc LÉGER, «L'engagement et la distance», dans Robert COMEAU et Lucille BEAUDRY, dir., *André Laurendeau* (Sillery, Presses de l'Université du Québec, 1990): 243.

même, de fait, qui l'empêcha de devenir un grand tribun nationaliste, comme René Lévesque, pour la jeunesse des années 1960 qui considérait le compromis comme un signe de faiblesse. Jean-Paul Desbiens, lui, expliquait cela en 1962 dans les termes suivants: «Je vous dois beaucoup, mais pas sur le plan de la "maîtrise" [...] Peut-être [cela était-il impossible] à cause de votre personnalité toute en nuance, trop fine. Il faut qu'un maître soit un peu gros [5] [...]» Néanmoins, en 1968, Desbiens déclara que la répulsion que Laurendeau avait pour les excès de dogmatisme ferait cruellement défaut: «Nous le perdons au moment où nous avons tellement besoin de ses conseils [6].»

Plusieurs craignaient aussi au Québec qu'avec Laurendeau mourait une certaine vision du nationalisme canadien-français. Cette vision dans le sillage d'Henri Bourassa se fondait sur la notion idéaliste que par un compromis éclairé on pourrait forger un partenariat efficace entre les nations anglaise et française au Canada. Les efforts de Laurendeau pour transformer cette vision en réalité au sein de la commission avaient de plus en plus porté à vide à partir de 1965 et c'était la conscience de cela autant que d'autres facteurs qui l'avait entraîné dans la dépression au cours des dernières années. En 1968, la scène politique était prête pour une longue confrontation entre les camps fédéraliste et séparatiste. Cette année-là, René Lévesque réussit à réunir les diverses formations indépendantistes du Québec sous la bannière du Parti québécois et il commença à élargir la base de son parti au sein des classes moyennes avec l'objectif de la «souveraineté-association». Cette option se trouverait propulsée davantage après 1970, par suite de l'effondrement de mouvements séparatistes radicaux comme le FLQ après la Crise d'octobre de la même année, et suite au déclin rapide des idéologies révolutionnaires dans le climat de néo-conservatisme de la nouvelle décennie.

Entre-temps, l'élection de Pierre Trudeau comme Premier ministre du Canada, qui eut lieu aussi en 1968, vint confirmer une

---

5. Frère Untel (J.-P. Desbiens) à André Laurendeau, 28 oct. 1962, *Fonds Famille Laurendeau-Perrault, Centre de recherche Lionel-Groulx.*
6. *Le Devoir*, 4 juin 1968.

prédiction antérieure de Laurendeau: les fédéralistes canadiens-français se serviraient de leur pouvoir à Ottawa pour s'opposer aux nationalistes au Québec et en particulier aux séparatistes. Les progrès faits dans le bilinguisme au Canada à partir de cette époque jusqu'au référendum sur la souveraineté du Québec en 1980 furent des produits de cette bataille pour se gagner les Canadiens français, plutôt que l'aboutissement de la vision Laurendeau-Pearson d'une vivante dualité canadienne.

Nous avons vu que la conception que Laurendeau se faisait de la partie canadienne-française de cette dualité a évolué avec le temps. En fait, sa longue carrière illustre à cet égard toute la gamme du nationalisme canadien-français ainsi que le flux et le reflux des priorités d'une période à l'autre. En 1932, alors qu'il était sous l'influence de l'abbé Groulx, il embrassa la vision traditionnelle de l'identité canadienne-française basée sur le thème historique de la survivance, qui cherchait à préserver l'essence des caractéristiques culturelles héritées d'un passé lointain ainsi que du système de valeurs d'un catholicisme conservateur. Mais tout juste comme sa perception de l'association étroite du catholicisme avec l'identité canadienne-française changea radicalement avec le temps, il en fut de même pour son opinion de l'histoire. En 1960, il rejeta les théories historiques toutes faites pour épouser les objectifs de l'époque:

> [...] je me méfie instinctivement d'une histoire trop claire, trop facile à comprendre, trop structurée. Quelque chose me dit alors que ces structures proviennent un peu trop des idées de l'historien, et pas assez des faits historiques. Car l'histoire est complexe, elle va dans plusieurs sens à la fois, et même s'il est entendu que l'historien doit choisir dans l'énorme matière première où il fait des prospections, ses choix semblent trop volontaires, trop voulus[7] [...]

Au fur et à mesure de son développement intellectuel, qui avait commencé avec ses deux ans de séjour en France de 1935 à 1937, le nationalisme de Laurendeau se teinta d'idées plus libérales

---

7. *Ibid.*, 19 mars 1960.

et progressistes. Il s'aperçut de la rigidité étroite et petite-bourgeoise de ses préoccupations clérico-culturelles et il chercha à
ouvrir le nationalisme canadien-français aux influences extérieures
tout en lui fournissant une doctrine sociale plus crédible. Il fut
attiré par la philosophie du nationalisme en partie parce que,
comme au moins un observateur l'a fait remarquer, elle permettait
à ses partisans d'éviter de rompre complètement avec le catholicisme et les traditions du passé: «Ils se font les défenseurs de la
liberté sans rejeter toute autorité; ils veulent subordonner l'action
politique à la rationalité sans renier toute doctrine[8].» À la fin des
années 1930, la considération que Laurendeau avait pour ses vieux
mentors nationalistes — décrits par l'historien Guy Frégault
comme une «petite gérontocratie[9]» — ainsi que la mentalité de
siège causée par l'approche de la Seconde Guerre mondiale, eurent
un effet inhibiteur sur ses orientations progressistes. Mais ses expériences durant la guerre au sein du Bloc populaire redonnèrent une
nouvelle impulsion à ces orientations, en les portant au niveau
d'une conscience pratique des réalités socio-économiques et politiques.

Bien que Laurendeau fût toujours opposé à ceux qui avaient
la mainmise sur le système industriel et capitaliste du Québec — en
particulier les grands capitaux canadiens-anglais et étrangers —, il
s'éloigna durant les années 1950 des nationalistes qui refusaient
d'accepter les pleines conséquences de l'urbanisation et de
l'industrialisation du Québec. La modernisation des institutions,
l'amélioration des conditions de vie de la classe ouvrière canadienne-française et la lutte incessante pour l'autonomie provinciale,
de sorte que l'État du Québec puisse jouer un rôle plus dynamique
dans la province, furent les traits principaux de son idéologie
nationaliste durant ses années au *Devoir*. Ce nationalisme social —
ou, comme certains l'ont appelé, ce néo-nationalisme — contribua

---

8. Marcel FOURNIER, «André Laurendeau, la culture et la politique», dans
Robert COMEAU et Lucille BEAUDRY, dir., *André Laurendeau* (Sillery, Presses de
l'Université du Québec, 1990): 256.

9. Guy FRÉGAULT, «Aspects de Lionel Groulx» dans Maurice FILION, *Hommages à Lionel Groulx* (Montréal, Leméac, 1978): 61.

à faire de lui une figure de premier plan durant les années qui
servirent de prélude à la Révolution tranquille. Mais au début des
années 1960, quand il vit qu'une jeune génération de nationalistes
liaient le destin du Canada français trop étroitement à une vision
utopique d'un État-nation indépendant et à des thèmes politiques
et économiques, il souligna une fois encore ce qui pour lui avait
toujours été le cœur de l'identité canadienne-française, notamment
sa culture originale. Il disait:

> Le nationalisme est ici fondé sur une culture particulière; il
> l'aime, veut la défendre et lui permettre de s'épanouir [...]
> Sans doute, ce nationalisme d'abord culturel se cherche des
> points d'appui: il sait que la culture ne vit pas dans les nuages
> mais chez des hommes, que ces hommes ont des intérêts éco-
> nomiques et politiques. Si ces intérêts, si les institutions vont
> contre la culture, ces hommes risquent de l'abandonner peu à
> peu. Le nationalisme est donc conduit à regarder ces domai-
> nes de plus près [10].

Ce fut ce nationalisme culturel qui lui inspira l'idée de la
Commission sur le bilinguisme et le biculturalisme et, avec le recul
du temps, il convenait peut-être qu'il quitte la scène avant qu'on ne
sonne le glas de cette commission. Trois ans après sa mort, le
gouvernement canadien adopta une politique culturelle officielle de
bilinguisme et de multiculturalisme et les nouveaux termes qui l'ac-
compagnaient — «mosaïque culturelle», «pluralisme», etc. — étaient
autant de clous qui scellaient les espoirs de Laurendeau d'une
authentique égalité anglo-française fondée sur l'égalité.

Dans les années qui suivirent sa mort, les séparatistes et les
fédéralistes du Québec ont tenté de l'annexer à leurs camps. Les
fédéralistes soulignèrent que, malgré son désabusement évident des
dernières années, il n'endossa jamais le séparatisme comme solution acceptable. Au plus, affirmait-on, il était forcé de placer davantage ses espoirs dans un Québec puissant et autonome au sein du
Canada pour défendre la différence canadienne-française. Les

---

10. *Le Devoir*, 14 janv. 1960.

indépendantistes, pour leur part, clamaient bien haut que Laurendeau avait payé un dur prix pour apprendre que les Canadiens
anglais n'accepteraient jamais le Canada français comme un partenaire valable et encore moins comme une nation distincte et que le
seul parti à prendre était celui de la souveraineté-association, que
son inclination à la modération aurait à un moment donné trouvé
acceptable. Les deux camps cherchent encore à se nourrir du journal qu'il tint durant les audiences de la commission, avides du
moindre morceau pour satisfaire leurs appétits idéologiques. Mais
les deux se trompent sans aucun doute. Laurendeau n'avait pas
comme eux besoin de la sécurité d'une position unidimensionnelle.
Au contraire, il avait vécu toute sa vie au milieu d'idées opposées,
cherchant à soupeser la valeur de chacune tout en trouvant moyen
d'en incorporer les meilleurs éléments dans sa propre pensée.
C'était ce trait chez lui, selon Fernand Dumont, qui rendait sa
pensée si difficile à cataloguer en termes précis: «Un nationaliste
aux lentes évolutions ou un socialiste hésitant? Un fédéraliste hésitant ou un séparatiste timide [11]?»

Dumont, comme bien d'autres, préfère voir en Laurendeau
l'archétype de l'intellectuel engagé et consciencieux. Il fut dès le
départ à la fois engagé passionnément et distant, à la fois l'homme
au cœur de l'action et celui qui reste en retrait [12]. Les polarités qui
exacerbaient les tensions de sa pensée — tradition et changement;
art et politique; ouverture et discrétion — ont enrichi sa réflexion
au point de la rendre encore éclairante aujourd'hui. Elles ont fait
que sa contribution au Canada français a été variée et profonde,
mais d'une certaine façon incomplète. De même, bien qu'il ait fait
preuve de courage et de grande intégrité intellectuelle, qu'il ait pris
le risque de s'opposer au conformisme idéologique, il y eut des

---

11. Fernand DUMONT, «De Laurendeau à l'intellectuel d'aujourd'hui», dans
Robert COMEAU et Lucille BEAUDRY, dir., *André Laurendeau* (Sillery, Presses de
l'Université du Québec, 1990): 260.
12. Chantal PERRAULT, «Oncle André...», dans Robert COMEAU et Lucille
BEAUDRY, dir., *André Laurendeau* (Sillery, Presses de l'Université du Québec,
1990): 35s.

moments où sa vive sensibilité l'a empêché de se montrer sous son vrai jour. C'est peut-être Jean-Marc Léger qui résume le mieux sa complexité quand il le décrit comme «l'exemple achevé de l'humaniste contemporain[13]».

---

13. Jean-Marc LÉGER, «L'engagement et la distance», dans Robert COMEAU et Lucille BEAUDRY, dir., *André Laurendeau* (Sillery, Presses de l'Université du Québec, 1990): 245.

REMERCIEMENTS

Toutes les photographies ont été fournies gracieusement par la Fondation Lionel-Groulx et le Centre de recherche Lionel-Groulx.

Tous les efforts possibles ont été faits pour établir et retrouver les droits de propriété. En cas d'omission, l'éditeur sera heureux de préciser les crédits nécessaires lors d'éditions subséquentes.

REMERCIEMENTS

TABLE DES MATIÈRES